edition suhrkamp 2329

W0040631

Seit der aufsehenerregenden PISA-Studie ist eine Reform des Bildungswesens dringlicher denn je geworden. Doch einfache Lösungen und reines
Expertentum helfen hier nicht weiter. Aus dem Gespräch der Disziplinen
und der am Bildungsprozeß Beteiligten müssen die wesentlichen Impulse
für die Reform kommen. Die zentrale Frage lautet: Was und wie sollen
Kinder und Jugendliche lernen? Antworten auf diese Frage sind keine rein
schulische Angelegenheit. Dem trägt das Buch Rechnung, indem es Impulse aus verschiedenen Disziplinen aufnimmt und Beiträge über nachhal-
tige Wege zur Stärkung von Bildung und Ausbildung, Erziehung und Orientierung, Lehren und Lernen versammelt.
Annette Schavan ist Kultusministerin von Baden-Württemberg.

Bildung und Erziehung

Perspektiven auf die Lebenswelten
von Kindern und Jugendlichen

Herausgegeben von
Annette Schavan

Suhrkamp

edition suhrkamp 2329
Erste Auflage 2004
© Suhrkamp Verlag Frankfurt am Main 2004
Originalausgabe
Alle Rechte vorbehalten, insbesondere das der
Übersetzung, des öffentlichen Vortrags
sowie der Übertragung durch Rundfunk und Fernsehen,
auch einzelner Teile.
Kein Teil des Werkes darf in irgendeiner Form
(durch Fotografie, Mikrofilm oder andere Verfahren)
ohne schriftliche Genehmigung des Verlages reproduziert
oder unter Verwendung elektronischer Systeme verarbeitet,
vervielfältigt oder verbreitet werden.
Satz: Jung Crossmedia Publishing, Lahnau
Druck: Nomos Verlagsgesellschaft, Baden-Baden
Umschlag gestaltet nach einem Konzept
von Willy Fleckhaus: Rolf Staudt
Printed in Germany
ISBN 3-518-12329-7

1 2 3 4 5 6 - 09 08 07 06 05 04

Inhalt

I. Kinder und Jugendliche ernst nehmen

II. Impulse für eine Modernisierung der Schule

Zum Geleit
Ministerpräsident Erwin Teufel

»Was wollen die Alten mit den Jungen?«

Dank »PISA« ist das Thema »Bildung« in die öffentliche Diskussion zurückgekehrt. Das ist die gute Nachricht. Die schlechte Nachricht lautet, dass Bildung vor allem unter institutionellen Gesichtspunkten diskutiert wird. Wer die bildungspolitische Debatte der letzten Jahre analysiert, wird feststellen, dass bei uns nicht so sehr über Bildungsinhalte und -ziele gestritten wird als vielmehr über die Frage, wie Schule organisiert sein soll: eingliedrig oder dreigliedrig, in Ganz- oder Halbtagsform, mit acht- oder neunjährigen Gymnasien, mit mehr oder weniger Computereinsatz. Das alles sind zweifellos wichtige Themen, zu denen auch ich eine dezidierte Meinung habe. Trotzdem müssen wir uns darüber im Klaren sein, dass Strukturen und Institutionen immer nur eine dienende Funktion haben. Wichtiger als der institutionelle Rahmen, in dem Bildung sich vollzieht, ist die Frage, an wen sie sich richtet, welchem Ziel sie dient und welche Inhalte sie vermitteln soll.

»Die entscheidende Frage in Theorie und Praxis der Erziehung ist: ›Was wollen die Alten mit den Jungen?‹« Dieser klassische Satz aus Friedrich Schleiermachers Vorlesung über die Erziehung aus dem Jahr 1826 gilt auch heute noch. So lange wir uns nicht darauf verständigt haben, welche Ziele wir mit der Bildung und Erziehung junger Menschen verfolgen, wird uns auch die beste Schulstruktur nicht weiterhelfen.

Der vorliegende Sammelband will einen Beitrag zur Schließung dieser Lücke leisten. Sein Titel »Bildung und Erziehung« macht dabei deutlich, dass Wissens- und Wertevermittlung untrennbar zusammengehören. Die technokratische Vorstellung, man könne Bildung auf die bloße Vermittlung von Sach- und Faktenwissen beschränken, ist mehr als naiv. Wissen ohne Orientierung ist – immer wahrsten Sinne des Wortes – wert-los. Der Untertitel »Perspektiven auf die Lebenswelten von Kindern und Jugendlichen« verweist auf den methodischen Ansatz des Buches: Bildung und Erziehung sollen vom Kind her gedacht werden.

Deshalb nehmen die verschiedenen Beiträge dieses Bandes neben dem Bildungssystem auch weitere Aspekte der Lebenswelt von Kindern und Jugendlichen in den Blick: Familie und soziale Bindungen, das Eintauchen in Sprache und Kultur, das Kennenlernen der natürlichen Umwelt, die Begegnung mit der Medienwelt, aber auch die Konfrontation mit der Gottesfrage.

Um die Frage nach den Zielen und Inhalten von Bildung hat unsere Gesellschaft sich in den letzten Jahren zumeist gedrückt. Nicht, dass wir die Debatte über den Kernkanon nicht geführt hätten. Aber wenn wir ehrlich sind, müssen wir zugeben, dass die Ausrichtung unserer Curricula oft von kurzfristigen gesellschaftlichen Trends – und manchmal auch von den unerfüllten Träumen der Lehrer- und Elterngeneration – bestimmt wurde: Da gab es die – zweifellos berechtigte – Forderung nach mehr Internationalität und Fremdsprachenausbildung; da gab es den Wunsch, dass Schule die jungen Menschen stärker mit wirtschaftlichen Zusammenhängen vertraut machen müsse. Und da gab es schließlich die Forderung nach einer umfassenden Computer-Ausbildung in der Schule. Um nicht falsch verstanden zu werden: Jede dieser Forderungen ist richtig und nachvollziehbar. Dennoch müssen wir sehen, dass niemand damit gedient ist, wenn wir in der Bildungspolitik jedes Jahr einen neuen Paradigmenwechsel verkünden. Bildung ist ein langfristiger Prozess, der mit einem kostbaren Gut hantiert, nämlich mit der Lebenszeit und den Lebenschancen junger Menschen. Deshalb ist Verlässlichkeit eine der wichtigsten Anforderungen, die ein gutes Bildungssystem erfüllen muss.

Eine verantwortungsbewusste Bildungspolitik setzt voraus, dass man sich über grundlegende Ziele und Inhalte verständigt, die über den Tag hinaus Geltung haben: Welche Fähigkeiten und Kenntnisse sind von wirklich existenzieller Bedeutung für ein gelingendes Leben? Welche Kompetenzen sind dagegen zweitrangig? Welche Inhalte muss ein junger Mensch in der Schule lernen, und welche Lernerfahrungen kann und sollte er vielleicht erst später machen? Bei dieser Kanondiskussion dürfen wir freilich nicht der Versuchung erliegen, alles für gleich wichtig zu erklären. Eine Bildungspolitik nach dem Motto »von allem etwas« stellt nicht nur eine gewaltige Zeit- und Ressourcenverschwendung dar, sondern sie setzt auch die falschen Signale: Wir erwarten mit Recht von unseren Kindern, dass sie in der Lage sind, zwischen Wichtigem und Unwichtigem zu unterscheiden und sich auf Wesentliches zu konzentrieren. Von wem aber sollen sie diese Fähigkeit erlernen, wenn wir bereits bei der Auswahl von Bildungsinhalten nicht in der Lage sind, Vor- und Nachrangigkeiten klar zu benennen?

Bildung ist eine ganzheitliche Aufgabe, die sich nicht auf bestimmte Institutionen und Professionen delegieren lässt. Die Vorstellung, dass allein oder in erster Linie der Staat und die Berufsgruppe der Lehrerinnen und Lehrer für die Bildung verantwortlich seien, ist ebenso bequem wie falsch. Bildung ist nicht zuerst eine Frage der Institutionen, sondern eine Frage der Kommunikation – und zwar zwischen Kindern, Eltern und Lehrern. Es ist richtig, dass der Staat und die Lehrerinnen und Lehrer eine besondere Verantwortung für die Bildung haben. Aber ebenso richtig ist, dass wir sie mit dieser Verantwortung nicht allein lassen dürfen.

Die Frage der Abschiebung von Verantwortung muss im Übrigen auch bei der Debatte über die Ganztagsschule stärker berücksichtigt werden. Eine Ausweitung der Ganztagsschule, für die es in bestimmten Fällen durchaus gute Gründe geben mag, bedeutet nämlich auch, dass Erziehungsverantwortung von den Eltern auf staatliche Institutionen übertragen wird. Ich sehe dabei die große Gefahr einer Überlastung der Lehrerinnen und Lehrer. Die Lehrkräfte an unseren Schulen leisten unter oft schwierigen Bedingungen großartige Arbeit. Aber wir dürfen sie nicht überfordern. Wer die Schule zum Reparaturbetrieb für jedes gesellschaftliche Defizit machen will, mutet ihr mehr zu, als er selbst zu leisten bereit ist. Das kann auf Dauer nicht gut gehen.

Obwohl Baden-Württemberg bei der PISA-Studie und anderen Untersuchungen in Relation zu anderen Ländern vergleichsweise gute Ergebnisse erzielt hat, haben wir uns auf unseren Erfolgen nicht ausgeruht. In den letzten Jahren haben wir im Schulbereich drei große Reformprojekte vorangetrieben:

1. Mit der flächendeckenden Einführung des achtjährigen Gymnasiums tragen wir der veränderten Lebenswirklichkeit junger Menschen Rechnung. Und wir machen deutlich, dass im Bildungsbereich Qualität wichtiger ist als Quantität.

2. Dieser Gedanke bestimmt auch unsere Bildungsplanreform, die kurz vor dem Abschluss steht. Die Bildungsplanreform verfolgt das Ziel, einen Kernkanon und klare Bildungsstandards zu definieren, die sich nicht nur auf das Sach- und Methodenwis-

sen der Kinder und Jugendlichen beziehen, sondern auch auf ihre sozialen und personalen Kompetenzen.

3. Die dritte Reform im Bildungsbereich betrifft die gymnasiale Oberstufe. Durch die Einführung so genannter Kernfächer (Deutsch, Mathematik, eine Fremdsprache) beugen wir einer verfrühten Spezialisierung vor und stellen sicher, dass junge Menschen auf diesen zentralen Gebieten eine Grundausbildung auf hohem Niveau erhalten, die den Anforderungen von Wirtschaft und Universitäten eher genügt als das bisherige Verfahren, bei dem auch klassische »Hauptfächer« zu Grundkursen herabgestuft werden konnten. Darüber hinaus darf nicht übersehen werden, dass die Einführung der Kernfächer auch zu einer besseren Vergleichbarkeit der Abiturnoten und damit letztlich zu mehr Gerechtigkeit im Bildungssystem beiträgt.

Der bundesweit beachtete Kongress »Bildung stärkt Menschen«, der im Frühjahr 2002 in Ulm stattfand, und der Bildungsrat von Baden-Württemberg haben diese Entwicklungen beratend begleitet. Darüber hinaus bringen auch viele der Autorinnen und Autoren des vorliegenden Sammelbandes ihre Erkenntnisse und Erfahrungen in den Reformprozess ein.

Unsere Gesellschaft definiert sich gerne als »Wissensgesellschaft« oder »lernende Gesellschaft«. Tatsächlich ist Wissen in unserem Teil der Welt heute einer der wichtigsten Produktionsfaktoren. Und weil die Menge des verfügbaren Wissens in einem nie gekannten Tempo zunimmt, wird Lernen immer mehr zu einer Lebensaufgabe. Das lebenslange oder lebensbegleitende Lernen wird auch die Gestalt und den Auftrag unserer Bildungsinstitutionen verändern. Es ist eine Illusion zu glauben, man könne junge Menschen in Schule, Ausbildung und Studium mit allen Kenntnissen und Fähigkeiten ausstatten, die sie für den Rest ihres Lebens benötigen. Unter den Bedingungen des lebenslangen Lernens wird die Schule sich in Zukunft verstärkt auf die Vermittlung von Schlüsselkompetenzen beschränken müssen. Dadurch verliert sie keineswegs an Bedeutung. Im Gegenteil: Lebenslanges Lernen kann nur gelingen, wenn es auf einer soliden Erstausbildung aufbaut. Zu den Kernkompetenzen, die Schule in Zukunft verstärkt anbieten muss, gehört auch die Fähigkeit zum eigenständigen Lernen. Vor allem aber ist es wichtig, dass Kinder und Jugendliche erfahren, dass Wissen Spaß macht und dass Anstrengung nicht nur mühselig ist, sondern auch Freude und Befriedigung vermitteln kann.

Was brauchen wir also für eine gelingende Bildung? Natürlich brauchen wir eine funktionierende Infrastruktur und vor allem gut ausgebildete und hoch motivierte Lehrerinnen und Lehrer. Aber darüber hinaus benötigen wir ein Umfeld, das Leistung und Anstrengung nicht diskreditiert, sondern das zum Lernen ermutigt. Vor allem aber brauchen wir Vorbilder: Eltern, Lehrer und Politiker, die nicht ausweichen, wenn junge Menschen eine Antwort von ihnen erwarten, sondern die sagen, was sie denken, und tun, was sie sagen. Lernen ist nämlich letztlich immer eine Frage des Vertrauens und der Glaubwürdigkeit. Und Vertrauen ist das Grundkapital, von dem jede soziale Beziehung lebt.

Vorwort

Wenn wir über Bildung und Erziehung nachdenken, dann stehen im Zentrum Kinder und Jugendliche. Unser Wissen über deren Lebenswelten und damit verbundene prägende Faktoren ist ein Schlüssel für verbesserte Konzepte der Bildung und der Stärkung von Erziehung.

Die Kenntnisse über unterschiedliche Entwicklungsphasen in Kindheit und Jugend hat in letzter Zeit vor allem zu einer stärkeren Beachtung der frühen Jahre für Bildung und Erziehung geführt. Oder anders gesagt: Bildung beginnt nicht erst in der Schule. Bildung beginnt zu Hause. Die Neurowissenschaften sprechen von einem engen Zusammenhang zwischen Bindungsfähigkeit und Bildungsfähigkeit. Die Erfahrung stabiler menschlicher Beziehungen gilt als wesentliche Voraussetzung für die Herausbildung elementarer Lernfähigkeiten. Deshalb bezieht sich auch die bildungspolitische Diskussion nicht allein auf die Institution Schule. So wichtig die Weiterentwicklung einer anregenden und motivierenden Lernkultur in unseren Schulen ist, so sehr richtet sich der Blick auch auf den Bildungsauftrag der Kindertagesstätten und die notwendige unterstützende Begleitung durch die Familie. Zahlreiche Beiträge dieses Buches beschäftigen sich deshalb mit Themen, die zu einem besseren Verständnis außerschulischer Einflussfaktoren auf Bildung und Erziehung beitragen können.

Letztlich verbindet die Arbeit in unseren Schulen und die lebensweltlichen Prägungen in Kindheit und Jugend, dass die Voraussetzung für Gelingen im Sinne einer guten Entwicklung, einer qualitätsvollen Bildung und überzeugender Erziehungskonzepte das Interesse der jeweiligen Erwachsenengenerationen an Kindern und Jugendlichen ist.

Schließlich: In Zeiten rascher Veränderungen verlangt Pädagogik auch Kontinuität und langen Atem. So unbestritten der Reformbedarf in unseren Schulen ist, so sehr verlangt jede einzelne Reform auch Sorgfalt und Geduld, langfristig überzeugende Perspektiven und stimmige Konzepte. Wie erfolgreich die Reformgeschichte sein wird, an der wir in Deutschland im Blick auf schulische Bildung arbeiten, entscheidet sich letztlich daran, wie viel Neugierde, Selbstvertrauen, Orientierung sowie Lern- und

Leistungsbereitschaft bei Kindern und Jugendlichen geweckt werden.

Die Beiträge dieses Buches sollen helfen, eine in diesem Sinne überzeugende Reformgeschichte zu schreiben.

Stuttgart, im Dezember 2003   *Annette Schavan*

I. Kinder und Jugendliche
ernst nehmen

Gerald Hüther
Kinder brauchen Wurzeln.
Zum Verhältnis von Bindung und Bildung

Der allgemeine Zusammenhang zwischen
Bindung und Bildung

Im Mittelalter glaubten die Menschen, die Erde sei eine Scheibe. Diese Vorstellung entsprach dem, was sie tagtäglich sahen: Flaches Land mit Hügeln und Bergen, mit Flusstälern und Küstenstreifen. Dort waren sie zu Hause, dort kannten sie sich aus, und dort gab es genug zu tun. Das Bild, das sich die Menschen damals von der Welt machten, war beschränkt, aber den meisten Menschen reichte es damals offenbar, um sich in ihrer Welt zurechtzufinden.

Heute lächeln wir über die Naivität dieses mittelalterlichen Weltbildes und vergessen dabei allzu leicht, dass auch so manche der Vorstellungen, die das Denken, Fühlen und Handeln der meisten Menschen heute, zu Beginn des 21. Jahrhunderts, bestimmen, von unseren nachfolgenden Generationen wohl ebenso belächelt werden. Das mag weniger für unsere heutigen Annahmen über die Beschaffenheit der Erde gelten, dafür aber umso mehr für die Vermutungen, die wir bisher über uns selbst, über die Beschaffenheit unserer eigenen Natur anzustellen im Stande waren. »Die Erde haben sie auf der Suche nach immer neuen Ressourcen bis in die letzten Winkel erforscht und umgekrempelt, sie sind auf den Mond geflogen, haben Atome gespalten und Gene manipuliert, aber sich selbst haben sie nicht gekannt.« So oder so ähnlich könnte das Urteil unserer Nachkommen – falls wir die Erde nicht vorher in Schutt und Asche gelegt, ausgeplündert und auf andere Weise unbewohnbar gemacht haben – ausfallen und vielleicht auch in den Schulbüchern ihrer Kinder nachzulesen sein.

Vieles spricht dafür, dass die heutigen Hirnforscher mit ihren neuen Erkenntnissen dabei sind, das gegenwärtige, noch aus dem Mittelalter stammende Menschenbild ebenso nachhaltig infrage zu stellen und zu erschüttern wie einst die ahnungslosen Seefahrer, die vor einem halben Jahrtausend das mittelalterliche Weltbild mit ihren Entdeckungsreisen über die Weltmeere zum Einsturz gebracht hatten. Mit Hilfe der sogenannten bildgebenden Verfahren (f-NMR, SPECT, PET) ist es den Psycho- und Neurobiologen in den letzten Jahren gelungen, dem intakten Gehirn gewissermaßen bei der Arbeit zuzuschauen und auf diese Weise bisher kaum vorstellbare Einblicke in den Aufbau und die Arbeitsweise des menschlichen Gehirns zu gewinnen. Was sie bei dieser Entdeckungsreise bisher zutage gefördert haben, ist bemerkenswert:

Die komplexen Nervenzellverschaltungen, die das Denken, Fühlen und Handeln eines Menschen bestimmen, entwickeln sich nicht von allein. Ihre Ausformung hängt davon ab, wie und wofür ein Mensch sein Gehirn benutzt. Entscheidend dafür sind die individuellen Erfahrungen, die er im Laufe seines Lebens, vor allem während seiner Kindheit zu machen Gelegenheit hatte oder machen musste. Die wichtigsten Erfahrungen, die Menschen im Laufe ihres Lebens (und vor allem während ihrer Entwicklung) prägen, sind psychosozialer Natur, sind also Erfahrungen, die sich aus dem Zusammenleben mit anderen ergeben. Der Aufbau und die Arbeitsweise des menschlichen Gehirns ist daher in weit stärkerem Maß als bisher angenommen durch soziale »Beziehungserfahrungen« determiniert. Das menschliche Gehirn ist somit – zumindest in all jenen Bereichen, in denen es sich vom Gehirn unserer tierischen Verwandten unterscheidet – ein soziales Produkt, und als solches funktioniert es nicht in erster Linie als Denk-, sondern als Sozialorgan. Soziale Erfahrungen, also Erfahrungen im Zusammenleben mit anderen, werden deshalb so tief im Hirn verankert, weil sie mit einer Aktivierung emotionaler Zentren in besonders früh angelegten, tiefer liegenden Hirnregionen einhergehen. Die Stimulation dieser emotionalen Zentren führt zur Ausschüttung von Botenstoffen, die die Genexpression von Nerven- und Gliazellen verändern, Wachstumsfaktoren freisetzen und Umbauprozesse initiieren, die zur Bahnung und Festigung all jener Nervenzellverschaltungen beitragen, die unter den Bedingungen einer emotionalen Reaktion aktiviert werden. Gefühle sind deshalb nicht ein überflüssiges Relikt aus unserer Stammesgeschichte, sondern die entscheidenden Trigger für alle Lernprozesse. Ohne Aktivierung der emotionalen Zentren bleibt nichts im Hirn »haften«, und wenn Gefühle im Spiel sind, bleibt allzu leicht auch das haften, was lieber schnell wieder vergessen werden sollte, weil es die weitere Nutzung des Gehirns in später oftmals fataler Weise behindert. Damit die emotionalen Zentren aktiviert werden, muss etwas passieren, das einem Menschen »unter die Haut geht«. Er braucht also Probleme im Zusammenleben mit anderen Menschen, die es zu lösen gilt, und er braucht die Begeisterung über eine (möglichst gemeinsam mit anderen) bewältigte Herausforderung. Nur wer sich mit anderen Menschen verbunden weiß und fühlt, dem gehen die Probleme, die sich im Zusammenleben ergeben, auch wirklich unter die Haut, nur der hat das Bedürfnis, gemeinsam mit anderen nach tragfähigen Lösungen zu suchen, und nur der kann die Freude über ein erfolgreich bewältigtes Problem auch mit anderen Menschen teilen. Deshalb sind emotionale Bindungen so wichtig für die Nutzung und damit auch für die Strukturierung des menschlichen Gehirns.

Aufgrund seiner individuell im Zusammenleben mit anderen Menschen gemachten und im Hirn in Form bestimmter Nervenzellverschaltungen entsprechend verankerten Erfahrungen gelangt jeder einzelne Mensch im Lauf seines Lebens zu bestimmten Annahmen und entwickelt bestimmte Vorstellungen über die (soziale) Welt, über die Art seiner Beziehungen zur äußeren (sozialen) Welt und über seine Möglichkeiten zur Mitgestaltung dieser Welt. Diese Vorstellungen werden als innere Orientierungen, Selbstwirksamkeitskonzepte und eigene Leitbilder im Hirn verankert. Sie bieten einem Menschen Halt und Sicherheit, bestimmen seine Entscheidungen, lenken seine Aufmerksamkeit in bestimmte Richtungen und sind daher ganz entscheidend dafür, wie und wofür der Mensch sein Gehirn benutzt und daher auch strukturiert. Die konkrete Form dieser inneren Bilder und Orientierungen, die ein Mensch im Lauf seines Lebens für seine weitere Lebensgestaltung findet, hängt im hohen Maß von den jeweils vorgefundenen und als besonders »erfolgreich« bewerteten Vorbildern ab, die er als Heranwachsender innerhalb seines Kulturkreises und der dort herrschenden sozialen (familiären und gesellschaftlichen) Beziehungen vorfindet. Zwangsläufig ergibt sich daraus, dass die »Denkmuster«, die »Gefühlsstrukturen« und die im Lauf des Lebens erworbenen Fähigkeiten und Fertigkeiten von Menschen aus verschiedenen Kulturkreisen – und innerhalb eines Kulturkreises, von Menschen aus unterschiedlichen Familien und Sippen, von Männern und Frauen, von Erstgeborenen und Nachgeborenen – mehr oder weniger stark voneinander abweichen. Da nirgendwo auf der Welt identische Bedingungen herrschen, unter denen die Menschen identische Erfahrungen machen, ist jedes menschliche Gehirn ein einzigartiges Konstrukt. Es wird herausgeformt durch das Zusammenspiel einzigartiger mitgebrachter Anlagen und selbstgemachter Erfahrungen, und die auf diese Weise entstandenen und gefestigten neuronalen Verbindungen und Verschaltungsmuster verleihen dem betreffenden Menschen seine individuellen Begabungen, Fähigkeiten und Fertigkeiten. Je größer die Vielfalt individuell unterschiedlicher Denk-, Gefühls- und Handlungsmuster in einer menschlichen Gemeinschaft ist, desto reichhaltiger ist der Schatz, aus dem diese Gemeinschaft die geeignetste Lösung zur Bewältigung ihrer Probleme auswählen kann.

Die Bewahrung und Weitergabe dieses Schatzes an bisher von Menschen zu unterschiedlichen Zeiten und unter unterschiedlichsten Bedingungen gemachten Erfahrungen von einer Generation zur nächsten ist das Ziel von Bildung. Bildung hat also – in dem sie das von einer sozialen Gemeinschaft bisher durch gemeinsame Anstrengungen erreichte, erkannte und nutzbar gemachte Wissen überliefert – eine Erfahrungen bewahrende und Wissen erhaltende Funktion. Gleichzeitig wirkt Bildung zusammenhalts- und damit bindungsfördernd auf die Gemeinschaft. Durch das Zusammenführen der bisher von den Mitgliedern einer sozialen Gemeinschaft überlieferten oder selbstgemachten Erfahrungen, Entdeckungen und Erlebnisse entsteht ein für jeden einzelnen zugänglicher, allgemeiner »Wissenspool«, der individuell und kollektiv zur Lösung zukünftiger Probleme genutzt werden kann. Bildung stärkt also nicht nur die Problemlösungskompetenz jedes einzelnen Menschen, sondern auch den Zusammenhalt und die Zukunftsfähigkeit der Gemeinschaft, in der diese Menschen durch gemeinsame Bildungserfahrungen und einen gemeinsamen Bildungshintergrund miteinander verbunden sind.

Die Bedeutung Sicherheit bietender Bindungsbeziehungen für die Hirnentwicklung

Bei oberflächlicher Betrachtung erscheint es so, als entwickle sich das menschliche Gehirn von allein. Wie von einer unsichtbaren Hand gesteuert, teilen sich die Neuroblasten in den verschiedenen Abschnitten des Neuralrohres mit einer bestimmten Geschwindigkeit, die so entstandenen Neuronen und Neuronengruppen wandern anschließend entlang unsichtbarer Gradienten und Wegweiser zu ihren späteren Lokalisationen. Von dort wachsen dendritische und axonale Fortsätze aus und bilden ein komplexes Muster von Verbindungen und Verschaltungen zwischen den verschiedenen Kerngebieten innerhalb des sich entwickelnden Gehirns. Sensorische Eingänge erreichen mit ihren Nervenfasern die sich herausformenden Kerngebiete und regionalen Netzwerke und bilden mit den aus anderen Bereichen des Gehirns in die peripheren Organe auswachsenden Fortsätzen komplexe Regelkreise und Netzwerke. Nervenzellen, die nicht in solche funktionellen Netzwerke integriert werden können, werden durch »programmierten Zelltod« (Apoptose) eliminiert.

Was für die endgültige Anzahl an Neuronen gilt, mit denen das menschliche Gehirn zum Zeitpunkt der Geburt ausgestattet ist, gilt auch für die synaptische Verschaltungsdichte, die in den und zwischen den sich herausformenden regionalen Netzwerken erreicht wird. Diese regionalen Netzwerke reifen sequenziell von kaudal nach rostral. In jeder dieser Regionen wird zunächst von den auswachsenden Neuriten ein erheblicher »Überschuss« an Vernetzungen und synaptischen Verbindungen geschaffen. Anschließend werden all jene »synaptischen Angebote« wieder aufgelöst und eliminiert, die nicht in funktionelle Netzwerke integriert und durch synaptische Erregungsübertragung stabilisiert werden können.

Dieser Prozess der Elimination überschüssiger Synapsen und der Herausformung stabiler Verschaltungsmuster ist zum Zeitpunkt der Geburt nur in den älteren Hirnregionen (Hirnstamm, Thalamus, Hypothalamus) bereits weitgehend abgeschlossen. In jüngeren, sich später und langsamer entwickelnden Regionen (jüngere Bereiche des limbischen Systems, Kortex) dauert er noch länger nach der Geburt an. In den jüngsten, besonders plastischen und durch postnatale Erfahrungen formbaren Bereichen des Neokortex (präfrontaler Cortex, sog. »Stirnlappen«) ist dieser Prozess der Synaptogenese und der nachfolgenden funktionellen Stabilisierung komplexer synaptischer Verschaltungsmuster bis zur Pubertät nicht abgeschlossen. Möglicherweise bleibt die erfahrungs- und nutzungsabhängige Plastizität in diesen Bereichen des menschlichen Gehirns zeitlebens erhalten.

Der Frontal- oder Stirnlappen ist diejenige Hirnregion, die in besonderer Weise daran beteiligt ist, aus anderen Bereichen des

Gehirns eintreffende Erregungsmuster zu einem Gesamtbild zusammenzufügen und auf diese Weise von »unten«, aus tiefer liegenden und früher ausgereiften Hirnregionen eintreffende Erregungen und Impulse zu hemmen und zu steuern. Ohne Frontalhirn kann man keine zukunftsorientierten Handlungskonzepte und inneren Orientierungen entwickeln, kann man nichts planen, kann man die Folgen von Handlungen nicht abschätzen, kann man sich nicht in andere Menschen hineinversetzen und deren Gefühle teilen, auch kein Verantwortungsgefühl empfinden. Unser Frontalhirn ist die Hirnregion, in der wir uns am deutlichsten von allen Tieren unterscheiden. Und es ist die Hirnregion, die in besonderer Weise durch den Prozess strukturiert wird, den wir Erziehung und Sozialisation nennen.

Wie wenig wir über die Bedeutung nutzungsabhängiger Plastizität für die Hirnentwicklung wissen, wie rasch und wie unerwartet alte, bislang für richtig gehaltene Theorien ins Wanken geraten sind, machen neuere Untersuchungen über die mit bildgebenden Verfahren nachweisbaren entwicklungsabhängigen strukturellen Veränderungen des menschlichen Gehirns deutlich. Bei Kindern von drei bis sechs Jahren kommt es insbesondere in den frontocortikalen Hirnbereichen, die die Planung und Organisation von Handlungen sowie die Konzentrationsfähigkeit auf bestimmte Aufgaben steuern, zu einer deutlichen Volumenzunahme. Bei Jugendlichen von sechs bis zwölf Jahren lässt sich insbesondere eine verstärkte Ausformung und Vergrößerung in solchen Regionen nachweisen, die eine besondere Bedeutung für räumliches Vorstellungsvermögen und abstraktes Denken besitzen (parietaler und occipitaler Kortex). Kurz vor der Pubertät kommt es dann zu einer zweiten Phase des weiteren Ausbaus neuronaler Verschaltungen im frontalen Kortex, der erneut mit einer messbaren Volumenzunahme einhergeht. Eine weitere Umstrukturierungsphase beginnt nach der Pubertät. Was während dieser Phase geschieht, wird wesentlich von der Regel »use it, or lose it« bestimmt.

Das alles heißt, dass nicht nur die frühe Kindheit, sondern die gesamte Jugendphase eine entscheidende Entwicklungsperiode darstellt, in der das Gehirn durch die Art seiner Nutzung gewissermaßen »programmiert« wird. Das Ausmaß und die Art der Vernetzung neuronaler Verschaltungen, insbesondere im frontalen Kortex, hängt also ganz entscheidend davon ab, womit sich

Kinder und Jugendliche besonders intensiv beschäftigen, zu welcher Art der Benutzung ihres Gehirns sie im Verlauf des Erziehungs- und Sozialisationsprozesses angeregt werden. Damit die hochkomplexen Verschaltungsmuster innerhalb des Frontalhirns wie auch zwischen dem Frontalhirn und den anderen Bereichen der Hirnrinde und den tiefer liegenden, sogenannten subkortikalen Netzwerken entsprechend ausgebildet werden können, müssen Kinder vielfältige Gelegenheiten bekommen, sich selbst und ihre Wirkungen auf andere Menschen wahrzunehmen. Die Fähigkeit zur Wahrnehmung komplexerer und subtilerer Erscheinungen und Prozesse in der äußeren Welt und zur Entdeckung der immer komplexer und subtiler werdenden eigenen Möglichkeiten zu deren Beeinflussung und Gestaltung entwickelt sich während der ersten Lebensjahre mit einer enormen Dynamik. Nie wieder im späteren Leben ist ein Mensch so offen, so neugierig, so kreativ und so lernfähig wie während der Phase seiner frühen Kindheit. Die entscheidende Frage ist also nicht, wie diese Begabungen entstehen, sondern weshalb und unter welchen Bedingungen sie im Lauf der weiteren Entwicklung eines Kindes verkümmern können. Der Schlüssel zum Verständnis dieses Phänomens ist in der Qualität der frühkindlichen Bindungsbeziehungen zu suchen.

Jedes Kind ist einzigartig und verfügt über einzigartige Potentiale zur Ausbildung eines komplexen, vielfach vernetzten und zeitlebens lernfähigen Gehirns. Ob und wie es ihm gelingt, diese Anlagen zu entfalten, hängt ganz wesentlich von den Entwicklungsbedingungen ab, die es vorfindet, und von den Erfahrungen, die es während der Phase seiner Hirnreifung machen kann. Jedes Kind braucht ein möglichst breites Spektrum unterschiedlichster Herausforderungen, um die in seinem Gehirn angelegten Verschaltungen auszubauen, weiterzuentwickeln und zu festigen, und jedes Kind braucht das Gefühl von Sicherheit und Geborgenheit, um neue Situationen und Erlebnisse nicht als Bedrohung, sondern als Herausforderung bewerten zu können. Beides gibt es nur in der intensiven Beziehung zu anderen Menschen, und es sind die frühen, in diesen Beziehungen gemachten und im kindlichen Hirn verankerten psychosozialen Erfahrungen, die seine weitere Entwicklung bestimmen und sein Fühlen, Denken und Handeln fortan lenken. Damit sind Sicherheit bietende emotionale Bindungen die wohl wichtigste Voraussetzung für eine optimale Hirnentwicklung. Störungen dieser emotionalen Beziehungen stellen für Kinder, je früher sie auftreten, umso weniger zu bewältigende Belastungen dar. Sie führen zu einer massiven und langanhaltenden Aktivierung stress-sensitiver Regelkreise im kindlichen Gehirn. Die damit einhergehende vermehrte Ausschüttung bestimmter Botenstoffe und Hormone hat einen destabilisierenden Einfluss auf bereits entstandene neuronale Verschaltungen. Deshalb beobachtet man in schweren Fällen psychischer Traumatisierung (Missbrauch) regressive, psychopathologische Entwicklungen (Dissoziation, Depersonalisation, Störungen der Körperwahrnehmung, selbstverletzendes Verhalten etc.). In weniger schweren Fällen früher Bindungsstörungen führt die mangelnde emotionale Sicherheit häufig zur Ablehnung der primären (und sekundären) Bezugspersonen. Sie geht mit einer vermehrten Nutzung und Bahnung pseudoautonomer Bewältigungsstrategien einher (Selbstbezogenheit, narzisstisches, destruktives, aggressives, introvertiertes Verhalten). Bei anderen emotional verunsicherten Kindern kommt es zur überstarken, abhängigen »Anklammerung« an bestimmte Bezugspersonen (auch Peers) und damit zu einer mangelhaften Aneignung autonomer Bewältigungsstrategien (Abhängigkeit, Ich-Schwäche, Fremdbestimmtheit). In allen Fällen fehlen die erforderlichen Voraussetzungen zur Ausformung und Stabilisierung komplexer neuronaler Netzwerke im Frontalhirn zur Steuerung von Aufmerksamkeit und situationsgerechtem Verhalten (Selbstwirksamkeit, Impulskontrolle, Motivation, Empathiefähigkeit, emotionale und soziale Kompetenz).

Kinder mit solchen Defiziten sind allzu leicht überfordert und überwältigt, wenn sie mit den komplexen Anforderungen des Zusammenlebens und des gemeinsamen Lernens in Kindergarten und Schule konfrontiert werden. Sie müssen versuchen, die daraus resultierenden psychoemotionalen Belastungen zu bewältigen. In Ermangelung hinreichend komplexer Strategien zur Steuerung ihrer Aufmerksamkeit, zur Konfliktlösung und zur Handlungsplanung greifen sie unter diesen Bedingungen meist auf ihre im familiären Rahmen bis dahin entwickelten Handlungsmodelle und Reaktionsweisen zurück. Auf diese Weise werden die im Zuge dieser Reaktion aktivierten Verschaltungsmuster immer effektiver ausgebaut und gebahnt. Allzu schnell geraten diese Kinder so in einen circulus vitiosus, aus dem sie aus eigener Kraft keinen Ausweg mehr finden.

Die Bildungsangebote von Kindergärten und Schulen können von solchen Kindern nur in dem Umfang aufgegriffen werden, wie ihnen diese Angebote geeignet erscheinen, um ihr labiles emotionales Gleichgewicht zu stabilisieren. Wonach diese Kinder suchen und worauf sie ihre ganze Aufmerksamkeit richten, ist nicht das angebotene Wissen, die vermittelten Fähigkeiten und Fertigkeiten, sondern ein Gefühl: das Bedürfnis nach Halt und Sicherheit, nach Anerkennung und Orientierung. Was diese Kinder also brauchen, sind nicht immer bessere Unterrichtsformen und Lehrmethoden, sondern authentische, begeisterungsfähige, einfühlsame und Sicherheit bietende, also psychosozial kompetente und emotional intelligente Erzieher und Lehrer. In dem Maß, wie die Prävalenz früher Bindungsstörungen in einer Gesellschaft zunimmt, sind die Bildungseinrichtungen immer stärker gezwungen, an Stelle von Bildung zunächst die zur Annahme ihrer Bildungsangebote erforderlichen Voraussetzungen zu schaffen.

Wer Bildung vermitteln will, muss Bindung stärken

Bei keiner anderen Tierart, auch nicht bei unseren nächsten Verwandten, den Menschenaffen, sind die Nachkommen beim Erlernen dessen, was für ihr Überleben wichtig ist, so sehr und über einen derartig langen Zeitraum auf Fürsorge und Schutz, Unterstützung und Lenkung durch die Erwachsenen angewiesen, und bei keiner anderen Art ist die Hirnentwicklung in solch hohem Ausmaß von der emotionalen, sozialen und intellektuellen Kompetenz dieser erwachsenen Bezugspersonen abhängig wie beim Menschen. Da diese Fähigkeiten bei den für die Gestaltung der Entwicklungsbedingungen eines Kindes maßgeblichen Erwachsenen unterschiedlich gut entwickelt sind, können die genetischen Potenzen zur Herausformung hochkomplexer, vielseitig vernetzter Verschaltungen im Gehirn der betreffenden Kinder nicht immer in vollem Umfang entfaltet werden. Die Auswirkungen derartiger suboptimaler Entwicklungsbedingungen werden allerdings meist erst dann sichtbar, wenn die heranwachsenden Kinder Gelegenheit bekommen, ihre emotionale, soziale und intellektuelle Kompetenz unter Beweis zu stellen, z. B. in der Schule. Sogar bei Ratten ist die transgenerationale Weitergabe von Defiziten der Erziehungskompetenz inzwischen empirisch nachgewiesen worden. Bindungsgestörte Erwachsene können keine sicheren emotionalen Bindungsbeziehungen herstellen. Beim Versuch, diese recht eindeutigen tierexperimentellen Befunde auf den Menschen zu übertragen, stößt man gegenwärtig jedoch noch immer auf erhebliche Akzeptanzprobleme. Diese Ablehnung macht deutlich, wie sehr die tatsächliche Tragweite der sich aus derartigen Erkenntnissen ergebenden Folgerungen erahnt wird und erklärt zugleich den Umstand, dass sich in der Vergangenheit deterministische Vorstellungen einer primär durch genetische Programme gesteuerten Hirnentwicklung wesentlich erfolgreicher verbreiten und im Bewusstsein ganzer Bevölkerungsschichten verankern ließen und zwangsläufig auch zu tragenden Säulen medizinischer, biologischer, psychologischer und sogar soziologischer Theoriegebäude geworden sind.

Für alle Maßnahmen zu Bildungsreformen gilt: Nur wo Bindungen entstehen, kann gelingen, was Bildung erreichen will: die Weitergabe des bisher gesammelten Wissens, der bisher erworbenen Fähigkeiten und Fertigkeiten einer Generation – durch dafür besonders ausgebildete und an dieser Aufgabe besonders interessierte Erwachsene – an die jeweils nachfolgende Generation. Wenn Bildung nicht mehr in dieser Weise auf breiter Front gelingt, so geht der jeweils nachwachsenden Generation auch die Fähigkeit verloren, über ihre »mitgebrachten« Begrenzungen hinauszuwachsen. Sie bleiben gefangen in den Beschränktheiten der von vorausgegangenen Generationen geschaffenen Verhältnisse und in den Begrenzungen der transgenerational überlieferten Bindungs- und Bildungsdefizite.

Literaturhinweise

Hüther, Gerald: *Biologie der Angst*, Göttingen 1997.
Hüther, Gerald: *Die Evolution der Liebe*, Göttingen 1999.
Hüther, Gerald: *Bedienungsanleitung für ein menschliches Gehirn*, Göttingen 2001.
Gebauer, Karl/Hüther, Gerald: *Kinder brauchen Wurzeln*, Düsseldorf 2001.
–, *Kinder suchen Orientierung*, Düsseldorf 2002.
Hüther, Gerald / Bonney, Helmut: *Neues vom Zappelphilipp*, Düsseldorf 2002.

Donata Elschenbroich
Kinder als Naturforscher

> »Kolumbus! Kolumbus überall.«
>
> *Georg Christoph Lichtenberg,*
> *Sudelbücher*

Der Mond ist unter.
Geblieben: die vier Ecken
Des Tischs.

Ein Haiku von Bashō, dem wandernden Dichter, einem japanischen Zeitgenossen unserer Dichter des deutschen Barock. Haiku – ein Gedicht von siebzehn Silben auf drei Zeilen verteilt: fünf – sieben – fünf. In diese Regel gebunden wird ein Phänomen betrachtet, ein Naturphänomen meist, mit Bezug auf eine Jahreszeit, und oft mit einem überraschenden Wechsel von Perspektive oder Stimmung. Weniger eine Erfahrung wird da beschrieben als die Konstellation einer sich bildenden Erfahrung. Was bleibt, wenn das Licht erlöscht? Was ist die Welt jenseits von meiner Wahrnehmung? Ein anderes Haiku von Kobayashi Issa, auch er ein wandernder Dichter, entstanden einige Jahrzehnte später:

Er klebt wie Butter
an allem,
dieser Frühlingsschnee.

Die Stoffe, Materialien, und wie sie nie nur eine einzige Eigenschaft haben. Schnee im Frühling, die Spannung zwischen den Jahreszeiten. Der Stoff, erwartungsgemäß von anderer Eigenschaft, ist im Aggregatzustand »Frühlingsschnee« nicht locker, sondern klebrig, wie Fett. Ästhetisches Staunen, ästhetisches Erschrecken, kann das am Anfang stehen von Naturwissenschaft?

Noch ein Haiku von Kobayashi Issa:

Herbstnacht. Das Loch
in der Tür
spielt Flöte.

Und ein letztes Mal Kobayashi Issa, der das unscheinbare Getier liebte, von ihm sind zweihundert Haiku allein über Frösche überliefert:

Die Fliege auf dem
Lacktablett: plötzlich
ist sie ausgerutscht.

Der Mensch, im Wind, in den Jahreszeiten, und zwischen Lebewesen und den von Menschen gemachten, von ihnen hinterlasse-
nen Dingen. Ästhetisch innehaltend: So beobachtet auch oft das
Kind. Dem Blick des Haiku ist es nahe. Wenn das Bild gefunden
ist, kommt das Beobachten zur Ruhe, die Wahrnehmung ist ange-
kommen in einem Muster. Nicht das Identische beim Dichter und
beim Leser, sondern jeweils etwas Unverwechselbares, Eigenes.
Keine wissenschaftliche Erklärung. Aber vielleicht Vor-Physik?
Von der Martin Wagenschein sagte, sie sei mehr als nur eine arme
Verwandte der Physik.

Kinder, sie können gar nicht anders, sind Naturbeobachter.
Elementare Naturforscher, von Anfang an: Was bewegt die Welt,
was hält sie zusammen?

Was ist so interessant an Säuglingen?
»Wie sie sich interessieren!«

Bis Mitte des 20. Jahrhunderts hat man unterstellt, dass ein Säugling seine Umgebung überhaupt nicht wahrnimmt oder nur ver-
nebelt und konfus. Der rasante Methodenfortschritt der Säuglingsforschung – der amerikanische Säuglingsforscher Andrew
Meltzoff sagte einmal, die Videokamera habe für die Erforschung
der kognitiven Leistungen des Menschen Ähnliches geleistet wie
Galileis Teleskop für die Umwälzung des Weltbildes – hatte zur
Folge, dass sich die neurowissenschaftliche und entwicklungspsychologische Forschung in den vergangenen drei Jahrzehnten
stark auf die ersten Lebensmonate verlagert hat.

Die Entwicklung kindlichen Wissens, biologisches, physikali-
sches, numerisches, psychologisches Wissen, ist ein noch junges
Forschungsgebiet der kognitiven Entwicklungspsychologie.[1]

Ältere entwicklungspsychologische Theorien in der Folge von
Piaget nahmen an, dass sich die formale Struktur kindlicher Begriffe wesentlich von der der Erwachsenen unterscheidet. Neuere

---

1 Beate Sodian, Entwicklung begrifflichen Wissens, in: *Entwicklungspsychologie*, hg. von R. Oerter u. L. Montada, Mannheim 2002, S. 447 f.

Forschungen zeigen grundlegende Ähnlichkeiten zwischen den Begriffen von Kindern und Erwachsenen. Schon Säuglinge bilden Begriffe und nutzen sie als Basis für induktive Schlussfolgerungen, spätestens gegen Ende des ersten Lebensjahrs sind die Konzepte von Säuglingen wissensbasiert.[2]

Früh werden Kategorien gebildet: Wenige Monate alte Säuglinge kategorisieren Sprachlaute, den Ausdruck von Emotionen in Gesichtern, Farben und Tierrassen. Zeigt man Säuglingen ein Pferd nach dem anderen, lässt ihre Aufmerksamkeit nach. Beim Anblick einer Giraffe belebt sich ihre Aufmerksamkeit neu. Kategorien dienen bereits im ersten Lebensjahr zu Schlussfolgerungen: Drei Monate alte Säuglinge nutzen ihr an einem Mobile erworbenes Wissen über dessen Eigenschaften bei der Erkundung neuer Mobiles. 9-16 Monate alte Babys bilden Erwartungen über die Eigenschaften einer Kategorie aufgrund der Erfahrung mit einem Gegenstand: Zeigt man bei einem Gegenstand einen neuen Effekt, z. B. durch Schütteln, dann versuchen sie diesen Effekt bei ähnlichen Gegenständen derselben Kategorie zu wiederholen, aber nicht bei Gegenständen einer anderen Kategorie.[3]

Ein begriffliches Kernwissen über kausale oder funktionale Eigenschaften von Objekten scheint in Ansätzen angeboren zu sein oder sich bereits im Laufe des ersten Lebensjahres zu entwickeln.

Intuitive Physik zum Beispiel. Wir gehen davon aus, dass Tische und Bälle unabhängig von unseren eigenen Handlungen weiter existieren, auch wenn wir sie nicht sehen können. Hätten Kinder nicht diese physikalischen Intuitionen, würden sie sich reichlich bizarr verhalten. Schwerkraft: Sehr junge Säuglinge wundern sich, wenn ein Ball aus einer geöffneten Hand nicht zu Boden fällt. Konstanz von Mengen: Drei Gegenstände werden auch in unterschiedlichem räumlichen Arrangement als drei Gegenstände wahrgenommen. Säuglinge wissen, dass Objekte solide sind, dass nicht ein Objekt durch ein anderes hindurchgehen kann und dass ein sich bewegendes Objekt zum Stillstand kommt, wenn es auf ein Hindernis stößt. Konstanz von Bewegung: Von einem Spielzeugauto, das mit einer bestimmten Fahrgeschwindigkeit hinter einer Wand verschwindet, erwartet der Säugling, dass es mit einer ähnlichen Geschwindigkeit wieder hervorkommt.

---

2 Ebd., S. 468.
3 Baldwin 1993, zitiert nach Sodian, a. a. O., S. 445.

Schon sechs Monate alte Säuglinge verstehen einige Aspekte mechanischer Verursachung. Die Grundlagen des physikalischen Weltbildes werden also früher erworben, als bisher angenommen wurde.

Intuitive Biologie: Sieben Monate alte Säuglinge unterscheiden Lebewesen und unbelebte Objekte.[4] Bereits im ersten Lebensjahr unterscheiden Säuglinge Tiere kategorial von Fahrzeugen und Möbeln. Junge Kinder haben ein Grundverständnis biologischer Prozesse wie Wachstum, Reproduktion und Vererbung. Dreijährige Kinder wissen, dass Wachstum nur bei Lebewesen vorkommt. Verletzungen heilen nur bei Lebewesen, und nicht bei unbelebten Dingen. Vorschulkinder glauben, dass biologische Merkmale vererbt werden, psychologische jedoch nicht. Vorschulkinder haben auch Intuitionen über Vererbung, also für ein der Spezies angeborenes Potential, das sich unabhängig von der Umwelt entwickelt (Das Kalb, das unter Schweinen aufwächst, wird zur Kuh).

Kindern scheinen Erhaltungssätze besonders einzuleuchten, ein Bedürfnis zu treffen. Aus nichts wird nichts. Energie geht nie verloren. Das ist tröstlich. Es geht mit rechten Dingen zu auf der Welt.

Nur weil Kinder von diesen Gesetzmäßigkeiten wissen und sie durch Beobachtung und Experimente in den ersten Lebensjahren differenziert haben, können sie die Vorstellung eines Zauberers genießen. Er spielt mit den Naturgesetzen, setzt sie außer Kraft, wie, durch Meisterschaft, übernatürliche Fähigkeiten? Oder nur schäbige Tricks?

Fasziniert sind Kinder, aber auch empört, dogmatisch irritiert können sie reagieren, wenn man ihnen die Verletzung ihres Wissens zumutet. Oder auch, gutmütig, lachen sie: der dumme Clown! Was der nicht weiß! Das was jeder Mensch weiß, weiß der nicht! Wenn Kinder über Tom und Jerry lachen, ist viel mechanisches, biologisches, psychologisches, epistemologisches Wissen aktiv. Auch über metakognitive Konzepte, Konzepte vom menschlichen Wissen reflektieren sie bereits im Vorschulalter,[5] vorzugsweise über ihr eigenes Wissen. Die Dreijährige: »Früher dachte ich, es wäre ein Bus. Aber es ist ein Taxi.«

4 Spelke 1995, zitiert nach Sodian, a. a. O., S. 451.
5 Alison Gopnik, Andrew Meltzoff, Patricia Kuhl, *The Scientist in the Crib. How Babies learn*, New York 1999.

Erkenntniswesen

Die kognitiven Leistungen der ersten Wochen und Monate scheinen bisher vor allem ein neues Spezialgebiet der Entwicklungspsychologie zu sein, und in dieser Terminologie habe ich gerade einige Ergebnisse referiert. Wie würde sich das Bild des Kindes verändern, wenn solche Erkenntnisse eingehen in Alltagswissen? Wenn in den Eltern das positive Selbstkonzept verankert wird: Meine Tochter ist eine Erfinderin! Mein Sohn ein Forscher. Und in den Kindern: Ich bin ein Wissenschaftler! Es sollte ein Projekt der kommenden Jahrzehnte sein.

Das 20. Jahrhundert, das Jahrhundert des Kindes, hat in einem reichen Land Kinder hinterlassen im eigenen Kinderzimmer und eine Kindheit, die mit Kindheitszubehör bis in den letzten Winkel ausgestattet ist. Hinterlassen auch einen sozialen Status der Heranwachsenden, der sie fast drei Jahrzehnte lang zu Lernenden im Hauptberuf macht. Auch für Anregungen im naturwissenschaftlichen Bereich ist dabei unter vielem anderen gesorgt, mit den populären Sachprogrammen im Fernsehen, Kinderlexika, den Kindermuseen. Aber immer noch wirksam ist auch der Wunsch der Erwachsenen, die Kindheiten möglichst wissensfrei zu halten, »unbelastet«, ein mit viel Freizeit gefüllter Schonraum, bevor es in der Schule unangenehm ernst wird. Narrenfreiheit? Kinder werden zwar mittlerweile respektiert als Gefühlswesen, als soziale Wesen, das hat das 20. Jahrhundert geleistet. Aber Kinder als *Erkenntniswesen* – dieser neue Blick der Wissensgesellschaft auf die Nachkommen –, sich in dieser Eigenschaft auf sie zu beziehen, sie in dieser Eigenschaft möglicherweise zu steigern: Das ist noch ein Zukunftprojekt. Da müssen die Neuankömmlinge neu beobachtet werden, da müssen die Erwachsenen eine andere Art von Erinnerungsarbeit leisten, da muss mit neuen Perspektiven geforscht werden. Nicht muskelstark oder brav wünschen wir uns heute unseren Nachwuchs, sondern aufmerksam, zugewandt, selbstständig interessiert. »Das Interessanteste an Babys ist, wie sie sich interessieren«, sagen die amerikanischen Säuglingsforscher Alison Gopnik, Patricia Kuhl und Andrew Meltzoff.

Wenn es gut geht, kann dabei ein Lernbündnis zwischen den Generationen entstehen: Auch wir Erwachsenen sind in der Wissensgesellschaft immer wieder Neuanfänger. Das Lernen können wir lernen am Modell der Kinder, die für uns noch mal auf die

Dinge *zeigen*, die uns an früh vergessene oder verlernte Fähigkeiten erinnern. Ihre Entwicklungsfenster könnten auch noch einmal unsere werden, wenn wir mit ihnen zusammen die Erinnerungen aufsuchen, *revisit the memories*, bei einer Re-Cherche eine frühe Sicherheit des schamlosen Fragens wieder freilegen.

Noch allerdings treffen Kinder als Naturforscher auf Erwachsene, in den Jahren bis zur mittleren Kindheit vor allem auf weibliche Erwachsene in Familie, Kindergärten und Grundschulen, die ihre Fragen ignorieren oder ins Vage ausweichen. Warum kann ich nicht im Wasser atmen wie der Fisch? Woher weiß mein Körper, dass er morgens aufwachen muss? Warum ist es auf den Bergen kälter, obwohl man näher an der Sonne ist? Warum fährt mein Fahrrad und bleibt doch da? Auf andere Fragen springen diese Erwachsenen bereitwillig an – warum jemand *weint* etwa – da gehen ihnen die Hypothesen leicht von den Lippen. Erzieherinnen im Kindergarten haben sich für ihren Beruf entschieden, unter anderem auch, weil sie sich fürs *Soziale* zuständig fühlen, das trauen sie sich zu, dafür werden sie ausgebildet, dafür stellt man sie ein. Der Domäne des naturwissenschaftlichen Wissens, die sich, aus welchen Gründen auch immer, als männliche etabliert hat, weichen sie aus. Das Kind aber, und das ist das Beunruhigende, nimmt uns nicht gern als inkompetent wahr: Es sieht in uns, will in uns sehen, die großen, mächtigen, wissenden Personen. Wenn wir ihre Fragen übergehen, teilen wir ihnen mit: Es geht durchaus ohne solches Fragen und ohne Wissen. Man braucht es nicht, die Welt bewegt sich weiter. Man kann also, folgert das Kind, erwachsen sein, sozial mächtig, ohne zu wissen wie das Wasser in den Wasserhahn im dritten Stock kommt oder warum Sterne nicht vom Himmel fallen, man braucht das nicht einmal zu *fragen*.

Physische Wesen in einer physischen Welt

Nicht erst die PISA-Studie und die internationalen Leistungsvergleiche – die TIMS-Studie, *Third International Math and Science Study* 1997 bereits zum dritten Mal – haben gezeigt, dass eine deutsche Schülergeneration nach der anderen von diesem Fragen ausgeschlossen ist. Alle Rankings der Schulfächer belegen seit Jahrzehnten, dass die Naturwissenschaften, allen voran die Chemie, bei deutschen Schülern die unbeliebtesten Schulfächer sind. »Die Bezeichnungen für die Fächer Chemie und Physik sollte man durch andere ersetzen«, erklärte eine Studentin im Interview. Generationen von elementaren Naturforschern in früher Kindheit: In den Jahren ihrer mittleren Kindheit und Jugend haben die meisten endgültig den Anschluss verloren. Es galt bis vor kurzem als nicht wirklich beunruhigend. Niemand wird ohne weiteres sagen: Mit Schreiben und Lesen habe ich meine Schwierigkeiten. Aber »In Mathe und Naturwissenschaften bin ich eine Null« – mit dieser harmlosen Bildungslücke muss man sich nicht verstecken wie ein Analphabet, es ist fast gesellschaftsfähig, man kommt trotzdem durchs Leben.

Welche Lücke wird da verleugnet, was ist verloren, wenn man den Anschluss verloren hat? Denkfaul geworden ist? Wenn man technische Hilflosigkeit erlernt hat? Ausgeschlossen ist man, vom vorhandenen Wissen. Und von Entscheidungsprozessen. Das verhandeln dann die anderen, mitreden kann ich nicht. Naturwissenschaft erscheint in der Schule als eine externe Zumutung. Sie scheint weder persönliche Fragen zu beantworten – Wer bin ich? Was bietet mir die Welt? Was kann ich in ihr bewirken? –, noch hat sie die Aura des wirklich Zeitgemäßen, trotz aller rasanten Technisierung der Alltagswelt.

Aber es gab diese Zeit im Leben, als die Naturphänomene und Naturgesetze nicht als dem eigenen Leben so äußerlich daherkamen: die ersten vielleicht drei, vielleicht sechs, acht Jahre, in denen wir uns in die Welt einarbeiten. Das meiste, was wir wirklich lernen müssen, behaupten die amerikanischen Säuglingsforscher Meltzoff und Gopnik, wussten wir schon vor dem Eintritt in den Kindergarten. Leben lernen heißt immer auch, elementare Physik zu betreiben.

Zum Erkenntnisinteresse an Phänomenen der Natur muss der Mensch nicht extern motiviert werden. Die *kausale Unruhe*, in Martin Wagenscheins Worten, ist angeboren, und die mit Problemlösen verbundenen Anstrengungen sind, wie die Hirnforschung gezeigt hat, mit Lust und Belohnung verbunden. Der Säugling, das Kleinkind, sucht unablässig Anlässe zum Üben und Experimentieren, zur Erweiterung seines Handlungswissens. Acht Monate ist sie alt und klopft mit dem Holzbaustein auf den Holzboden, anschließend aufs Sofa: Experimente. Sie steigert ihre Sinneseindrücke. Ein Hörtest, Materialtest. Die von den Einjährigen beharrlich über die Tischkante geschobenen Gegenstände: die Verlässlichkeit der Schwerkraft testend, wiederholbar, einen Vorgang mit Anfang und Ende zelebrierend: ein *scientist in the crib*. Die vierzehn Monate alte Tochter, wie sie herausfindet, dass die Tür lauter zuknallt, leichter in Bewegung zu bringen ist, wenn sie nicht nahe bei der Angel angeschoben wird, sondern weiter entfernt am günstigsten Hebelpunkt: eine Erfinderin.

Die Bewegung in die Umwelt ist früh versetzt mit wissenschaftlichen Elementen, mit der Bildung von Hypothesen und Konzepten. Unter-suchen, unter die Oberfläche schauen wollen, auseinandernehmen, hinter die Dinge schauen wollen: Die Erwachsenen müssen viel investieren, um ihre Wohnungen »kindersicher« zu machen.

Die Kinder möchten die Welt aber nicht nur verstehen, sie möchten sie auch verändern: Es soll schneller, lauter, spannender, lustiger zugehen. Wenn man die Kurve der Bobbahn mit Wasser ausgießt, wird die Fahrt rasanter. Wenn man lange und kräftig genug auf Nägel oder Eisenplatten hämmert, werden sie *warm*. Könnte man die Schwerkraft außer Kraft setzen? Ausnahmsweise? So in die Höhe springen, dass man sich in der Luft halten kann? Oder so schnell rennen mit dem Regenschirm, dass man vom Boden abhebt? Und gerecht soll es zugehen: Damit ich genau so viel abbekomme wie die anderen, brauche ich die Zahlen, um meinen Anteil durchzusetzen. Forschen und Experimentieren sind allererst nicht distanziert analytische Tätigkeiten, sondern eine primäre menschliche Lebensäußerung, affektiv, ästhetisch, sozial.

Man könnte beabsichtigen, diese Zeit dafür zu nutzen, einige uns Erwachsenen wichtig scheinende physikalische, chemische, biologische, auch mathematische Zusammenhänge zu vermitteln, damit sie dann später, wenn das Interesse erlahmt, wenigstens schon einmal abgehandelt sind. Aber das ist es nicht. Es sollen nicht Fakten untergebracht werden, sondern worauf es ankommen wird, ist das: eine spezifische Aufmerksamkeit verankern, ein Interesse geweckt haben für eine bestimmte Art zu fragen und zu denken. Eine Haltung, die über die Zwangsphase des Schulunterrichts hinaus erhalten bleibt. Ein Fragen und Denken, das uns als physische Wesen in eine physische Welt stellt, muss begreifbar werden als ein existentieller Moment unseres Lebens. »Das Wissen macht einen erlebnisfähiger. Wenn man gern erlebt« (eine Biologiestudentin im Interview). Das Existentielle der Naturwissenschaft gilt prinzipiell – unser menschliches Leben ist ein physisches Leben, und wenn wir davon nichts wissen, wie haben wir dann gelebt? –, und die Naturwissenschaft ist heute existentiell in dem Maße, wie sie unser jetziges und künftiges Leben bestimmt: Ernährung und Medizin, Information und Kommunikation, Nanotechnologie und Biotechnologie, Freizeit und Arbeit, Wissen und Gesellschaft. In den Kindern muss früh eine positiv besetzte Erfahrung, eine grundsätzliche Bereitschaft aufgebaut werden, die lebensbestimmenden Anteile der Welt als Teil ihres bewussten Lebens zu begreifen und immer wieder neu verstehen zu wollen, sie nicht ad acta zu legen, abzuwählen wie ein unbeliebtes Schulfach. Nur so entsteht die integrative Sicherheit, mitreden, mitdenken zu können, eine Stimme zu haben in den Entscheidungen, die unsere Welt verändern.

Naturwissenschaft in der Kinderkultur

Aber es gibt doch schon viel zum Thema? Die Sachprogramme im Fernsehen, *Löwenzahn,* die *Sendung mit der Maus*: Dreihunderttausend Kinder zwischen drei und fünf Jahren sehen sie regelmäßig. Da sind Sachbücher und Kinderenzyklopädien. Die Kindermuseen: weit voraus natürlich die USA, beginnend zu Anfang des 20. Jahrhunderts mit dem Children's Museum in Boston, wegweisend später auch das Exploratorium in San Francisco. Die Cité des Sciences in Paris. Kürzlich in Wien eröffnete das Museum Zoom. Ein Science Center in Bremen. Längst unterhalten die naturgeschichtlichen Sammlungen Programme und Abteilungen für Kinder. In München eröffnete im Februar 2003 das »Kinderreich«, eine ganze Etage im Deutschen Museum. Und da ist das erste eigenständige Kindermuseum Deutschlands, die erfolgreiche Kinder-Akademie Fulda, mit ihrem Schwerpunkt auf Themen wie Architektur, Mathematik, Chemie, Schrift und der beliebten Zusammenarbeit von Kindern mit Experten und Wissenschaftlern in Workshops.

Weltweit gibt es 1000 Science Centers für Erwachsene und Kinder, in England über 300, in Deutschland erst 10. Es werden bald auch in Deutschland mehr sein, und das ist erfreulich. Aber: Sie setzen bei Eltern viel voraus. Den Eltern als den Kinderunternehmen-Planern, Parkplatzsuchern, Vorlesern, Frage-Beantwortern, alphabetisch nachschlagen Könnenden, Internet-kompetenten Erwachsenen. Solche Erwachsenen braucht es. Nur wenn es zuhause weitergeht, sind die Anstöße der Museen mehr als ein bald vergessenes Event. Die freundlichen Moderatoren von *Löwenzahn* oder der *Sendung mit der Maus* können noch so eindringlich auffordern, dass die Kinder die gezeigten Experimente zuhause auch probieren – Kinder haben sehr früh gelernt, zwischen Fernsehen und Wirklichkeit zu unterscheiden (und an anderer Stelle unterstützen wir sie darin). Kinder müssen mit der wirklichen Wirklichkeit ihre Erfahrungen machen. Die Margerite in der Ritze zwischen zwei Betonplatten auf dem Gehsteig: Dieses Erlebnis vegetativer Selbstbehauptung kann nur der Forschungsgang in der Stadt vermitteln, nicht der Monitor – denn da kann es doch Bildmontage sein. Auch die auf dem Bildschirm tanzenden Bälle versteht ein Kind nur, wenn es einmal selbst jonglierend versucht hat, Bälle in der Luft zu halten. Und die Sendungen bauen nicht aufeinander auf: Heute ging es um die Tarnfarbe des Maikäfers und morgen um die Löcher im Käse ... Da kann Scheinwissen entstehen oberhalb des Alltagswissens, eine Schachtel mit doppeltem Boden. Kinder brauchen zuhause, in Kindergarten und Grundschule regelmäßig die Mitspieler, Blick-Aufgreifer, Miteinsteiger. Ohne die Erwachsenen, die mitdenken, kommentieren, die Sammlung bewundern, Frustrationen überwinden helfen, Fragen stellen, die wieder neue Fragen auslösen, erlahmt der primäre Forschungsdrang.

Wie können Erwachsene wieder zu elementaren Naturforschern werden? Wie gelingt es, den Stolz der Erwachsenen auf die frühen kognitiven Leistungen ihrer Kinder zu lenken? Kinder und Erwachsene aufeinander neugierig machen? Wie werden Familien zu lernenden Familien?

Kinder als Naturforscher: erste Projekte

Die PISA-Diskussion hat die deutsche Grundschule entdeckt. Unterausgestattet ist sie im internationalen Vergleich, auch was das Fach Sachkunde angeht. Seit den 80er-Jahren haben soziale Inhalte viel von der alten Heimatkunde verdrängt, am ehesten von Biologie ist etwas übrig geblieben, von Bäumen, Blättern,

Schneckenhäusern erfahren die meisten deutschen Grundschulkinder etwas. Nicht wenig, aber zu wenig für die Anbahnung naturwissenschaftlicher Haltungen, sagt die erste Professorin für Didaktik der Chemie im Vorschulalter an der Universität Bielefeld, Gisela Lück. Ja, es ist für jedes Kind ein ergreifendes Erlebnis: vom Ei zum Küken. Es führt das Kind aber noch nicht hinaus über eine Haltung des kontemplativen Staunens. Ergriffen vom Mikrokosmos waren so auch die Barockdichter, waren die Dichter des protestantischen Kirchenlieds. »Geh aus mein Herz und suche Freud«: Was muss Paul Gerhard schon als Kind beobachtet, erlebt haben, um im Mikrokosmos die göttliche makrokosmische Weisheit entdecken zu können? Sein Staunen beruhigt sich in Dankbarkeit. »Weißt du wie viel Sternlein stehen... Gott der Herr hat sie gezählet.« In der Welt gut aufgehoben sein, ohne dieses Grundgefühl kann man nicht einschlafen. Das Kind kann nicht unablässig fragen. Und doch wollen wir das Staunen nicht beim Schöpfer nur zur Ruhe kommen lassen, sondern uns anstecken lassen von der *kausalen Unruhe*, sie leiten in eine Haltung des Experimentierens, des methodischen Befragens der Natur.

Bereits im Kindergarten? Werden Kinder nicht viel zu früh in Haltungen der Erwachsenen gedrängt? Kann man sie nicht ein paar Jahre noch sie selbst sein lassen, in Ruhe lassen?

Die Unterstellung, Kinder hätten es in den etwa 4000 Stunden ihrer Kindergartenzeit am liebsten möglichst anspruchslos, heißt, sie in ihren Fähigkeiten und Bedürfnissen zu unterschätzen. Das wird neuerdings in Deutschland so gesehen, dem Kindergarten wurde ein gesetzlicher Bildungsauftrag übertragen. Nach meiner Beobachtung gibt es in dieser Berufsgruppe zurzeit viel Bewegung, man sucht nach Formen, diesen Bildungsauftrag zu erfüllen. Noch allerdings gibt es kaum empirische Studien über naturwissenschaftliche Interessen von Vorschulkindern. Eine erste stammt von Gisela Lück. Sie organisierte für Kinder im Kindergarten ein attraktives Alternativprogramm zu den von ihr durchgeführten chemischen Versuchsreihen. 70% der Kindergartenkinder entschieden sich für die chemischen Projekte im Kindergarten. Besonders eindeutig war die Zustimmung bei Kindern mit Behinderungen und bei den als verhaltensauffällig bezeichneten Kindern.

Elementare Naturwissenschaft erscheint in diesen Monaten erstmals als ein Thema in deutschen Kindergärten. Der emeritierte Paläontologe Ernst Rieber in München führt mit Kindern im Krippenalter Grabungen und Sammlungen an der Isar durch. Wie faszinierend das Graben und das Sammeln lebenslang sein kann, wusste er am Ende eines Berufslebens, aber er ist erstaunt, in welch frühem Alter diese Krippenkinder wissen wollen, erinnern, Ordnungssysteme für ihre Sammlungen entwerfen, Symbole für Fundstellen erfinden.

Ein Dokumentarfilm »Die Befragung der Welt. Elementare naturwissenschaftliche Konzepte« (Elschenbroich/Schweitzer 2004) wird veranschaulichen, wie viele üblicherweise unbeachtete kindliche Aktivitäten Ansätze von naturwissenschaftlichem Experimentieren und Hypothesenbildung beinhalten. Beobachtet werden dabei vor allem die Schnittstellen zwischen dem eher unwillkürlich erworbenen Erfahrungswissen und den theoretischeren, abstrakteren Fragestellungen, die das Kind beim Üben eines Vorgangs oder beim Reflektieren über ein Phänomen entwickelt. Die Hypothesen, die die Dreijährigen, die Fünfjährigen entwerfen und revidieren: es fällt um – es bremst – es schmilzt – es schwimmt – es löscht – es wird dunkel – es heilt – es donnert – es trocknet – es stinkt – es stirbt.

Da sollen die mit dem Mund, dem Körper, der eigenen Stimme experimentierenden »kompetenten Säuglinge« beobachtet werden, die beharrlich hantierenden Einjährigen, die unablässig fragenden Dreijährigen, die räsonierenden Fünfjährigen, die sechsjährigen Sammler und Tüftler. Sie können uns Erwachsene immer wieder erinnern an den Wissenschaftler in uns selbst.

Erste Ansätze, die in der Elementarpädagogik Spuren hinterlassen werden. Aber wenn die Projekte in Kindergarten und Krippe, die Waldtage, die Experimente über Schwimmen und Sinken, über Luft und Kerze, die Grabungen und Sammlungen am Bachbett, die elementare Arithmetik beim Backen – wenn das zuhause von Eltern wertgeschätzt werden soll, müssen die Eltern aufmerksam und sicher auf Fragen eingehen können. Und um Eltern als Bildungsbegleiter ihrer Kinder einzustimmen: Dafür ist es im Kindergartenalter schon fast zu spät.

Die ersten drei Lebensjahre als Bildungszeit

»*Aus dem Gröbsten heraus*« sagen in Deutschland viele Mütter, sind sie, wenn ihr Kind drei Jahre alt geworden ist. Aus dem

Gröbsten heraus – da ist der PISA-Schock schon angelegt. Da hat es gefehlt an Wissen und an der nötigen Unterstützung und Anerkennung.

Die ersten Jahre, die Jahre vor dem Rechtsanspruch auf einen Kindergartenplatz, sind von der Bildungsdiskussion bisher noch unberührt. Über diese Lebenszeit wird vor allem verhandelt in Kategorien der »Entlastung«, finanziell, frauenpolitisch. Die ersten Lebensjahre dagegen als basale Erkenntniszeit, als folgenreiche Zeit der Ausprägung individueller Haltungen von *Aufmerksamkeit,* auch als prägende Zeit für die Eltern in ihrer Rolle als Bildungsbegleiter ihrer Kinder und der Sensibilisierung der Eltern für die besonderen und so unterschiedlichen Fähigkeiten jedes einzelnen Kindes, davon ist nicht die Rede. Diese ersten Lebensjahre, diese Zeit anstrengenden Suchens und Lernens aller Mitspieler! Wir Frühgeborenen sind nie »pflegeleicht«, sondern höchst anspruchsvoll. Mit gutem Grund, die Evolution hat uns eine lange Lernzeit beschert.

Wenn diese ersten Jahre nicht nur erlebt werden als Betreuungs-Last, die möglichst arbeitsteilig fair auf verschiedene Schultern verteilt werden soll, sondern als eine lebenslang produktive Bildungszeit, braucht es mehr als bloße Entlastung der Eltern und Betreuer. Die gesellschaftliche Aufmerksamkeit für die kognitiven Leistungen dieser Jahre muss gesteigert werden durch Informationen und durch Bilder, die den Anschluss herstellen an die Ergebnisse der für den derzeitigen Diskurs so zentral gewordenen Forschungsbereiche wie Hirnforschung, Kognitionsforschung, neue Säuglingsforschung. Diese Ergebnisse müssen erst noch eingehen in die Allgemeinbildung über menschliches Aufwachsen, über Wissenserwerb und Bindung, über Denken und Fühlen. Der Grundton sollte das positive Interesse bestätigen: der mit den Eltern geteilte Stolz über die Intelligenz ihrer Kinder, über die Energie, mit der sich unsere frühgeborene Gattung in die Welt einarbeitet. Öffentliche Bilder, die das *anthropologische Staunen* steigern, über Kinder, über das Lernen, über uns selbst.

Das Wissen über die Plastizität des Gehirns und über die physiologischen Voraussetzungen von Aufmerksamkeit soll nicht im Zeichen von Warnung oder im Ton des guten Zuredens vermittelt werden, sondern allererst als dankbare öffentliche Anerkennung der elementaren Bildungsleistungen von Eltern, diesen unwillkürlichen Musiklehrern, Sprachlehrern, Weltdeutern für ihre Kinder. Eltern und Erzieher müssen erfahren, dass sie Vieles spontan gut und richtig machen. *Trust yourself*, heißt es im ersten Satz des Erziehungsratgebers von Dr. Spock, *Baby and Child Care* (1950), und es wurde eines der auflagenstärksten Bücher des 20. Jahrhun-derts: »Traue Dir selbst, du weißt mehr, als Du denkst.«

Aber Eltern und Erzieher müssen auch wissen, dass es nicht nur gesundheitsschädigende Konstellationen des Aufwachsens gibt, sondern buchstäblich *hirnschädigende*: Es muss ins gesell-schaftliche Grundwissen eingehen, welche physiologischen Ab-läufe *Aufmerksamkeit* fördern und welche sie beschädigen.

Aufmerksamkeit für frühe Aufmerksamkeit

In einer Epoche, die ähnlich interessiert an neuem Wissen und Forschen war, der Renaissance, war man fasziniert vom Wissens-durst der frühen Lebensjahre. Im Louvre zeigt La Vierge aux Ba-lances (Maître des Balances, ca. 1510, acquiriert von Ludwig XIV.) als elementaren Naturforscher den Jesusknaben, assistiert vom Johannesknaben und vom Heiligen Michael. Sie untersu-chen eine Waage. Die Waage symbolisiert das Jüngste Gericht, aber den Maître de la Balance fasziniert vor allem die kindliche Neugier. Die Männer in den Ateliers, die Zeitgenossen der Lin-senschleifer und der Handwerker, die an den Pumpen bauten, die die Forschungen über das Vakuum erst ermöglichten, die Zeitge-nossen von Leonardo da Vinci und Galilei, sie hatten einen neuen Blick für elementare Forscherlust. Die Jesusknaben von Andrea del Sarto, Bronzino, Raffael, Botticelli sind nicht mehr die alters-losen, schwerelosen, allwissenden Gottesknaben, sondern leb-hafte, hellwache Einjährige, die sich, wie es die Einjährigen tun, mit einem Fuß auf dem Schenkel der Madonna abstützen, wenn sie zu einem interessanten Gegenstand streben, dem Weihrauch-gefäß, der Lilie, dem Vogel, dem Granatapfel. Und sie deuten nicht mehr nur in der Geste des Schwurs oder Segnens. Sondern sie zeigen buchstäblich auf etwas, neugierig, wissenwollend. Manchmal vereinen sie beide Haltungen: Die linke Hand segnet, die rechte Hand greift nach den Trauben, in die Goldschatulle, nach dem Buch, und der Blick des Jesusknaben zeigt, dass es seine

Aufmerksamkeit vor allem dahin zieht, zu den blinkenden, duftenden, bewegten Gegenständen der Welt.

Wie werden wir heute öffentliche Bilder finden für die begabteste, lernfähigste Minderheit unserer Bevölkerung, die Kinder in den frühen Jahren in ihrer Energie der Weltbefragung? Nicht mit Hüpfburgen und Luftballons werden wir ihnen gerecht, den Forschern und Erfindern. Neue Bilder zu generieren ist eine Aufgabe von Kunst und Kommunikationsdesign in öffentlichem Auftrag. Bilder, die nichts verkaufen wollen, sind im öffentlichen Raum die Ausnahme. Umso mehr könnten sie berühren durch den Ernst und die Schönheit der Sache. Auf Bahnsteigen, neben der Tankstelle wiedererkennen, was man schon wusste: »Wüchsen die Kinder fort, wie sie sich andeuten, wir hätten lauter Genies.« (Goethe)

Die Entstehung der Physik im Kind

Noch einmal ein Haiku von Kobayashi Issa:
> Wunderschön ist sie
> durch das Loch der Schiebetür gesehen
> die Milchstraße.

Ist das Vor-Physik, fragten wir eingangs. Der Reformpädagoge Martin Wagenschein, den der Frankfurter Physikdidaktiker Fritz Siemsen den »Einstein der Physikdidaktik« nennt – Martin Wagenschein würde sagen: Ja. Immer wieder geht es ihm um die Kontinuität von vorwissenschaftlichem und wissenschaftlichem Denken, um den »ungestörten Weg« vom kindlichen zum wissenschaftlichen Denken.

Diese Kontinuität zu erkennen ist nicht nur eine vernachlässigte Aufgabe, es ist eine bisher noch gar nicht erkannte, das kann man siebzig Jahre nach Wagenscheins ersten Aufsätzen immer noch sagen. Die behauptete Wesensverschiedenheit des vorwissenschaftlichen und wissenschaftlichen Denkens sah Wagenschein in einem Brief an Carl Schietzel als eine »Folge der Didaktik der Gymnasien und Hochschulen, die sich um diese Kontinuität nicht gekümmert haben«.[6]

---

6 Martin Wagenschein, *Die pädagogische Dimension der Physik*. Aachen 1995, S. 310.

Die *Entstehung der Physik im Kind* hat ihn fasziniert. Die »Schwebe zwischen ästhetischer Wertschätzung der Mondsichel und wissenschaftlichem Interesse« möchte er möglichst lange erhalten. Das Denken des Kindes sei weder kindisch noch erwachsen. Er denkt dabei an Kinder im Grundschulalter, aber wir werden uns seine Fragen nun auch für die Kinder im Krippenalter und für die Vorschulkinder stellen. Auch für sie kann gelten: Das Kind *erwartet* die Physik, wir müssen sie in ihm auslösen und enttäuschen oft genug das Kind in dieser Erwartung. Den Einstieg in die Physik über Technik hält Wagenschein für falsch. Physik ist keine Laborwissenschaft, sagt auch der Physikdidaktiker Fritz Siemsen. Der große Gegenstand der Physik sei immer die Natur gewesen. Die Physik schafft allmählich eine als eine zweite Natur, als Projektion, oder Aspekt, Hin-Sicht, die die erste überwölbt.

Die Natur und das Handwerk: »Das Handwerk ist die erste Quelle der Physik.« »Physik ist Handwerk, das sich besinnt.« Physik ist immer Tun. Man muss nicht bei allem dabei gewesen sein. *Aber man muss wissen, wie es ist, wenn man dabei war.* Im Kind Bewunderung und Dankbarkeit gegenüber Werkzeugen auslösen: Zange, Schere, Winde, Flaschenzüge erlauben dem Schwachen, eine Kraft auszuüben, die sonst nur der Starke hat. Aber da muss bezahlt werden: mit einem »Umweg«. So entsteht allmählich »Wissenschaftsverständigkeit« statt »Wissenschaftsscheu«.

Das physikalische Vorgehen ist eine Einschränkung und zugleich Bereicherung des naiven Verhaltens zur Natur. Wagenschein spricht von »physikalischen Haltungen«, die entstehen müssen: Wenn man vom bloßen Stutzen zum planmäßigen Verfolgen »man müsste mal« fortschreitet. Selbstbeherrschung, »Abblendung seiner selbst« wird beim naturwissenschaftlichen Fragen unvermeidlich und kann irgendwann auch als das Selbst erweiternd, befriedigend erlebt werden, als Eintritt auf einen anderen Zugang, eine andere Hinsicht auf die Natur. Aber nicht wenn dem Kind sein magisches Naturbild amputiert und die Physik »wie eine Prothese« an seine Stelle gesetzt wird. Immer wieder verbündet sich Wagenschein mit dem Widerstand im Kind, das durch den mathematisierten Unterricht nicht »verarmen« will.

In der japanischen Pädagogik unterscheidet man verschiedene didaktische Stile mit den englischen Begriffen *wet* und *dry* (»wetto« und »durei«). Wetto ist gefühlsbetont, assoziativ, und durai systematisch, diszipliniert, abstrakt. Interessanterweise gehört im japanischen Verständnis die durai-Didaktik in den Bereich der Künste, dort wird viel Wert auf Exaktheit, Abzeichnen, auf systematisches Üben gelegt. Im naturwissenschaftlichen Unterricht praktiziert man bis lange in die Mittelschule hinein die wetto-Didaktik.[7] Das Klassenzimmer mit dem eigenen Körper ausmessen! Viel Zeit lassen zum Basteln von Schiffen, die von den Kindern getauft werden mit besonderen eigenen Namen! Und erst nach Tagen oder Wochen werden mit diesen kleinen Kunstwerken die Hypothesen über Beladung, Schwimmen und Sinken getestet: Und der Schüler ist innig beteiligt. Mein Schiff!

Galilei verbindet in den *discorsi* immer wieder seine Empfindungen mit dem Beobachteten: »Das ist ein schöner Gedanke...«, »das erregt mein Erstaunen...« Und Kepler beschreibt seine religiöse Erschütterung in seinen astronomischen Schriften: »Er ist den Spuren des Schöpfers schwitzend und keuchend gefolgt.«[8]

Wie sprechen Kinder, wenn sie als Naturforscher zu sprechen versuchen? Zögernd, tastend, dann sich wieder überstürzend, in den Dialekt verfallend, Wagenschein sagt: Das Kind ist in den »ehrfürchtigen Stand des Stammelns« eingetreten. Zu aller Anstrengung des Verstehens kommt auch noch die Anstrengung, die Vermutungen oder Schlussfolgerungen kommunizierbar zu machen.

Wenn wir die Kinder als Naturforschende entdecken wollen, dürfen wir uns nicht fürchten, die Sprache der Mitdenker zu sprechen. Das wird auch heißen, in diesen Stand des Stammelns mit einzutreten. Ihnen folgen, ins Offene. Diese Bewegung mit ihnen üben.

7 Catherine Lewis, *Educating Hearts and Minds*, Cambridge 1996.
8 Zitiert nach Martin Wagenschein, a. a. O., S. 137.

Literaturhinweise

Daston, Lorraine, *Wunder, Beweise, Tatsachen. Zur Geschichte der Rationalität*, Frankfurt am Main 2001.

Eylon, Bat-Sheva, Linn, Marcia C., Learning and Instruction. An Examination of four Research Perspectives in Science Education, *Revue of Educational Research* Vol. 58 No 3, 1988.

Gierer, Alfred, *Im Spiegel der Natur erkennen wir uns selbst. Naturwissenschaft und Menschenbild*, Reinbek 1998.

Goldbeck, Ernst, *Die Welt des Knaben*, Ratingen/Düsseldorf 1962.

Hüther, Gerald, *Bedienungsanleitung für ein menschliches Gehirn*. Göttingen 2001.

Krusche, Dietrich (Hg.), *Japanische Haiku*, Frankfurt am Main 1994.

Lichtenberg, Georg Christoph, *Sudelbücher*, hg. v. Franz H. Mautner, Frankfurt am Main 1983.

Lück, Gisela, *Chemie im Kindergarten. Ein Handbuch*, Freiburg 2003.

Medina, John, *Am Tor zur Hölle*, Göttingen 2002.

Österreicher, Herbert, *Natürlich bilden. Draußen. (TPS Schwerpunkt 5/2002)*.

Rauh, Hellgard, Vorgeburtliche Entwicklung und Frühe Kindheit, in: *Entwicklungspsychologie*, hg. v. R. Oerter u. L. Montada, Weinheim 2002.

Renn, Ortwin/Zwick, Michael M., *Die Attraktivität von technisch-naturwissenschaftlichen Fächern bei den Studierenden*, Stuttgart 2000.

Roth, Gerhard, *Fühlen, Denken, Handeln*, Frankfurt am Main 2001.

Spitzer, Manfred, *Lernen. Gehirnforschung und die Schule des Lebens*, Heidelberg 2002.

Wagenschein, Martin, *Die pädagogische Dimension der Physik*, Aachen 1995

Christiane Kiese-Himmel
Sprache im Kindesalter:
ein universelles Instrument

Einführung

Evolutionsgenetisch ist Sprache eine kritische Entwicklungsleistung, denn Sprache ist ein wesentliches Definitionsmerkmal der Spezies Mensch. Nur der Mensch bringt kreativ-konstruktive Sprachäußerungen hervor und vermag seine Muttersprache durch Wortkompositionen zu bereichern. Keine Kultur kommt ohne die Verwendung von Sprache aus.

Sprache besteht aus verschiedenen Teilsystemen, von denen die Lexik (Wortschatz) und die Syntax (Satz) außerordentlich komplexe Systeme sind. Die in den individuellen sprachlichen Fertigkeiten zum Ausdruck kommende Sprachkompetenz erleichtert dem Menschen die Integration in die ihn umgebende Gesellschaft, die gerade in unserer Kultur nachhaltig von Sprache geprägt ist.

Ontogenetisch muss Sprache von jedem Menschen erworben werden. Hierzu bedarf es einer regelrechten Sprachentwicklung in der frühen Kindheit, insbesondere im prälingualen Abschnitt des vorgeburtlichen Stadiums und des ersten Lebensjahrs. *Pränatal* richtet sich der Fokus des Kindes vor allem auf die Erkennung der Sprachmelodie, *postnatal* auf die Erkennung phonologischer Sequenzen, die es um sich herum hört und aus dem Sprachstrom herauszufiltern und zu segmentieren versucht. In der 2. Hälfte des ersten Lebensjahrs beginnt es mit der Imitation von Lautketten. Daher dürfen bei einem Kind keine organischen Störungen wie z. B. des Hörens oder der Sprechwerkzeuge (Lippen, Kiefer, Zunge, Gaumen, Nasen- und Kehlkopfbereich) vorliegen, insbesondere aber nicht des Gehirns (das die Integration sensorischer Informationen und die Verarbeitung von Sprache ermöglicht). Weiter muss das Kind über eine durchschnittliche Intelligenz verfügen sowie in einem natürlichen, liebevoll-responsiven Lebensumfeld mit sprechenden Bezugspersonen aufwachsen, denn Sprachkompetenz erwirbt das junge Kind durch Hören und Sprechen.

Intuitiv stellen Mütter westlicher Kulturen zu ihrem Säugling Blickkontakt her, sprechen zu ihm in einer höheren Sprechstimmlage, besonders melodisch und langsam, mit einer lebendigen Mimik, in kurzem und einfachem Ausdruck, oft wird dabei ein Wort wiederholt. Hierdurch wird nicht nur die Aufmerksamkeit des Säuglings geweckt, sondern er erhält gleichzeitig Informationen zur Sprachsegmentation, so dass er allmählich Erwartungen hinsichtlich Laut-Bedeutungsbeziehungen, Wortbedeutung und Lautformung aufbauen kann. Die Sprachentwicklung vollzieht sich im natürlichen Kommunikationsvorgang mit der primären Bezugsperson, welche i. d. R. die Mutter ist.

Damit das Kind ein Lexikon aufbauen kann, ist die Lenkung seiner Aufmerksamkeit auf Objekte und deren Benennung, die verbale Bezeichnung ihrer Eigenschaften und Funktionen durch die Mutter eine wichtige Ausgangsbedingung (»spracherwerbswirksame Alltagskontakte«). Benennungen erleichtern die Bildung von Objektkategorien und unterstützen den Bedeutungserwerb.[1] Ein aufmerksamkeitsförderndes Sprachangebot durch die Mutter im ersten Lebensjahr des Kindes korreliert mit dessen Wortschatz im zweiten Lebensjahr.[2] Soziale Interaktion ist die beste Motivation, überhaupt Sprache zu gebrauchen. Zugleich bedeutet dies, dass der Prozess der Sprachentwicklung (1) von individuellen Spracherfahrungen abhängig ist, (2) einem dynamischen Rückkopplungsprozess mit den jeweiligen Handlungsfeldern unterliegt und (3) nicht zuletzt durch externe Faktoren beeinflusst wird (z. B. Geschwisterstatus, Geschwisterposition, Bildungsstatus der Eltern, institutionalisierte Kinderbetreuung, Fernsehkonsum, Sprachinput durch Vorlesen). Unterschiedliche Lebens- und Anregungsbedingungen leisten einen wesentlichen Beitrag in der Ausgestaltung der angeborenen Sprachmechanismen.

In einem normalen familiären Lebenskontext haben gesunde Kinder bis zum Schuleintrittsalter ein großes Vokabular samt lexikalischem Wissen und ein komplexes Wissen um grammatikalische Regeln erworben, das sie zu Mitgliedern einer Sprachgemeinschaft werden lässt. Das ist zugleich die Ausgangsbasis für den sekundären Spracherwerb, den Erwerb von Schriftsprache als ein weiteres Kommunikationssystem.

---

1 Balaban & Waxman 1997.
2 Tomasello & Todd 1983.

Eine gestörte Lautsprachentwicklung kann Probleme beim Erwerb der Schriftsprache nach sich ziehen. Wenn manche Kinder gegen Ende des 2. Schuljahres als lese-rechtschreibschwach diagnostiziert werden, hatten sie meistens bereits im Vorschulalter bzw. noch früher Defizite in bestimmten Entwicklungsdimensionen, die eine adäquate Ausbildung der gesprochenen Sprache erschwerten oder beeinträchtigten, z. B. in der »*phonologischen Informationsverarbeitung*«.[3]

Das Kindergarten- und Vorschulkind verarbeitet Informationen der gesprochenen Sprache noch auf Silben-, auf Wort- und auf einfacher Satzebene (*phonologische Bewusstheit im weiteren Sinn*). Das Schulkind vermag gehörte Wörter in ihre Lautbestandteile zu zerlegen (*phonologische Bewusstheit im engeren Sinn*).

In diesem Beitrag geht es um den Zusammenhang zwischen Lexikon und Sprachkompetenz im Kindesalter. Daher wird zunächst die Bedeutung von Wortschatz allgemein skizziert, hiernach ein Abriss der lexikalischen Entwicklung bis zum Schuleintrittsalter gegeben, um schließlich die Messbarkeit von Wortschatz sowie seine Relevanz als Prädiktor für Sprach- und andere Entwicklungsleistungen auszuführen. Statt in einer modularen Sichtweise der Sprachentwicklung zu verharren (Phonologie, Semantik, Grammatik), wird im vorliegenden Beitrag eine lexikalische Perspektive als Sprachentwicklungsbasis dargestellt.

Die Bedeutung des Wortschatzes in der Sprachentwicklung

Der Wortschatzerwerb, gemeint ist die lexikalisch-semantische Entwicklung, ist ein großes Thema in der theoretischen und empirischen Spracherwerbsforschung. Ein Wort ist eine komplexe, abstrakte Spracheinheit, aus phonologischen, semantischen und grammatischen Komponenten gebildet. Es ist arbiträr, d. h., es besteht keine zwingende Abhängigkeit des Wortsymbols vom Bezeichneten. Die Wörter einer Sprache werden zu verschiedenen Wortarten zusammengefasst. Es ist nicht bekannt, aus wie vielen Wörtern der deutsche Wortschatz besteht; insofern verzeichnet

3 Schneider 1989; Küspert 1998.

kein einziges Wörterbuch den gesamten Wortbestand der deutschen Sprache. Der deutsche Grundwortschatz wird laut Duden mit 2800 Wörtern angegeben, der produktive Wortschatz eines Erwachsenen auf 20 000 bis 50 000 geschätzt.

Jeder Satz einer natürlichen Sprache impliziert lexikalische und funktionale Kategorien.[4] *Lexikalische Kategorien* legen die Bedeutungsstruktur fest und werden durch die offene Klasse der Inhaltswörter bestimmt. Das sind semantisch tragende Wortarten wie die flektierbaren Substantive, Verben und Adjektive. *Funktionale Kategorien* richten sich auf die Syntax. Sie werden durch Funktionswörter erstellt (z. B. Präpositionen, Konjunktionen, Pronomen, Artikel, Hilfsverben, Quantoren) sowie durch die Grammatik. Die Klasse der Funktionswörter ist gegenüber der Klasse der Inhaltswörter kleiner und geschlossen; neue Wörter kommen nicht hinzu. Zwischen den Entwicklungsbereichen Lexikon und Grammatik bestehen eine nachweisbare Assoziation und Kontinuität.

Seit Templin[5] wird zwischen passivem (bzw. rezeptivem) und aktivem (bzw. expressivem oder produktivem) Wortschatz unterschieden. Der *rezeptive Wortschatz* umfasst die Wörter, die verstanden werden. Er beruht auf der Fähigkeit, Wörter aus der gehörten Umgebungssprache herauszufiltern und zu identifizieren, was wiederum mit den eingangs erwähnten phonologischen Fähigkeiten assoziiert ist. I. d. S. beginnt die Wortschatzentwicklung lange bevor das erste Wort geäußert wird. Sie beginnt etwa ab dem 6. Lebensmonat, wenn ein Säugling wiederkehrende phonologische Sequenzen in der Umgebungssprache erkennt und anfängt, akustische Regelhaftigkeiten in der Sprache zu entdecken. Phonologische Verarbeitung und Wortschatzerwerb stehen in einem positiv-linearen Zusammenhang. Der *expressive Wortschatz* enthält die Wörter, die produziert werden. Mit Wörtern wird in der Regel auf Dinge in der Welt referiert.

Das Wort ist ein elementarer Baustein der primären Sprachentwicklung, denn Lautbildung wie auch Formenbildung vollziehen sich am Wort, und Bedeutung macht sich an ihm fest. Aus Wörtern werden schließlich Sätze gebaut. Ein Wort zu lernen heißt, Wissen zum Wort seiner Muttersprache im Gehirn, dem »menta-

---

4 Chomsky 1981.
5 Templin 1957.

len Lexikon«, abzulegen. Das meint, wie ein Wort ausgesprochen wird, was es bedeutet, ob es zwei oder noch mehr Bedeutungen hat, wie es semantisch zu kategorisieren ist, wie es mit anderen Wörtern zu kombinieren ist, welche Wortableitungen möglich sind, wie es gebeugt wird oder welche Stellung es in verschiedenen Satzformen einnehmen kann. Der lexikalische Zugriff im mentalen Lexikon zur Worterkennung oder zur Wortproduktion ist die basale Aktivität eines jeden Sprechers. Wenn ein Kind ein neues Wort in seinen zentralen Speicher aufnimmt, muss es in der Lage sein, die mit diesem Wort verbundenen Informationen mit den vorhandenen Lexikoneinträgen abzugleichen bzw. assoziativ zu verknüpfen. Das mentale Lexikon ist also ein aktives Modul, in dem nicht nur Sprachinformationen abgelegt, sondern auch überarbeitet und umstrukturiert werden. Dieser Lernprozess ist Veränderungen auf dem Hintergrund der individuellen Entwicklung, aber auch der gesellschaftlichen Entwicklung unterworfen (Stichwort: Sprachwandel). Selbst Fremdwörter unterliegen dem Phänomen »Sprachwandel«.

Eine Sprachgemeinschaft muss ihren Wortschatz ständig neuen Gegebenheiten anpassen. Wortschatz ist der Bereich der Sprache, der sich am ehesten verändert. So verschwinden manche Worte aus der Alltagssprache; sie sind entbehrlich geworden, weil es die von ihnen bezeichneten Objekte seltener oder gar nicht mehr gibt (z. B. Teppichklopfer, Rabattmarke, Bahnsteigkarte). Andere Worte wiederum erwecken unerwünschte Assoziationen und gelten als unkorrekt (z. B. Zuchthaus, Irrenhaus, Zigeuner, Neger), oder es gilt, im lexikalischen Ausdruck die weibliche Form zu berücksichtigen (z. B. Bürgerin, Kauffrau). Auch sind neue Objekte, Sachverhalte/Gegebenheiten, Personen, Institutionen, Tätigkeiten und Ausdrucksmöglichkeiten in unserer Welt zu benennen (z. B. Babyklappe, Poster, Datenschutz, Knitteroptik, Konsumverweigerer, Märchenstraße, Quereinsteiger, Blauhelm, Kompetenzzentrum, mailen, beamen). Wörter werden aus anderen Sprachen entlehnt, inzwischen bevorzugt aus dem Englisch-Amerikanischen (z. B. biken, Comic, Flyer, Puzzle, Recycling, Scanner, Shopping, Snowboard). Gelegentlich werden auch Wörter gebildet, die es in der englischen Sprache gar nicht gibt, sog. Scheinentlehnungen (z. B. Handy). Das Lexikon einer Sprache ist grundsätzlich offen und unbegrenzt, weswegen mit dem Medium »Sprache« eine unendliche Menge an Informationen transportieren werden kann. Damit wird der kognitiven und der kommunikativen Funktion von Sprache Rechnung getragen.

Die Entwicklung des Wortschatzes im frühen Kindesalter

Eines der imponierendsten Merkmale der Sprachentwicklung ist der mit dem Lebensalter exponentiell zunehmende Wortschatz des Kindes. Der Auf- und Ausbau eines individuellen Lexikons ist mit dem Erwerb und der Differenzierung komplexer Wissensstrukturen gleichzusetzen. Die Entwicklung des kindlichen Wortschatzes lässt sich unter den Aspekten
- der Komposition,
- des Umfangs
- und der Zuwachsgeschwindigkeit beschreiben.

Konkrete Zahlenangaben zum aktiven Wortschatzumfang sind mit Vorsicht aufzufassen, weil die Erhebungsmethoden in den einzelnen Studien sehr unterschiedlich sind, so dass neben der individuellen Streubreite auch aus dem gewählten methodischen Ansatz divergente quantitative Angaben resultieren.

Das Sprechen des ersten Wortes unterliegt einer großen interindividuellen Variabilität und darf gegen Ende des ersten Lebensjahres erwartet werden, wenn das Lautinventar auf die Muttersprache eingeengt ist. *Frühe lexikalische Einträge* im mentalen Lexikon bestehen aus:
- Lautmalereien mit Bedeutung (brr, ham),
- Duplikation von Vokal-Konsonant-Verbindungen, Lallwörtern (z. B. la, lala; de, dede; ba, baba; ma, mama),
- phonologisch idiosynkratischen Gebilden (z. B. Eigennamen von Geschwistern, Haustieren),
- kindersprachlichen Ausdrücken zur Objektbenennung (ticktack, wauwau),
- Interjektionen (a, ah, ui, au),
- Grüßen, Floskeln oder sozialen Routinen (tach, winkewinke, bitte, ja, nein),
- Verbpartikeln (auf, an, ab, aus, weg),
- deiktischen Ausdrücken (da, das), um auf Inhalte gemeinsamer Aufmerksamkeit hinzuweisen.

Der Einstieg in den Lexikonaufbau ist somit über verschiedene, in diesem Stadium meistens nur angedeutete Wortarten möglich.

Zu einem Wort gehört ein »*Konzept*«, eine Wortbedeutung. Konzepte sind mentale Repräsentationen der außersprachlichen Realität. Lexikalisches Wissen enthält i. d. S. konzeptuelles Wissen, was die semantischen Relationen zwischen den Wörtern einschließt.

Zu Sprechbeginn sind die Wörter noch durch ein hohes Maß an Instabilität gekennzeichnet, nicht zuletzt auch auf Grund des ungefestigten Lautinventars des Kindes. Das Kind gebraucht Wörter in einem weiten Bedeutungsumfang, der als ein vorbegriffliches Stadium zu verstehen ist, bevor es sie allmählich auf die spezifisch begriffliche Bedeutung einengt. Zu Beginn des 2. Lebensjahres beginnt das Kind ein Wort unabhängig von der aktuellen Situation, also kontextflexibel, in seiner konventionellen lexikalischen Form mit einem festen Inhaltsbezug zu gebrauchen (referenzielle Wortverwendung).

Der Lexikonerwerb hängt mit den sensorischen und motorischen Erfahrungsmöglichkeiten von Bedeutungen zusammen. So werden Konzepte, die wahrnehmbare Bedeutungen repräsentieren, früher erworben als abstrakte Konzepte, repräsentiert in relationalen Wörtern oder in Wörtern, die psychische Zustände, Werte, moralische Begriffe, Zeitdimensionen bezeichnen. Frühe lexikalische Einheiten beziehen sich auf den Lebensraum eines Kindes sowie seine immanenten Erlebnismöglichkeiten und bilden ein Basisvokabular. Meistens dominieren *Substantive* zur Benennung von Personen, Tieren, Pflanzen, Körperteilen, Fahrzeugen, Nahrungsmitteln, Kleidung, Spielzeugen sowie Objekten aus Haushalt und Wohnung. Mit der wachsenden Zahl an Wörtern nimmt die Expansion an Substantiven zu Gunsten des Wachstums anderer Wortarten ab. Substantive und Verben sind zwar im Vergleich mit anderen Wortarten im frühen Wortschatz am häufigsten, dennoch stellen Substantive im Wortschatz der ersten 50 Wörter höchstens die Hälfte aller Lexeme dar. Nach einer Studie von Menyuk[6] machen Substantive 60 % der verstandenen und produzierten Wörter des frühen Lexikons aus, gefolgt von 29 % verstandenen und 18 % produzierten Verben.

Verben bahnen den Einstieg in den Mehrwortsatz und in den

---

6 Menyuk et al. 1995.

Ausbau der Syntax. Sie sind schwerer zu erwerben als Substantive und treten zunächst vereinzelt auf, etwa ab dem 15. Lebensmonat. Die ersten Verben beziehen sich auf einfache motorische Tätigkeiten oder Handlungen, die das Kind selbst ausführen kann (sog. Aktionsverben wie essen, trinken, baden). Erst später werden Zustandsverben erworben, also Verben ohne offen fassbare Handlung, die eher ein Beharren in der Welt bezeichnen (z. B. schlafen, liegen, bleiben) wie auch Vorgangsverben; das sind Verben, die Prozesse bezeichnen, die sich an etwas bzw. jemandem vollziehen (z. B. rosten, erfrieren). Ab dem 3. Lebensjahr folgen Referenzen auf mentale oder innerpsychische Zustände (z. B. lachen, weinen). Eine weitere Lernherausforderung ist die Unterscheidung von ingressiven Verben (sie bezeichnen den Beginn eines Geschehens) und resultativen Verben (sie bezeichnen den Endzustand eines Geschehens).

Das produktive Lexikon enthält im Alter von 16 bis 18 Monaten durchschnittlich ca. 30 Wörter. Die anfangs eher langsam verlaufende Wortschatzentwicklung beschleunigt bei vielen Kindern, um jenseits des 18. Lebensmonats in eine explosionsartige Wortzunahme überzugehen. Dieses Phänomen wird als »Wortschatzspurt« bezeichnet (»vocabulary spurt«).[7] Die Zunahme des Wortschatzes in diesem Altersabschnitt wird positiv beeinflusst durch die Häufigkeit der an ein Kind gerichteten Fragen, die zu längeren Antworten anregen. Im Alter von 24 Monaten verfügt das gesunde Kind in seinem individuellen aktiven Lexikon über ungefähr 50 Wörter. Dies ist der Grundstock für weiterführende sprachliche Verarbeitungsprozesse wie den Übergang von der »Ein-Wort-Äußerung« zur »Zwei-Wort-Verbindung« – ein grammatikalischer Meilenstein, da mit dem Zwei-Wort-Satz nahezu alle semantischen Relationen ausgedrückt werden können wie Existenz, Nicht-Existenz, Verschwinden, Orts- oder Zeitbestimmung, Besitzrelation, Negation, Fragen. Der Zwei-Wort-Satz ist das Einfallstor zur grammatikalisch geordneten Sprache.

Gegen Ende des 2. Lebensjahres und im 3. Lebensjahr nehmen Vokabular und Wortbedeutung in allen Wortklassen weiter zu, so dass das Kind neue Konzepte verbalisieren kann. Die Entwicklung von Wortarten drückt die Differenzierung in der Wortschatzentwicklung aus. Der Erwerb des unbestimmten (indefini-

7 Vgl. Goldfield & Reznick 1996.

ten) Artikels »ein« ist der konzeptuelle Ausgangspunkt für erste Quantoren (kein, mehr, viele, alle), die beim sprachnormalen Kind vereinzelt bereits ab einem Lebensalter von 1,6 Jahren zu beobachten sind. Artikel enthalten grammatikalische Informationen, indem sie Geschlecht (Genus), Fall (Kasus) und Zählform (Numerus) markieren. Im Alter von 2,6 bis 3 Jahren ist das Stadium des »*ersten Fragealters*« mit dem Erwerb von Fragepartikeln durchlaufen (Was? Wo? Wer?). Weitere Hilfsverben (als erstes Hilfsverb wird i. d. R. »haben« erworben) werden gelernt.

Im Alter von 3 Jahren beherrscht ein Kind bis zu 2000 Wörter aktiv, mit Ableitungsformen können es bis 3000 sein.[8] Nun sind Verben im spontansprachlichen Wortschatz am stärksten vertreten. Die Wortbedeutungen werden feiner, was sich in einer Diversifikation der Benennungen widerspiegelt. Es wird begonnen, das Vokabular in Sinnbereiche (semantische Felder) zu untergliedern, hiermit einhergehend werden Oberbegriffe erworben.

Wortbildung geschieht nicht nur durch Ableitung (Derivation), sondern auch durch Zusammensetzung (Komposition) von zwei (oder mehreren) unabhängigen Wörtern zu einem neuen Wort (z. B. Lebkuchenherz, aufmachen, hinterherlaufen, pflückreif). Die meisten Komposita sind Substantive. Bei der adjektivischen Wortbildung spielen Ableitungsprozesse eine große Rolle, und bei Verben sind Derivation und Komposition als Wortbildungsprozess anzutreffen.

Ab 3 Jahren fängt allmählich das sog. »*zweite Fragealter*« an (Kausal- und Finalfragen, charakterisiert durch die Fragewörter Warum? Wieso? Weshalb? Wofür? Wozu?). Die »Warum-Frage« leitet die Nebensatzkonstruktion mit »weil« ein. Unregelmäßige Verbformen wie auch der Komparativ oder der Superlativ von bestimmten Adjektiven werden als eigenständiges Wort in das Lexikon eingespeist, wohingegen die Kenntnis über regelmäßige Flexionsbildungen als Regelwissen abgespeichert wird.

Etwa im Alter von 5 Jahren ist die primäre Sprachentwicklung in den wesentlichen Zügen abgeschlossen. Das Kind hat den Status eines »native speaker« erreicht, d. h. eine Sprachidentität erworben, die es zum Mitglied einer Sprachgemeinschaft macht. Mit 6 Jahren verfügen Kinder über ein produktives Lexikon von bis 5000 Wörter und können ca. 14 000 Wörter verstehen.

8 Gipper 1985.

Die Verwendung von Affixen, wobei ein Wort durchaus mehrere Affixe enthalten kann (Präfixe wie bspw. ab-, an-, auf-, -be-, er-, ge-, un-, zu-; Suffixe wie -ant, -haft, -heit, -ieren, -keit, -ling, -los, -schaft, -tät, -tum, -ung) oder die Bildung zusammengesetzter Wörter aus vorhandenen Lexemen gestatten eine gleichsam qualitative und quantitative Ausdifferenzierung der Wortklassen, die ab dem Schulalter weiter zunimmt. Dann werden auch Wörter erworben, die abstrakte Kategorien wie Zeit oder Entfernung ausdrücken. Auf dem Hintergrund der Bildung kommen später Fremdwörter hinzu (am häufigsten Substantive, gefolgt von Adjektiven, Verben und sonstigen Wörtern) – sofern gebräuchliche Fremdwörter mit hohem Bekanntheitsgrad nicht bereits im Lexikon des Kindes enthalten sind wie etwa »Auto«, »Karussell«, »Keks«, »Omnibus«, »Panzer«, »Radio«, »Salat«. Die Grenze zwischen einem Fremdwort und einem eingebürgerten Wort ist nicht selten fließend. Von historischen Personennamen abgeleitete Adjektive wie auch nominale Bezeichnungen, z. T. in Verbindung mit geographischen Namen (platonische Liebe, Beef Stroganow, Pizza Napoli), Bezeichnungen aus Domänen- und Fachsprachen, die sich aus handlungsbezogenem Spezialwissen und hierauf bezogenen fachkommunikativen Bedürfnissen entwickeln (Expertenwortschätze) sowie der Erwerb von zweideutiger Wortsemantik (z. B. Kiefer), finden im weiteren Verlauf von Kindheit, Jugend und Erwachsenenalter Aufnahme in das individuelle Vokabular.

Wortschatzerhebung im jungen Kindesalter

Die vollständige Erfassung des Wortschatzes eines Kindes durch Zählen in natürlichen oder in standardisierten Situationen ist nur am Anfang seiner Sprachentwicklung möglich. Später werden Wortschatzzählungen immer aufwendiger, vor allem aber bergen sie die Gefahr von falschen Dokumentationen, wenn nicht eindeutig geklärt ist, welche Einheit gezählt werden soll: jede lexikalische Einheit, ein Wortstamm, durch Derivation erzeugte Wörter? Die Repräsentativität des vom Kind gezeigten verbalen Ausdrucks in natürlichen Situationen ist sehr variabel; je nach Situation werden mehr oder weniger Wörter gebraucht. Auch ist die rasante Wortschatzentwicklung ab dem Erreichen der »50-Wörter-Marke« zu berücksichtigen sowie die entwicklungsphysiolo-gisch bedingte, noch unsaubere Artikulation, die ohne Kenntnis des situativen Kontexts, in dem ein Wort geäußert wurde, seine Identifikation und damit Zählung erschweren kann. Die Auswertung von spontanen Sprechdaten eines Kindes (z. B. in Tagebuchaufzeichnungen durch die Eltern dokumentiert, in einer freien Assoziation mit dem Kind provoziert, in anderen Experimenten oder in einem Elterninterview mit freier Wortaufzählung bzw. anhand einer vorgegebenen Wortliste erhoben) vermag den Wortschatzumfang eines Kindes nicht vollständig, valide und reliabel zu erfassen.

Weil der aktuelle Wortschatzumfang nicht exakt zu ermitteln ist, kann die Testung mit einem sorgfältig konstruierten, geeichten Wortschatztest, der zeitgemäßes Sprachmaterial enthält, zu einer repräsentativen und altersbezogenen Schätzung verhelfen.[9] Der *Wortschatztest* beinhaltet eine repräsentative Stichprobe des Kinderwortschatzes einer definierten Altersgruppe, also eine bestimmte, ausgesuchte Menge an Wörtern, die hinsichtlich Worthäufigkeit, Wortlänge, Wortklasse und Artikulomotorik kontrolliert sind. Der Test erlaubt auf folgende Weise einen Rückschluss auf die lexikalisch-semantische Kompetenz: Entweder wird die Bedeutung eines Worts durch ein standardisiertes Bild dargestellt und soll nach Nennung des Zielworts durch den Untersucher vom Kind unter mehreren, semantisch ähnlichen Bildern herausgefunden werden (*passive oder rezeptive Wortschatztestung*), oder ein Bild ist vom Kind zu benennen (*aktive oder produktive Wortschatztestung*). Die lexikalische Testleistung wird mit der eines gleichaltrigen Kindes der Eichstichprobe verglichen.

Wörter, die von einem Kind geäußert werden, werden normalerweise auch von ihm verstanden (Ausnahme: echolalische Produktionen bei minderbegabten Kindern), so dass der aktive Wortschatz eines Kindes nicht größer sein kann als sein passiver.

Wortschatztests sind einfach durchführbar; ihre Durchführungs-, Auswertungs- und Interpretationsobjektivität sind in der Regel hoch. Meistens werden nur die semantisch tragenden Wortarten geprüft, das meint Inhaltswörter (Substantive, Verben, Adjektive), weil sich die anderen Wortklassen schwer bildhaft darstellen lassen. Mit der Fähigkeit zur Bildbenennung werden

9 Kiese-Himmel 1995 b.

indirekt auch Wissensbestände geprüft, da die Wortbezeichnungen mit konzeptuellem Wissen verbunden sind. Insofern differenzieren die Leistungen im »aktiven Wortschatz« gut zwischen sprachgestörten und nicht-sprachgestörten Kindern.[10]

Ein aktiver Wortschatztest sollte deswegen nicht nur mit dem Ziel durchgeführt werden, den Entwicklungsstandort innerhalb einer Gruppe vergleichbarer Kinder zu bestimmen; er sollte auch qualitativ ausgewertet werden, um Informationen zu dem vom Kind gespeicherten lexikalischen Wissen zu erhalten und damit Anhaltspunkte, auf welcher Entwicklungsstufe ggf. mit einer Interventionsmaßnahme anzusetzen ist.

Wortschatzentwicklung als Prädiktor für Sprache und andere Entwicklungsleistungen

Wortschatz umfasst erworbenes Wissen. Quantität und Qualität des Wortschatzes erlauben einen Rückschluss, inwieweit ein Kind seine Lebenswelt verbalisieren kann. Der *rezeptive Wortschatz* hat eine hohe Vorhersagekraft für den expressiven Wortschatz, für die allgemeine Sprachentwicklung und für die kognitive Entwicklung. Kinder mit einem eingeschränkten expressiven Wortschatz im Alter von 24 Monaten hatten bereits zwischen 12 und 18 Monaten einen sehr kleinen rezeptiven Wortschatz.[11]

Der *expressive Wortschatzumfang* besitzt nach aktuellen Erkenntnissen die beste Vorhersagekraft für Sprachentwicklungssowie andere Entwicklungsstörungen. Aus der entwicklungspsychologischen Forschung ist bekannt,[12] dass viele Kinder mit einer später festzustellenden Sprachentwicklungsstörung ohne medizinische Ursache (die sog. »spezifische Sprachentwicklungsstörung« bzw. »umschriebene Entwicklungsstörung des Sprechens und der Sprache«) daran zu erkennen sind, dass sie ihre ersten Worte später sprechen als gleichaltrige Kinder und dass sie ihr Vokabular langsamer erweitern. Der Entwicklungsrückstand in der Wortproduktion ist als »*Late Talker-Phänomen*« bekannt und

10 Kasielke et al. 1991.
11 Bornstein & Haynes 1998; Grimm 2000.
12 z. B. Fischel et al. 1989; Rescorla & Schwartz 1990; Paul et al. 1991; Rescorla et al. 1997; Roberts, Rescorla, Giroux & Stevens 1998; Thal & Tobias 1992; Thal, Tobias & Morrison 1991.

gilt als früher Indikator für eine Gefährdung der Sprachentwicklung. Unter der Bezeichnung »*Late Talkers*« (»späte Sprecher«) werden in der englischsprachigen Fachliteratur Kinder zusammengefasst, die mit 24 Monaten weniger als 50 Wörter sprechen, keine Mehrwort-Äußerungen formen oder überhaupt noch nicht sprechen, ohne dass hierfür organisch bzw. psychosoziale Gegebenheiten ursächlich sind. Der Anteil an der Gesamtpopulation zweijähriger Kinder dürfte bei knapp 20 % liegen.[13] Etwa die Hälfte solcher Kinder ist im Alter von drei Jahren sprachlich altersgemäß entwickelt, erweist sich also retrospektiv als »*Late Bloomer*« (»Spätzünder«), der Rest hat eine spezifische Sprachentwicklungsstörung.

So konnten bspw. Fischel[14] nach Messung des expressiven Wortschatzes bei Zweijährigen in 81 % der Fälle deren Verbesserungsstatus in der Sprachentwicklung fünf Monate später zutreffend abschätzen. Auch Berglund und Eriksson[15] bescheinigen dem Wortschatz eine gute prädiktive Funktion (71 bis 88 %). Der Wortschatzzuwachs im frühen Spracherwerb ist des Weiteren ein Prädiktor für die frühe Syntax[16] und für grammatikalische Fähigkeiten.[17] Ein Kind, das zwischen zwei und drei Jahren schnell im Wortschatzerwerb ist, wird es auch im Erwerb von Grammatik sein. Grammatik ist ein inhärenter Bestandteil des Lexikons. Erste grammatische Strukturen sind eher semantischer Natur. Zunehmend wird die prominente Bedeutung des Verbwortschatzes erkannt; so schreiben ihm z. B. Conti-Ramsden & Jones[18] die beste Prädiktionskraft für die Morphologie zu. Der Wortschatzumfang vermag auch Schulerfolg vorauszusagen,[19] weil seine Größe für die Lern- und Leistungsbereitschaft eines Kindes wichtig ist sowie Lesefähigkeit.[20] Um in der Schule erfolgreich zu sein, ist die basale Fähigkeit zum adäquaten Sprachgebrauch für ein Kind unverzichtbar. Somit ist der Wortschatz eines Kindes ein aussagekräftiger individueller Messwert. Im Einzelnen erweist sich die aus ihm aufgebaute Lautsprache als ein Instrument für

13 Rescorla 1991.
14 Fischel et al. 1989.
15 Berglund & Eriksson 2000.
16 Fenson et al. 1994; Thal et al. 1996.
17 Marchman & Bates 1994; Berglund & Eriksson 2000.
18 Conti-Ramsden & Jones 1997.
19 Toppelberg & Shapiro 2000.
20 Scarborough 1989; Wolf & Segal 1992.

- die verbale Kommunikation,
- die Herstellung und Aufrechterhaltung sozialer Beziehungen,
- die Lernbereitschaft und Gedächtnisleistungen,
- den Erwerb und die Verbreitung von Wissen,
- Intelligenz und bestimmte Denkoperationen (Problemlösen),
- den Erwerb von Kulturtechniken,
- den Erwerb metalinguistischer Fertigkeiten (z. B. Regeln),
- die Weitergabe gesellschaftlichen Handelns,
- das Bewusstsein sowie die Identität eines Menschen.

Damit ist Sprache Grundlage für die Bildungslaufbahn eines Kindes: für seine schulische und berufliche Entwicklung sowie für seine Persönlichkeitsentwicklung insgesamt. Bildungsprobleme sind zwangsläufig mit Problemen in der Sprachkompetenz verknüpft.

Pädagogische Konsequenzen

Intakte organische Voraussetzungen zur Verarbeitung der gehörten Umgebungssprache sowie ein kindgemäßer, wortschatzaufbauender interaktiver Stil zwischen einer primären Bezugsperson und einem Kind gelten als wesentliche Garanten für die Sprachentwicklung.

Ein Kind lernt die Sprache, die es in seiner Umgebung hört, auf dem vorgegebenen Raster seiner individuellen Voraussetzungen, seiner sozialen, insbesondere familiären Lernmöglichkeiten einschließlich deren gesellschaftlicher Verflochtenheit.[21] So spiegelt die Sprache des Kindes seine Welterfahrung wider. Mit anderen Worten: Durch die Erwachsenen wird vorgelebt und praktiziert, dass Sprache ein Kommunikationsinstrument ist. Gleichzeitig werden mit gesprochener Sprache modellhaft Strukturen angeboten, die es dem Kind erlauben, die dem System Sprache zu Grunde liegenden linguistischen Teilsysteme zu erkennen. Anerkanntes Bildungsziel ist es, bei jedem Individuum den Sprachbesitz einer Gemeinschaft dispositionell zu realisieren, denn eingeschränkte Sprachkompetenz verringert die Bildungschancen.

21 Vgl. u. a. Franke 1983; Kiese-Himmel & Kruse 1994.

Die Lernbarkeit von Sprache darf aber nicht zu der Vorstellung verleiten, dass ein gesundes Kind diese Entwicklungsaufgabe durch seinen genetisch vorgegebenen universalgrammatischen Bauplan allein meistern wird.

Sprachentwicklung beginnt am ersten Lebenstag, und Erwachsene haben diesbezüglich eine verantwortungsvolle Aufgabe in der kindgemäßen Sprachkommunikation im Alltag, die Anregungs-, Steuerungs- und Korrekturfunktion für den Erwerb der Muttersprache besitzt. Damit ein Kind Sprache zu einem leistungsfähigen Kommunikations- und Kognitionssystem ausbilden kann, so dass es schließlich über ein universelles Instrument verfügt, ist der Dialog, später die Mitteilung von Erlebnissen oder das Gespräch über gemeinsame Erlebnisse unerlässlich.

Wortschatzerwerb – eine Fassette der kulturgebundenen Muttersprache – ist ein persönlicher Erfahrungsprozess. Relevante Erfahrungen sind in der frühen Kindheit hauptsächlich durch Sensomotorik, Konversation, unterstützt durch Rollenspiele und didaktische Sprachspiele, zu machen, später ergänzt durch vorbildliche Modelle in den Medien (Radio, Fernsehen). Wortschatzerwerb ist auch eine Funktion der Verwendungshäufigkeit von Wörtern durch andere Menschen. So verbessert das Vorlesen von Bilderbüchern den passiven und aktiven Wortschatz.

Die primäre Sprachentwicklung ist nur in einem bestimmten Zeitfenster möglich: in der sprachsensiblen Entwicklungsphase des Kindes. Das sind die Jahre der frühkindlichen Entwicklung, in denen die postnatale Hirnentwicklung funktionsspezifisch angeregt und erfahrungs- und aktivitätsabhängig neuronal konsolidiert wird. Dieses Zeitfenster schließt sich mit zunehmendem Lebensalter des Kindes und ist nach der Grundschulzeit, spätestens mit dem Erreichen der Pubertät irreversibel geschlossen.

Ebenfalls fälschlich ist die Vorstellung, den »Hebel« nur am Kind anzusetzen, d. h. zu glauben, dass durch professionalisierte oder institutionalisierte Maßnahmen ein Kind »sprachlich repariert« werden kann, wenn es, etwa kurz vor der Einschulung, an der Zeit zu sein scheint. Inzwischen ist es eine gesicherte Erkenntnis, dass die Wortproduktion im Alter von 2 Jahren ein prognostisches Kriterium für den weiteren Sprachentwicklungsverlauf ist. Somit macht es wenig Sinn, bei sprachentwicklungsverzögerten Kindern oder Kindern mit Wortschatzarmut abzuwarten und auf spezifische Diagnostik, Elternberatung und -anleitung sowie (therapeutische) Förderung zu verzichten.

Sprachentwicklungsstörungen müssen früh diagnostiziert und therapiert werden, um einem Kind einen optimalen Entwicklungsstart ins Leben zu gewährleisten und ungünstigen kommunikativen, kognitiven, sozialen, emotionalen Folgeerscheinungen sowie Schulleistungsstörungen auf Grund einer unzureichenden Sprachkompetenz vorzubeugen. I. d. S. kann die Institution Kindergarten lediglich auf die Notwendigkeit einer fachspezifischen, interdisziplinären Diagnostik (phoniatrisch/pädaudiologisch, entwicklungsdiagnostisch, logopädisch) hinweisen, sie ggf. sogar veranlassen, sofern dies kinderärztlicherseits im Rahmen der Vorsorgeuntersuchungen nicht bereits geschehen ist.

Auf eine spielerische Förderung von Sprache in der Institution Kindergarten sollte gleich nach Aufnahme eines Kindes großer Wert gelegt werden (Stichwort: Spracherziehung). Zum einen bedeutet das, dass in der Sprachumwelt des Kindergartens ein kindgemäßes Sprachangebot in der Interaktion mit einem Kind präsentiert wird, die Äußerungen eines Kindes in der Kommunikationssituation ggf. wiederholt und um die richtige Grammatik erweitert werden (*implizite Förderung* zur Erweiterung des Wortschatzes, zur Verbesserung der Grammatik und der verbalen Kommunikation). Fragen, die eine Ja- bzw. Nein-Antwort verlangen, ständige wörtliche Wiederholungen, Befehle, Verbote, Jargon sowie häufige soziale Routinen (danke, bitte, tschüss, hallo) sind kein anregender Stimulus für die Sprachentwicklung des Kindes und daher in ihrer Frequenz angemessen niedrig zu halten. Zum anderen sollte pädagogische programmunterstützte Sprachförderung in der Einzelsituation und in der Kleingruppe durchgeführt werden (*explizite Förderung*, z. B. durch Erzählposter, Sprachspiele, Sprachmalbücher, Geschichtenerzählen, Reimen, Singen, altersspezifische Lektüre). In diesem Rahmen können ähnliche Wörter miteinander verglichen und voneinander abgegrenzt werden, Gegensätze oder Oberbegriffe elaboriert werden. Insbesondere für sozial benachteiligte Kinder ist die Bereitstellung eines kompensatorischen Bildungsangebots dringlich. Das wiederum verlangt didaktisch fundierte Aktivitäten, denen mit einer entsprechenden thematischen Berücksichtigung im Ausbildungscurriculum der Erzieher/innen sowie regelmäßigen einschlägigen Fort- und Weiterbildungsangeboten Rechnung zu tragen ist, da mit dieser Berufsfassette ein bildungs-, gesellschafts- und kulturpolitischer Auftrag einzulösen ist.

Literaturverzeichnis

Balaban, M. T. & Waxman, S. R., Do words facilitate object categorization in 9-month-old-infants?, in: *Journal of Experimental Child Psychology* 64, 1997, p. 3-26.

Berglund, E. & Eriksson, M., Communicative development in Swedish children 16-28 months old: The Swedish Early Communicative Development Inventory – Word and Sentences, in: *Scandinavian Journal of Psychology* 41, 2000, p. 133-144.

Bornstein, M. H. & Haynes, O. M., Vocabulary competence in early childhood: Measurement, latent construct, and predictive validity, in: *Child Development* 69, 1998, p. 654-671.

Chomsky, N., *Regeln und Repräsentationen*, Frankfurt am Main 1981.

Conti-Ramsden, G. & Jones, M., Verb use in specific language impairment, in: *Journal of Speech, Language, and Hearing Research* 40, 1997, p. 1298-1313.

Fenson, L., Dale, P. S., Reznick, J. S., Bates, E., Thal, D. & Pethick, J. S., Variability in early communicative development, in: *Monographs of the Society for Research in Child Development* 1994, Serialno. 242.

Fischel, J. E., Whitehurst, G. J., Caulfield, M. B. & DeBaryshe, B., Language growth in children with expressive delay, in: *Pediatrics* 82, 1989, p. 218-227.

Franke, U., Geschlechterverhältnis und Geschwisterposition bei sprachauffälligen Kindern, in: *Die Sprachheilarbeit* 28, 1983, S. 8-16.

Gipper, H. (Hg.), *Kinder unterwegs zur Sprache. Zum Prozeß der Spracherlernung in den ersten drei Lebensjahren mit 50 Sprachdiagrammen zur Veranschaulichung*, Düsseldorf 1985.

Goldfield, I. & Reznick, J., Why does vocabulary spurt?, in: Stringfellow, A. (ed.), *Proceedings of the 20th annual Boston University Conference on Language Development (BUCLD)*, Cascadilla Press 1996, p. 249-260.

Grimm, H. (unter Mitarbeit von M. Aktas & S. Frevert), *Sprachentwicklungstest für zweijährige Kinder (SETK-2). Diagnose rezeptiver und produktiver Sprachverarbeitungsfähigkeiten. Manual*, Göttingen 2000.

Kasielke, E., Häuser, D. & Scheidereiter, U., Zur Differentialdiagnostik sprachlicher Leistungen im Vorschulalter mit Hilfe eines neuen Kindersprachtests (KISTE), in: *Zeitschrift für Differentielle und Diagnostische Psychologie* 12, 1991, S. 43-52.

Kiese-Himmel, C., Die Wortschatzentwicklung im frühen Kindesalter. Ein Überblick, in: *L. O. G. O. S. Interdisziplinär. Fachzeitschrift für Logopädie und andere kommunikationstherapeutische und benachbarte Gebiete* 3, 1995 a, S. 284-290.

–, Aktive Wortschatztestung im frühen Kindesalter – ein Methodenvergleich bei sprachentwicklungsrückständigen Kindern, in: *Diagnostica* 41, 1995 b, S. 189-202.

Kiese-Himmel, C. & Kruse, E., Untersuchungen zum aktiven Wortschatzumfang von 2- bis 5-jährigen sprachentwicklungsrückständigen Kindern unter Berücksichtigung sozialer Variablen, in: *Sprache – Stimme – Gehör* 18, 1994, S. 168-174.

Küspert, P., *Phonologische Bewusstheit und Schriftspracherwerb. Zu den Effekten vorschulischer Förderung der phonologischen Bewusstheit auf den Erwerb des Lesens und Rechtschreibens*, Frankfurt am Main 1998.

Marchman, V. & Bates, E., Continuity in lexical and morphological development: A test of the critical mass hypothesis, in: *Journal of Child Language* 21, 1994, 339-366.

Menyuk, P., Liebergott, J. & Schultz, M., *Early language development in full-term and premature infants*, Hillsdale/NJ 1995.

Paul, R., Looney, S. S. & Dahm, P. S., Communication and socialization skills at ages 2 and 3 in »late-talking« young children, in: *Journal of Speech, Language, and Hearing Research* 34, 1991, p. 858-865.

Rescorla, L., Identifying expressive language delay at age two, in: *Topics in Language Disorders* 11, 1991, p. 14-20.

Rescorla, L., Roberts, J. & Dahlsgaard, K., Late talkers at 2: Outcome at age 3, in: *Journal of Speech, Language, and Hearing Research* 40, 1997, p. 556-566.

Rescorla, L. & Schwartz, E., Outcome of toddlers with specific expressive language delay, in: *Applied Psycholinguistics* 11, 1990, p. 393-407.

Roberts, J., Rescorla, L., Giroux, J. & Stevens, L., Phonological skills of children with specific expressive language impairment (SLI-E): Outcome at age 3, in: *Journal of Speech, Language, and Hearing Research* 41, 1998, p. 374-384.

Scarborough, H. S., Prediction of early reading disability from familial and individual differences, in: *Journal of Educational Psychology* 81, 1989, p. 101-108.

Schneider, W., Möglichkeiten der frühen Vorhersage von Leseleistungen im Grundschulalter, in: *Zeitschrift für Pädagogische Psychologie* 3, 1989, S. 157-168.

Templin, M., *Certain language skills in children*, Minneapolis 1957.

Thal, D. J., Bates, E., Zappia, M. J. & Oroz, M., Ties between lexical and grammatical development: Evidence from early talkers, in: *Journal of Child Language* 23, 1996, p. 349-368.

Thal, D. & Tobias, S., Communicative gestures in children with delayed onset of oral expressive vocabulary, in: *Journal of Speech, Language, and Hearing Research* 35, 1992, p. 1281-1289.

Thal, D., Tobias, S. & Morrison, D., Language and gesture in late talkers: A one-year-follow-up, in: *Journal of Speech, Language, and Hearing Research* 34, 1991, p. 604-612.

Tomasello, M. & Todd, J., Joint attention and lexical acquisition style, in: *First Language* 4, 1983, p. 197-211.

Toppelberg, C. O. & Shapiro, T., Language disorders: A 10-year research update review, in: *Journal of the American Academy of Child and Adolescent Psychiatry* 39, 2000, p. 143-152.

Wolf, M. & Segal, D., Word finding and reading in the developmental dyslexias, in: Topics in Language Disorders 13 (1), p. 51-65.

Manfred Spitzer
Gehirnforschung und lebenslanges Lernen

Seit den Zeiten der Reflexphysiologie der ersten Dekaden des vergangenen Jahrhunderts ist Lernen *der* Gegenstand der Gehirnforschung. Im Folgenden wird ein Argumentationsgang mittels 10 Thesen vorgestellt, der Gehirnforschung als notwendige Grundlage zum Verständnis von Lernprozessen, einschließlich pädagogischer Bemühungen, aufzuzeigen sucht. Da heute niemand mehr in Frage stellt, dass wir lebenslang lernen können und dies auch müssen, erfolgt dies unter Verwendung von Beispielen aus der gesamten Lebensspanne des Menschen, von der Wiege bis zur Bahre.

Manchem Leser mag die Verbindung der beiden im Titel genannten Substantive, Gehirnforschung und Lernen, ungewöhnlich, um nicht zu sagen, »an den Haaren herbeigezogen« erscheinen. Der Skeptiker könnte einwenden, dass die Gehirnforschung noch zu jung sei, sich in abstrakten Bereichen einzelner Zellen, Synapsen, Transmitter, Rezeptoren und Ionenströme bewege und damit viel zu weit entfernt sei vom Klassenzimmer oder dem Hörsaal. Dass dies nicht der Fall ist und dass es höchste Zeit wird, die Gehirnforschung in unsere Überlegungen zur Gestaltung von Lernumgebungen (ich bezeichne mit diesem Begriff ganz allgemein alles, was sich um das Lernen rankt, von Schulformen und Lehrplänen über Klassenzimmer bis hin zu den menschlichen Beziehungen zwischen Lehrenden und Lernenden) mit einzubeziehen, soll u. a. hier aufgezeigt werden.

Das Gehirn lernt immer

Die meisten Menschen verbinden Lernen mit Schule, mit »Büffeln« und »Pauken«, mit Schweiß und Frust, schlechten Noten und anstrengenden Prüfungen. Machen wir uns nichts vor: Lernen hat ein negatives Image, ist unangenehm, und wenn man lernt, muss man sich dafür hinterher belohnen (Motto: für jede Vokabel ein Stück Schokolade). Nicht zuletzt die so genannte

Lerntheorie (aus der Psychologie der Mitte des letzten Jahrhunderts) drängt uns diese Sicht der Dinge auf. Wer so denkt, für den steht auch fest: In der Freizeit wird nicht gelernt. Lernen ist Arbeit, und diese ist von Freizeit zu trennen, schließlich betrachten wir es ja als eine unserer kulturellen Errungenschaften, dass wir unsere Zeit einteilen in die, die wir leider in der Schule (Uni/Berufsschule/Weiterbildungsstätte etc.) verbringen, und diejenige Zeit, in der wir frei haben und nicht lernen müssen.

Diese Sicht der Dinge entspricht nicht der Natur dessen, was Lernen eigentlich ist. Im Gegenteil: Die Flügel des Albatros und die Flossen des Wals sind an die Eigenschaften von Luft und Wasser wie Dichte und Viskosität optimal angepasst. So ist auch unser Gehirn für das Lernen optimiert. Es lernt also nicht irgendwie und mehr schlecht als recht, nebenbei und wenn es eben sein muss. Nein, unser Gehirn kann nichts besser und tut nichts lieber! Wer mit Blick auf die Schule an dieser Stelle Skepsis geltend macht, der beweist nur, wie sehr wir die Erkenntnis der Gehirnforschung im Bereich der Schule vernachlässigt haben und noch immer vernachlässigen.

Dass wir Menschen wirklich zum Lernen geboren sind, beweisen alle Säuglinge. Sie können es am besten, sie sind dafür gemacht; und wir hatten noch keine Chance, es ihnen abzugewöhnen. Zweijährige verhalten sich ihrer Umgebung gegenüber nicht wie Reflexautomaten oder mit Fakten zu füllende Behälter. Sie suchen vielmehr aktiv ihre Umgebung zu begreifen, indem sie kleine Tests durchführen und – ganz ähnlich wie Wissenschaftler – Hypothesen darüber prüfen, wie sich die Dinge wohl verhalten. Dreijährige lernen alle 90 Minuten ein neues Wort, und mit fünf Jahren beherrschen Kinder nicht nur bereits Tausende von Wörtern, sondern vor allem auch deren Gebrauch und damit die komplizierte Grammatik der Muttersprache.

Von Beispielen zu Regeln

Im Vorschulalter wissen Kinder hierzulande beispielsweise, dass die Verben, die auf »-ieren« enden, das Partizip Perfekt ohne »ge« bilden. Sie erzählen, dass sie gestern gelaufen sind, aber nicht durch den Wald ge-spaziert, sondern nur spaziert; und was sie vorgestern nur verloren (und nicht ge-verloren) haben, das haben sie stolz gestern wieder gefunden. Man könnte argumentieren, dass die Kinder die richtigen Partizipien wie auch die Infinitive und alles andere einfach »aufgeschnappt« haben, also auswendig gelernt. Dem ist jedoch nicht so. Erzählt man ihnen die Geschichte von den Zwergen, die am Abend quangen und sich am nächsten Morgen daran erinnern, dann sagt der Zwerg, gestern haben wir wieder einmal so richtig schön gequangt. Und wenn die Zwerge am Abend patieren, dann sagt der Zwerg, man habe gestern so richtig schön – patiert (ohne »ge«). Auf diese Weise, also dadurch, dass man Kinder mit Wörtern grammatisch hantieren lässt, die es gar nicht gibt, kann man nachweisen, dass sie tatsächlich eine Regel gelernt haben und nicht lediglich viele Beispiele. Diese Regel jedoch hat ihnen niemand beigebracht. Sie haben sie selbst generiert. Gehirne besitzen diese Fähigkeit zum spontanen Generieren von Regeln aufgrund von Beispielen. Alles, was es hierzu braucht, sind die richtigen Beispiele und viele davon.

Nach dem Spracherwerb geht es dann erst richtig los: Schule, Lehre oder Universität, lebenslange Weiterbildung, vielleicht hie und da ein neues Tätigkeitsfeld, eine Fremdsprache, ein neues Hobby oder einfach nur eine neue Umgebung, räumlich oder sozial. Wir lernen dauernd, ein Leben lang. Dabei zeigt die Gehirnforschung, dass das genannte Prinzip – Regeln werden anhand von Beispielen vom Gehirn selbsttätig konstruiert – zeitlebens Gültigkeit hat, wenn es auch durch weitere Prinzipien ergänzt werden muss.

Noch einmal: Unser Gehirn lernt immer. Es wiegt etwa 1,4 Kilogramm und macht damit nur etwa 2 Prozent des Körpergewichts aus, verbraucht jedoch mehr als 20 Prozent der Energie, die wir mit der Nahrung aufnehmen. Damit verarbeitet es nicht nur Tag und Nacht Informationen, sondern wählt auch aus, welche Informationen des Speicherns wert sind, um dadurch in Zukunft noch besser auf die Welt reagieren bzw. sich in ihr verhalten zu können.

Nervenzellen unterscheiden sich von anderen Zellen (also beispielsweise Haut-, Muskel- oder Drüsenzellen) dadurch, dass sie etwas *repräsentieren*. Ein bestimmtes Neuron feuert immer genau dann, wenn ein ganz bestimmter Input vorliegt: eine Berührung irgendwo am Körper, ein Ort, an dem wir uns gerade befinden, ein Wort, das wir gerade hören, oder irgendetwas anderes. Information liegt im Nervensystem in Form von Aktionspotentialen vor, also von Impulsen, die keine weiteren Eigenschaften haben als diejenige, dass sie anwesend oder abwesend sind. Die Impulse riechen nicht und haben keine Farbe, sie sind nicht einmal klein oder groß. Neuronen erhalten Impulse entweder über die Sinnesorgane (Analog-Digitalwandler, die aus physikalischen Größen der Umwelt Impulse produzieren) oder von anderen Neuronen. Sie verarbeiten diese Impulse wie folgt: Die eingehenden Impulse werden mehr oder weniger stark übertragen. Hierin liegt gerade der Witz der biochemischen Impulsübertragung an Synapsen. Je nach Stärke der Übertragung kann der gleiche Input das eine Neuron erregen, das andere jedoch nicht. Jegliches Lernen besteht in neurobiologischer Hinsicht in der Veränderung der Stärke solcher neuronaler Verbindungen an Synapsen. Da sich die Synapsen immer dann ändern, wenn sie Impulse verarbeiten, wird auch immer gelernt. Lernen ist damit nicht ein Vorgang, den das Gehirn neben Wahrnehmen, Denken und Fühlen zusätzlich auch noch bewerkstelligen kann. Lernen geschieht vielmehr automatisch immer dann, wenn das Gehirn Informationen verarbeitet, also immer, wenn es wahrnimmt, denkt oder fühlt.

Mechanismen für Einzelnes und Allgemeines

Wir können sowohl einzelne Fakten lernen als auch allgemeine Regeln und Zusammenhänge, wie gerade diskutiert, also z. B. Wörter und Grammatik, aber auch Orte und Geometrie. Am wichtigsten ist wahrscheinlich, dass wir sowohl einzelne andere Menschen kennen lernen können als auch die Regeln des Zusammenlebens ganz allgemein.

Der für das Lernen von Einzelheiten wichtigste Teil des Gehirns ist der Hippokampus, eine kleine Struktur, die tief im Temporallappen gelegen ist. Nervenzellen im Hippokampus lassen sich direkt dabei beobachten, wie sie neue Inhalte lernen. Lernt ein Organismus, sich an neuen Orten zurechtzufinden, dann entstehen neue Repräsentationen dieser Orte in dessen Hippokampus. Beim Menschen konnte man zeigen, dass das Lernen von Vokabeln – ähnlich wie das Lernen von Orten beim Nagetier – von der Entstehung von Repräsentationen im Hippokampus abhängt.

Der Hippokampus lernt wichtige und neue Einzelheiten rasch. Der 11. September 2001 wird den meisten von uns sehr gut im Gedächtnis bleiben: Kurz vor und kurz nach drei Uhr nachmittags mitteleuropäischer Zeit rasten zwei von Terroristen entführte und gesteuerte Passagiermaschinen in die beiden Türme des World Trade Centers in New York. Wo genau waren Sie, als Sie davon das erste Mal hörten? Wer war noch bei Ihnen? Mit wem haben Sie als Erstes darüber gesprochen? Die meisten Menschen können diese Fragen ganz unschwer beantworten, wohingegen der Nachmittag des 11. September 2002 – obwohl noch nicht so lange her – für die gleichen Menschen für immer im Nebel der nicht mehr erinnerbaren Vergangenheit verschwunden ist.

Der Hippokampus speichert Einzelheiten dann, wenn sie zwei Qualitäten aufweisen: Neuigkeit und Bedeutsamkeit. Wichtige Neuigkeiten hören wir einmal, und schon haben wir sie uns gemerkt.

Im Gegensatz zum (kleinen) Hippokampus ist die (große) Großhirnrinde eine Regelextraktionsmaschine. Die synaptischen Verbindungen zwischen ihren Neuronen ändern sich nur ein klein wenig, wenn Lernen stattfindet. Daher vergehen die meisten unserer Eindrücke, ohne dass wir uns später wieder an sie erinnern können. Dies ist von Vorteil, denn es sind die allgemeinen Strukturen der Realität, die zukünftig weiterhelfen.

Betrachten wir ein Beispiel. Sie haben sicherlich in Ihrem Leben schon Tausende von Tomaten gesehen bzw. gegessen, können sich jedoch keineswegs an jede einzelne Tomate erinnern. Warum sollten Sie auch? Ihr Gehirn wäre voller Tomaten! Diese wären zudem völlig nutzlos, denn wenn Sie der nächsten Tomate begegnen, dann nützt Ihnen nur das, was Sie über Tomaten *im Allgemeinen* wissen, um mit dieser Tomate richtig umzugehen. Man kann sie essen, sie schmecken gut, man kann sie zu Ketchup verarbeiten, werfen etc. – All dies wissen Sie, gerade weil Sie schon sehr vielen Tomaten begegnet sind, von denen nichts hängen blieb als deren allgemeine Eigenschaften bzw. Strukturmerkmale.

Das Lernen von einzelnen Fakten oder Ereignissen ist daher meist nicht nur nicht notwendig, sondern auch ungünstig. Ausnahmen sind Orte und wichtige Ereignisse des persönlichen Lebens, d. h. Inhalte, die eben nicht allgemein, sondern speziell sind. Dieses Wissen von Einzelheiten ist ansonsten aber wenig hilfreich. Aber glücklicherweise lernen wir ja auch keineswegs jede Kleinigkeit. Im Gegenteil: Unser Gehirn ist – abgesehen vom

Hippokampus, der auf Einzelheiten spezialisiert ist – auf das Lernen von Allgemeinem aus.

Dieses Allgemeine wird aber nicht dadurch gelernt, dass wir allgemeine Regeln als solche pauken. Es wird vielmehr dadurch gelernt, dass wir Beispiele verarbeiten und aus diesen Beispielen die Regeln selbst produzieren.

Wenn in der Schule etwas gelernt wird, was später im Leben wirklich angewendet wird, dann ist es meist von allgemeiner Struktur: Es ist eine Regel, ein allgemeiner Zusammenhang, der anhand vieler Beispiele erworben und gefestigt wurde. Gerade weil er allgemein ist, betrifft er nicht nur die Beispiele, sondern lässt sich auf immer neue Sachverhalte anwenden. Demgegenüber sind einzelne Fakten – der höchste Berg von Grönland, das Bruttosozialprodukt von Nigeria, das Geburtsdatum von Mozart oder der Zitronensäurezyklus – für die Probleme des Lebens vollkommen nutzlos. Dieser Gedanke liegt letztlich dem gegenwärtig viel geäußerten Bestreben zugrunde, nicht Fakten zu lehren, sondern Kompetenzen, »Kulturtechniken« und »Problemlösungsstrategien«. Es darf hierbei jedoch nicht übersehen werden, dass das Allgemeine an Beispielen gelernt wird und gerade nicht durch das Lernen von Regeln. Das Üben an vielen Beispielen muss daher ein wichtiger Bestandteil schulischen Alltags sein. Anders gewendet: Auf Fakten, die nicht als Beispiele für einen allgemeinen Zusammenhang stehen können, kann man verzichten.

Phasen des Lernens

Aus mehreren Gründen gibt es im Leben eines Menschen unterschiedliche Phasen des Lernens. Erstens ist das Gehirn des Neugeborenen noch sehr unfertig, d. h., es entwickelt sich, während es lernt. Damit hängt, zweitens, zusammen, dass frühes Lernen besonders bedeutsam sein kann. Drittens nimmt die Lerngeschwindigkeit mit zunehmendem Alter ab. Und viertens lernt derjenige, der schon etwas kann, anders als jemand, der ganz von vorne anfängt.

Im Gehirn des Neugeborenen sind zwar praktisch alle Neuronen schon vorhanden, viele von ihnen sind jedoch in mehrfacher Hinsicht noch nicht oder zumindest nur unzureichend verknüpft. Da jegliches Lernen in einer Veränderung von Verknüpfungen zwischen Neuronen besteht, ist dies von großer Tragweite, die erst in jüngster Zeit in der kognitiven Entwicklungsneurobiologie in den Blick genommen wurde. Betrachten wir Beispiele.

Die Umgebung eines Neugeborenen ist beliebig komplex. Wenn es nun mit dem Lernen beginnt, wäre es sinnvoll, dass es erst einfache Sachverhalte und Zusammenhänge lernt, und dann immer kompliziertere. Ein guter Lehrer würde es mit einem Schüler nicht anders machen, und man kann darüber hinaus zeigen, dass Lernen von Komplexität nur gleichsam »auf dem Rücken« von bereits gelernter Einfachheit gehen kann. Nun hat aber ein Säugling keinen Lehrer und ist beständig der ganzen Realität ausgesetzt. Wie kann er unter diesen Bedingungen überhaupt etwas lernen? – Die zunächst erstaunliche Antwort der kognitiven Neurowissenschaft lautet, dass der Säugling genau deshalb, weil sein Gehirn noch so unfertig ist, so gut lernen kann. Sein Gehirn funktioniert zunächst in einfacherer Weise und kann daher nur einfache Zusammenhänge verarbeiten. Es kann daher auch nur diese lernen. Sind diese gelernt, dann sorgen andere Mechanismen dafür, dass das Gelernte nicht mehr vergessen wird (siehe unten). Zugleich entwickelt sich das Gehirn, d. h.: es entstehen neue Verknüpfungen, die das Verarbeiten komplexerer Zusammenhänge ermöglichen. Nun werden auch diese gelernt, und so geht es weiter. Der Säugling braucht also keinen Lehrer, der ihm seinen Lernstoff didaktisch gut aufbereitet, weil sein Gehirn sich noch entwickelt. Man hat dies pointiert im Hinblick auf die Sprachentwicklung wie folgt formuliert: Hätten wir das Gehirn, das wir als Erwachsene haben, bereits bei der Geburt gehabt, so hätten wir (so etwas komplexes wie) Sprache nie lernen können. Hierfür spricht übrigens die Beobachtung, dass sich das Fenster für den Spracherwerb mit 12 bis 13 Jahren schließt. Wer in diesem Alter noch nicht sprechen kann, der lernt es nicht mehr.

Wir wissen, dass Repräsentationen (Neuronen, die für etwas Bestimmtes stehen) im Gehirn nicht irgendwie oder gar zufällig verteilt gleichsam herumliegen. Die Gehirnrinde, der Kortex, hat vielmehr die Eigenschaft, dass er Repräsentationen selbsttätig landkartenförmig organisiert. Damit ist gemeint, dass Neuronen, die Ähnliches repräsentieren, nahe beieinander liegen und dass Häufiges durch mehr Neuronen repräsentiert wird als Seltenes.

Die Entstehung dieser Landkarten erfolgt erfahrungsabhängig: Es wird repräsentiert, was erlebt wird. Die vielleicht bekannteste

Karte ist der somatosensorische Kortex, also ein Stück Gehirnrinde, das für die Verarbeitung von Tastempfindungen von der Körperoberfläche zuständig ist. Da wir viele Tastsignale von den Händen und auch von den Lippen und der Zunge verarbeiten, werden diese Abschnitte der Körperoberfläche durch wesentlich mehr Neuronen im somatosensorischen Kortex repräsentiert als beispielsweise der Rücken, mit dem wir selten relevante Tastempfindungen verarbeiten. Kurz: Wir essen mit Händen und Mund und selten mit dem Rücken, und deswegen (d. h. wegen der Statistik unserer Tastempfindungen) liegen die neuronalen Repräsentationen im entsprechenden Teil der Gehirnrinde in der beschriebenen Weise landkartenförmig vor. Wir wissen mittlerweile, dass es im Kortex Dutzende von Karten gibt, die nicht nur für das Tasten, sondern auch für das Sehen und Hören und wahrscheinlich auch für höhere geistige Leistungen wie Sprechen, Denken und Wollen zuständig sind.

Neueste Untersuchungen konnten zudem zeigen, dass die erfahrungsabhängige Entstehung der Karten selbst das Signal für deren Verfestigung darstellt. Mit anderen Worten: Solange keine Karte entstanden ist, bleibt der entsprechende Bereich des Gehirns flexibel. Ist jedoch eine Karte aufgrund der Verarbeitung entsprechender Erfahrungen entstanden, dann sorgt sie für ihre Verfestigung, dann kann sie nicht mehr (bzw. nur noch in geringerem Ausmaß) verändert werden. Dies erklärt die besondere Bedeutung früher Erfahrungen: Sie legen gleichsam fest, wie viel Verarbeitungskapazität (sprich neuronale kortikale Hardware) für bestimmte Repräsentionen angelegt wird. Wer also beispielsweise seine Hände (aus welchem Grunde auch immer) in den ersten drei Lebensjahren nicht benutzen würde, der könnte später zwar mit ihnen tasten, jedoch nicht so fein und genau. Und wer umgekehrt als Kind mit dem Gitarren- oder Geigenspiel beginnt (also mit den Fingern der linken Hand sehr oft sehr genau tastet), der hat als Erwachsener einige Zentimeter mehr Platz im Kopf (auf seiner somatosensorischen Landkarte) für die Finger der linken Hand.

Weitere Beispiele zur Abnahme der Lerngeschwindigkeit im Alter und zu Besonderheiten des Lernens im Alter werden weiter unten diskutiert. Halten wir jedoch an dieser Stelle fest: Die Entwicklung des Gehirns sorgt dafür, dass es Lernphasen gibt. Deren genaue Untersuchung und Kenntnis sollte große Bedeutung für die Gestaltung von Lernumgebungen haben.

Für das Leben lernen – aber wie?

Nicht für die Schule, sondern für das Leben soll gelernt werden. Diese Maxime der Pädagogik ist heute wichtiger denn je, wie die folgende Überlegung zeigt: Schon vor 150 Jahren wurde in der Schule für das Leben gelernt. Damals wusste man jedoch wenigstens einigermaßen, wie das Leben aussah und welches Wissen gebraucht wurde. Dies hat sich geändert. So dachte man zwar noch vor hundert Jahren, man wüsste, was man den Gymnasiasten beizubringen hat – Deutsch, Mathematik, Physik, Chemie, Sprachen etc. –, aber die Geschichte zeigte, dass die Welt dreißig Jahre später ganz anders aussah: Es gab nicht nur Autos, Flugzeuge, Radios und Telegraphen, sondern auch Eugenik und neue Armut, Arbeitslosigkeit und sozialen Unfrieden, Rezession und geänderte Weltpolitik. Wer also im Jahr 1900 dachte, er wisse, was er den Schülern beibringen muss, um sie für das Leben fit zu machen, der hatte sich geirrt. Gegenwärtig sind wir in einer Hinsicht schlauer: Wir wissen, dass wir nicht wissen, wie die Welt in 30 Jahren aussieht. Daraus folgt, dass in den Schulen etwas gelernt wird, von dem wir gar nicht wissen können, ob es in 30 Jahren brauchbar ist! Nicht zuletzt aufgrund dieser Ungewissheit der Zukunft, die sich aus dem raschen Fortschritt automatisch ergibt, wird die genannte Maxime des Lernens *zugleich wichtiger und ungewisser* denn je! Wie stellen wir sicher, dass tatsächlich für das Leben gelernt wird?

Vor dem Hintergrund dieser Problemlage wird nicht selten das Folgende geltend gemacht: Es komme gerade angesichts des raschen Wandels und der damit verbundenen Unwägbarkeiten nicht mehr sosehr wie früher darauf an, dass wir in der Schule Fakten lernen. Wichtiger vielmehr sei das Problemlösen, d. h. das Erlernen allgemeiner Regeln und Fertigkeiten (statt Einzelheiten und Wissensschätze), die sich auf die verschiedensten (vielleicht heute noch gar nicht bekannten) Sachverhalte und Problemlagen anwenden lassen. So allgemein und so grundlegend sollen diese Fähigkeiten sein, dass man gar vom zu fordernden Erwerb *metakognitiver Kernkompetenzen* spricht.

Dies klingt plausibel, erweist sich jedoch bei näherem Hinsehen als zu kurz gegriffen und zugleich als zu allgemein. Glücklicherweise jedoch ist die Situation der Pädagogik gegenwärtig nicht nur ungünstiger als früher, sondern auch günstiger: Die Methoden der Gehirnforschung erlauben es seit einigen Jahren, dem Gehirn beim Lernen zuzuschauen und damit das Organ der menschlichsten aller Körperfunktionen, des Lernens, bei der Arbeit zu studieren. Hieraus ergeben sich Erkenntnisse, die für das Problem des nachhaltigen und anwendungsorientierten Lernens von Bedeutung sind. Betrachten wir hierzu ein Beispiel.

Emotionen beim Lernen

In einer Studie zur Rolle der Emotionen beim Lernen konnten wir erstmals nachweisen, dass neutrales Material in Abhängigkeit davon, in welchem emotionalen Zustand es gelernt wird, in anderen Bereichen des Gehirns gespeichert wird. Wir bestimmten dazu die Aktivität des Gehirns mittels funktioneller Magnetresonanztomographie (fMRT) während des Einspeicherns von Wörtern. Da wir in unserer Arbeitsgruppe für funktionelle Bildgebung bereits seit längerer Zeit den Auswirkungen emotionaler Prozesse nachgingen, lag es nahe, Auswirkungen emotionaler Prozesse auf Gedächtnisleistungen zu untersuchen. Wir wollten herausfinden, ob sich die spätere Erinnerungsleistung für neutrale Wörter in Abhängigkeit davon unterscheidet, ob diese Wörter in einem positiven, negativen oder neutralen Gefühlszusammenhang eingespeichert werden und ob hierfür unterschiedliche Hirnregionen zuständig sind. Dafür wurden den Versuchspersonen zunächst Bilder präsentiert, die entsprechend positive, negative oder neutrale Emotionen hervorrufen, bevor ihnen jeweils ein neutrales Wort gezeigt wurde. Dies geschah immer wieder, und während des gesamten Experiments lagen die Probanden im MR-Tomographen. Danach wurden sie gebeten, sich an die Wörter frei zu erinnern und sie aufzuschreiben.

Auf diese Weise konnten wir zunächst nachweisen, dass der emotionale Kontext, in dem die Einspeicherung der Wörter geschah, einen klaren Einfluss auf die spätere Erinnerungsleistung hat. Diejenigen Wörter wurden am besten erinnert, die in einem positiven emotionalen Kontext eingespeichert worden waren. Darüber hinaus konnten wir zeigen, dass unterschiedliche Hirnregionen beim erfolgreichen Einspeichern aktiv waren, je nachdem, in welchem emotionalen Kontext die Wörter eingespeichert wurden: Während das erfolgreiche Einspeichern von Wörtern in positivem emotionalem Kontext eine Aktivität im Bereich des Hippokampus zeigte, fand sich eine Aktivierung des Mandelkerns während des erfolgreichen Einspeicherns in negativem emotionalem Kontext. Was bedeutet dies?

Der Hippokampus ist, wie oben bereits erwähnt, für das Lernen von einzelnen Neuigkeiten zuständig. Diese Einzelheiten werden dann während des Nachtschlafs immer wieder vom Hippokampus in die Gehirnrinde, den »langsamen Lerner«, transferiert, so dass die Information schließlich nach Wochen, Monaten oder Jahren in der Gehirnrinde verankert (sprich: langfristig gespeichert) ist.

Die Funktion der Mandelkerne hingegen ist eine ganz andere: Sie tragen dazu bei, dass wir unangenehme Erlebnisse sehr rasch lernen und in Zukunft vermeiden. Wird bei Ratten der Mandelkern beidseits operativ zerstört, kann die Ratte zwar noch lernen, sich in einem Irrgarten zurechtzufinden (sie benutzt hierfür ihren Hippokampus), nicht jedoch, sich vor etwas zu fürchten. Zum Fürchten-Lernen braucht man den Mandelkern, bei der Ratte und auch beim Menschen. Ohne Mandelkern kann ein Mensch zwar noch neue Fakten wie z. B. die Eigenschaften eines lauten Tons lernen, nicht aber die Angst vor dem Ton. Ohne Hippokampus hingegen ist es umgekehrt, man lernt die Angst, aber nicht die Fakten. Fehlt beides, lernt man gar nichts. Mittlerweile wurde es durch die funktionelle Bildgebung sogar möglich, das rasche Ansprechen der Mandelkerne beim Lernen eines unangenehmen Tons direkt abzubilden.

Bei der Aktivierung der Mandelkerne steigen Puls und Blutdruck und die Muskeln spannen sich an: Wir haben Angst und sind auf Kampf oder Flucht vorbereitet, eine in Anbetracht von Gefahr sinnvolle Reaktion. Die Auswirkungen betreffen jedoch nicht nur den Körper, sondern auch den Geist. Kommt der Löwe von links, läuft man nach rechts. Wer in dieser Situation lange fackelt, kreative Problemlösungsstrategien entwirft oder gar die Dinge erst einmal auf sich wirken lässt, lebt nicht lange. Eine ganze Reihe von Befunden spricht dafür, dass Angst einen ganz bestimmten kognitiven Stil produziert, der das rasche Ausführen einfacher gelernter Routinen erleichtert und das lockere Assoziieren erschwert. Dies war vor 100 000 Jahren sinnvoll, führt jedoch heutzutage meist zu Problemen. Wer Prüfungsangst hat, der kommt einfach nicht auf die einfache, aber etwas Kreativität erfordernde Lösung, die er normalerweise leicht gefunden hätte. Wer unter dauernder Angst lebt, der wird sich leicht in seiner Situation »festfahren«, »verrennen«, der ist »eingeengt« und kommt »aus seinem gedanklichen Käfig nicht heraus«. Unsere Umgangssprache ist voller Metaphern, die den unfreien kognitiven Stil, der sich unter Angst einstellt, beschreiben. Wenn dagegen gerade keine Angst da ist, werden die Gedanken freier, offener und weiter. Dies lässt sich nicht nur subjektiv erleben, sondern wurde auch experimentell nachgewiesen.

Nun könnte man aus unseren Ergebnissen zum Einspeichern von neutralen Inhalten den Schluss ziehen, dass man beispielsweise Englisch mit Spaß und Latein mit Angst lernen und so beide Gehirnstrukturen für das Lernen nutzen könnte. Man hätte mehr Platz und schaffte Ordnung. – Die Kenntnis der Funktion von Hippokampus und Mandelkern verrät jedoch, dass diese Schlussfolgerung eindeutig falsch ist. Da es die Funktion des Mandelkerns ist, bei Abruf von assoziativ in ihm gespeichertem Material den Körper und den Geist auf Kampf und Flucht vorzubereiten, entsteht bei seiner Aktivierung Angst und die beschriebene Einengung des Geistes. Was immer also an gelerntem Material im Mandelkern landet, wird beim Abruf dafür sorgen, dass eines genau nicht möglich ist: der kreative Umgang mit diesem Material. Daraus wiederum folgt: Wenn wir wollen, dass unsere Kinder und Jugendlichen in der Schule für das Leben lernen, dann muss eines in der Schule stimmen: die emotionale Atmosphäre beim Lernen. Diese Ergebnisse zeigen damit nicht nur, dass Lernen bei guter Laune am besten funktioniert, sondern sogar, warum Lernen nur bei guter Laune erfolgen sollte. Nur dann nämlich kann das Gelernte später zum Problemlösen überhaupt verwendet werden. Des Pudels Kern beim Lernen ist damit nicht das Training von Kernkompetenz – Kompetenz, Regeln, entwickelt das Gehirn selbsttätig, wenn es nur die richtigen Beispiele erhält und verarbeitet –, sondern die Vermeidung des Mandelkerns! Kurz: Man kann zwar unter Angst lernen (z. B. irgendetwas nicht zu tun), aber man kann nicht unter Angst für das Lösen von Problemen und damit für das Leben lernen.

Abnahme der Lernrate im Alter

Was Hänschen nicht gelernt hat, lernt Hans nimmermehr, weiß der Volksmund. Und er hat recht, denn in der Tat nimmt die Geschwindigkeit von Lernprozessen bzw. von deren neuronalem Korrelat, der Neuroplastizität, mit zunehmendem Alter ab. Die Daten hierzu sind sogar beängstigender (um nicht zu sagen: für einen erwachsenen Menschen deprimierender), als man zunächst vermuten könnte: Wer meint, dass die Abnahme der Lerngeschwindigkeit ein Problem der Rentner sei, der irrt.

Betrachten wir zur Verdeutlichung zwei Studien, die im Hinblick auf die untersuchten Lernprozesse kaum unterschiedlicher, im Hinblick auf ihr Ergebnis jedoch kaum ähnlicher sein könnten.

Lundborg und Rosén[1] untersuchten den Tastsinn von 54 Patienten, bei denen es zu einer Durchtrennung der sensiblen handversorgenden Nerven gekommen war. Man kann diese Nerven wieder zusammennähen, wonach allerdings keineswegs alles gleich wieder wie vorher funktioniert. Nervenfasern können nicht zusammenwachsen, es kommt vielmehr zum Aussprossen neuer Nervenfasern aus den alten Fasern vom Punkt der Durchtrennung aus in Richtung Hand und Fingerspitzen. Diese neuen Fasern wachsen entlang der alten Fasern mit einer Geschwindigkeit von etwa einem Millimeter pro Tag, brauchen also für eine Strecke vom Unterarm Nähe Ellenbogen bis in die Fingerspitzen gut ein Jahr.

Wenn die nachgewachsenen Nervenfasern die Tastkörperchen an der Haut erreichen, ist der Tastsinn jedoch keineswegs repariert. Die Neuronen im sensorischen Tastkortex erhalten jetzt zwar wieder Impulse, diese kommen jedoch nicht von den gewohnten Punkten der Körperoberfläche, sondern von irgendwo her, je nachdem, welche Faser gerade in welcher weitergewachsen ist. Interessanterweise kommt es aber dennoch zur Wiederherstellung des Tastsinns. Dies liegt daran, dass die Neuronen des Kortex anhand des neuen Input umlernen können: Ein Neuron, das vielleicht früher für den Daumenballen zuständig war, wird nun vielleicht bei Berührung der Kuppe des kleinen Fingers aktiviert. Es lernt diese Zuständigkeit neu, dieser Vorgang braucht je-

1 Lundborg/Rosén 2001.

doch Zeit. Die Studie von Lundborg und Rosén zeigte nun sehr deutlich, dass die Zeit, die der somatosensorische Kortex zur Reorganisation braucht, vom Alter des Patienten abhängt. Man untersuchte den Tastsinn aller Patienten mit einem »Tast-Test« im Abstand von zwei Jahren nach der Nervennaht. Waren die Patienten im Alter von 10 Jahren operiert und im Alter von 12 Jahren untersucht worden, war der Tastsinn praktisch bereits wieder vollständig hergestellt. Waren Verletzung und Operation jedoch einige Jahre später erfolgt, zeigte der zwei Jahre danach durchgeführte Test noch deutliche Einbußen des Tastsinns. Die Kurve der Testergebnisse geht im Teenager-Alter von 100% hinunter bis zu etwa 10%. Dies schließt zwar keineswegs aus, dass der Test bei einem 25jährigen nach fünf oder zehn Jahren wieder normal (bei 100%) ausfallen kann, zeigt jedoch, dass das Umlernen des Kortex nicht mehr so rasch erfolgt wie in jüngeren Jahren. Bei über 40-Jährigen ist die durchschnittliche Besserung des Tastsinns zwei Jahre nach der Operation sehr bescheiden.

Wer glaubt, dass diese für den Tastsinn, d. h. die sensorische Gehirnrinde, nachgewiesene rasche Abnahme der Lerngeschwindigkeit mit zunehmendem Alter eine Besonderheit dieses Gehirnareals sei, der irrt. Im Jahr 2000 wurde ein ganz ähnlicher Kurvenverlauf der Abnahme des Lernens publiziert, der auf völlig andere Weise zustande gekommen war.

Man hatte New Yorker Immigranten aus China und Korea im Hinblick darauf untersucht, wie gut sie des Englischen mächtig waren in Abhängigkeit davon, in welchem Alter die Einwanderung erfolgt war. Man bediente sich hierzu eines Grammatiktests. Es zeigte sich, dass Personen, die vor dem siebten Lebensjahr ins Land gekommen waren, die Sprache praktisch fehlerfrei beherrschten. Mit zunehmendem Alter bei der Einwanderung jedoch nahmen die Sprachfertigkeiten ab, schon bei mit zwölf Jahren eingewanderten Menschen sitzt die englische Sprache nicht mehr so fehlerfrei. Die Form der Kurve hat tatsächlich große Ähnlichkeit mit der gerade beschriebenen Kurve zur Abnahme der Lernfähigkeit des Tastsinns mit zunehmendem Alter, obwohl es sich hier um eine ganz andere Fähigkeit – den Spracherwerb – handelt. Beide Kurven können als Indiz dafür gewertet werden, dass die Lerngeschwindigkeit in ganz unterschiedlichen Bereichen der menschlichen Gehirnrinde im Laufe des Lebens in ähnlicher Weise abnimmt. Besonders wichtig ist hierbei, dass diese

Abname nicht erst die 70-Jährigen, sondern schon die 17-Jährigen betrifft!

Endlichkeit und die Weisheit des Alters

Man ist geneigt, diese Tatsache prinzipiell negativ und wie andere Veränderungen des Alterns als Pathologie zu bewerten. Im Folgenden sei jedoch gezeigt, dass die Abnahme der Lernfähigkeit im Alter nicht das Resultat von Pathologie, sondern vielmehr das Ergebnis eines prinzipiell sinnvollen Anpassungsprozesses darstellt. Unter bestimmten Randbedingungen jedoch – und diese herrschen in der modernen Gesellschaft vor – ist die Abnahme des Lernens nicht sinnvoll bzw. führt zu Problemen. Die Kenntnis der Mechanismen zeigt zumindest zum Teil Lösungsansätze für diese Probleme auf. Wieder macht damit die Gehirnforschung ein Problem besonders deutlich, liefert damit jedoch zugleich Hinweise für seine Lösung.

Die Abnahme der Lerngeschwindigkeit mit zunehmendem Alter ist sinnvoll, d. h. das Resultat eines Anpassungsprozesses lernender Systeme an die allgemeine Randbedingung endlicher Existenz, wie die folgende Überlegung zeigt: Wie oben dargestellt besteht jegliches Lernen neurobiologisch betrachtet in der Veränderung der Stärke synaptischer Übertragung. Immer dann, wenn gelernt wird, nimmt die Stärke der Verbindung zwischen Neuronen zu. Dies geschieht bei jedem einzelnen Lernschritt nur »ein kleines Stück weit«, und die Größe dieses Schritts lässt sich in Modellen des Lernens durch eine Zahl, die so genannte *Lernkonstante*, ausdrücken. Durch Lernen in kleinen Schritten ist sichergestellt, dass nicht beständig Neues ganz schnell gelernt und alles Alte dabei vergessen wird. Auch wird dadurch vermieden, dass beim Lernen über das Ziel hinausgeschossen wird. Schließlich sorgt das kleinschrittige Lernen auch dafür, dass sich jede einzelne Erfahrung nur gering niederschlägt, dafür aber die allgemeinen Strukturen dieser Erfahrungen durch häufige Wiederholung gelernt werden.

Das langsame Lernen steht im Widerspruch zur allgemeinen Forderung nach raschem Lernen. Die Gründe, warum Lernen rasch erfolgen soll, liegen für jeden Organismus auf der Hand, wenn es etwa um Nahrungsquellen oder überlebenswichtige Reaktionen in gefährlichen Situationen geht. Organismen sollen also langsam lernen (um nicht zu vergessen, um zu verallgemeinern und um präzise zu sein) und schnell lernen (um nicht zu verhungern oder gefressen zu werden).

Dieser Widerspruch wird in lebendigen Systemen dadurch aufgelöst, dass zunächst rasch und dann immer langsamer gelernt wird. Die Lernrate muss also mit zunehmendem Alter abfallen, damit Lernen optimal erfolgen kann. Anders ausgedrückt: Der Grund dafür, dass Kinder rasch und ältere Menschen langsamer lernen, ist ganz einfach. Wenn Organismen um so besser in ihrer Umgebung überleben, je besser sie diese kennen, so ist es gut, zunächst rasch zu lernen und dann immer langsamer. Nur so wird man in relativ kurzer Zeit die wahren Parameter der Umgebung zumindest einigermaßen genau abschätzen können und sich ihnen danach immer mehr nähern.

Auf den Menschen übertragen heißt dies, dass ältere Menschen eine stabile Umwelt besser kennen als jüngere. Man spricht vom alten Meister mit seiner subtilen Erfahrung. Und man spricht davon, dass Kinder sich rasch an die unterschiedlichsten Bedingungen anpassen können. Angemerkt sei, dass sich damit das Problem älterer Menschen in unserer heutigen Gesellschaft sehr klar beschreiben lässt: Die Voraussetzung der stabilen Umwelt ist in vielen Bereichen nicht mehr gegeben. Daher können Menschen in die Situation kommen, im Laufe ihres Lebens Werte aus ihrer Umgebung herausgefiltert zu haben, die nicht mehr gelten, und Fähigkeiten gelernt zu haben, die nicht mehr gebraucht werden.

Es gibt jedoch Bereiche, in denen sich, allen kulturellen Relativisten zum Trotz, im Grunde sehr wenig ändert: Mütter lieben ihre Kinder, Männer ihre Frauen, Großeltern ihre Enkel usw. Der Bereich des Sozialen ist zwar großen kulturellen Einflüssen unterworfen, bestimmte Reaktionsweisen sind jedoch andererseits kulturell (d. h. über die Zeit und über den Ort) sehr stabil.

Wenn es so ist, dass weitreichende Veränderungen gegenwärtig vor allem den Bereich der Technik betreffen, im Bereich des Zwischenmenschlichen jedoch stabile, grundlegende Verhaltensweisen Bestand haben, dann sollte man erwarten, dass es unterschiedliche Lebensabschnitte gibt, in denen ein Mensch in diesen beiden Bereichen wesentliche Beiträge leisten kann. Genau dies ist der Fall: In jungen Jahren verfügt man nicht nur über eine große Lernkonstante, lernt also rasch, sondern auch über ein großes Arbeitsgedächtnis und über eine rasche Verarbeitungsgeschwindigkeit. Es wundert daher nicht, dass die bahnbrechenden Entdeckungen in Mathematik und Physik von jungen Menschen gemacht wurden. Beispielsweise wurde die Gruppentheorie von einem 20-jährigen Mathematiker innerhalb einer Nacht geschaffen, und die Physik der 20er-Jahre ist auch als die Physik der 20-Jährigen bekannt, weil es sehr junge Leute waren, die damals unser altgewohntes Weltbild ins Wanken und unser Verständnis der Dinge einen großen Schritt vorangebracht haben. Rasches Lernen, Bereitschaft zum raschen Umlernen, große Verarbeitungskapazität und rasche Verarbeitungsleistung sind offensichtlich nötig, um in Mathematik und Naturwissenschaft Bahnbrechendes zu leisten. Junge Leute sind hierfür prädestiniert.

Anders ist es in den Sozialwissenschaften. Es ist eine bekannte Tatsache, dass die großen Leistungen in den Sozialwissenschaften nicht von den 20-Jährigen, sondern von den 40- und 50jährigen erbracht werden. Es ist nach dem Gesagten unschwer zu erraten, warum dies so ist: Im Bereich der sozialen Interaktion lernen wir zeitlebens dazu. Die anderen Menschen – im Gegensatz zu den technischen Gegenständen, die uns umgeben – verändern sich nicht, zumindest nicht wesentlich. Entsprechend lernen wir sie immer besser verstehen und werden immer »weiser« im Umgang mit ihnen. Theorien der Grundlagen des Umgangs miteinander, Reflexionen über Ethik und soziale Fragen sind daher die Domäne eher älterer Menschen. Dies heißt nicht, dass junge Menschen hierüber nicht nachdenken können oder sollen. Aufgrund dessen, was wir über das Funktionieren unseres Gehirns wissen, sind jedoch ältere Menschen in einer besseren Position als jüngere, Probleme des Zwischenmenschlichen bzw. des Psychosozialen zu überschauen. Nicht umsonst bekommt man in praktisch allen Verfassungen das aktive Wahlrecht früher als das passive. Wir wollen aus gutem Grund nicht von einem 20-Jährigen regiert werden, und Friedensnobelpreisträger sind zum Zeitpunkt ihrer »Großtat« deutlich älter als Nobelpreisträger für Physik bei der ihrigen.

Lernen im Alter

Ältere Menschen lernen zwar langsamer als junge, dafür haben sie jedoch bereits sehr viel gelernt und können dieses Wissen dazu einsetzen, neues Wissen besser zu integrieren. Je mehr man schon weiß, desto besser kann man neue Inhalte mit bereits vorhandenem Wissen in Verbindung bringen. Da Lernen zu einem nicht geringen Teil im Schaffen solcher internen Verbindungen besteht, haben ältere Menschen beim Lernen sogar einen Vorteil! Wissen kann helfen, neues Wissen zu strukturieren, einzuordnen und zu verankern.

Wissen kann aber auch den Blick verstellen, kann regelrecht blind machen für das, was direkt vor unseren Augen liegt. Für ältere Menschen ist es daher wichtig, einerseits offen zu bleiben und andererseits das angesammelte Wissen zum Lernen zu verwenden. Programme beispielsweise zur Umschulung müssen dies nutzen, um effektiv zu sein. Ältere Menschen lernen Sachverhalte nicht so wie junge; sie brauchen Anknüpfungspunkte, und diese wiederum müssen zu ihrer Erfahrung passen. Dies ist nicht leicht zu realisieren, wie die Praxis in vielen Unternehmen zeigt: Sie bringen ihren Mitarbeitern Neuerungen mit der Gießkanne bei: Jeder bekommt genau die gleiche Fortbildung. Dies funktioniert mit jungen Mitarbeitern am besten, mit älteren am schlechtesten, was wiederum gerne als Argument für die Bevorzugung jüngerer Mitarbeiter angeführt wird. Vergessen wird dabei der große Erfahrungsschatz älterer Mitarbeiter, der dann zum Tragen kommt, wenn Selbständigkeit, Konstruktivität und Problemlösekapazität verlangt sind. Wer schon viele Probleme gelöst hat, kann neu auftauchende Schwierigkeiten besser einordnen, er hat einen Erfahrungs-Schatz, der nicht umsonst so heißt.

Es ist damit klar, dass die Frage, wer es mit dem Lernen leichter hat, die Jüngeren oder die Älteren, gar nicht allgemein zu beantworten ist. Es kommt auf die jeweiligen Sachverhalte und auf die jeweiligen Menschen an. Dass Lernen im Alter nicht erst seit der »Informationsgesellschaft« geschieht und klare Vorteile hat, mögen zwei Beispiele illustrieren.

Die Menschen lebten für Zehntausende von Jahren als Jäger und Sammler. Wie man durch Beobachtung an noch heute auf Steinzeitniveau lebenden Menschen und durch Experimente weiß, gehört das Jagen, beispielsweise mit Pfeil und Bogen, zu den kraft- und erfahrungsintensivsten menschlichen Tätigkeiten zur Nahrungsbeschaffung. Wovon jedoch hängt der Jagderfolg vor allem ab, von der Kraft oder der Erfahrung?

Walker[2] untersuchte vor diesem Hintergrund den Stamm der Ache in Ostparaguay. Die Ache verlassen ihre Siedlungen, um für Tage mit anderen Mitgliedern des Stammes in den Wäldern zu jagen. Dabei verwenden sie nur ihre Hände, Macheten sowie Pfeil und Bogen, d. h. keine Gewehre oder andere moderne Feuerwaffen. Die Vertreter dieses Stammes erreichen ihre größte körperliche Stärke im Alter von etwa 24 Jahren. Wie alt sind sie wohl, wenn sie die meiste Beute von der Jagd nachhause bringen?

Seit Anfang der 80er-Jahre wurden Aufzeichnungen darüber geführt, welche Stammesmitglieder welche Beute erlegen. Auf diese Weise fand man eine klare Abhängigkeit des Jagderfolgs vom Alter: Die Männer brachten mit Anfang 40 die meiste Beute nach Hause.

Ein Wettbewerb im Bogenschießen ergab die gleiche Altersabhängigkeit wie beim Jagderfolg mit einem Anstieg der Treffer bis zu etwa dem 40. Lebensjahr und einem Gleichbleiben für die nächsten zwei Jahrzehnte. Das gleiche Ergebnis zeigte sich im Hinblick auf die Fähigkeit zum Spurensuchen.

Man versuchte sogar, den Mitgliedern des Stammes, die nicht mehr mit der Jagd beschäftigt waren, das Bogenschießen in einer Art sechswöchigem »Crashkurs« beizubringen, jedoch ohne auch nur den geringsten Erfolg. Insgesamt wurde also deutlich, dass es sich mit dem Jagen in der Tat ähnlich verhält wie mit dem Fußball-, Geige- oder Schachspielen: Man kann es am besten, wenn man etwa zwei Jahrzehnte lang geübt hat. Der vielleicht wichtigste Aspekt dieser Untersuchung ist, dass es um die Bedeutung lebenslanger Lernprozesse bei Menschen geht, die unter Steinzeitbedingungen leben! Es bedarf daher kaum der Erwähnung, dass die Befunde erst recht für Menschen in der heutigen sprichwörtlichen Wissens- bzw. Informationsgesellschaft gelten sollten. Was aber tun wir? Wir entlassen die 50-Jährigen und stellen die 24-Jährigen ein. Bereits in der Steinzeit wäre dies ein Fehler gewesen! In der heutigen, auf Wissen und Können basierenden Gesellschaft ist dies extrem kurzsichtig und langfristig unverzeihlich.

Als zweites Beispiel zur Bedeutung von lebenslangem Lernen

2 Walker et al. 2002.

sei eine Untersuchung zum sozialen Wissen bei weiblichen Elefanten kurz diskutiert, die zu den besten Studien, die es hierzu überhaupt gibt, gezählt werden kann. Elefanten haben eine ähnliche Lebensspanne wie Menschen sowie ein äußerst soziales Gemeinschaftsleben. Sie leben in stabilen Gemeinschaften weiblicher Tiere zusammen, die von dem ältesten weiblichen Tier der Gruppe (Matriarch) angeführt werden. McComb[3] untersuchte solche Gruppen afrikanischer Elefanten im Amboseli Nationalpark in Kenia im Rahmen eines Forschungsprojektes, das über einen Zeitraum von insgesamt 28 Jahren Daten zu den Lebensgeschichten und zum Gruppenverhalten von mehr als 1700 einzelnen Elefanten sammeln konnte.

Im Laufe eines Jahres trifft eine Gruppe beim Durchstreifen der Steppe nach Nahrung und Wasser im Durchschnitt auf 25 andere Elefantengruppen, und es ist für die sich treffenden Gruppen von großer Wichtigkeit, zu unterscheiden, ob die jeweils andere Gruppe mit ihr befreundet oder eher nicht befreundet ist. Im zweitgenannten Fall kann es beispielsweise dazu kommen, dass Jungtiere von den älteren Tieren der anderen Gruppe belästigt oder gar angegriffen werden, was sich ungünstig auf deren Leben und insbesondere auf deren Reproduktionserfolg auswirken kann.

Es ist daher wichtig, dass die Oberhäupter der Gruppen, also die jeweils ältesten weiblichen Tiere, Freund und Feind gut voneinander unterscheiden können. Dies tun sie anhand der von den Tieren ausgestoßenen Rufe. Man wusste schon länger, dass erwachsene weibliche Elefanten bis zu 100 unterschiedliche Kontakt- bzw. Identifizierungsrufe (contact calls) anderer weiblicher Elefanten unterscheiden können und diese Fähigkeit dazu benutzen, sich entsprechend freundlich oder weniger freundlich gegenüber den anderen Tieren zu verhalten. Man fand dies dadurch heraus, dass man von den entsprechenden Ausrufen Tonbandaufnahmen anfertigte, diese Aufnahmen anderen Elefanten vorspielte und deren Verhalten beobachtete. Rufe von vollständig fremden anderen Elefanten führten dazu, dass die Mütter sich um die Kinder scharten und sie dadurch schützten, wohingegen die Rufe von bereits bekannten anderen weiblichen Elefanten eher ignoriert wurden.

3 · McComb et al. 2001.

Interessanterweise fand man jedoch zusätzlich, dass dies mit dem Alter des jeweils ältesten Tiers der Gruppe in Zusammenhang stand: Je älter das weibliche Oberhaupt der Familie, um so besser wurde zwischen Freund und Feind unterschieden. Andere Faktoren (wie die Anzahl der Kälber, die Anzahl der erwachsenen weiblichen Tiere oder auch das mittlere Alter der erwachsenen Tiere in der Gruppe) wurden statistisch ausgeschlossen und hatten nachweislich keinen Einfluss auf das Verhalten der Gesamtgruppe. Lediglich das Alter des weiblichen Oberhauptes machte den deutlichen Unterschied! Gruppen mit alten Matriarchen (55 Jahre) reagierten bei Rufen von unbekannten Gruppen signifikant häufiger abwehrend als gegenüber den Rufen bekannter Gruppen. Demgegenüber unterschieden sich die Wahrscheinlichkeiten von Abwehrverhalten gegenüber bekannten und unbekannten Gruppen in Familien mit jungen Matriarchen (35 Jahre) nur geringfügig.[4]

Die deutlich überlegene Fähigkeit der älteren Tiere zur Unterscheidung von Freund und Feind hat Vorteile für die Mitglieder der Familie. Sie verschwenden weniger Zeit mit Abwehrverhalten gegenüber bekannten Familien und können rascher kooperieren. Damit sollte sich der größere soziale Erfahrungsschatz der älteren Tiere in mehr Nachkommen bei den jüngeren Tieren in der Familie niederschlagen. Genau dies war der Fall: Je älter das weibliche Leittier, desto mehr Nachkommen hatten die jungen weiblichen Tiere der Gruppe pro Jahr.

Die Studie ist insbesondere deswegen von hohem Wert, weil sie Spekulationen über den Wert des Alters auf eine solide Datenbasis stellt. Durch die genaue Analyse des Sozialverhaltens einer Spezies, die eine ganze Reihe von Merkmalen mit der Spezies Mensch gemeinsam hat, konnte der Wert der über eine ganze Lebensspanne erworbenen sozialen Erfahrung direkt nachgewiesen werden: Das vom ältesten Tier über Jahrzehnte gespeicherte und zur Strukturierung späterer sozialer Interaktionen genutzte Wissen dient der gesamten Gruppe und steigert hochsignifikant die Anzahl der Nachkommen jedes einzelnen Gruppenmitglieds und damit den Reproduktionserfolg. Dieser Vorteil ist auch dann noch vorhanden, wenn das leitende weibliche Tier selbst keine Nachkommen mehr haben kann. Vielleicht ist es im Lichte dieser

4 Vgl. McComb et al. 2001, S. 492.

Daten kein Zufall, dass Frauen sozial kompetenter sind als Männer und länger leben. Es ist die über ein langes Leben gespeicherte soziale Erfahrung, die ein Individuum für die Gruppe so wertvoll macht.

Die beiden genannten Untersuchungen (zum Jagderfolg von Steinzeitmännern und zum Sozialverhalten von Elefantenfrauen) werfen Licht auf einen Zusammenhang, der an dieser Stelle nochmals eigens betont werden soll: den Zusammenhang zwischen Lernen und Altern. Warum werden wir alt? – diese Frage erscheint eigenartig, falsch gestellt oder gar unsinnig. Das Alter, so könnte man sagen, bedarf ebenso wie alle anderen Tatsachen auf der Welt keiner weiteren Erklärung. Verschiedene Lebewesen werden unterschiedlich alt: Von der Eintagsfliege bis zur Riesenschildkröte haben Organismen eine genetisch festgelegte maximale Lebensspanne, in deren Rahmen sich das Altern eines einzelnen Individuums bewegt. Diese maximale Lebensspanne lässt sich aus der Verteilung des Lebensalters in einer Population einer bestimmten Art mathematisch einigermaßen genau bestimmen. Sie beträgt beim Menschen etwa 120 Jahre, vielleicht sogar noch ein paar Jahre mehr.

Warum werden Menschen aber überhaupt so alt? Diese Frage stellt sich insbesondere für etwa die Hälfte der Bevölkerung, nämlich für die Frauen, bei denen die Menopause, d. h. das Ende der Möglichkeit, Nachkommen zu haben, bereits vor der Hälfte des maximal möglichen Lebensalters erreicht wird. Wenn Frauen aber biologisch so konstituiert sind, ein Lebensalter von über 100 Jahren zu erreichen, und zugleich so, dass sie sich nach dem 50. Lebensjahr nicht mehr reproduzieren können, stellt sich evolutionsbiologisch die Frage danach, wie diese Diskrepanz überhaupt entstehen konnte. Diese Frage drängt sich beim Menschen ebenso auf wie beim Elefanten, denn es gibt einen Selektionsdruck für junges Sterben: Wer als älteres Individuum ohne weitere eigene Nachkommen und ohne Beitrag zu den Nachkommen anderer lebt, verbraucht Ressourcen, die von anderen sinnvoller eingesetzt werden könnten. Sofern also eine Mutation in einer Gesellschaft von sehr alt werdenden Organismen aufträte, die das Leben verkürzte, sollte sie sich in dieser Gesellschaft rasch verbreiten, da die Gruppe gegenüber anderen Gruppen mit mehr älteren Individuen einen Überlebensvorteil besitzt. Man kann das Argument auch umgekehrt formulieren: Jegliche Mutation, die in einer Horde das Leben einzelner Individuen verlängert, sollte die Konkurrenzfähigkeit der Gesamthorde verringern und damit zu deren langfristigem Nachteil führen. Dies wiederum bedeutet, dass jede Mutation, die zu längerem Leben führt, einen Selektionsnachteil darstellen und sich damit in einer Population nicht halten können sollte. So betrachtet drängt sich die Frage noch deutlicher auf: Warum werden wir Menschen so alt?

Für die Elefanten ist diese Frage mit der referierten Studie beantwortet: Bei den älteren Tieren kommt es nicht mehr auf deren Reproduktionsfähigkeit, sondern auf deren Lebenserfahrung an. Dies ist für die anderen Mitglieder der Gruppe so wichtig, dass der Fortpflanzungserfolg der Gesamtgruppe höher ist, wenn die Gruppe durch ältere, lebenserfahrene Individuen geleitet wird. – Und wie ist es beim Menschen?

Schlüsse

Miteinander!

Allgemein ist zu sagen, dass es aufgrund der unterschiedlichen Charakteristika der Informationsverarbeitung von Menschen in verschiedenen Lebensabschnitten von Vorteil sein muss, wenn Menschen verschiedenen Alters miteinander leben und arbeiten. Der eine hat eine größere und genauere Wissensbasis, der andere ein größeres Arbeitsgedächtnis oder eine raschere Verarbeitungsgeschwindigkeit. Wenn dann ein Problem in einer solchen Gemeinschaft intensiv bearbeitet wird, dann wird die Wahrscheinlichkeit einer Lösung maximal sein. Kein anderer als Wilhelm von Humboldt hat dies klar gesehen, als er mit Blick auf die Universität und damit die von ihm immer wieder propagierte Gemeinschaft von Lehrenden und Lernenden sagte:

»Der Gang der Wissenschaft ist offenbar auf einer Universität, wo sie immerfort in einer großen Menge und zwar kräftiger, rüstiger und jugendlicher Köpfe umhergewälzt wird, rascher und lebendiger.«[5]

Die meisten Verfassungen sehen vor, dass nur ein älterer Mensch (die Grenze schwankt um die 40 Jahre) zum Chef einer

5 W. v. Humboldt 1810, S. 306.

Nation aufsteigen kann. Auch Beobachtungen aus dem Bereich der Anthropologie zeigen, dass man in einfachen Kulturen auf Lebenserfahrung Wert legte. Die Herausforderung für unsere Gesellschaft besteht nun darin, diesen Sachverhalt auf unsere Lebensumstände zu übertragen. Wer das Altern nur als lästig, als Problem einer auf dem Kopf stehenden Populationspyramide oder als Problem der Umverteilung ansieht, hat schon verloren. Umgekehrt gilt für ältere Menschen, dass sie sich nicht nur ihres Wertes, sondern auch ihrer Funktion bewusst werden müssen. Dieser kommen sie mit Golfspielen und Kreuzfahrten sicherlich eher nicht nach!

Evidence based Pedagogics

Die Gehirnforschung zeigt nicht nur, dass wir zum Lernen geboren sind und gar nicht anders können als lebenslang zu lernen. Sie zeigt auch Bedingungen glückenden Lernens und Unterschiede des Lernens in verschiedenen Lebensphasen. Sie ermöglicht uns damit ein besseres Selbstverständnis im besten Sinne des Wortes. Es ist an der Zeit, dass wir dieses Verständnis unserer selbst, das die Mechanismen des Lernens betrifft, für die Gestaltung von Lernumgebungen bzw. Lernsituationen nutzen.

Wir können es uns einfach nicht länger leisten, die wichtigste Ressource, über die wir ökonomisch verfügen: die Gehirne der Menschen, zu behandeln, als wüssten wir nichts über deren Funktion! Gewiss steht die Gehirnforschung erst am Anfang, und wir wissen im Vergleich zu dem, was es zu wissen gibt, noch sehr wenig. Aber es wurde beispielhaft gezeigt, dass bereits das Wenige, das wir wissen, sehr wichtig ist für das Verstehen und damit auch das Verbessern von Lernprozessen.

Ein Modell für die Art, wie Wissensfortschritt in praktisches Handeln umgesetzt werden kann, stellt die Medizin dar. Die derzeitige Diskussion um deren Finanzierbarkeit ist vielleicht der beste Indikator für deren Erfolg: Jeder will medizinische Versorgung auf höchstem Niveau. Die Medizin hat diesen Stand erreicht, weil sie sich vom Anekdotischen (Experte X sagt, dies wird schon helfen) zum Bewiesenen bewegt hat (Studie Y zeigt, dies hilft am besten). In der evidence based medicine geht es nicht darum, was ein Experte meint, sondern darum, was wir gesichert wissen. Ein Medikament oder eine Prozedur A ist besser als ein

Medikament oder eine Prozedur B, weil man dies durch Untersuchungen belegt hat.

Handeln!

Ebenso wie man in der Medizin zwischen Wirkungsmechanismus und klinischer Wirkung unterscheiden muss, sollte auch in der durch Gehirnforschung informierten Pädagogik zwischen Mechanismen des Lernens einerseits und der Effektivität von Lernumgebungen andererseits unterschieden werden. Es ist eine Sache, zu wissen, in welche biochemischen Stoffwechselwege eine Substanz eingreift, und eine andere, zu wissen, bei wie vielen Patienten mit der Erkrankung X die Substanz besser hilft als eine andere oder als ein Plazebo. Nicht anders sollte man in der Pädagogik verfahren: Es gilt nicht nur, die Grundlagen von Lernprozessen mit Hilfe der Gehirnforschung aufzuspüren, sondern auch, die sich hieraus ergebenden Schlussfolgerungen auf ihre Anwendbarkeit, Wirksamkeit, und vielleicht auch Nebenwirkungen hin »klinisch«, d. h. in der Praxis des Lehrens, zu überprüfen. Die Medizin als Wissenschaft lebt von dieser engen Integration von Grundlagenforschung und praktischer Anwendung. Im Handeln zeigt sich, was wirkt und was nicht, welche Theorie taugt und welche nicht, welche Vorgänge wichtig sind und welche randständig. Die Theorie allein zeigt dies nicht.

Es gilt daher, die Bedingungen dafür zu schaffen, dass die Untersuchung der Prozesse des lebenslangen Lernens mit den Mitteln der Gehirnforschung nicht im Bereich der Theorie verbleibt. Neben der Grundlagenforschung muss es daher auch anwendungsorientierte Forschung geben, am besten (wie oft in der Medizin) geleitet von denen, die auch die Grundlagen untersuchen (oder zumindest im engen Austausch mit diesen). Es gilt also, das heute Machbare auch tatsächlich umzusetzen, um uns allen, von der Wiege bis zur Bahre, besseres Lernen und damit ein besseres Leben zu ermöglichen.

Literaturverzeichnis

Lundborg, G., Rosén, B. (2001): Tactile gnosis after nerve repair, in: *The Lancet* 358, S. 809.

McComb, K., Moss, C., Durant, S. M., Baker, L., Sayialel, S. (2001): Matriarchs as repositories of social knowledge in african elephants, in: *Science* 292, S. 491-494.

Spitzer, M. (2002): *Lernen. Gehirnforschung und die Schule des Lebens*, Heidelberg.

– (2003): *Selbstbestimmen. Gehirnforschung und die Frage: Was sollen wir tun?*, Heidelberg.

Walker, R., Hill, K., Kaplan, H., McMillan, G. (2002): Age-dependency in hunting ability among the Ache of Eastern Paraguay, in: *Journal of Human Evolution* 42, S. 639-657.

von Humboldt, Wilhelm (1810): Über die innere und äußere Organisation der höheren wissenschaftlichen Anstalten in Berlin, in: ders. (1964): *Schriften*, S. 300-309, München.

Horst Petri
Die junge Generation auf der Suche nach Orientierung und Identität

Als Kinder spielten wir gerne »Blinde Kuh«. Ein Kind wird mit verbundenen Augen im Kreis der anderen so lange herumgewirbelt, bis es die Orientierung verloren hat. Es darf sich aus seiner Lage erst befreien, wenn es beim Abtasten der Runde ein Kind identifiziert hat. Die Faszination des Spiels besteht im Wechsel zwischen der Angstlust der Orientierungslosigkeit und der zurückgewonnenen Sicherheit über das Vertraute. Es gleicht darin dem beliebten Versteckenspielen von Eltern und Kleinkindern, das die Erfahrung von Trennung und Wiederfinden ritualisiert, um das Vertrauen in die Verlässlichkeit von Bindungen zu festigen.

Ganz anders im Märchen von »Hänsel und Gretel«. Die Eltern führen die beiden tief in den Wald hinein, in dem sie sich verirren und nicht mehr nach Hause zurückfinden sollen – Orientierungsverlust durch endgültiges Verlassenwerden in symbolischer Verdichtung.

Der Kompass als Orientierungsinstrument der Seefahrer und Piloten in den unendlichen Räumen der Meere und Lüfte, Landkarten, Kilometersteine, Orts- und Straßenschilder als geographische Fixpunkte auf der Erde, die Uhr als Chronometer der Zeit. Seit Beginn der Geschichte hat der instinktentbundene Mensch Orientierung gesucht, ob durch Höhlenzeichen, Rauchsignale, Wegmarken aus Laubblättern und gebrochenen Zweigen, wie wir es als Kinder bei Indianerspielen und Schnitzeljagden nachgeahmt haben, hat Bilder von Göttern geschaffen, und Götter setzten Zeichen, um uns von ihrer Existenz zu überzeugen und den richtigen Weg zu weisen. Immer wieder hat die Menschheit, der Ariadne gleich, Bindfäden gesponnen, um aus den Labyrinthen der Einsamkeit und Verwirrung herauszufinden, hat Fackeln und Lampen erfunden, um die Dunkelheit zu erhellen, und Nebelscheinwerfer, um in der Undurchdringlichkeit des Seins den Boden nicht unter den Füßen zu verlieren. Schließlich wurde der soziale Raum durch Gesetze und Regeln gegliedert, die eine

Ordnung der menschlichen Beziehungen garantieren sollten. Bruchstücke aus einer umfassenden Kulturgeschichte der Orientierungssuche.

Auf welchen anthropologischen Grundlagen basiert ihre psychologische Dimension? Die neuere Säuglingsforschung hat zeigen können, dass das Motiv der Orientierung zu den angeborenen und lebensnotwendigen Motivsystemen des Menschen gehört.[1] Die Entwicklung des Orientierungssinns beginnt unmittelbar nach der Geburt. Der viszerale Reiz des Hungers, die Sensibilität der Haut für Wärme und Kälte, für Weichheit und Härte und die zwischen angenehm und schmerzhaft variierenden akustischen und visuellen Sinneseindrücke erzeugen beim Säugling bereits sehr komplexe Reaktionsmuster, mit denen er ein optimales Maß an Wohlbefinden zu erhalten oder wiederherzustellen versucht. Vielleicht scheint in diesen Anfängen der tiefste Grund für das menschliche Bedürfnis nach Orientierung auf – die Optimierung unseres Wohlgefühls in einer bergenden Umwelt, der anzugehören den Kern unserer Identität konstituiert.

Die psychoanalytische Entwicklungspsychologie liefert klare Vorstellungen von den Voraussetzungen und Schwierigkeiten, dieses Wohlgefühl einer abgerundeten Identität als Lebensziel zu erreichen. Die erste Umwelt des Säuglings ist vordringlich die Mutter. Ihre Brust, der Hautkontakt zu ihr, ihr Antwortlächeln, ihre Sprache und ihre Zärtlichkeit dienen im Stadium des »primären Narzissmus«[2] der Befriedigung seiner Bedürfnisse nach Sättigung, Spannungsabfuhr und Ruhe. Unter der Bedingung einer weitgehend konfliktfreien Bindung kann der Säugling in dieser Zeit der »Dual-Union«[3] mit der Mutter ein »Urvertrauen«[4] als verlässliches Gefühl von sich selbst und seiner Stellung in der Welt entwickeln. Die Erfahrung von Einheit, Schutz und Anerkennung bildet die ursprüngliche Basis des Selbst-Wertes als erster innerer Orientierungspol für die Regulierung der psychoökologischen Balance.

Aber der Säugling wird schon bald aus der Symbiose mit der Mutter durch seine wachsende Wahrnehmungs- und Differenzierungsfähigkeit aufgestört, wenn er zwischen »gut« und

1 Lichtenberg 1988.
2 S. Freud 1914.
3 A. Freud 1965.
4 Erikson 1966.

»böse«[5] unterscheiden lernt. »Gut« ist die Mutter, wenn sie den Säugling streichelt, »gut« ist die Brust, die Milch gibt, »gut« ist die Wärme des Badewassers und die Weichheit des Bettes. »Böse« ist die abwesende Mutter, die Brust ohne genügend Milch und die Reizüberflutung durch Lärm und angsteinflössende Sinneseindrücke. Die Unterscheidung von »gut« und »böse« besiegelt die Vertreibung aus dem Paradies prä- und postnataler Geborgenheit und führt die zweite Wertekategorie ins kindliche Erleben ein, die seine künftige Orientierung bestimmt.

Gleichzeitig mit diesem Schritt findet im Verlauf des ersten Lebensjahrs ein dramatischer Prozess statt, bei dem der Säugling in wachsendem Maß sein Getrenntsein von der Mutter erleidet. Der radikale Bruch mit dem ursprünglichen Zustand der Einheit führt zu einem Trennungsschock und zu einer Entwicklungskrise, in der er hin- und hergerissen wird zwischen seinem Wunsch nach Wiederherstellung der paradiesischen Situation und seinen ersten Impulsen nach Abgrenzung und Autonomie.[6] In dieser schmerzhaften Ambivalenz bedarf es dringend eines »Dritten«, des Vaters, der die Trennungsangst des Kindes abpuffert und ihm die Ablösung erleichtert, indem er ihm eine erweiterte Orientierung an einem männlichen Identifikationsobjekt anbietet. Er gilt auch hauptsächlich als derjenige, der das Kind mit zunehmendem Alter in die symbolische Ordnung der Erwachsenenwelt einführt[7].

Mit der Verankerung des Vaterprinzips im Mutter-Vater-Kind-Dreieck, der »Triangulierung«, beginnt ab Ende des ersten Lebensjahrs etwas entscheidend Neues. Das Kleinkind muss die Mutter, den Vater und die Geschwister als selbstständige Personen mit eigenen Bedürfnissen und Interessen annehmen lernen. Diese Erfahrung leitet den dritten Schritt beim Aufbau einer Wertordnung ein – die Orientierung an der sozialen Dimension: »Es gibt nicht nur mich, es gibt auch die anderen.« Von dieser Erkenntnis bis zur Verinnerlichung gemeinschaftsorientierter Normen verläuft ein mühevoller Weg. Soziale Beziehungen sind mit Versagungen, Verboten und Forderungen nach Anpassung verbunden. Das Kind bewältigt diesen Entwicklungsschritt, indem es die Eltern nachahmt, sich mit ihnen identifiziert und sie als Vorbilder idealisiert. Nachahmung, Identifizierung und Idealisie-

5 Klein 1960.
6 Mahler u. a. 1978.
7 Petri 2004.

rung bilden die drei Voraussetzungen für alle zwischenmenschlichen Bindungen im Kindesalter und für die weitere Differenzierung des sozialen Orientierungssinns. Die Grundbedingung dafür ist die Liebe des Kindes zu seinen Eltern und vor allem sein Bedürfnis, von ihnen geliebt zu werden. Dafür ist es bereit, Verzicht bei der Durchsetzung eigener Wünsche zu leisten und Grenzen zu akzeptieren. Aus Angst vor Liebesverlust und der sozialen Angst vor Ablehnung entwickelt es soziale Kompetenzen wie Rücksichtnahme, die Bereitschaft zu teilen und die Fähigkeit der Einfühlung und des Mitleids. Diese Kompetenzen werden als Normen des Zusammenlebens in die Struktur des inneren Instanzensystems eingebaut und dienen fortan der Orientierung im sozialen Raum.

Der schrittweise Aufbau der psychischen Instanzen und ihre komplexe Differenzierung erklären die schwierigen Vermittlungsprozesse zwischen innerer und äußerer Orientierung in der menschlichen Natur. Die psychoanalytische Begriffswelt unterscheidet zwischen ES, ICH, ÜBER-ICH, ICH-IDEAL, den SELBST- und OBJEKTREPRÄSENTANZEN und dem SELBST. Das ES als unerschöpfliches Reservoir unserer Gefühls- und Triebkräfte steht unter dem regulierenden Einfluss aller anderen Instanzen. Es kann diese aber auch vollständig beherrschen, wenn sie zu schwach oder selbst in Antinomien verwickelt sind, die ihre koordinierenden Funktionen lähmen. Das gilt vor allem für die Aufgaben des ICH, das als Instanz unserer Vernunft und Einsicht, unseres Wissens und unserer Erfahrung gedacht wird, und das über ein breites Arsenal an Abwehr- und Anpassungsmechanismen verfügt, um die Ordnung des Seelenhaushalts nach innen und die Orientierung nach außen in Ordnung zu halten. Bei dauerhafter Entmutigung, schweren Traumatisierungen oder anderen entwicklungshemmenden Einflüssen kann das ICH jedoch so geschwächt werden und, wie die Stressforschung lehrt, in einen Zustand der Hilflosigkeit, Hoffnungslosigkeit und Ohnmacht verfallen, dass es von den archaischen Mächten des ES überrollt wird.

Unter normalen Bedingungen wird das ICH in seinen Funktionen vom ÜBER-ICH unterstützt, das unsere von Vorbildern geprägte, moralische Gewissensinstanz repräsentiert, in der die universal gültigen und individuell wie kollektiv wirksamen Wertnormen gespeichert sind. Aber auch das ÜBER-ICH kann der

Asozialität zum Opfer fallen, wenn es durch überwiegend negative Umwelteinflüsse defizitär ausgebildet bleibt.

Seit den ersten Beschreibungen durch Freud definiert die Psychoanalyse das ICH-IDEAL als einen Teilbereich des ÜBER-ICH. Es wird einerseits stark von den Erwartungen und Zuschreibungen des sozialen Umfeldes bestimmt, enthält aber auch die Summe der subjektiven Wünsche, Phantasien und Pläne bei der elementaren Frage: »Wer und wie will ich sein?« Das ICH-IDEAL entscheidet über den Selbstfindungsprozess bei der Identitätsbildung und persönlichen Wertorientierung. Je größer die Diskrepanz zwischen verwirklichten Idealen und unerfüllten Hoffnungen ausfällt, umso stärker reagiert das ICH-IDEAL mit Gefühlen von Enttäuschung, Versagen und Minderwertigkeit. Sie können einen gefährlichen Verfall der verinnerlichten Werte und sozialen Orientierungen einleiten. Der Widerspruch zwischen erreichtem Ideal und Wirklichkeit kann von einer Umwelt verursacht sein, die zu geringe Chancen zur Selbstentfaltung bereithält oder von subjektiven Begrenzungen wie mangelnde emotionale und soziale Ressourcen, fehlende Bildung und Begabung oder schwere körperliche Einschränkungen.

Anders als das ICH-IDEAL sind die SELBSTREPRÄSENTANZEN nicht auf eine Zukunftsorientierung in der persönlichen Entwicklung ausgerichtet. Vielmehr stellen sie die Summe der verinnerlichten Selbstbilder dar. Selbstbilder entstehen in früher Kindheit durch die direkten Spiegelungen der Außenwelt, die ein Kind in seinen Eigenschaften in einer bestimmten Richtung festlegen. Kinder gelten zum Beispiel als »sensibel«, »sozial«, »friedlich«, »liebenswert«, »hübsch«, »intelligent« und »begabt« oder als »schwierig«, »bösartig«, »aggressiv«, »schwer erziehbar«, »hässlich« und »dumm«. Solche meist von Eltern oder Erziehern vermittelten Zuschreibungen prägen – weitgehend unabhängig davon, wie objektiv zutreffend oder verzerrt sie sind – die frühen Selbstbilder des Kindes entscheidend mit und färben seine SELBSTREPRÄSENTANZEN dauerhaft in eher positiver oder negativer Weise ein. Die Art der Zuschreibung bleibt nicht ohne Einfluss auf die Beschaffenheit des Selbstwertes und, von ihm ausgehend, auf die Integration höher entwickelter, gemeinschaftsorientierter Werte.

Als OBJEKTREPRÄSENTANZEN bezeichnet die Psychoanalyse die verinnerlichten Bilder der wichtigsten Beziehungspersonen. Nach überwiegend positiven Erfahrungen mit den Objekten nehmen deren Repräsentanzen einen fördernden und unterstützenden Charakter an, der besonders in Zeiten von Krisen auf das ICH, das ICH-IDEAL und die SELBSTREPRÄSENTANZEN stabilisierend wirkt[8]. Betont negative Erfahrungen mit der Umwelt machen die verinnerlichten Objekte dagegen böse und verfolgend, wodurch die inneren Konflikte verschärft und die Orientierung an der äußeren Objektwelt durch Vertrauensverlust geschwächt wird.

Das SELBST schließlich beschreibt einen erst in jüngerer Zeit von der Narzissmusforschung und Säuglingsbeobachtung[9] untersuchten Bereich, in dem die durch ständige Interaktion mit der Umwelt und durch ihre Resonanz gespeicherten Emotionen ihren Niederschlag gefunden haben. Das SELBST als emotionales Kraftfeld umspannt in einem ganzheitlichen Sinne die anderen psychischen Instanzen und gilt als zentraler Ort unseres Fühlens, Wollens und Handelns. Von seiner Ausformung hängt die Beschaffenheit unseres Selbst-Wertes und unserer Selbst-Identität ab.

Am Ende der Kindheit ist die Ausdifferenzierung des Instanzensystems weitgehend abgeschlossen. Unter günstigen Bedingungen hat das Kind auf der beschwerlichen Suche nach Orientierung die komplizierten Vermittlungsprozesse zwischen innerer Natur und äußerer Welt beherrschen gelernt und dabei ein erstes Bewusstsein seiner Identität entwickelt.

Lange Zeit wurde von der Psychoanalyse hauptsächlich die Familie für diese Reifungsschritte verantwortlich gemacht. Zweifellos sind die Eltern in den ersten Lebensjahren die zentralen Bindungspersonen, die die seelische Strukturbildung des Kindes, seinen Orientierungssinn und sein Wertebewusstsein grundlegend bestimmen. Dabei wurde aber unterschätzt, dass mit der zunehmenden Verlagerung der Erziehungsaufgaben auf außerfamiliäre Institutionen spätestens ab dem dritten Lebensjahr – bei vielen Kleinkindern bereits viel früher – immer mehr fremde Erwachsene wichtige Funktionen der Orientierungs- und Wertevermittlung unterstützen. Von ihrer persönlichen Integrität und fachlichen Kompetenz hängt entscheidend ab, welche Anregungen

8 Kernberg 1975.
9 Stern 1985.

und Förderung Kinder in Krippen, Kindergärten, Horten, Vorschulen und Schulen (zum Teil als Ganztagsschulen) für die Bildung ihres Charakters und ihres Erfahrungs- und Bildungswissen erhalten. Nicht zu unterschätzen ist in diesem Zusammenhang aber auch die Gruppe der Gleichaltrigen. Sie fördert wechselseitige Identifikationen und die Verinnerlichung eines Gruppen-Ich, wodurch bei jedem Kind intrapsychische Kontrollmechanismen ausgebaut und soziale Orientierungen stabilisiert werden. Außerfamiliäre Erwachsene und die Gruppe der Gleichaltrigen erleichtern darüber hinaus den zeitgemäßen Ablösungsprozess von der Familie, modifizieren deren Wertesystem und öffnen den Orientierungshorizont in den gesellschaftlichen Raum hinein.

Entwicklungspsychologisch erreicht dieser Prozess seinen Höhepunkt in der Pubertät. Im Vordergrund während dieser Phase steht zunächst das aktive Ringen um Abgrenzung und Individuation. Dabei muss das in der Kindheit durch Nachahmung, Idealisierung und Identifikation übernommene Weltbild der Eltern in Frage gestellt und durch eigene Zukunftsvorstellungen erweitert werden, wenn der Jugendliche nicht bloßes Abbild bleiben, sondern seine individuelle Persönlichkeit entwickeln will. Damit ist der Kernkonflikt der pubertären Phase benannt. Er leitet in der Regel eine mehr oder minder schwere »Identitätskrise«[10] ein. Bohrende Fragen werden jetzt auf einer höheren Bewusstseinsebene neu gestellt: »Wer bin ich?«, »Wie will ich sein?«, »Was will ich werden?« Wenn das alte Weltbild verworfen wird, welches neue bietet sich an, das Halt und Orientierung garantiert?

Die Pubertät als Schnittstelle zwischen Familie und Gesellschaft und als Phase des Aufbruchs zu neuen Werteufern steht mit solchen Fragen vor gewaltigen Herausforderungen. Sie werden durch die einschneidenden physischen Veränderungen in dieser Zeit verschärft. Das sprunghafte Körperwachstum und das Erreichen der Geschlechtsreife sind Folge von Hormonproduktionen, die gleichzeitig starke Triebkräfte entbinden. Sie stellen völlig neue Anforderungen an die steuernden Funktionen des ICH, des ÜBER-ICH und des ICH-IDEALS. Diese Instanzen müssen umorganisiert werden, um die Triebenergie als produktive Kraft zulassen und integrieren zu können. Dabei leitet die aufbrechende Sexualität die Suche nach der definitiven Geschlechts-

10 Erikson 1966.

identität ein, die das künftige Verhältnis zu den Geschlechtern von Frau und Mann festlegt.

Erst das entwicklungspsychologische Modell macht den komplexen Aufbau der menschlichen Orientierungsfähigkeit verständlich. Ausgehend vom Urzustand des »primären Narzissmus« nach der Geburt verzweigt sich der lustvoll explorative Orientierungssinn in langsamen Reifungsschritten während der Kindheit und Pubertät in seine mehrdimensionalen Anteile.

Raum und Zeit, die Aneignung instrumenteller Fähigkeiten, der Erwerb von Erfahrung, Erinnerung, Gedächtnis, Wissen und Denken, die Beherrschung der seelischen Innenvorgänge und der Körperwahrnehmung, ihre Vermittlung in den zwischenmenschlichen Beziehungen, die Anerkennung sozialer Regelsysteme in ihrem historischen Kontext und schließlich ein verinnerlichter, Subjekt und Gesellschaft verbindender Wertekanon bilden die wesentlichen Achsen, auf denen jeder junge Mensch seine Orientierungen suchen will und muss, um die Sinngebung für sein Leben zu finden und seine individuelle Identität in der Gemeinschaft der anderen zu verorten.

Die Ausdifferenzierung eines so komplex angelegten Orientierungssystems ist auf jeder Stufe der Entwicklung in entsprechend hohem Maße störanfällig. Zur Veranschaulichung sollen zwei Beispiele aus der psychotherapeutischen Praxis einige Bedingungen illustrieren, die im ersten Fall zu einer erfolgreich abgeschlossenen Orientierungssuche und Identität und im zweiten Fall zu ihrem tragischen Scheitern geführt haben.

Janine: »Meine Eltern sind völlig unpolitisch«

Janine ist fünfzehn Jahre alt, als sie auf Veranlassung ihres Klassenlehrers zur Therapie kommt. Nach glänzenden Leistungen in der Hauptschule sei es nach dem Probehalbjahr auf dem Gymnasium zu einem rapiden Leistungsabfall gekommen. Das Mädchen sitze, so der Lehrer, meist geistesabwesend in der Klasse, wirke sehr bedrückt, beinahe depressiv, recht ängstlich und kontaktgestört. Er mache sich Sorgen, ob sie trotz hoher Intelligenz die Versetzung schaffe.

Zum ersten Gespräch erscheint ein junges Mädchen, das an Sauermilch denken lässt, blass, ungeschminkt, ohne Schmuck, mit ungewaschenem Haar, ausgeleiertem grauem Pullover, abgewetzten, zerfransten Jeans. Ein Gesicht, das keinem auffällt, weder hübsch noch hässlich. Nur ihre leuchtenden Augen verraten das Leben unter dieser Maske der Eintönigkeit. Leise und schüchtern bestätigt Janine die Angaben ihres Lehrers. Ihr Zustand sei ihr selbst unerklärlich. Um mir selbst eine Hypothese darüber bilden zu können, lasse ich mir zunächst ihre Familiengeschichte schildern.

Janine ist Einzelkind. Ihre Mutter arbeitet in einem Reisebüro. Nach der Geburt der Tochter hat sie ihre Tätigkeit für drei Jahre unterbrochen. Sie sei eine fröhliche und lebenslustige Frau, bei allen beliebt, treibe Sport und habe sich um sie, die Tochter, immer sehr gekümmert. Ihr Vater ist mittlerer Angestellter in einer Versicherungsgesellschaft. Auch er sei immer aktiv, habe viele Hobbys. Die Eltern unterhalten einen großen Freundeskreis, führen offenbar eine recht harmonische und partnerschaftliche Ehe, wobei ihre Tochter ihr »ein und alles« ist.

Nach dieser Schilderung habe ich den Eindruck, dass Janine ihre Eltern noch stark idealisiert, und sage: »Da hast Du wirklich Glück. Das sind ja Eltern wie aus dem Bilderbuch.« »Ja«, sagt sie, »ich liebe meine Eltern sehr, und sie haben mich auch immer geliebt.« Weil die Stunde zu Ende ging, und ich Janine nicht in einen Loyalitätskonflikt zu ihren Eltern bringen wollte, um unsere weiteren Gespräche nicht zu gefährden, verabschiede ich sie mit der Bemerkung: »Wir werden das Rätsel schon lösen, warum es Dir zurzeit so schlecht geht.« Tatsächlich tappte ich selbst noch völlig im Dunkeln.

In der zweiten Stunde wirkt Janine frischer und nicht mehr so kindlich. Sie ergreift sofort die Initiative: »Ich habe noch mal über meine Bilderbucheltern nachgedacht. Es gibt da etwas, worüber ich nicht so gerne spreche, weil wir uns sonst so prima verstehen. Es gibt nur einen Punkt, worüber wir manchmal streiten«. »Gelegentlicher Streit ist normal.« »Das schon. Aber es ist kein üblicher Streit.« Nach einer Pause des Zögerns fügt sie entschlossen, fast etwas trotzig hinzu: »Ich habe einfach ganz andere Interessen als meine Eltern!« Als ich mich näher danach erkundige, stellt sich heraus, dass Janine lieber liest statt Sport zu treiben und zu wandern, wozu ihre Eltern sie immer aufforderten, und dass sie seit zwei Jahren durchgesetzt hat, Geigenunterricht zu nehmen, was die Eltern offenbar nervt, weil sie »völlig unmusikalisch« seien.

»Aber das Schlimmste ist«, Janine hatte sich jetzt in Rage geredet, »dass sie völlig unpolitisch sind.« »Jeder Mensch hat andere Interessen. Was ist daran so schlimm?«, frage ich abschwächend, um nicht vorzeitig für Janine Partei zu ergreifen, was sie nach den Erfahrungen mit den Eltern eher skeptisch gemacht hätte. Mein Ziel war, dass sie aus eigener Kraft und Überzeugung zu ihren Interessen stehen lernte. »Ich sehe, Sie würden sich mit meinen Eltern prima verstehen«, erwidert sie resigniert. Ich überging diese Übertragungsäußerung und fragte konkret: »Was verstehst Du unter ›politisch‹? Nicht ganz unerwartet fing Janine an zu weinen. Wie sollte sie vor einem Erwachsenen rational begründen, was an Gefühlen von Erschrecken, Entsetzen, Ohnmacht, Hilflosigkeit, Zorn, Wut, Mitgefühl und Mitleiden ungeordnet in ihr herumtobte? Ich legte ihr die Hand auf die Schultern und sagte: »Du brauchst mir nicht zu antworten. Vielleicht haben wir aber mit dem schwierigen Thema Politik einen ersten Schlüssel gefunden, um Deinen momentanen Zustand zu verstehen.«

Ich kürze hier den Fallbericht ab. Janine hatte kurz nach dem Übergang aufs Gymnasium eine Freundin gefunden, die aktiv in einem Greenteam, einer Jugendgruppe von Greenpeace, engagiert war. Damit tat sich für sie eine völlig neue Welt auf. Begeistert beteiligte sie sich an den vielfältigen Aktivitäten der Gruppe, nahm an mehreren Freizeiten teil, in denen über Umweltprobleme und andere politische Fragen diskutiert wurde, verschlang immer mehr Zeitschriften und Bücher über ökologische Themen und begann, regelmäßig die Tagesschau und Umweltreporte im Fernsehen zu verfolgen. Dabei häufte sie eine Menge an Faktenwissen an, aber die Zusammenhänge wurden für sie immer verworrener und undurchschaubarer. Janine und ihre Freundin wurden in der Klasse wegen ihres Umwelteifers und des Versuchs, die anderen für die Sache zu gewinnen, zunehmend isoliert. Auch die Eltern reagierten ablehnend, als sie merkten, wie sehr ihre Tochter von ihrem Engagement überwältigt wurde und langsam in ein stilles Leiden hineinglitt.

Nach diesen Ergänzungen war es nun nicht mehr schwer zu verstehen, warum Janine in ein Loch aus Sprachlosigkeit, Depression, Angst, Kontaktstörungen und Leistungsabfall versunken war. Alle diese Symptome waren nicht krankhafter Natur, sondern natürliche Notfallreaktionen auf die psychische Überschwemmung mit Bildern des Schreckens, für die das unreife Ich der Jugendlichen noch nicht über die notwendigen Abwehrstrategien verfügte. Dass ihr auch von der näheren Umwelt die notwendige Unterstützung entzogen wurde, musste das Ich noch hilfloser machen. Entwicklungspsychologisch deutete die Krise auf ein hoch ausdifferenziertes, wenn auch altersbedingt noch labiles Wertesystem bei dem sensiblen jungen Mädchen hin.

Offenbar war es den Eltern durch ihre eigene seelische Stabilität, durch die Verlässlichkeit ihrer Partnerschaft, durch die frühe Anwesenheit der Mutter und die elterliche Liebe gelungen, bei ihrer Tochter ein starkes Gefühl des Selbst-Wertes zu erzeugen. Darauf aufbauend entwickelte Janine ein hohes Ich-Ideal mit einem kulturellen, künstlerischen und vor allem sozialen Wertekanon. In ihn flossen nicht nur eigene Begabungsanteile ein; er ließ auch deutlich den Abgrenzungserfolg gegenüber den Eltern auf dem Weg zu einer eigenen Identität erkennen. Und schließlich wies das Über-Ich von Janine darauf hin, dass in ihm ein breites Spektrum prosozialer Werte verinnerlicht war, die es als kategorische Handlungsgebote an das Ich weitergab.

Nach 30 Behandlungsstunden, verteilt über ein Jahr, hatte Janine ihre Pubertätskrise überwunden. Sie konnte das asketische, für die Pubertät charakteristische Überengagement in ihrem Greenteam und ihre einseitige Lektüre und Informationswut zurückschrauben und die Grenzen ihres Handelns genauer bestimmen. Durch ihre ersten sexuellen Erfahrungen in diesem Jahr wurde der Anspruch des Über-Ich zu Gunsten eines größeren Triebeinschubs reduziert. Janine lernte, ihr Anliegen in der Klasse und bei den Eltern deutlicher zu artikulieren, ohne diese um jeden Preis von der Richtigkeit ihrer Ansichten überzeugen zu müssen. Dadurch wurde auch deren Widerstand geringer. In der Klasse fand sie mehr Anerkennung, und die Eltern traten mehreren Umwelt- und Menschenrechtsgruppen als Fördermitglieder bei, nachdem sie sich auf lange Gespräche mit der Tochter eingelassen hatten.

Als Janine zur letzten Stunde in der Tür erschien, erkannte ich sie kaum wieder. Die Maske grauer Eintönigkeit war gefallen. Stattdessen hatte sie sich »schicke Klamotten« angezogen, trug eine hübsche Kette und war leicht geschminkt. »Da staunen Sie«, lachte sie, als sie meine überraschte Freude bemerkte. »Ich kann auch anders«, sagte sie selbstbewusst. Die Erweiterung ihrer Identität als heranwachsende Frau durch die lustbetonte Einbeziehung ihres Körpers stellte die Einheit von Selbst-Wert, Ich-Ideal und Über-Ich als die drei wichtigsten Grundpfeiler eines stabilen Wertegefüges endgültig her. Bei der Orientierung an einer für sie leitenden Weltauffassung hatte sie die schwierige Vermittlung zwischen innerem Instanzensystem und den Erfordernissen und Widerständen der gesellschaftlichen Realität altersgemäß bewältigt.

Thomas: »Das mit der Körperverletzung war Scheiße«

Thomas' Vorgeschichte erfuhr ich von seiner Mutter, die dringend um ein Gespräch gebeten hatte. Frau H. ist eine gut aussehende, elegant gekleidete Frau Mitte Vierzig, die eine eigene Boutique betreibt. Sie wirkt nervös und hektisch und überschüttet mich mit einem Wortschwall, bei dem es mir nur mit Mühe gelingt, durch kurze Zwischenfragen einen roten Faden zu finden. Sie könne ihren Sohn nicht mehr ertragen, hasse ihn regelrecht; er behandele sie wie Dreck; ihr sei es jetzt egal, was aus ihm werde.

Frau H. lebt seit der Geburt des einzigen Sohnes allein mit ihm in einer geräumigen Eigentumswohnung. Thomas war ein »Unglücksfall« während einer heftigen Affäre. Sie trennte sich noch während der Schwangerschaft von dem Mann, der später ins Ausland ging und den Thomas nie kennen gelernt hat. Selbstkritisch merkt Frau H. an, sie sei nie eine gute Mutter gewesen, sei lieber mit Pelzmantel und Porsche durch die Gegend gerauscht, als es ihr finanziell noch besser ging. Damals besaß sie drei Boutiquen, war viel unterwegs, oft auch im Ausland, und ließ ihren Sohn häufig allein. Sie müsse gestehen, dass sie seit der Geburt nie besonders zärtliche Gefühle für ihn empfunden habe, ihn kaum jemals in den Arm nahm; im Gegenteil habe sie ihn schon bei nichtigen Anlässen geschlagen, »ganz schön heftig«, wie sie meint, wenn ihr Temperament mit ihr durchging. Sie sei überhaupt nicht zur Liebe fähig. Nach zahlreichen Affären vor Thomas' Geburt habe sie danach kaum noch Männer gehabt. »Seit Jahren lebe ich ohne Mann, ich will auch keinen mehr.«

An dieser Stelle unterbreche ich sie und frage nach Thomas' jetziger Situation und warum sie das Gespräch wollte. »Er muss in eine Therapie, sonst ist alles aus«, sagt sie. Nach mehreren Einbruchdiebstählen und wegen schwerer Körperverletzung sei er gerade zu einem Jahr Jugendgefängnis auf Bewährung verurteilt worden. Seine kriminelle Entwicklung habe schon seit dem zwölften Lebensjahr begonnen, damals mit Schuleschwänzen und Ladendiebstählen. Thomas besuche zur Zeit nach mehrfachem Sitzenbleiben über das Jugendamt eine Fördereinrichtung mit praktischer Anleitung und der Möglichkeit zum Schulabschluss mit Mittlerer Reife. Auch hier schwänze er oft. »Wenn er das bis Herbst nicht schafft, sitzt er endgültig auf der Straße. Mit seiner Vergangenheit bekommt er nirgendwo einen Ausbildungsplatz.«

Thomas ist ein großer, kräftig gebauter und recht attraktiver junger Mann, der in sehr gepflegter und teurer Kleidung zum ersten Gespräch kommt. Seine Höflichkeit überrascht mich. »Darf ich rauchen?« Ich konfrontiere ihn mit dem Bericht seiner Mutter und frage, was er selbst dazu meine. »Meine Mutter spinnt. Sie regt sich immer sofort über alles auf, quatscht mich voll, macht mir Vorwürfe; ich kann sie nicht mehr ertragen. Ich muss da raus, aber das kann ich zur Zeit noch nicht.« Ob es denn nicht stimme, was sie erzählt habe? »Ja, schon, so ungefähr, aber sie soll mich in Ruhe lassen, dann werde ich es auch alleine schaffen.« Freimütig räumt er ein, dass die Mutter und die Polizei keine Ahnung besäßen, was er alles »für Dinger gedreht« hätte, vom jahrelangen Kreditkartendiebstahl und -betrug bis zum Dealen mit Drogen. »Das mit der Körperverletzung war Scheiße. Ich habe schon viele Schlägereien gehabt, wenn jemand mich schief anglotzte, aber das jetzt mit dem Messer, das war zu viel, das hätte schief gehen können. Das war der letzte Warnschuss. Ich höre mit allem auf und werde mich nur noch auf meine Ausbildung konzentrieren.« Zu seiner eigenen Therapiemotivation gefragt, sagt er: »Ich will herausfinden, warum ich immer so schnell reizbar bin und so gewalttätig reagiere. Das kann ja mal ins Auge gehen. Beim nächsten Mal lande ich wirklich im Knast.«

Zur zweiten Stunde erscheint Thomas nicht. In der dritten Stunde erklärt er, dass er das letzte Mal wegen einer »wichtigen Verabredung« nicht konnte. »Wichtiger als die Therapie? Sie hätten doch kurz anrufen können, Sie haben doch ein Handy.« »Nein, daran habe ich nicht gedacht, auf der Fete ging alles drunter und drüber.« In dieser Stunde wurde an vielen Einzelbeispielen die durchgehende Haltung von Thomas deutlich, die Verantwortung und Schuld für eigenes Versagen anderen in die Schuhe zu schieben – der Mutter, den Lehrern, seinem jetzigen Anleiter, Freunden, Mädchen, und sogar der Junge, den er mit dem Messer verletzt hatte, war daran »selbst schuld«.

Thomas erschien noch zu zwei weiteren Therapiestunden, in denen ich versuchte, ihn an sein untergründiges Leiden heranzuführen, zum Beispiel an die frühen Erfahrungen mit seiner Mutter und an sein vaterloses Schicksal. Aber er war unfähig, sich mit irgendwelchen schmerzhaften Erinnerungen und Gefühlen auseinander zu setzen. Die Erlebnisse mit der Mutter waren für ihn »Vergangenheit«, es zählte nur ihr jetziges Zerwürfnis. Den Vater habe er nie vermisst, »ich habe es ja nicht anders gekannt.« Es interessiere ihn auch nicht, wer und wo er sei. Inzwischen war er in der Fördereinrichtung gekündigt worden, weil er mehrfach Anordnungen seiner Anleiter verweigert hatte. Wir überlegten gemeinsam, wie er durch eine Entschuldigung die Kündigung rückgängig machen könne. Ihm sei doch klar, welche Katastrophe das für ihn bedeute.

Nach dieser Stunde ist Thomas nicht mehr erschienen. Auch die Mutter hat sich nicht mehr gemeldet. Ein Ausgang, der den Therapeuten mit schlimmsten Befürchtungen zurücklässt.

Wie sieht unter entwicklungspsychologischen Gesichtspunkten das Wertesystem von Thomas aus? Nach den vorangegangenen Überlegungen und der kurzen Fallskizze ist leicht verständlich, warum der Junge schon ab der Geburt unfähig gemacht wurde, das Gefühl eines Selbst-Wertes in sich aufzubauen. Die liebes- und beziehungsunfähige Mutter hat, wie immer auch aus ihrer eigenen Lebensgeschichte begründet, ihr Kind nie narzisstisch spiegeln können; im Gegenteil wurde durch ihre latente Ablehnung und untergründige Aggression die notwendige Mutter-Kind-Einheit, so ist zu vermuten, bereits mit der Geburt zerstört. Da zudem ein Vater fehlte, der unter günstigen Bedingungen durch die frühe Triangulierung negative Einflüsse der Mutter hätte ausgleichen und abpuffern können, konnte das Kind weder sein Körper-Selbst noch sein psychisches Selbst positiv besetzen. Damit war er seiner archaischen Wut auf die sich ihm versagende Mutter hilflos ausgeliefert, wodurch deren Abwertung und Verfolgung des Kindes noch zunahmen. Diese tragische Zirkelbildung, die sich noch heute in dem dramatischen Mutter-Sohn-Konflikt überdeutlich abzeichnet, verhinderte schließlich jede für die Ich-Ideal-Bildung notwendige Idealisierung und positive

Identifizierung mit der Mutter. Dagegen deutet vieles darauf hin, dass Thomas in dem entwicklungspsychologisch primitiven Stadium der Nachahmung stecken blieb, wobei er besonders die negativen, nicht mit Anstrengung und Verzicht verbundenen Seiten der Mutter nachahmt: die Unverbindlichkeit und die Flucht aus Beziehungen, die aggressive Konfliktlösung, das schnelle Geld, der schöne Schein.

In den Stunden, in denen ich Thomas kennen lernte, habe ich an keiner Stelle gespürt, dass er über ein höher entwickeltes Ich-Ideal verfügte, das für sich selbst oder die Umwelt irgendwelche Werte vertrat. So hatte er zum Beispiel keinerlei Berufsvorstellungen und lebte orientierungslos in die Zeit hinein.

Auch das absolute Defizit in der Ich-Ideal-Bildung ist nicht der Mutter allein anzulasten. Wäre ein Vater oder wenigstens ein verlässlicher Ersatzvater verfügbar gewesen, wäre es im Verlauf der kindlichen und besonders der pubertären Entwicklung sicher zur Identifizierung speziell männlicher Art gekommen, die ein positiveres Ich-Ideal begründet hätte.

Ohne Selbst-Wert und ohne Ich-Ideal, wie beschrieben, kann es auch nicht zur Entwicklung eines stabilen Über-Ich kommen, zur Bereitschaft, die durch Eltern und Gesellschaft vertretenen Normen und Werte zu übernehmen. Thomas verfügt mit seinen achtzehn Jahren über nahezu kein Unrechtsbewusstsein und projiziert auftretende Schuldgefühle reflexhaft nach außen. Sein rudimentäres Über-Ich hat nie eine wirksame Kontrollfunktion über seine Triebkräfte ausüben können. Die verwilderte Grundeinstellung und der schnelle Verlust der Impulskontrolle über seine »mörderische« Aggression weisen eher darauf hin, dass er schon im frühesten Entwicklungsstadium beim zweiten Schritt der Wertkodierung in »gut« und »böse« das Böse stärker erfahren und zu einer inneren und äußeren Haltung umgebaut hat. Da das Über-Ich zu schwach ist, könnten allenfalls noch Außenkräfte, die in seiner Kindheit gefehlt haben, als steuernde Instanzen eingreifen – in Thomas' Situation zum Beispiel die höchste Strafe des Gerichts, der Knast.[11]

Die theoretisch abgeleiteten und an zwei Einzelschicksalen veranschaulichten Entwicklungslinien stellen in ihrer psycholo-

---

11 Die beiden Fallskizzen wurden, gekürzt und überarbeitet, entnommen aus: Petri, Horst: *Der Verrat an der jungen Generation*, Freiburg 2002.

gischen Akzentuierung nur die eine Seite von Orientierungsprozessen und Identitätssuche dar. Ein vollständiges Bild ergibt sich erst durch die dialektische Beziehung zwischen seelischen und gesellschaftlichen Einflussfaktoren. Die Postmoderne hat in nahezu allen Feldern der Gesellschaft zu strukturellen Veränderungen geführt, die für die junge Generation neuartige Orientierungsmuster erfordern. Der für sie wichtigste Wandel findet in den Bereichen Familie, Bildung und Arbeit, Ökologie, Medien, in der Überalterung der Bevölkerung, im Umbau des Sozialstaats und im Globalisierungsprojekt statt.[12] Damit haben sich die Lebenswelten der heutigen im Vergleich zu früheren Jugendgenerationen weitreichend umgestaltet, zumal die Umstrukturierung der einzelnen Bereiche eng ineinander greifen und sich sowohl in ihren positiven, weit mehr jedoch in ihren negativen Auswirkungen wechselseitig verstärken.

Dieser Effekt wird besonders am Zusammenhang von Bildung und Arbeit evident, der nach den Leistungsergebnissen der PISA-Studie und unter dem Druck der steigenden Arbeitslosenquote bei Jugendlichen, speziell bei Jungen, das gesellschaftspolitisch derzeit brennendste Thema darstellt. Der Übergang von der Arbeits- zur Wissensgesellschaft und der Turbokapitalismus globalisierter Marktinteressen verlangen von der Jugend neue Intelligenz- und Anpassungsleistungen, die in Jugendstudien,[13] in der »Agenda 21« und anderen Bildungsprogrammen mit folgender Begrifflichkeit definiert werden: Flexibilität, interdisziplinäres Denken, Kreativität, Schnelligkeit, Problemlösungskompetenz, Innovationsgeschwindigkeit, Mobilitäts- und Risikobereitschaft, Selbstständigkeit, Entscheidungsfähigkeit, Verantwortungsbereitschaft, vorausschauendes Planen, Informationsaneignung, Kommunikations- und Kooperationsbereitschaft, Gestaltungskompetenz und Spontaneität. Eine Jugend wie aus dem Bilderbuch der neuen Marktwerte, die in der Wertehierarchie der Gesellschaft höchste Priorität beanspruchen. Man muss die Begriffe einzeln und in ihrer Summation auf der Zunge zergehen lassen, um eine Ahnung davon zu bekommen, dass der genetisch manipulierte Mensch längst überfällig ist, der all diese Kompetenzen in sich vereinen könnte, ein Mensch, der nicht mehr Mensch ist, sondern

12 a. a. O.
13 Vergl. Deutsche Shell 2000.

eine »Ich-AG«. Auch wenn die Jury der »Sprachkritischen Aktion Unwort des Jahres« im Januar 2003 diesen Begriff mit der Begründung zum »ersten Unwort« des Jahres 2002 erklärte: »Die Herabstufung menschlicher Schicksale auf ein sprachliches Börsenniveau war der schlimmste sprachliche Missgriff«, wird er sich weiter einbürgern; ebenso wie der postmoderne Begriff der »Patchwork-Identität«, die Jugendliche zum Überleben in einer marktwirtschaftlich dominierten Realität entwickeln müssen, eine zusammengeflickte Identität, die wenigstens dem vollständigen Identitäts- und Orientierungsverlust in einer von Anomie bedrohten Zivilisation vorbeugen soll.

Denn offensichtlich wird unter dem Diktat wirtschaftlicher und arbeitstechnischer Umwälzung mit den genannten Begrifflichkeiten und dem geforderten Kompetenzbündel ein krasses sozialdarwinistisches Selektionsprinzip mit einem neuen Menschenbild etabliert, das weit über die bestehenden Verhältnisse hinaus zu einer weiteren Fragmentierung der Jugend in immer weniger Privilegierte und immer mehr Unterprivilegierte führt. Während erstere durch einen bevorzugten Bildungs- und Sozialstatus als Gewinner der Modernisierung ihre Orientierung an Wohlstand und beruflichem Erfolg suchen und finden, werden Millionen von Jugendlichen ohne ausreichende persönliche, soziale und bildungsmäßige Ressourcen durch Ausbildungsmangel und Arbeitsplatzabbau bei gleichzeitiger Anhebung des Leistungsniveaus auf die Verliererstrecke geschickt.

Bei realistischer Einschätzung der Situation muss man zu dem Schluss kommen, dass die politischen und wirtschaftlichen Eliten nicht mehr in der Lage und bereit sind, ernsthaft zu bedenken, was es in psychologischer und sozialer Hinsicht für einen jungen Menschen, seine Identität und seinen Lebensentwurf bedeutet, seine im Grundgesetz garantierte Ausbildung und seinen Beruf nicht frei wählen zu können oder gar über keinen zukunftssichernden Arbeitsplatz zu verfügen. Trotz der gewaltigen Umstrukturierung des Arbeitssektors ist davon auszugehen, dass heranwachsende Mädchen und stärker noch Jungen auch weiterhin in der gesellschaftlichen Anerkennung über ihre Ausbildung und ihren Beruf definiert werden und sich selbst definieren. Erst ein an den eigenen Wünschen und Möglichkeiten orientierter Beruf kann den in der Kindheit erworbenen Selbstwert in eine stabile Lebensplanung einbinden und die Forderungen des Ich-Ideals und des Über-Ich erfüllen. Das Bewusstsein, eine auf diese Weise abgerundete Identität niemals erreichen zu können, führt nach breiten soziologischen und psychologischen Erfahrungen auch in anderen Lebensbereichen zu einem Orientierungsverlust, der nahezu zwangsläufig eine außerordentlich zerstörerische Wirkung sowohl nach innen als auch nach außen entfaltet.

Die Gefahren mangelnder Orientierungsmöglichkeiten für die junge Generation resultieren aber auch, wie angedeutet, über den Komplex Bildung und Arbeit hinaus, aus anderen Bereichen, die der Wandel der Gesellschaft erfasst hat. Beim Umbau der Familie gehen für die betroffenen Kinder und Jugendlichen fast regelhaft verlässliche Bindungsstrukturen und Identifikationsobjekte verloren, wodurch die Kohärenz innerer Selbst- und Objektbilder brüchig wird und tiefe Verlassenheitsängste und dauerhafter Vertrauensverlust zurückbleiben. Auch die »Patchwork-Familie« trägt zur »Patchwork-Identität« bei und erzeugt Gefühle innerer und äußerer Beliebigkeit, wo feste Haltestrukturen als Orientierungsrahmen notwendig wären.

Besonders für die Opfer des Familienumbaus schaffen die Medien von Fernsehen, Video, Computerspielen und Internet virtuelle Ersatzwelten, in denen die Grenzen zur Realität verschwimmen und das geschwächte Ich sich oft süchtig eine eigene Grandiosität imaginiert. Dieser Versuch zur Selbststabilisierung fällt umso hemmungsloser aus, je weiter die Medien durch die visualisierten Orgien sexueller und gewalttätiger Lust und Perversion die letzten Moralschranken abbauen und unsere Scham- und Schuldkultur hinwegfegen. Die damit gesetzten Über-Ich-Defekte können den sozialen Orientierungssinn gefährlich einschränken.

Zukunftsorientierung wird für junge Menschen nicht nur durch berufliche Identität ermöglicht oder bei ihrem Fehlen zunichte gemacht. Zukunftsoptionen sind im jugendlichen Bewusstsein in hohem Maß auch an die Sicherheit heutiger und künftiger Lebensräume gebunden. Die ungebremste und katastrophenträchtige Zerstörung der planetaren Ökosysteme dagegen und jetzt wieder, nachdem der Kalte Krieg überwunden schien, die weitere Militarisierung der Weltgemeinschaft zu neuen kalten und heißen Kriegen im globalen Verteilungskampf um Macht und profitable Ressourcen lassen solche Optionen ins Leere laufen. Im Gegenteil erzeugen sie bei Kindern und Jugendlichen, wie viele Studien nachweisen, dauerhafte Gefühle von Panik, Angst und Schrecken, die die Sinnfindung für ihr Leben und die Hoffnung auf eine heile Zukunft für sich und die der eigenen späteren Kinder tief erschüttern können.

Ein weiteres Thema von hoher Brisanz ist für Jugendliche die Umschichtung der Alterspyramide der Bevölkerung und der damit eng zusammenhängende Umbau des Sozialstaats. Durch beide Faktoren werden Gerechtigkeit, Solidarität und Verantwortung als Basiswerte des Generationenvertrages schrittweise abgebaut. Mit dieser Deregulierung wird der Jugend eine Hypothek aufgelastet, mit der sie sich in ihren Ich-Fähigkeiten überfordert und allein gelassen fühlt.

Die verschiedenen Risikobereiche verweisen auf einen gesellschaftlichen Widerspruch, der sich am Beginn des 21. Jahrhunderts immer schärfer abzuzeichnen beginnt. Die gewaltigen Fortschritte, die in den letzten drei bis vier Jahrzehnten des vorigen Jahrhunderts in den westlichen Gesellschaften erzielt werden konnten – der Erhalt des Friedens, die Stärkung der Demokratien, die technischen Revolutionen, das Wachstum von Wohlstand und sozialer Sicherheit, die Gleichberechtigung der Geschlechter, die Freiheit und Emanzipation des Individuums – sind zu Wertorientierungen der jungen Generation geworden, die heute zu großen Teilen an den erreichten, teilweise mühsam erkämpften Zielen mit unbekümmerter Selbstverständlichkeit partizipieren. Gleichzeitig tritt die Janusköpfigkeit des Fortschritts unverhüllt zutage, sein böses Schattengesicht, das von dem schmerzhaften Preis geprägt ist, mit dem er erkauft wurde.

Vor diesem Antlitz zerfallen für andere Teile der Jugend die Wertorientierungen in lediglich propagierte und wünschbare Ideale und eine Wirklichkeit, die sie von der Entfaltung ihrer Entwicklungsmöglichkeiten ausschließt. Die Kluft zwischen den Gewinnern des Fortschritts und seinen Verlierern vertieft sich auf inzwischen dramatische Weise. Wesentliche Indikatoren für diese Ungleichheit sind nicht nur die Arbeitslosenstatistiken oder die neue Armut, unter der 1 Million von insgesamt 14 Millionen Kindern und Jugendlichen bis 14 Jahren als Sozialhilfeempfänger leiden, sondern vor allem die Zunahme und die Art der psychischen und psychosomatischen Störungen und dissozialen Verhaltensauffälligkeiten im Kindes- und Jugendalter. Für Eltern, Erzieher, Lehrer und Therapeuten besonders besorgniserregend sind das selbstverletzende Verhalten, die Bulimie, die Anorexie, die Alkohol- und Drogensucht und die sozialen Fehlentwicklungen, die gehäuft als Leistungs- und Schulverweigerung bis zum Schulversagen, als Sektentum oder als Diebstahls- und vor allem Gewaltkriminalität bei immer jüngeren Jahrgängen in Erscheinung treten. Gemeinsam sind diesen Störungen Gefühle von innerer Leere, Bindungslosigkeit und mangelndem Selbstwerterleben als Ausdruck von Identitätslosigkeit, Vertrauensverlust und fehlender Hoffnung. Es sind die Kinder und Jugendlichen, die sich, wie Hänsel und Gretel, ausgestoßen und endgültig verlassen fühlen und ihre Orientierung in dieser Welt verloren haben. Psychologisch kommt es dabei zu einer Diffusion der Ich-Grenzen und zu einer Fragmentierung des Selbst, die das Subjekt hilflos der Chaotisierung der psychischen Binnenstrukturen ausliefern und zu einer angemessenen Realitätsbewältigung unfähig machen. Im Zustand der Desorientierung zerbricht der Kompass der Identität.

Unsere Kinderspiele – Blindekuh, Versteckenspielen, Schnitzeljagd – waren Spiele des Verlierens und Wiederfindens, Rituale zur Einübung von Sicherheit, Zuversicht und Orientierung. Die Entwicklungspsychologie erzählt von dieser Symbolik, die sich durch alle Reifungsschritte in Kindheit und Jugend zieht. Es ist ein komplexer Prozess des Suchens, an dessen Ende unter günstigen Bedingungen das Gefühl der eigenen Identität steht. Unser Wissen über seine Störanfälligkeit dringt erst langsam ins öffentliche Bewusstsein vor. Offensichtlich bedarf es erst einiger Schocks und schmerzhafter Erkenntnisse, bevor die notwendigen Konsequenzen aus den Versäumnissen und pathogenen gesellschaftlichen Entwicklungen gezogen werden können. Inzwischen scheinen die Alarmzeichen ernst genommen zu werden. In vielen Bereichen setzen Bemühungen ein, eine neue Kultur der Solidarität, Gerechtigkeit, Loyalität, Verantwortung und Verpflichtung der jungen Generation gegenüber zu entwickeln. Besonders in der Bildungspolitik wächst die Einsicht, dass es für die Zukunftsfähigkeit des Landes von vordringlichem Interesse sein muss, die Entwicklungsbedingungen der nachwachsenden Generation »nachhaltig«, und das bedeutet, auf breiter Basis zu fördern. Dabei bleibt die bange Frage bestehen, ob in den Umbrüchen der Zeit aus der Krise der Gesellschaft noch kreative Lösungen gefunden werden oder eine weitere Segmentierung droht, die die Stabilität des Gemeinwesens ernsthaft gefährden könnte.

Literatur

Deutsche Shell (Hg.) (2000): *Jugend 2000*. 13. Shell-Jugendstudie. 2. Bd., Opladen.

Erikson, E. H. (1966): *Identität und Lebenszyklus*, Frankfurt am Main.

Freud, A. (1965): *Wege und Irrwege in der Kinderentwicklung*, Stuttgart.

Freud, S. (1914): *Zur Einführung des Narzissmus*. GW X, Frankfurt am Main.

Kernberg, O. F. (1975): *Borderline-Störungen und pathologischer Narziß-mus*, Frankfurt am Main.

Klein, M. (1960): *Das Seelenleben des Kleinkindes und andere Beiträge zur Psychoanalyse*, Stuttgart.

Lichtenberg, J. D. (1988): Motivational-funktionale Systeme als psychische Strukturen, in: *Forum Psychoanal.* 7, 85-97.

Mahler, M. S., Pine, F., Bergmann, A. (1978): *Die psychische Geburt des Menschen*, Frankfurt am Main.

Petri, H. (1991): *Verlassen und verlassen werden*, Stuttgart.

– (1999): *Das Drama der Vaterentbehrung*, Freiburg.

– (2002): *Der Verrat an der jungen Generation*, Freiburg.

– (2004): *Väter sind anders*, Stuttgart.

Stern, D. N. (1985): *Die Lebenserfahrung eines Säuglings*, Stuttgart.

Gotthilf G. Hiller
Riskante Lebenslagen und Lebensverläufe junger Menschen als Bildungsschicksale begreifen und aktiv mitgestalten

Bildung – unterhalb der Grenze der Respektabilität?

Vor gut zwanzig Jahren hat Jürgen Henningsen notiert:
»Von den verschiedenen Aspekten, unter denen ein Lebenslauf dargestellt werden kann, kommt dem der ›Bildung‹ eine Vorzugsstellung zu: Lebenslauf ist Bildungsschicksal [...]; Bildung ist [...] nicht eine Ausstattung, die [...] irgendwann in Familie, Schule und College vermittelt worden wäre, sondern Anruf und unentrinnbares Schicksal durch ein langes Leben des Lernens und Umlernens hindurch [...] der einzelne hat die Lektionen zu lernen, die ihm das Leben zumutet...«[1]

Welche Lektionen mutet das Leben jungen Menschen zu, die im Vergleich zu anderen Jugendlichen und jungen Erwachsenen in *vierfacher Hinsicht* über deutlich weniger Ressourcen[2] und Chancen verfügen?

Sie wachsen (1) in Familien oder familienähnlichen Verbänden auf, in denen es kaum nennenswerte materielle Güter gibt; vom geringen Erwerbseinkommen oder von den Transferleistungen lebt man häufig von der Hand in den Mund, nicht selten stecken die Eltern und sie selbst in Schulden. Kurz gesagt: es fehlt ihnen an *ökonomischem Kapital.*

Es gibt (2) in ihrem Umfeld kaum jemand, der sie wirksam beim Entwickeln von realistischen Zukunftsperspektiven unterstützt, der ihnen hilft, Durststrecken in Schule und Ausbildung durchzustehen, der auf sie aufpasst, ihnen Grenzen setzt; der ihnen aber auch etwas zutraut und sie ermutigt, gesteckte Ziele hartnäckig und klug zu verfolgen. Statt auf wohlwollendes Interesse und tatkräftige Unterstützung stoßen sie eher auf Misstrauen und Ablehnung, bestenfalls auf gleichgültige Duldung und Versorgung. Den meisten fehlen tragfähige Kontakte zu kompeten-

---

1 Henningsen 1981, S. 11.
2 Bourdieu 1983.

ten Erwachsenen und Altersgleichen. Kurz gesagt, es fehlt ihnen an *sozialem Kapital.*

In der Schule haben sie (3) nichts oder nicht viel erreicht. Sie haben entweder keinen Hauptschulabschluss oder nur einen solchen, der sich am Ausbildungsmarkt kaum verwerten lässt. Regel- und Sonderausbildungen stehen sie – wenn überhaupt – nur mit mageren Resultaten durch. Kurz gesagt: Es fehlt ihnen an *kulturellem Kapital.*

Nicht wenige leiden (4) unter physischen, psychischen und kognitiven *Beeinträchtigungen.* Bei schwachen Hauptschülern, bei Förderschülern und bei Absolventen der Schule für Erziehungshilfe und bei Abbrechern aus weiterführenden Schulen handelt es sich in den allerseltensten Fällen vorrangig um eine genetisch bedingte Minderleistungsfähigkeit, sehr viel häufiger sind die diagnostizierbaren Defizite im persönlichen Bereich als die Resultate komplexer Wechselwirkungsprozesse zwischen Anlage, Milieu und selbstschädigendem Verhalten zu begreifen.

Es ist kein Wunder, wenn solche Jugendliche nach Erfüllung der allgemeinen Schulpflicht mehrheitlich in jenen Milieus anzutreffen sind, die sich im sozialen Raum der deutschen Gesellschaft unterhalb, im günstigeren Fall an jener horizontalen Trennlinie befinden, die als »Grenze der Respektabilität« bezeichnet wird.[3] Sie »trennt die mittleren von den unterprivilegierten Milieus. Respektabilität wird definiert durch Statussicherheit: Es kommt darauf an, eine beständige, gesicherte und anerkannte soziale Stellung einzunehmen, die entweder durch Leistung oder durch Loyalität ›verdient‹ ist.«[4] In jenen Milieus wird die soziale Welt über den Gegensatz von Macht und Ohnmacht erfahren. Die wirtschaftlichen und gesellschaftlichen Umbrüche werden von den jungen Menschen als Diskriminierung auf dem Bildungs-, Ausbildungs- und Arbeitsmarkt sowie im sozialen Sicherungssystem und als fortgesetzte Bedrohung ihrer Teilhabechancen erlebt. Wenn ihnen wirksamer Beistand von außen versagt bleibt, wächst die Gefahr, dass sich ihre Lebensverläufe dramatisch diskontinuierlich gestalten zwischen nachholenden Bildungsmaßnahmen, (Sonder-)Ausbildungsgängen und prekärem Erwerb als Arbeitnehmer/innen zweiter und dritter Klasse: Sie geraten – in oft

3 Vester 2001, S. 148.
4 Ebd.

schnellem Phasenwechsel, manchmal auch zeitgleich – in legale Niedriglohnarbeit (sowohl in Vollzeit-, Teilzeit- und Leiharbeitsverhältnissen, auch in Scheinselbständigkeit), in illegale Beschäftigung und in Erwerbslosigkeit. Dabei erproben sie sich in wechselnden Partner- und Familienkonstellationen; insbesondere die jungen Frauen müssen – entweder in unaufhebbarer Abhängigkeit von anderen oder aber fortgesetzt bedroht durch den finanziellen Ruin – unter größten Anstrengungen Ausbildung, Erwerb und Kinderversorgung »unter einen Hut« bringen. Unter solchen Bedingungen erweisen sich die Standards der sozialen Lage (Einkommen, Wohnung, Gesundheit, Legalitätskonformität, verlässliche Beziehungen) als fortgesetzt instabil. Und immer drohen Deklassierung und Ausgrenzung. Wer als junger Mensch, gar auf sich alleine gestellt, einem solchen Überlebenskampf ausgesetzt ist, entwickelt zwangsläufig spezifische Lebensweisen (z. B. Präferenzen im Erwerb und Gebrauch von Gütern und Dienstleistungen sowie Muster der Selbstinszenierung und der Kommunikation mit Personen, Einrichtungen und Behörden); in Wechselwirkung mit Bewältigungsstrategien und deren Wirkung entstehen spezifische Welt- und Selbstdeutungen, Gefühle, Maximen und Einstellungen: Weitgesteckte Ziele und langfristiges Planen erscheinen zwecklos; stattdessen muss man abchecken, was geht, und abwarten, was kommt. Gelegenheiten muss man »am Schopf packen« und Situationen spontan bewältigen – oder auch genießen. Bestenfalls ist auf die »eigenen Leute« zu zählen, und im übrigen sollte man sich an Mächtigere anlehnen. Wenn man »dazugehören« und Sicherheit haben will, muss man loyal sein und darf nicht auffallen; man muss sich einordnen und mitziehen, auf keinen Fall sollte man aufmucken. Wenn's gut läuft, darf man dann von denen, die das Sagen haben, Fürsorge und Nachsicht erwarten.[5]

Sind das die Lektionen, die ressourcen- und chancenarme Jugendliche zu lernen haben? Wenn alles so bleibt, wie es ist, dann gewiss.

5 Vgl. Vester 2001.

Milieutaugliche Bildungskonzepte
und Co-Management

Es gibt jedoch zwei, eng aufeinander bezogene Strategien, mit deren Hilfe das Bildungsschicksal solch junger Menschen in brisanten Lebenslagen und mit ungünstigen Lebensverlaufsprognosen nachhaltig zu beeinflussen ist.

Vor allem in den allgemeinbildenden Schulen, aber auch in den Betrieben und den BA-finanzierten Berufsvorbereitungs- und -ausbildungsmaßnahmen sowie in der Jugendhilfe sind *milieutaugliche Bildungskonzepte und Bildungsprogramme* zu erarbeiten, vorzuhalten und weiterzuentwickeln, die an die Lage der jungen Menschen anschlussfähig sind und ihnen zuallererst Kenntnisse und Fertigkeiten zur Bewältigung ihres komplexen Alltags und zur nachweislich effektiven Bearbeitung ihrer praktischen Probleme vermitteln. Eine solche Bildung zielt auf Formen einer respektvollen Vergegenwärtigung ihrer *Lebensgeschichten*, ihrer je aktuellen *Lebenslagen* und ihrer realistisch in den Blick zu nehmenden, künftigen *Lebenswege*[6] sowie auf die Aktivierung und Ausbildung der dafür erforderlichen Potentiale. Erst wenn sich diese Jugendlichen in unseren Bildungs- aus Ausbildungseinrichtungen, auch in den Betrieben, ob ihrer Lebensgeschichte und Lebenslage (konkret: ob ihrer ethnischen Zugehörigkeit, ihres Milieus, ihrer familiären Situation, ob ihrer Praxis und ihrer Sprache, ob ihrer Interessen und ihres Geschmacks, ob ihrer Potentiale und Hypotheken) nicht mehr zu schämen brauchen, wenn sie je länger desto weniger verleugnen, verdrängen und übertünchen müssen, wer sie sind, wenn sie statt dessen erleben und erfahren können, dass Lehrerinnen und Ausbilder trotz aller Schwierigkeiten und Rückschläge sie nicht fallen lassen und ihnen gegen allen Augenschein vermitteln, dass sie ihnen zutrauen, ihrem Leben standhalten zu können, erst wenn sie merken, dass sie weder für sich selbst noch für andere eine Bedrohung darstellen, erst dann können sie zu neugierig interessierten Grenzgänger/inne/n werden zwischen ihrem Milieu und jenen »respektablen Volks- und Arbeitnehmermilieus«[7]; erst dann können sie sich einlassen auf das, was in schulischen und beruflichen Bildungsgängen so fraglos

---

6 Vgl. dazu auch Niejahr 2002.
7 Vester 2001.

selbstverständlich gefordert wird.[8] Dazu aber brauchen sie nicht nur im Bereich der beruflichen Ausbildung ein konsequentes und ausdauerndes *Training*, sondern auch in weiteren Lebensbereichen, weil sie anders ihre Potentiale nicht entfalten und sozialverträglich überformen können. Ob allerdings in den akademisch vorgebildeten Kollegien unserer Schulen hinreichend konkrete Vorstellungen dazu im Umlauf sind, wie man sich einen »gelingenden Alltag« von Holzfachwerkern, Gerüstbauern und Zugbegleitern oder auch von Reinigungsfachkräften, Backwarenverkäuferinnen und Friseurinnen im Detail vorzustellen habe, dies halte ich bis auf weiteres für eine keinesfalls befriedigend geklärte Frage.

Zum anderen sind diese Jugendlichen in aller Regel außerordentlich dankbar, wenn sie auf gebildete Erwachsene treffen, die nicht aus Barmherzigkeit, sondern aus Neugier auf sie zugehen und sich in ihrem Leben nützlich machen, die aus freien Stücken als Mentoren und Sponsoren *längerfristige Arbeitsbündnisse* mit ihnen eingehen. Wer solchermaßen als Vertrauensperson und Co-Manager/in, als Fürsprecher und Sachwalterin zugunsten junger Menschen jenseits von Familie und Verwandtschaft tätig wird, wer mit Geld und Gut dafür einsteht, dass bescheidene Vorhaben gelingen, wer seine Beziehungen, seine Kultur, seine Vitalität und Cleverness ins Spiel bringt, um realistische Ziele zu entwickeln, und diese – trotz erwartbarer Misserfolge, Enttäuschungen und herber Rückschläge auf dem Weg – gemeinsam Schritt für Schritt verwirklicht, kann diesen Jugendlichen viel abverlangen, weil er ihnen viel bietet. Wer tröstet und ermutigt, kann wirksam Grenzen setzen und Kritik üben. In solchen Selbstexperimenten können gebildete, etablierte Erwachsene nicht nur viel über nichtbürgerliche Lebensformen lernen: Man wird nicht nur – learning by doing – allmählich zum Nachhilfe-Experten in verschiedenen gewerblichen Berufen, in Um- und Entschuldungsverfahren, im Ausländer- und Asylrecht, in der treuhänderischen Verwaltung von Finanzen und Konten, man erlangt nicht nur Routine im erfolgreichen Umgang mit Arbeits-, Sozial-, Jugend- und Ausländerämtern, mit Innungen und Kammern, mit Personalvermittlungsdiensten und Gläubigern allerlei Couleur, mit Banken, Versicherungen und Inkassodiensten. In solch »biophilen Allian-

8 Vgl. dazu Sennett 2002, S. 275-297.

zen«[9] erwirbt man vor allem eine in vielfältigen Erfahrungen gegründete Widerstandskraft (Resilienz) gegen allzu einfache Ideale von unauffälliger Entwicklung und erfolgreicher Integration in die Gesellschaft, und man lernt, dass »Erziehung [...] keine handhabbare Ursache [ist], die kontrollierbare Wirkungen hervorbringt.«[10] So gesehen vollziehen sich in solchen Arbeitsbündnissen mehrdimensionale Bildungsprozesse: Die jungen Menschen werden angesichts der Risiken und Zumutungen ihrer brisanten Lebenslagen nicht allein gelassen und bleiben damit ihrem Schicksal nicht zwangsläufig ausgeliefert, während die Erwachsenen, die sich auf sie einlassen, sich eine Bildung erarbeiten, die dem Elend der Welt konkret standzuhalten vermag. Oder anders: In solchen Arbeitsbündnissen vollzieht sich eine nicht privatistische, sondern auf Solidarität gerichtete Bildung beider Individuen, die sich in deren beider Lebenszusammenhängen spürbar auswirkt und damit zugleich eine Bildung der Verhältnisse in Gang setzt, die gegen mancherlei Widerstände das Gemeinwohl befördert. – Die Erfahrung lehrt, dass solche Arbeitsbündnisse nur zustande kommen, wenn sie vorsätzlich inszeniert, fachlich beraten und unterstützt werden.[11]

Lebensverlaufsforschung: Basis für Bildungsprogramme und Co-Management

Um taugliche Bildungskonzepte für Jugendliche in brisanten Lebenslagen zu entwickeln und um sich ein verlässliches Bild davon zu machen, was in den beschriebenen Arbeitsbündnissen zwischen diesen jungen Menschen und gebildeten Erwachsenen zu bewältigen ist, empfiehlt es sich, deren Lebenswege in den sechs bis acht Jahren nach ihrer Entlassung aus der Sekundarschule zu vergegenwärtigen, sie zu dokumentieren und zu analysieren. Aus solchen Lebensverlaufsstudien ist unschwer abzuleiten, was diese jungen Leute in der Zeit zwischen dem 16. und 23. Lebensjahr tatsächlich an Bildung, Begleitschutz und Training brauchen. Man muss solche Lebensverlaufsstudien freilich auf Regionen begrenzt und gender-differenziert anlegen: Schulisch erfolglose

9 Jegge 1982, S. 147f.
10 Oelkers 1990, S. 70.
11 Vgl. z. B. Duhnkrack-Hey / Kako / Schroeder 2002, Giest-Warsewa 2001.

junge Frauen durchlaufen andere Karrieren als ihre Altersgenossen; und in industriellen Ballungsräumen sehen die Chancen für beide Geschlechter anders aus als im ländlichen Raum.

In den letzten zehn Jahren haben wir die Lebenswege von 91 jungen Männern jeweils fünf Jahre lang beobachtet und dokumentiert, nachdem sie zwischen 1990 und 1996 aus dem BVJ einer Reutlinger Berufsschule entlassen worden waren.[12] Die Hälfte davon waren Hauptschüler, die entweder keinen Hauptschulabschluss hatten oder aber einen solchen, der am Ausbildungsmarkt nicht verwertbar war. Die andere Hälfte kam aus Förderschulen, aus Schulen für Erziehungshilfe oder aus Internationalen Vorbereitungsklassen. Sechs von zehn waren Jugendliche »mit Migrationshintergrund«, auch wenn jeder zweite einen deutschen Pass besaß.

81 dieser Schüler konnten im BVJ einen dem Hauptschulabschluss vergleichbaren Bildungsstand erlangen. Nur 10 ist dies nicht gelungen. Das ist insofern ein bemerkenswerter Befund, weil im Beobachtungszeitraum von 1990 bis 2000 in Baden-Württemberg im Schnitt jeweils etwa nur die Hälfte aller BVJ-Schüler dieses Bildungsziel erreichte. Das deutlich bessere Resultat unserer Gruppe ist vor allem durch das außergewöhnliche Engagement der Lehrkräfte, insbesondere des Klassenlehrers und der Schulsozialpädagogen zu erklären. Nicht wenige der Ehemaligen haben dies noch Jahre später anlässlich unserer Befragungen ausdrücklich bestätigt.

Was sich in den fünf Jahren nach der Entlassung aus dem BVJ im Leben dieser 91 jungen Männer abspielte, haben wir jeweils als ein Bündel von acht ineinander verschlungenen und miteinander verknüpften, sich wechselseitig beeinflussenden Entwicklungsverläufen (»Teilkarrieren«) beschrieben, die in klar voneinander unterscheidbaren Bereichen (Feldern) zustande kommen.

Wir können zeigen, dass parallel zur *Karriere im Bereich von Berufsvorbereitung, Ausbildung und Erwerbsarbeit* in den folgenden sieben Bereichen weitere Karrieren entstehen:

(1) Das Verhältnis zu Familie und Verwandtschaft verändert sich, das eigene *soziale Netz* wird um- und ausgebaut.

(2) Aus Einkommen unterschiedlichster Art und aus dem eigenen Konsum- und Investitionsverhalten entstehen Muster ei-

---

12 Hiller / Bär / Rein 2002, Hiller / Merz 2002.

ner (nicht selten prekären) *Finanz-*, in Extremfällen auch einer *Verschuldungskarriere*.

(3) Früher als bei anderen kommt es teils infolge familiärer Umbrüche und Notlagen, teils aufgrund von Zwangslagen im Ausbildungsverlauf oder am Arbeitsmarkt, seltener aus »freien Stücken«, zur Ablösung vom Herkunftsverband und somit zu einer eigenständigen *Unterkunfts- und Haushaltsführungskarriere*.

(4) In puncto Zeitmanagement wird dem Einzelnen zunehmend mehr abverlangt: Wechselnde Arbeitszeiten an verschiedenen Orten müssen mit Pflichtzeiten der privaten Lebensführung und mit jenem Zeitaufwand für persönliche Interessen immer wieder neu ausbalanciert werden, denen man nur in der dann noch verbleibenden, wirklich »freien Zeit« nachgehen kann. Da zwingen Blockunterricht an wohnortfernen Berufsschulen oder in überbetrieblichen Ausbildungszentren zum Umbau der eingeschliffenen Zeitverbrauchsmuster; erst recht gilt dies in Phasen von Kurzarbeit und Arbeitslosigkeit; aber auch Wechsel-, Schaukel- und Contischicht zwingen der *Zeitgestaltungskarriere* des Einzelnen ihre spezifischen Bedingungen auf.

(5) Im Umgang mit Behörden und Dienstleistern (insbesondere mit dem Arbeitsamt, dem Jugendamt, dem Sozialamt, dem Ausländeramt, dem Amt für öffentliche Ordnung, der Führerschein- und KfZ-Zulassungsstelle, bald auch mit dem Finanzamt) sowie mit Versicherungen, Krankenkassen, aber auch im Umgang mit Polizei und Gerichten wird dem Einzelnen eine *Selbstmanagementkarriere* aufgenötigt, die ein hohes Maß an »Zivilkompetenz« verlangt. Es gilt, Termine und Fristen zu beachten, laufende Vorgänge zu überwachen und den entsprechenden Schrift- und Zahlungsverkehr rechtzeitig zu erledigen.

(6) All diese Karrieren stehen in Wechselwirkung zur eigenen *Gesundheitskarriere*. Man muss die Aktivitäten entdecken und kultivieren lernen, mit denen der Aufbau, die Rekreation und damit der Erhalt der physischen, psychischen und kognitiven Kräfte gelingt. Wie also wird in Fitness und Wohlbefinden investiert, wie steht es um die medizinische Versorgung? Wie entwickelt sich der Konsum von Medikamenten, Genussmitteln und Drogen, und wie werden Formen einer sexuellen Praxis erworben, die sich selbst und andere gegen Risiken und Überforderung zu schützen weiß?

(7) Im Blick auf junge Männer aus unteren sozialen Milieus ist

nicht zuletzt deren *Legalitätskarriere* von erheblicher Bedeutung. Wiederholter Zoff mit der Polizei, Gerichtsverfahren, Verurteilungen, Geld- und Haftstrafen in Folge haben in der Regel durchschlagende Wirkung auf andere Teilkarrieren und führen dort meist zu Hypotheken, die nur schwer zu tilgen sind.

Absichtlich beschränkten wir unsere Untersuchungen also nicht nur auf die Karrieren unserer Absolventen im Bereich von *Berufsvorbereitung, Ausbildung und Erwerbsarbeit.* Dieser »Teilkarriere« kommt zwar insofern eine zentrale Bedeutung zu, als die Lebensverläufe – zumal von Männern der unteren sozialen Milieus – mittelfristig immer ein Mindestmaß an *gesicherter Erwerbsarbeit* enthalten müssen, wenn es nicht zu einem drastischen Verlust an Lebenschancen kommen soll. Man gerät jedoch schnell auf Holzwege, wenn man sich *ausschließlich* auf diese Teilkarriere und deren Gelingen innerhalb konventioneller Bahnen konzentriert, weil man damit der Ideologie Vorschub leistet, das Fundament für ein gelingendes Leben in den genannten anderen Feldern liege vor allem in einer beruflichen Karriere, die auf einer erfolgreich durchgestandenen Ausbildung aufbaut. Die Befunde unserer vergleichsweise komplexeren Nachforschungen machen wahrscheinlich, dass es gerade umgekehrt sein könnte: In den anderen sieben Teilkarrieren liegen entscheidende Voraussetzungen dafür, zu welcher Karriere es im Bereich von Beruf und Arbeit kommt und wie sie verläuft.

Befunde und Konsequenzen

Im Folgenden werden ausgewählte Befunde aus unserer Untersuchung dargestellt, die Anlass geben, über schulische Bildungsprogramme sowie Konzepte und Maßnahmen zur Berufsvorbereitung und Berufsausbildung neu nachzudenken, und die verdeutlichen, wofür Mentorinnen und Co-Manager gebraucht werden.

Berufsvorbereitung / Ausbildung / Beschäftigung:

Innerhalb der ersten sechs Jahre nach der Entlassung aus allgemeinbildenden Sekundarschulen schließen fünf von zehn dieser jungen Männer früher oder später erfolgreich eine Ausbildung ab.

Je eine dieser fünf Ausbildungskarrieren verläuft anschließend allerdings prekär, was bedeutet, dass sich in der Folgezeit die Monate in Erwerbsarbeit und die Monate in Arbeitslosigkeit fast die Waage halten. Noch wichtiger ist jedoch das Faktum, dass bereits am Ende des Beobachtungszeitraums mehr als die Hälfte dieser erfolgreich Ausgebildeten nicht mehr in ihrem erlernten Beruf arbeitet. Sie haben finanziell attraktivere Beschäftigungsverhältnisse gefunden, dort stehen sie als Angelernte dauerhaft in Arbeit.

Drei von zehn gelingt eine Jobberkarriere, eine davon verläuft prekär, die beiden anderen weisen im Schnitt in den ersten sechs Jahren auch nur insgesamt jeweils fünf Monate Nichterwerb aus. Dies ist insofern ein sehr bemerkenswertes Faktum, als weithin bestritten wird, dass es solch erfolgreiche Jobberkarrieren tatsächlich in nennenswerter Zahl gebe. Es entspricht zwar der Orthodoxie der Tarifpartner, der Arbeitsverwaltung und der ihr nachgeordneten Träger von Jugendberufshilfemaßnahmen, dass solche Verläufe immer seltener würden und meist durch viel Unsicherheit geprägt seien. Man müsse immer wieder mit längeren Phasen von Arbeitslosigkeit rechnen und werde in solchen Jobs in aller Regel schlechter bezahlt, als wenn man eine Ausbildung absolviert habe. Dies alles wird durch das uns vorliegende Material nicht bestätigt. Im Gegenteil: Ein gutes Fünftel aller von uns untersuchten Verläufe (20 von 91) bietet ein ganz anderes Bild. Dabei zeigen sich an diesen Jobberkarrieren zwei Befunde, die zu interessanten Vermutungen Anlass geben: (1) Es hat den Anschein, dass die Güte der Schulbildung auf den Typus des nachfolgenden Ausbildungs- und Beschäftigungsverlaufs zumindest bei dieser BVJ-Klientel keinen entscheidenden Einfluss hat. (2) Neben vier Deutschen sind alle anderen 25 Jobber entweder junge Aussiedler oder junge Ausländer. Möglicherweise tradieren sich in den Familienverbänden und sozialen Gefügen, in die Ausländer und Aussiedler[13] eingebunden sind, andere kulturelle Vorstellungen von Lebensverläufen, andere Einstellungen zu abhängiger Lohnerwerbsarbeit und damit auch andere Erwartungen an die Rollen junger Männer, als dies für eingesessene Familienverbände und Netzwerke gilt. Hierzulande sind die Vorstellungen vom »richtigen« Lebensverlauf – insbesondere für Männer – noch immer viel zu starr am

13 Jugendliche mit »Migrationshintergrund« – vgl. Dt. PISA-Konsortium 2001.

Muster der fragwürdigen »Normalbiographie« orientiert, in der die Jugendzeit fast ausschließlich als Lern- und (Aus-)Bildungsmoratorium definiert ist. Dass diese Ausländer und Aussiedler im Typus der Jobberkarriere – offensichtlich überwiegend erfolgreich – die ihnen habituell gewordenen Lebensauffassungen unter den Bedingungen und in den Strukturen eines postmodernen Arbeitsmarktes realisieren, sollte sowohl den allgemeinbildenden Schulen als auch den Berufsschulen zu denken geben. Ihre Bildungsangebote sind nicht selten von einem geradezu fanatischen Dogmatismus bestimmt, der junge Leute glauben machen will, dass jeden der Teufel holt, der keine Ausbildung macht. Die jungen Aussiedler und die jungen Ausländer leben vor, dass dies nicht stimmt. Dieser Dogmatismus verhindert im übrigen eine alltagstaugliche Allgemeinbildung in den genannten sieben anderen Bereichen.

Je einer von zehn bleibt in einer Abfolge von Maßnahmen und/oder in erfolglos abgebrochenen Ausbildungen stecken bzw. gerät in die Illegalität und in lang andauernde Phasen des Nichterwerbs.

Fazit: Bei je zehn BVJ-Absolventen kommt es zu vier Ausbildungs- und zwei Jobberkarrieren, die allesamt in eine Abfolge stabiler Beschäftigungsverhältnisse münden. Durch genauere Analysen unseres Materials ist zu klären, woran es liegt, dass die übrigen zwei Fünftel der von uns untersuchten BVJ-Schüler nicht in kontinuierliche Erwerbsarbeit hineingefunden haben. Wir haben jedoch Hinweise darauf, dass bezüglich *aller* Karriereverläufe der Rückhalt in ihren Familien- und Verwandtschaftsverbänden, aber auch bei kompetenten, ihnen wohl gesonnenen Erwachsenen, die als Mentor/innen längerfristig für sie da sind, eine wichtige, wenn nicht die zentrale Variable ist, die darüber entscheidet, wie günstig sich ihr weiteres Leben gestaltet.

Wenn bestenfalls nur ein Viertel der von uns untersuchten BVJ-Schüler im danach erlernten Beruf länger tätig ist, ein weiteres Viertel jedoch seinen Ausbildungsabschluss schnell als Eintrittskarte in eine Abfolge anderer, und – wie wir nachweisen können – durchaus stabiler Erwerbsverhältnisse nutzt, und im übrigen die andere Hälfte dieser Schüler einen solchen Abschluss in den fünf Folgejahren gar nicht erwirbt und davon dennoch eine nennenswerte Zahl in gesicherte Erwerbsarbeit hineinfindet, dann müssen solche Fakten zumindest zu einer Umakzentuierung der Bildungsangebote für diesen Personenkreis führen. Schul-, Sonder-, Sozial- und Berufspädagogik haben darauf zu drängen und daran mitzuwirken, dass bildungsbenachteiligte Jugendliche möglichst günstige Voraussetzungen erwerben können, um in den verschiedensten Lebenssituationen immer wieder neu den Zugang zu unterschiedlichen Formen von Erwerbsarbeit zu finden. Es geht dabei längst nicht mehr um ein einmaliges Überwinden einer ersten oder einer zweiten Schwelle.

Angesichts solcher Befunde mutet die Besessenheit fast schon grotesk an, mit der noch immer in den Berufsschulen auch diesen Schülern vorrangig die vermeintlich unentbehrlichen Wissens- und Könnensbestände der je berufs(feld)spezifisch exquisiten Fachmathematik, Fachtechnologie und Fachpraxis vermittelt werden. Auch wenn es die Oberstudienräte und Technischen Lehrer kränken mag, sie sollten die aufgenötigte Paradoxie ihres Tuns zur Kenntnis nehmen und diese klug behandeln: Vor ihnen sitzen junge Menschen, die überwiegend den angestrebten Abschluss bestenfalls formal, keineswegs jedoch inhaltlich nutzen werden.

Es wäre daher zweckmäßig, weil nur redlich, den jungen Leuten offen zu sagen, dass man weiß, dass den meisten jene beruflichen Ausbildungsgänge, in die sie auf den vorgezeichneten Wegen gelangen können oder in denen sie sich schon befinden, faktisch aufgezwungen sind, und dass man weiß, dass die meisten in diesen Branchen und Berufsfeldern für sich keine wirkliche Zukunft sehen. Es wäre klug, ihnen darzulegen, welche Konsequenzen man aus diesem Wissen zieht. Warum sollte man den jungen Leuten nicht offen sagen: Die wenigsten von euch sind hier, weil sie sich für diese Maßnahme, diesen Ausbildungsgang entschieden haben. Viele mussten bereits berufliche Ziele aufgeben, die sie gerne verfolgt hätten. Doch was jetzt angesagt ist, dauert maximal vier Jahre, dann hat jede(r) immerhin einen Ausbildungsabschluss, mag sein, in einer Branche, von der sie/er heute schon weiß, dass sie/er in ihr nicht alt werden will. Wenn aber in drei, vier Jahren die Karten neu gemischt werden, habt ihr mit diesem Abschluss auf jeden Fall bessere Chancen auf anständig bezahlte Arbeit. Das können wir an anschaulichen Beispielen belegen. Und weil dem so ist, werden wir dafür sorgen, dass möglichst viele von euch diesen Abschluss wenigstens mit *ausreichenden bis befriedigenden* Ergebnissen schaffen. Wir vermitteln im berufs-

(feld)spezifischen Bereich nur das inhaltlich absolut Notwendige; wir tun dies sprachlich so schlicht und so klar, dass jede(r) das begreifen und sich einprägen kann; wir erwarten aber auch, dass ihr leistet, was wir verlangen. Mindestens gleich wichtig ist uns allerdings, euch Wissen und Können zu vermitteln, mit dem ihr in eurem Alltag jetzt und künftig besser klarkommt. Wir verhandeln daher Fragen und Themen, die ihr mitbringt, aber auch solche, die sich offensichtlich als wichtig erweisen, wenn wir uns anschauen, was aus denen geworden ist, die vor wenigen Jahren auf euren Plätzen saßen.

Wer solchermaßen seinen Schülern und Auszubildenden eine respektvolle Beistandschaft ankündigt, muss sich klar machen, dass »Respekt eine ausdrückliche Darbietung (ist). Andere mit Respekt zu behandeln geschieht nicht einfach von selbst, nicht einmal beim besten Willen. Wer jemandem überzeugend Respekt erweisen will, muss die rechten Worte und Gesten finden.«[14] Das diesbezüglich beste Training, die wirksamste Fortbildung (auch für Lehrerinnen und Ausbilder) besteht darin, sich für längere Zeit im Leben einer Auszubildenden oder eines Schülers nützlich zu machen und dafür zu sorgen, dass sie/er in dieser Zeit einiges geschickter auf die Reihe kriegt als zuvor. In solchen Arbeitsbündnissen auf Zeit lernt man begreifen, dass die Selbstinszenierung dieser jungen Leute durch Sprache, Outfit und Auftreten, aber auch ihre Moral und ihr Geschmack, ihre Interessen, Gefühle und Handlungsmuster, nicht zuletzt ihre Selbst- und Weltbilder, alles, was uns in Schule und Betrieb so oft und heftig irritiert, nachvollziehbare Resultate langjähriger Lernprozesse sind: In ihren Welten taugt all dies, um zu überleben, um sich Anerkennung zu verschaffen, sich zu behaupten und um sich durchzusetzen.

Schule, Ausbildung und Co-Management werden somit für alle Beteiligten zu einer auf Dauer gestellten Provokation: Weder können die Ausbilder, Lehrerinnen und Mentoren mit ihren Angeboten und Aufgaben nahtlos anknüpfen an das, was »von zuhause mitgebracht« wird, noch können die Jugendlichen sich problemlos auf Schule, Unterricht, Ausbildung und Alltagsbegleitung einlassen. Respektvoller Umgang bedeutet in dieser Situation zuvörderst, dass man die erhebliche Distanz als solche nicht länger

14 Sennett 2002, S. 251.

leugnet oder deren Überbrückung nahezu ausschließlich zum Problem der Jugendlichen erklärt. Wo hingegen Lehrerinnen, Ausbilder und Mentoren damit anfangen, die jungen Menschen als »Fachleute in eigener Sache« zu begreifen und von ihnen zu lernen, wo sie deren Wissen und Verhalten nicht abwerten und also deren Autonomie nicht leichtfertig antasten, und wo sie anerkennen, dass man sich fremd bleiben wird, dort entsteht reziproker Respekt. Das professionelle Errichten von »Brückenköpfen« in der Welt der Jugendlichen gelingt sodann unseren Erfahrungen zufolge vor allem dadurch, das Lehrerinnen und Ausbilder ihr gesprochenes und geschriebenes Wort dem Verständnis der Jugendlichen anpassen und den zu vermittelnden Stoff so aufbereiten, dass diese ihn nachweislich lernen können. Nicht nur der Aussiedler, die Migrantin und der Flüchtling haben mit der deutschen Sprache erhebliche Schwierigkeiten, für die Mehrzahl der Jugendlichen ohne nennenswerten Schulerfolg bleiben die meisten Texte in Fachbüchern, aber auch auf Arbeitsblättern, dazu hin viele Aufgaben und Fragen in Klassenarbeiten und Prüfungen schlicht unverständlich (»Erläutere den Begriff Streckgrenze!«).

Doch damit nicht genug: Jugendliche in unsicheren Lebenslagen und geplagt von heftigen Selbstzweifeln angesichts der Anforderungen in Schule und Ausbildung können sich kaum auf langfristige Ziele und entsprechend mühsame Wege einlassen. Denn viel zu selten konnten sie bislang die Erfahrung machen, dass es sich tatsächlich lohnt, Schritt für Schritt etwas anzugehen, weil sich schließlich erfüllt, was man sich vorgenommen hat. Aufgrund vielfacher Enttäuschungen sind sie eher gegenwartsfixiert, und sie lauern auf günstige Zufälle und unverhofftes Glück: »Irgendwann komm ich ganz groß raus!« Sie träumen vom Lottogewinn oder der Green Card, rechnen vor, dass mit Dealen und Prostitution in jedem Fall mehr Geld zu verdienen ist als mit Ausbildungsvergütungen. Und wenn sie gar hören, was ihnen in Berufsvorbereitungsmaßnahmen der Arbeitsverwaltung und in Sonderberufsbildungsgängen monatlich ausgezahlt wird, sagen sie: »Für so wenig Geld schaff' ich doch nicht!« Die Behauptung, man könne es durch konsequente Anstrengung und kontinuierliche Leistung zu etwas bringen, weisen sie empört, bisweilen wütend zurück: »Geben Sie es doch zu, Sie sind doch niemals durch Ihre eigene Leistung zu dem geworden, was Sie heute sind: Sie haben reiche Eltern gehabt, Beziehungen und Glück. Sie haben eben

Ihre Chancen gekriegt. Das haben Sie doch nicht aus sich heraus geschafft. Das geht gar nicht.« – »Man muss ein Schwein sein, wenn man es zu etwas bringen will. Mit Leistung funktioniert das nicht! Das glaub ich Ihnen einfach nicht.« – »Über mir, über unserer Familie liegt ein Fluch, das kann anders gar nicht sein. Wir sind alle wie verhext. Soviel Scheiße kann anders gar nicht passieren. Schauen sie doch meinen Vater, meine Mutter, meine Schwestern, meinen Bruder an. Es ist so, als hätte denen allen irgendwer irgendwann etwas ins Essen getan.« Wenn Meister und Lehrerinnen, vor allem aber Mentorinnen und Mentoren, (selbst-)kritisch und ernsthaft das aufgreifen, was junge Leute umtreibt, die sie sich so äußern, dann wächst deren Vertrauen, ihr Mut und ihre Bereitschaft, sich auf das einzulassen, was man ihnen bietet und abverlangen muss. Immer wieder muss man mit Jugendlichen, die eine von Entbehrungen, Beschämungen und Misserfolgen gezeichnete Lebensgeschichte hinter sich haben, die in schwierigen Verhältnissen zurecht kommen müssen und die – ob mit Ausbildung oder ohne – einer ungewissen Zukunft an der »Grenze der Respektabilität« entgegen gehen, neu verhandeln, dass ein gelingendes Leben »nie nur Verdienst und nie nur Schicksal«[15] ist. Einerseits muss ein(e) jede(r) »Einsatz bringen, Leistung zeigen«, um Noten und Abschlüsse kämpfen; es ist ja nicht ausgeschlossen, dass all dies etwas nützt. Andererseits darf, ja muss jede(r) auf Chancen, auf günstige Zufälle hoffen, die sich immer wieder bieten. Und wenn sie sich zeigen, muss man sie erkennen, ergreifen und nutzen. So gesehen kann sich niemand seine Erfolge ausschließlich als eigenes Verdienst zurechnen, aber auch für die Misserfolge und das Scheitern darf man nicht ausschließlich andere oder die Umstände, gar das ›Schicksal‹ verantwortlich machen. Lehrerinnen und Ausbilder tun jedenfalls gut daran, gerade im Umgang mit Schülern und Lehrlingen, die in mancherlei Schwierigkeiten stecken, den dümmlichen »Überzurechnungen«[16] in beiderlei Gestalt entschieden entgegenzuwirken. Einerseits ist einzuräumen: Erfolge in Schule und Ausbildung sind nie nur das Resultat von unermüdlichem Leistungswillen, von Fleiß und Wohlverhalten und auch keine Garanten für künftiges Lebensglück; und umgekehrt: fortgesetzt schwache Leistungen in

15 Luhmann 1986, S. 162.
16 Luhmann, ebd.

Schule und Betrieb, selbst Ausbildungsabbrüche und nichtbestandene Prüfungen geben niemandem das Recht zu apokalyptischen Prognosen. Andererseits gilt aber auch: Wer sich zum ausschließlich tragischen Opfer seiner misslichen Verhältnisse und fortgesetzt fehlender Chancen stilisiert, macht sich selbst zum Trottel.

Finanzen:

Im Rahmen unserer halbstandardisierten Interviews konnten wir einigermaßen verlässliche Auskünfte über Nettoerwerbseinkommen, auch über Einkünfte aus zusätzlichen Beschäftigungen (Nebenjobs/Hobbyvermarktung) sowie über regelmäßig wiederkehrende Zahlungsverpflichtungen und über die Art und den Umfang von Schulden ermitteln. Dagegen sind die Sachleistungen und die teils verdeckten, teils unregelmäßigen Zuflüsse von Verwandten, Freunden und Lebenspartner(inne)n sowie die Investitionen in diese Wirtschaftsgemeinschaften über Interviews kaum zureichend zu erfassen.

Der finanzielle Mindestbedarf für eine unabhängige Lebensführung bezogen auf bestimmte Lebensformen (z. B. als Single, in einer festen Partnerschaft ohne bzw. mit Kind(ern) oder in einem Wirtschaftsverbund mehrerer Erwachsener (mit und ohne Kinder)) und bezogen auf typisierte Anspruchsniveaus der jeweiligen Lebensführung lässt sich ziemlich genau quantifizieren. Wir haben wiederholt geprüft, ob die tatsächlich erzielten Nettoerwerbseinkommen der Befragten wenigstens für eine wirtschaftlich unabhängige *Single-Existenz auf niedrigem Anspruchsniveau* ausreichen.

Die jüngsten Daten zeigen *im Blick auf die hier untersuchte Population* diesbezüglich ein beruhigendes, im Detail erstaunliches Bild: Wer eine Berufsausbildung absolviert hat und auf dem gelernten Beruf verbleibt, verfügt über ein durchschnittliches Monatsnettoeinkommen von 1290,00 €; wer mit einer abgeschlossenen Berufsausbildung in ein ungelerntes Beschäftigungsverhältnis wechselt, verdient im Schnitt netto 1434,00 € im Monat; und wer als Jobber ohne Ausbildung dauerhaft in Arbeit ist, verfügt über einen Monatsnettoverdienst von 1400,00 €.

Sieht man sich allerdings die tatsächlichen wirtschaftlichen Verhältnisse der jungen Männer genauer an, so stellt man fest, dass nur die wenigsten ihre höchst komplexe finanzielle Lage hinreichend effektiv kontrollieren und überschauen können: Wer Stundenlohn, diverse Schicht- und Überstundenzulagen, dazu hin Schlechtwetter-, Urlaubs-, und Weihnachtsgeld bezieht, hat allein schon aufgrund solcher Erwerbsarbeit stark schwankende Monatsnettoeinkünfte. Wer außerdem für längere Zeit auf Krankengeld oder auf Transferleistungen aus öffentlichen Mitteln angewiesen oder auf Abruf beschäftigt ist, wer auf Trinkgeld spekulieren muss, wer am Umsatz beteiligt ist, kann bestenfalls aufgrund längerer Erfahrung näherungsweise wissen, über welche Mittel er tatsächlich verfügen kann. Auf der Ausgabenseite sieht es nicht besser aus: Da für die Mehrzahl der Befragten – zumindest in den ersten Jahren der Ausbildungsvorbereitung und der Ausbildung – die Grundkosten der Lebenshaltung weitgehend vom Herkunftsverband getragen werden, investieren die jungen Männer den größten Teil ihres verfügbaren Einkommens in Wahlbedarf (Kommunikations- und Unterhaltungselektronik, Fahrzeuge, Hobbies, Selbststyling und Lebensstil). Es kommt zu Ratenzahlungs-, Leasing- und Kreditverträgen sowie zu (zusätzlichem) spontanem Ausgabeverhalten (begünstigt durch einen problemlosen, weil automatisierten Zugriff auf Zahlungsmittel), so dass sie spätestens dann unter enormen Druck geraten, wenn das verfügbare Einkommen dafür nicht mehr ausreicht oder aus irgendwelchen Gründen drastisch schrumpft oder wenn infolge eines riskanten Lebensstils plötzlich Zahlungen in erheblicher Größenordnung anfallen (Verlust des eigenen Fahrzeugs, Schadensersatzforderungen, Verurteilung zu Geldstrafen usw.).

Die mehrheitlich über Jahre hinweg habitualisierte, postadoleszent »parasitäre« Existenz der jungen Männer gerät unter erheblichen Druck, wenn die Ablösung vom Herkunftsverband stattfindet und damit plötzlich die Grundkosten der Lebensführung selbst aufgebracht werden müssen. Es hat den Anschein, als kämen diejenigen, die anschließend alleine oder in einer Wohngemeinschaft bzw. in der Kaserne leben, mit ihren Finanzen noch ganz gut klar. Immerhin ist zu beobachten, dass zwei Drittel aus dieser Gruppe eher problemlos über die Runden kommen. Möglicherweise handelt es sich bei nicht wenigen um »Quasi-Singles«, die nur eine räumliche, nicht aber eine wirtschaftliche Trennung vollzogen haben. Ganz anders sieht es jedenfalls bei denen aus, die – verheiratet (12 von 91) und nicht verheiratet (weitere fünf) – mit ihren Partnerinnen zusammenleben. Hier konnten wir bei nur vier von zehn eine problemlose bzw. eine Finanzkarriere mit abnehmenden Problemen beobachten. Bei sechs von zehn nehmen die Finanzprobleme zu oder sie sind zumindest temporär heftig. Dabei zeigt sich, dass die Jobber eher in Schwierigkeiten stecken als diejenigen, die eine abgeschlossene Berufsausbildung haben. Dieser Befund bestätigt indirekt unsere Vermutung, dass für die jungen Männer die Umstellung ihres zuvor habitualisierten Finanzgebarens auf ein Leben in verbindlicher Partnerschaft eher konflikthaft verläuft.

Angesichts dieser Befunde halten wir die Entwicklung einer alltagstauglichen Wirtschaftskunde für diese Schülerschaft für zwingend geboten. Sie brauchen einen Unterricht, der ihnen verdeutlicht, dass wirkliche Autonomie darin besteht, sich über die eigenen finanziellen Verhältnisse Klarheit zu verschaffen und diese »in den Griff zu kriegen«; seitens ihrer Mentoren brauchen sie Anleitung und Training in Techniken der einfachen Buchführung, der Haushaltsplanung und -überwachung.[17] Und weil wir immer wieder auf Jugendliche treffen, denen ihr Umfeld nicht die erforderliche materielle Unterstützung bietet oder bieten kann, erproben wir im Rahmen der ehrenamtlichen Einzelfallhilfe seit zwei Jahren recht erfolgreich das Konzept eines »Kleinkreditfonds für junge Menschen in erschwerten Lebenslagen«. Wir werben zinslose Darlehen ein, um daraus an junge Leute, die mangels fehlender Sicherheiten keine Bankkredite in Anspruch nehmen können, wiederum zinslose Kleinkredite bis maximal 1000 € vergeben zu können, die binnen 24 Monaten rückzahlungspflichtig sind. Damit werden je nach Bedarf zum Beispiel Zuschüsse zum Erwerb des Führerscheins, zur Bereitstellung von Mietkautionen, aber auch Zahlungen zur Vermeidung einer Eidesstattlichen Versicherung vorfinanziert. Die »Rückzahlungsmoral« der jungen Schuldner ist erstaunlich.

Wohn- und Beziehungskonstellationen:

Etwa die Hälfte der Befragten wohnt am Ende des Beobachtungszeitraums – zweiundzwanzig-/dreiundzwanzigjährig – noch immer mit ihren Eltern oder mit Elternteilen zusammen. Das ist, sta-

17 Vgl. dazu Hiller 1999, Hiller 2002/2003.

tistisch gesehen, kein bemerkenswerter Befund: In allen Milieus leben heutzutage Männer dieser Altersgruppe mehrheitlich noch zuhause. Doch dass man sich bei den von uns Befragten solche Kohabitationen eher nicht als Idyll (»Hotel Mama«) vorstellen darf, zeigt sich u. a. darin, dass uns wiederholt zu verstehen gegeben wurde, es fehle zuhause nicht nur die Möglichkeit, in Ruhe zu lernen und Schularbeiten zu erledigen; man habe dort vor allem keinen intimen Raum, in den man sich zurückziehen könne. (»Jetzt bin ich 23 und penne noch immer im Stockbett in unserem Kinderzimmer, unten drin mein Bruder, der ist jetzt 19.«) Weder könne man jemanden zu sich einladen, schon gar nicht mit jemandem allein in einem Zimmer sein, noch könne man in der Wohnung den andern aus dem Wege gehen. Für etliche gibt es nicht einmal einen abschließbaren Schrank oder eine Schublade, auf die niemand sonst Zugriff hat. Die Konsequenz: Das erste Auto ist dann nicht nur Fortbewegungsmittel und Statussymbol; es ist zugleich der erste intime Raum, und es wird zum Aufbewahrungsort aller Dokumente sowie des ganzen Schriftverkehrs, zumindest all jener Briefe, Bescheide, Vorladungen, Rechnungen, Mahnungen usw., die tunlichst den Blicken neugieriger Hausgenossen verborgen bleiben sollten. – Dass die Ablösung von den Angehörigen nicht selten vergleichsweise früh erzwungen wird, machen die folgenden Daten deutlich: Allein von den 26 Absolventen der beiden jüngsten Entlassjahrgänge (1995/1996) mussten neun, also jeder Dritte, in den ersten sechs Jahren nach der Schule ihre Herkunftsfamilie verlassen, weil die Konflikte dort nicht mehr zu überwinden waren. Sechs davon konnten zum Zeitpunkt ihres Auszugs ein eigenständiges Wohnen aus ihren Mitteln nicht finanzieren.

Was Stigmamanagement bezüglich des häuslichen Umfelds bedeutet, erfährt man, wenn die jungen Leute sich aufzuzählen trauen, was ihrer Ansicht nach im Betrieb und/oder in der Schule besser nicht bekannt werden sollte, weil sie davon ausgehen, dass die Professionellen das weder verstehen noch akzeptieren können, auch wenn es nicht zu ändern ist. Eindeutige Tabuthemen sind die arbeitslosen oder schwer kranken Eltern, deren Ehekonflikte, Trennung und Scheidung sowie die eigenen Probleme mit deren (wechselnden) neuen Partnern. Tabu sind ebenso die prekäre bis katastrophale wirtschaftliche Situation der Familie und die illegalen Geschäfte, mit denen man über die Runden zu kommen sucht, aber auch der inhaftierte, süchtige Bruder, der zweifelhafte Lebenswandel der Schwester und immer wieder die beschämende Inkompetenz von Eltern in elementaren Belangen des Alltags.

Hinzu kommt eine weitere Paradoxie, mit der Jugendliche aus solchen Verhältnissen zurecht kommen müssen: Wenn es ihnen gelingt, allen Umständen zum Trotz in Schule und Ausbildung erfolgreich zu sein und »etwas aus sich zu machen«, dann laufen sie Gefahr, sich genau dadurch zunehmend von ihrem vertrauten Ich zu entfremden und die Solidarität in ihren Familien und ihrem Milieu aufs Spiel zu setzen (»Stellen Sie sich vor, wenn ich die Ausbildung packe, dann bin ich der einzigste in der ganzen Verwandtschaft, der das geschafft hat.«). »Soziale Mobilität hat einen sozialen Preis«, heißt es dazu bei Sennett[18], und Soulié, ein Mitarbeiter von Bourdieu, spricht in diesem Zusammenhang von »kompromittierendem Erfolg«.[19]

Bildungskonzepte, die auf eine respektvolle Unterstützung der Um- und Ausgestaltung der sozialen Netzwerke und auf eine möglichst günstige Weiterentwicklung der Wohnverhältnisse dieser Jugendlichen zielen, stiften zu einer nüchternen Bestandsaufnahme in doppelter Hinsicht an: Die jungen Leute müssen angeleitet werden, sich Klarheit darüber zu verschaffen, in welchen Bereichen sie mittelfristig kritische Beistandschaft nötig haben und von welchen Familienmitgliedern, von welchen Mentoren und Sponsoren jenseits der Verwandtschaft und schließlich von welchen Fachleuten im Betrieb, in der Schule, in Behörden und in den Einrichtungen der Sozialen Arbeit sie diesbezüglich tatsächlich Nützliches erwarten können. Vielfältige Enttäuschungen, wohl auch überzogene und infantile Erwartungen müssen da verhandelt werden, doch nicht selten zeigt sich, dass die jungen Leute tatsächlich kaum jemanden haben, der wirklich hinter ihnen steht. Statt wohlwollendem Interesse und tatkräftiger Unterstützung wird ihnen eher eine strukturell erzwungene Gleichgültigkeit entgegengebracht; bis zur Volljährigkeit werden sie nicht nur von ihren Angehörigen, sondern allenthalben eher ungeduldig ertragen und ausgehalten. Die Aufgabe von Lehrerinnen und Ausbildern sehe ich zuvörderst darin, ihre Lehrlinge und Schülerin-

18 Sennett 2002, S. 125.
19 Soulié 1997.

nen dazu zu drängen, spätestens ab jetzt selbst nach hilfreichen Erwachsenen aktiv Ausschau zu halten, sodann tragfähige Beziehungen und freundschaftliche Bindungen zu jenen aufzubauen und zu pflegen, denen sie zutrauen, dass sie willens und fähig sind, ihre eigenen Anstrengungen zur Bewältigung des Alltags und die Verfolgung der beruflichen und privaten Ziele mit Courage, Sachverstand und Intuition, taktvoll und bescheiden zu unterstützen, mit ihnen die Durststrecken durchzustehen, Misserfolge und Rückschläge gemeinsam zu verkraften, angerichteten Schaden zu begrenzen und berechtigte Ansprüche durchzusetzen. Für die Mentoren ist das kein einfaches Geschäft, man muss dabei fortgesetzt einerseits gegen leichtsinnige (Selbst-)Überschätzung und andererseits gegen scheinbar hilflose Bequemlichkeit ankämpfen.

Zeitmanagement:

An den Lebensverläufen der jungen Männer, die wir befragten, wird deutlich, dass sie auch bezüglich ihres Zeitmanagements einer sorgfältigen Anleitung und gründlichen Schulung bedürfen. Es empfiehlt sich deshalb, mit den Schüler/inne/n immer wieder einen Wochen-Stundenplan zu erarbeiten, der für alle sieben Tage und für jeweils 24 Stunden symbolisch codiert möglichst präzise Angaben dazu enthält, was fremdbestimmt wann wie lange stattfindet und was sie wann selbst erledigen und unternehmen.[20] Aus einem solchen Plan wird ersichtlich, wie umfänglich die fremdbestimmten Arbeitszeiten (in Schulen inkl. Blockunterricht, in Betrieben (Wechselschicht, Überstunden, Bereitschaften) und Nebenjobs usw. oder an wechselnden Einsatzorten) sind und zu welchen Tages- und/oder Nachtzeiten sie liegen. Falls diese Arbeitszeiten einem Rhythmus folgen, der sich über mehrere Wochen unterschiedlich verteilt, ist eine entsprechende Abfolge solcher Wochenpläne zu erstellen, weil anders die Koordination der Arbeitszeiten mit den übrigen Pflichtzeiten (Schlaf, Körperpflege, Hausarbeit, Behördengänge, Arztbesuche, usw.) und der wirklich »freien Zeit« praktisch nicht gelingen kann. Je geringer der Anteil an Arbeitszeiten und je »flexibilisierter« diese ausgestaltet sind, desto schwieriger wird das Zeitmanagement für die Betroffenen.

20 Vgl. dazu Hiller 2002/2003, Erste Folge, S. 20-24.

Mit Schülerinnen und Auszubildenden ist im Einzelnen zu klären, was jeweils für welche Wochentage an Equipment (Arbeits- und Sportkleidung, spezielle Ausrüstung) bereitgestellt und was an Hausaufgaben bis wann erarbeitet werden muss und wann dafür entsprechende Rüst- und Lernzeiten eingeplant werden. All dies ist realistisch abzustimmen auf selbstverordnete Pflichtzeiten (z. B. in Sportvereinen und Musikbands, in Tanzgruppen und Kursen) sowie auf Anforderungen im häuslichen Umfeld und auf die Bedürfnisse an Geselligkeit und selbstgewählten Aktivitäten in der dann noch verbleibenden »freien Zeit«. In unseren Untersuchungen zeigt sich, dass junge Menschen in riskanten Lebenslagen ihr Zeitmanagement dann erfolgreich in den Griff bekommen, wenn es ihnen gelingt, inhaltlich unterbestimmte Zeitintervalle konsequent in selbstverordnete Pflichtzeiten zu überführen. Sobald ein solcher Zeitplan erstellt ist, reagieren sie zumeist erleichtert: »Endlich weiß ich, was wann angesagt ist. Jetzt geh ich genau nach Plan. Und wenn's mal nicht so klappt, dann weiß ich, was ich nachzuholen habe. So klar hatte ich das noch nie auf der Reihe.« Ähnlich befreiend wirkt die frühzeitige Verteilung der Urlaubstage übers Jahr und die Anstiftung zur Führung eines Terminkalenders, in dem wichtige Ereignisse (Geburtstage von Angehörigen und Freunden, Blockunterrichtsphasen, Prüfungstermine, wichtige Events u. ä.) vermerkt sind.

Zivilkompetenz, Legalitäts- und Gesundheitskarriere:

Im Berufsvorbereitungsjahr wurde für jeden ein sogenannter »Lebensordner«[21] eingerichtet. Fast alle bestätigen in den Interviews die Nützlichkeit dieses in 20 Rubriken untergliederten Ablagesystems für ihre Akten, und sie sagen, dass sie diese Registratur (inzwischen oft schon auf mehrere Ordner verteilt) noch immer in Gebrauch haben. »Wenn ich auf Ämter muss, nehm ich dieses Ding einfach mit. Dann hab ich alles dabei. Die staunen nicht schlecht, wenn ich alles vorlegen kann, was sie sehen wollen.« Einige haben auch gelernt, ihre Mentor/inne/n zur Bearbeitung ihres Schrift- und Zahlungsverkehrs taktvoll in Anspruch zu nehmen.[22]

---

21 Vgl. Hiller 2002/2003, Erste Folge, S. 5 f.
22 Vgl. Hiller 2003.

Ein gutes Fünftel aller Befragten muss bereits mit einer belasteten Legalitätskarriere zurecht kommen. Sie wurden rechtskräftig verurteilt, sind mithin vorbestraft, teils haben sie bereits (längere) Haftzeiten hinter sich. Dieser Befund macht deutlich, wie wichtig es ist, dass diesen jungen Männern ein elementares, milieu- und alltagstaugliches Rechtswissen vermittelt wird, damit sie nicht ausschließlich auf die diesbezüglich zweifelhaften Informationen aus ihrem Umfeld angewiesen bleiben. Es sollte klar sein, was auf denjenigen zukommt, für den sich Polizei und Staatsanwaltschaft zu interessieren beginnen. An anschaulichen Beispielen ist ihnen der Unterschied zwischen straf- und zivilrechtlichen Verfahren klar zu machen, und sie müssen wissen, wie man(n) sich als Beschuldigter, aber auch als Opfer angemessen verhält. Sie sollten über Verfahrensabläufe einigermaßen Bescheid wissen, und man muss ihnen verdeutlichen, was eine Verurteilung an Konsequenzen nach sich zieht. Vor allem aber gilt es, ihnen begreiflich zu machen, dass es zweckmäßig ist, sich schnellstmöglich einer kompetenten Vertrauensperson zu offenbaren, sobald man ins Visier der Polizei gerät oder wenn angedroht wird, man werde mit juristischen Mitteln zur Verantwortung gezogen.

Was die gesundheitliche Entwicklung der jungen Männer betrifft, ergibt sich aus den insgesamt spärlichen Auskünften ein eher widersprüchliches Bild. Einerseits definieren sehr viele ihre Virilität über einen durchtrainierten Körper und haben dafür ausgefeilte Trainings- und Ernährungspläne. Teils trainieren sie häufig und ausdauernd Breakdance und Streetball, teils absolvieren sie regelmäßig ein hartes Training in Bodybuilding, teils kommen sie nachweislich zu beachtlichen Erfolgen im Boxen und in asiatischen Kampfsportarten. Nicht wenige sind Mitglieder von diversen Sport-, hauptsächlich von Fußballvereinen. Andererseits sind viele (zugleich) starke Raucher, und manche geben zu, dass es bei ihnen immer wieder zu Alkoholexzessen kommt. Nur wenige deuten an, dass sie gesundheitliche Beschwerden haben und mit Einschränkungen zurecht kommen müssen. Wenn das Gespräch auf den Konsum illegaler Drogen kommt, wird zwar nicht selten eingeräumt, man habe derlei schon probiert, ernsthaft süchtig sei man(n) jedoch nicht. Erst auf Nachfrage stellt sich heraus, dass einige regelmäßig Haschisch rauchen, vor allem um die Probleme wegzudrücken, denen sie ausgesetzt sind.

Aufgrund solcher Beobachtungen und Befunde sind Zweifel an der nachhaltigen Wirkung schulüblicher Gesundheitserziehung und Drogenprävention angebracht. Positiver wirkt sich unseren Erfahrungen zufolge aus, wenn sich nicht nur die Mentoren, sondern auch die Ausbilder und Lehrerinnen für die sportlichen Aktivitäten ihrer Schülerinnen und Lehrlinge kontinuierlich interessieren und dafür sorgen, dass deren Erfolge im Betrieb und in der Klasse ausdrückliche Würdigung finden. Wenn von einer Jugendlichen oder einem jungen Erwachsenen bekannt wird, dass sie Drogen konsumieren, oder wenn sie sich selbst als Konsumenten offenbaren, dann sollten die Fachleute in Schule und Betrieb mit Sachverstand reagieren. Statt die Betreffenden weiter zu kriminalisieren und sie kurzerhand vom Schulbesuch auszuschließen oder sie fristlos zu kündigen, ist dafür zu sorgen, dass bei schwebend wirksamer Kündigung bzw. bei angedrohtem Schulausschluss im Zusammenwirken mit der Drogenberatung und dem Hausarzt unverzüglich die körperliche Entgiftung veranlasst und anschließend eine therapeutische Behandlung eingeleitet wird, über deren formalen Ablauf und jeden absolvierten Termin, nicht jedoch über deren Inhalte der Betrieb bzw. die Schule zu informieren ist.

Schlussbemerkung

Der bildungstheoretische Diskurs hat viel zu lange die Tatsache unterschätzt, dass die wirtschaftlichen, sozialen und kulturellen Verhältnisse, in denen junge Menschen aufwachsen, diese zwar nicht gänzlich determinieren, jedoch gleichwohl zentrale Bestimmungsgrößen ihrer Entwicklung und Karrieren sind. Wenn es darum geht, für Jugendliche aus den unteren sozialen Milieus echte Chancen zu schaffen, dann sind Bildungsprogramme und -initiativen vonnöten, die gezielt die Ausgrenzungs- und Selbstisolierungsmechanismen dieser jungen Leute durchbrechen und die ausgerichtet sind auf die vorsätzliche Mitgestaltung von Formen einer von und mit ihnen realisierbaren, umfassenderen »Lebenskunst«. Wer im übrigen meint, mit einer besseren Vorschulerziehung, vermittels integrierender Ganztagsgrund- und Sekundarschulen und einem weiteren Ausbau von Sonderausbildungsprogrammen lasse sich dafür sorgen, dass es mittelfristig gar keine Risikojugendlichen mehr gebe, ist im harmlosesten Fall politisch naiv.

Wenn weitere Untersuchungen zu den Lebensverläufen junger Menschen in brisanten Lebenslagen, insbesondere auch zu den Lebenswegen junger Frauen aus den untersten Statusgruppen, zu einem gründlichen Nachdenken darüber führen würden, was Jugendliche aus den untersten sozialen Milieus an *wirklicher* Bildung brauchen, und wenn es gelänge, entsprechende Programme und Initiativen ernsthaft in Gang zu bringen, dann wäre dies das Beste, was diesen jungen Leuten und wohl uns allen passieren könnte. Dass man gleichwohl Institutionen braucht, um eine milieuangemessene Bildung für junge Menschen in riskanten Lebenslagen auf Dauer zu stellen, steht für mich außer Frage, denn nur Institutionen bieten die »Möglichkeit [...] gegenseitigen Respekt zu strukturieren«[23]. Ich habe allerdings begründete Zweifel, ob man dies überhaupt will.

Literaturverzeichnis

Bourdieu, Pierre, »Ökonomisches Kapital, kulturelles Kapital, soziales Kapital«, in: *Soziale Ungleichheiten*, hg. v. R. Kreckel, Göttingen 1983, S. 183-198.

Duhnkrack-Hey, Evelyn, Karl-Albert Kako und Joachim Schroeder, *Fit für Flüchtlinge. Ein Seminarkonzept zur Qualifizierung von Freiwilligen für die Alltagsbegleitung von Flüchtlingen*, Hamburg 2002.

Deutsches PISA-Konsortium (Hg.), *PISA 2000. Basiskompetenzen von Schülerinnen und Schülern im internationalen Vergleich*, Opladen 2001.

Giest-Warsewa, Rudolf, »Mentoren für Jugendliche. Begleitung im Rahmen des bürgerschaftlichen Engagements«, in: *Die Deutsche Schule* 93 (2001), S. 224-228.

Henningsen, Jürgen, *Autobiographie und Erziehungswissenschaft. Fünf Studien*, Essen 1981.

Hiller, Gotthilf Gerhard, »›Ich hab überhaupt kein Geld!‹ – Wie über die Runden kommen als Azubi?«, in: *Handbuch Hauptschulbildungsgang. Bd. 2. Praxisberichte*, hg. v. D. J. Bronder, H.-J. Ipfling und K. G. Zenke, Bad Heilbrunn 1999, S. 346-355.

Hiller, Gotthilf Gerhard, »›Wann haben Sie Zeit?‹«, in: *Inanspruchnahme.*

23 Sennett 2002, S. 218.

Wenn Kinder und Jugendliche die Initiative ergreifen. Erzählungen aus Praxisfeldern der Pädagogik, hg. v. G. G. Hiller, Langenau-Ulm 2003, S. 36-38.

Hiller, Gotthilf Gerhard, *Durchblick im Alltag. Erste und Zweite Folge* (mit Lehrerheften), Berlin 2002/2003, 3. Aufl.

Hiller, Gotthilf Gerhard, Friedemann Bär und Jochen Rein, »Die ersten sechs Jahre nach der Schule – Welche Konsequenzen sind aus den Karriereverläufen benachteiligter junger Menschen in Ausbildung und Erwerbsarbeit zu ziehen?«, in: *Jugendberufshilfe und Benachteiligtenförderung. Eine Fachtagung*, hg. von W. Stark, Th. Fitzner und Chr. Schubert, Stuttgart 2002, S. 199-227.

Hiller, Gotthilf Gerhard und Sascha Merz, »Auf schwierigen Pfaden unterwegs in ein gelingendes Leben. Was die Lebensverläufe von Absolventen des Berufsvorbereitungsjahres (zuvor Förder- und schwache Hauptschüler) zu verstehen geben«, in: *Lernen fördern* 22 (2002), Heft 4, S. 8-13.

Jegge, Jürg, *8428 Embrach, unser Versuch, dort zu leben. Menschen-, Drogen-, Schulgeschichten*, München 1982.

Luhmann, Niklas, »Codierung und Programmierung. Bildung und Selektion im Erziehungssystem«, in: *Allgemeine Bildung*, hg. von E. Tenorth, Weinheim, München 1986, 154-182.

Niejahr, Elisabeth, »Das Märchen vom Aufstieg«, in: *Die Zeit* Nr. 20 vom 11. Mai 2002.

Oelkers, Jürgen, »Vollendung: Theologische Spuren im pädagogischen Denken«, in: *Zwischen Anfang und Ende. Fragen an die Pädagogik*, hg. von N. Luhmann und K. E. Schorr, Frankfurt am Main 1990, S. 24-72.

Sennett, Richard, *Respekt im Zeitalter der Ungleichheit*, Berlin 2002.

Soulié, Charles, »Ein kompromittierender Erfolg«, in: *Das Elend der Welt. Zeugnisse und Diagnosen des alltäglichen Leidens an der Gesellschaft*, hg. v. P. Bourdieu, Konstanz 1997, S. 681-688.

Vester, Michael, »Milieus und soziale Gerechtigkeit«, in: *Deutschland-TrendBuch. Fakten und Orientierungen*, hg. von K.-R. Korte und W. Weidenfeld, Bonn 2001, S. 136-183.

Wassilios E. Fthenakis
Familie im Wandel: Inverventionen im Familienentwicklungsprozess – Anregungen für die Familienpolitik –

Der deutsche Soziologe René König[1] hatte bereits Mitte der vierziger Jahre auf Veränderungen im Familiensystem aufmerksam gemacht. Seitdem versuchen deutsche Soziologen, dieses Phänomen mit Begriffen wie »Deinstitutionalisierung«, »Desintegration« und »Desorganisation« zu beschreiben.[2] Die Diskussion dauert noch an und wird durch Konzepte der »Individualisierung«, d. h. der Freisetzung der Individuen aus traditionellen Bindungen, darunter auch von der Familie, der »Pluralisierung«, d. h. der Vervielfältigung von Lebensformen, und der »Polarisierung« der Gesellschaft in einen Familiensektor (d. h. Heirat und Kinder) und einen Nichtfamiliensektor (Singles bzw. »Living-apart-together«)[3] beschrieben. Die familienpsychologische und -soziologische Forschung hat in den letzten Jahren eine Fülle von Erkenntnissen bereitgestellt, die gegenwärtig eine erste, wenn auch vorsichtige Einschätzung der Situation erlauben bzw. uns veranlassen, neu über Familienentwicklung und Familienpolitik nachzudenken.

Dass ein Wandel in den Lebens- und Familienformen seit geraumer Zeit stattfindet, wird allgemein anerkannt. Die Meinungen gehen lediglich auseinander, in welche Richtung dieser Wandel geht und was in der weiteren Zukunft auf uns zukommen wird. In der gegenwärtig geführten Debatte lassen sich unterschiedliche Positionen zur Zukunft der Institution Familie ausmachen, die von der Auflösung der Institution »Ehe und Familie« als Lebensform bis zu einem Bedeutungsgewinn durch institutionellen Wandel, etwa Konzentration auf die Kinder, reichen. Im Wesentlichen lassen sich drei Positionen im Umgang mit dieser Frage erkennen, die je nach Standpunkt zu unterschiedlichen Einschätzungen führen: Die *These der Deinstitutionalisierung*, d. h.

---

1 König 1946.
2 Tyrell 1988; Dorbritz 1999.
3 Dorbritz 1999.

des Zerfalls der Familie, impliziert den Verlust der Verbindlichkeit der Handlungsrichtung durch die Institution »Ehe und Familie« und weist die These zurück, dass Ehe und Familie noch ein gesellschaftlich vorgegebenes und verpflichtendes Lebensmodell sei. Den theoretischen Gegenpol zu diesem Konzept bietet die *These der institutionellen Anpassung.* Sie besagt, dass die Institution »Ehegatten – Familie« einen Funktions- und Bedeutungswandel erfahren hat, der in Richtung emotional partnerschaftlicher Funktionen geht, was einen Verlust an institutionellem Gewicht mit sich bringt. Die dritte Position ergänzt *das Konzept einer begrenzten Deinstitutionalisierung*, vertritt weniger konsequent die These von einem Bedeutungsverlust der Institution »Ehegatten – Familie« und geht davon aus, dass ein solcher Bedeutungsverlust über eine verminderte Verhaltensnormierung und soziale Kontrolle sowie durch die eingeschränkte Wahl des Verhaltensmusters »Heirat und Kinder« manifest wird.[4]

Im ersten Teil dieses Beitrags wird kurz auf den Wandel im System Familie eingegangen. Im zweiten Teil werden Interventionsansätze behandelt, die gegenwärtig herangezogen werden, um Familien bei der Bewältigung der mit diesem Wandel zusammenhängenden Herausforderungen zu unterstützen. Im dritten Teil folgen einige Anregungen für die Familienpolitik.

I. Wandel im System Familie

Wie bereits erwähnt, dokumentiert die familienpsychologische und familiensoziologische Forschung seit geraumer Zeit einen tiefgreifenden Wandel im Familiensystem, der zudem eine Geschwindigkeit angenommen hat, der die Mitglieder einer Generation mit unterschiedlichen Veränderungen konfrontiert. Neben strukturellen und qualitativen werden in der letzten Zeit zunehmend Veränderungen im Familienentwicklungsprozess thematisiert. Einen besonderen Schwerpunkt bilden kontextuelle Veränderungen, die das System Familie beeinflussen.

---

4 Dorbritz, a. a. O.

1. Struktureller Wandel im System Familie

Familie unterliegt im Laufe der Geschichte sowohl hinsichtlich ihrer Struktur als auch ihrer Funktion einem permanenten Wandel. In der vorindustriellen Ära war das Familienleben als Haushalt organisiert, in dem neben den eigentlichen blutsverwandten Familienmitgliedern auch weitere Personen lebten (z. B. Bedienstete, Knechte, Mägde etc.). Ehen wurden aus ökonomischen Erwägungen heraus geschlossen, »um den Fortbestand und das Wachstum der Familie als Produktionseinheit zu gewährleisten«.[5] Mit dem Übergang von einer agrarisch und handwerklich orientierten zu einer industriellen Gesellschaft veränderten sich die Lebensbedingungen. Dies bewirkte grundlegende strukturelle und funktionale Veränderungen (auch) des Familienlebens. Industrialisierung und Urbanisierung führten für alle gesellschaftlichen Schichten der damaligen Zeit zu einer örtlichen Trennung von Arbeits- und Familienleben, was wiederum nicht nur eine Veränderung in der Ehemotivation, sondern auch eine Differenzierung der Rollen in »instrumentelle Rolle« (ökonomische Sicherung der Familie) und »expressive Rolle« (Kohäsion der Familie und Kindererziehung) mit sich brachte und zur Entwicklung der sog. »Kernfamilie« führte. So entstand die bürgerliche Kleinfamilie mit folgenden Hauptcharakteristika:

• Emotionalisierung und Intimisierung der Ehe und der Eltern-Kind-Beziehung,
• Spezialisierung der Rollen,
• Privatisierung des Familienlebens, die sich in einem relativ hohen Ausmaß an Nichteinmischung durch andere soziale Institutionen wie Berufswelt, Staat oder Kirchen zeigte, und schließlich
• die Schaffung der Kindheit als besondere Phase in der individuellen Entwicklung.

Seitdem etablierte sich die Kleinfamilie als das beständige Familienmodell, das zwar Korrekturen erfuhr, etwa zugunsten der Rechte von Frauen, und zugleich eine erstaunliche Anpassungsfähigkeit an sich verändernde politische, ökonomische und soziale Bedingungen aufwies. In Deutschland war dieses Fami-

---

5 Schneewind 1999.

lienmodell bis 1970 das vorherrschende Paradigma familialer Organisation.

Bereits seit den 60er- und noch deutlicher seit den 70er-Jahren begann die Sozialforschung, sich mit den sich abzeichnenden Veränderungen in der Struktur der Familie und in der Qualität der Partner- und der Eltern-Kind-Beziehung zu befassen. Dies sei vorab gesagt: Die Zwei-Eltern-Familie mit Kindern ist derzeit noch das dominante Modell familialer Organisation. In den alten Bundesländern traf dies 1996 für 84,5 % der 15- bis 17-Jährigen und für 78,8 % in den neuen Bundesländern zu.[6] Ähnliches gilt auch für die subjektive Einschätzung der Bedeutung der Familie. Dies darf allerdings nicht den Blick auf tiefgreifende Veränderungen verstellen, die sich seit geraumer Zeit beobachten lassen, wie sie etwa in Indikatoren zum Ausdruck kommen, die in der Sozialforschung verwendet werden:

- Sinkende Heiratsneigung;
- späteres Erstheiratsalter;
- gewandelte Einstellung zur Ehe und einem damit einhergehenden Verlust der Bedeutung der Institution Ehe;
- Zunahme an nichtehelichen Lebensgemeinschaften;
- reduzierte Geburtenrate;
- steigende Kinderlosigkeit;
- steigende Scheidungsrate;
- Zunahme »allein« erziehender Eltern;
- Etablierung von Stieffamilien;
- verlängerte Lebenserwartung und nicht zuletzt
- Zunahme der Lebensform ›Single‹.

Diese Indikatoren charakterisieren gegenwärtig die Struktur partnerschaftlichen und familialen Zusammenlebens. In den 90er-Jahren waren es vor allem zwei der genannten Indikatoren, die den strukturellen Wandel am meisten beeinflusst haben: Das Leben als Single und die nach wie vor steigende Scheidungsrate. Die (bewusst gewählte) Lebensform als Single gewinnt in den alten Bundesländern mehr und mehr an Bedeutung. Der Anteil der Ein-Personen-Haushalte stieg im Zeitraum zwischen 1950 und 1996 von 19,4 % auf 35,5 %.[7] Es sind vor allem junge Leute, die diesen Lebensstil bevorzugen. 1972 lebten lediglich 21 % der jun-

6 Engstler 1998.
7 Engstler, a. a. O.

gen Männer und 10% der Frauen im Alter zwischen 25 und 34 Jahren als Singles. 1996 stieg diese Zahl (bei starken regionalen Schwankungen) auf 51,2% für die Männer bzw. 34,5% für die Frauen. Im selben Zeitraum gab es keine signifikanten Veränderungen für die Altersgruppe der 45-Jährigen und noch älteren Personen. Allein zu leben bedeutet nicht immer das Fehlen einer intimen Partnerschaft. Die Organisation eines Lebensstils »Living-apart-together« hat erheblich an Attraktivität gewonnen, sowohl bei der jungen Generation als auch bei Geschiedenen. Dorbritz[8] spricht in diesem Zusammenhang von einer Polarisierung der Bevölkerung in einen Familien- (Heirat und Kinder) und einen Nichtfamiliensektor (Singles bzw. »Living-apart-together«). Ihm zufolge verhält sich der Familiensektor zum Nichtfamiliensektor bei 30- bis 34-Jährigen 60% zu 40%, bei den 35- bis 45-Jährigen 70% zu 30%. Insgesamt bleiben 25% der Bevölkerung lebenslang ledig. Es wird vermutet, dass »Living-apart-together« dann gewählt wird, wenn nicht Elternschaft, sondern Partnerschaft das Hauptmotiv für die Beziehung ist. Bislang fehlt es jedoch an Studien, die uns über die Qualität und Stabilität dieser Lebensform informieren. Es ist der Frage nachzugehen, warum sich junge Männer und Frauen und in welcher Phase ihrer individuellen und beruflichen Entwicklung sie sich von Ehe, nichtehelicher Lebensgemeinschaft und Familie fernhalten und wie sich der weitere Lebenslauf gestaltet.

Die Scheidungsrate ist in den zurückliegenden 10 Jahren kontinuierlich gestiegen. 1989 betrug die Anzahl der Scheidungen in den alten Bundesländern 20,4 pro 10000 Einwohner (in der damaligen DDR: 30,1).[9] Die zusammengefassten Scheidungsziffern betrugen 1965 in den alten Bundesländern 12,2 und 1989 30,1 (in der damaligen DDR: 1970 20,7 und 1989 36,9). In einem Zeitraum von etwa 20 Jahren ist damit die Wahrscheinlichkeit, dass eine Ehe geschieden wird, von rund 16% auf ca. 30% gestiegen (im Osten von 21% auf knapp 37%). Seit 1989 ist bis Mitte der 90er-Jahre die Scheidungsquote im Westen um weitere 5 Prozentpunkte (nunmehr auf 35,3%) weiter gestiegen. Nach Dorbritz[10] werden 40% der in den letzten dreißig Jahren geschlossenen Ehen (bei nach wie vor starker regionaler Streuung) geschieden.

8 Dorbritz 1999.
9 Schneider, Tölke & Nauck 1995.
10 Dorbritz 1999.

Anfällig sind dabei nicht nur die neu geschlossenen Ehen, sondern auch solche, die bereits 25 bis 30 Jahre bestehen. Vieles spricht dafür, dass die Scheidungsrate in Deutschland auch in den kommenden Jahren (vor allem für partnerschaftlich motivierte und begründete Ehen) ansteigen wird. Dennoch nimmt Deutschland im europäischen Vergleich eine mittlere Position ein: Die Scheidungsrate in Dänemark beträgt 49%, in Großbritannien 40%, in Griechenland jedoch derzeit etwa 15% und in Italien 12%. Das Alter bei der Heirat, die Zahl der Kinder, regionale Bindung, Konfession, Bildungsstand, soziale Schichtzugehörigkeit, stellen Faktoren dar, die mit der Auflösung einer Ehe zusammenhängen.[11] Subjektive Scheidungsgründe sind z. B. unerfüllte Erwartungen, eheliche Entfremdung, Konflikte und Kommunikationsschwierigkeiten,[12] sexuelle Probleme, Untreue sowie das Fehlen einer gemeinsamen Zukunftsperspektive.[13] Soziologische Erklärungsansätze betrachten eheliche Instabilität als Konsequenz eines zunehmenden Liberalisierungs-, Pluralisierungs- und Individualisierungsprozesses in modernen Gesellschaften. Scheidungsstudien aus den 90er-Jahren zeigen, dass bei der Mehrheit der Familien im Vorfeld der Scheidung keine ausgedehnte Periode offener und intensiver ehelicher Konflikte vorliegt,[14] während andere Autoren darauf hinweisen, das vermehrt Ehen aus Gründen geschieden werden, die mehr mit »persönlichem Wachstum« als mit der Beendigung einer destruktiven Beziehung zu tun haben, was derzeit eine Neukonzeptualisierung des Scheidungsphänomens nahe legt, was Konsequenzen hat für die Qualität von Scheidungsinterventionsansätzen wie auch für den (rechtlichen) Umgang mit diesem Phänomen.

Die Steigerung der durchschnittlichen Lebenserwartung in Verbindung mit einer verringerten Geburtenrate führt gegenwärtig zu einer demographischen Entwicklung nicht nur in Deutschland, sondern in Europa und allgemein in den westlichen Industriestaaten, die durch eine steigende vertikale und eine sinkende horizontale Komplexität der Familien gekennzeichnet ist. Im historischen Vergleich ist vor allem die Lebenserwartung der Frauen gestiegen. Heute dominieren die Großmütter, während früher die

11 Bohle 1994; Rottenleuthner-Lutter 1989.
12 Gottman 1994.
13 Kiefl & Kummer 1992.
14 Amato & Booth 1997.

Großväter dominierten. Mütter werden zumeist um das 50. Lebensjahr herum Großmütter. Das heißt, dass die Phase der Großelternschaft im mittleren Lebensabschnitt beginnt und relativ lange andauert. Fast alle Kinder lernen heute ihre Großeltern kennen, viele von ihnen auch Angehörige der Generation der Urgroßeltern.[15] Sie können Beziehungen zu ihnen während einer längeren Phase ihrer Kindheit und sogar ihres Erwachsenseins entwickeln.

Sinkende Geburtenraten bedeuten innerhalb der Generationen weniger Seitenverwandte, weniger Geschwister, Onkel und Tanten. Für die Großeltern bedeuten sie insgesamt weniger Enkel, auf die sie Zeit und Zuwendung verteilen, m. a. W. eine Reduktion horizontaler Komplexität im gesellschaftlichen System.

Mit dem Gewinn an wirtschaftlicher Unabhängigkeit zwischen den Generationen stehen Macht- und Autoritätsfragen weniger im Vordergrund der Mehr-Generationen-Familie, stattdessen freundliche Zuwendung und Unterstützung bei Bedarf. Großeltern unterstützen Familien vor allem in Krisensituationen wie Trennung/Scheidung durch Betreuung von Kindern und materielle Zuwendungen. Das Bild der früheren Großfamilie unter einem Dach erscheint heute vielfach idealisiert, und tatsächlich würden sich auch die Angehörigen der älteren Generation die damit verbundene wechselseitige Abhängigkeit nicht zurückwünschen.

Die relativ zur Lebenszeit längere Phase der Großelternschaft und die relativ geringe Zahl von Enkeln ermöglichen enge Beziehungen zwischen Großeltern und Enkeln.

Die Bedeutung der Großelternschaft als zentrale Lebenserfahrung für den einzelnen hat sich auch damit verändert.[16] Außer der Möglichkeit der Tradierung von Wissen und Werten und einer als Gewinn erlebten Fortsetzung der Familie in die Zukunft eröffnet Großelternschaft die Möglichkeit, die eigene Vergangenheit als Kind, aber auch als Elternteil noch einmal zu reflektieren und, relativ frei von Erziehungsverantwortung, die Beziehung zu den Enkeln auf freiwilliger Basis zu gestalten. In Fünf-Generationen-familien finden sich engere Beziehungen zwischen Urur- und Urgroßeltern mit Unterstützung der älteren durch die jüngeren,

15 Bundesministerium für Familie, Senioren, Frauen und Jugend 1996.
16 Griebel 1999.

während sich die Großeltern eher ihren Kindern und Enkeln zuwenden.[17] Großeltern übernehmen vor allem dann Betreuungs- und Erziehungsaufgaben bei den Enkeln, wenn die Eltern dazu nicht in ausreichendem Umfang verfügbar sind. Das betrifft unverheiratete und geschiedene alleinerziehende Eltern. Nicht selten geschieht es, dass der Elternteil der Kinder in den Haushalt der Großeltern zeitweilig zurückkehrt. Unterstützung bei der Betreuung der Kinder bedeutet auch für viele Mütter, ihrerseits erwerbstätig sein zu können. Vor allem Mütter mit geringem Einkommen erhalten häufiger Unterstützung durch ihre eigenen Mütter. Ansonsten sind Großeltern bevorzugte Kinderbetreuer bei alltäglichen Anlässen (Babysitter) bzw. bei ungünstigen Arbeitszeiten der Eltern (Schichtarbeit) oder während Ferien der Enkelkinder.[18] Insgesamt wird Großelternschaft als sehr intensive Phase des familialen Engagements nach der eigenen »Empty-Nest-Phase« in der partnerschaftlichen bzw. familialen Entwicklung erfahren.

Bereits die letzten Ausführungen deuten auf qualitative Veränderungen im System Familie hin, auf die im Folgenden kurz eingegangen wird.

2. Qualitative Veränderungen im System Familie

Von besonderer Bedeutung sind in diesem Zusammenhang Veränderungen, die (1) die Ehemotivation, (2) den Status der Frauen in Familie und Gesellschaft, (3) die Neubewertung der Vaterrolle, (4) den Wert, den die Kinder für ihre Eltern haben, sowie (5) die Erziehungsvorstellungen und -praktiken betreffen. Es sind also auch qualitative Veränderungen psychologischer Art, die den familialen Wandel kennzeichnen. Die aktuelle Situation der Familie zieht einen Wechsel im Selbstverständnis des Familien- bzw. des Partnerschaftsmodells, im Selbstverständnis der Partner, in den Erziehungskonzepten der Eltern und in der Eltern-Kind-Beziehung nach sich.

17 Kruse 1983.
18 Griebel 1991.

(1) Veränderungen in der Motivation zur Ehe bzw. zur Partnerschaft

Von besonderer Bedeutung sind hier vor allem Veränderungen, die mit der Motivation zur Ehe bzw. zur Partnerschaft zusammenhängen. In den letzten 200 Jahren haben sich im Wesentlichen vier Ehemodelle bzw. Modelle des Zusammenlebens durchgesetzt: Zunächst diente die Ehe der rechtlichen Absicherung und Weitergabe von Besitz. Man heiratete deshalb nur, wenn man über Besitz verfügte. Familienrechtliche Fragen, wie wir sie heute kennen, wurden im Rahmen des Eigentumsrechts mitverhandelt. Inhaber der elterlichen Sorge war der Eigentümer von Besitz, in der Regel der Vater.

Als ab Mitte des 19. Jahrhunderts infolge politischer, wirtschaftlicher und ökonomischer Veränderungen Menschen durch außerhäusliche Arbeit zu Geld kamen, ohne über Besitz zu verfügen, musste dieses *ökonomisch-rechtliche Ehe-Modell* durch ein neues, das *institutionell-rechtliche Ehe-Modell*, ersetzt werden. Man heiratete nunmehr, um eine Familie zu gründen. Die Familie wurde als die »Keimzelle« der Gesellschaft betrachtet. Diese institutionelle Orientierung in Hinblick auf die Ehe überließ die Entscheidung über die Partnerwahl nicht allein den Betroffenen: Eltern, Heiratsvermittler, der Staat, die Kirchen und andere hatten dabei ein gewichtiges, wenn nicht sogar das entscheidende Wort mitzureden. Das Gemeinsame an beiden Modellen war eine gut funktionierende, starke rechtliche und soziale Kontrolle von Ehe und Familie. Die Scheidungsraten waren deshalb gering.

Nach dem Ersten und vor allem nach dem Zweiten Weltkrieg, als die gesellschaftlichen Systeme zusammenbrachen, wurde die Frage aufgeworfen, welchen Zielen die Familie nunmehr zu dienen habe. Hinzu kamen Veränderungen sowohl im sozialen Bereich als auch in den Partnerschaftskonzepten von Mann und Frau, die zu einer radikalen Veränderung bezüglich der Motivation zur Eheschließung geführt haben: Nicht mehr primär ökonomische oder sozial-normative Gründe, sondern psychologische Faktoren waren nunmehr für eine Familiengründung entscheidend. Man heiratete, um ein Kind zu bekommen, das Mutter und Vater Freude bereiten und ihrem Leben einen Sinn geben sollte. Dieses *kindzentrierte Ehe-Modell* mit sinnstiftendem Charakter war das dominante Modell der Nachkriegszeit.

Das Gemeinsame an allen drei Modellen war, dass sie sich auf die eine oder andere Weise sozial konstruieren ließen: zumindest beim dritten, dem kindzentrierten Ehe-Modell, hat die Gesellschaft den Eltern vermittelt, wie ein guter Vater und wie eine gute Mutter zu sein habe. Über die soziale Konstruktion von Elternrollen konnten die Gesellschaft und der Staat somit direkten Einfluss auf die Familie gewinnen. Nebenbei bemerkt: Beim dritten Modell war der Staat mehr denn je daran interessiert, Einfluss auf die Familien auszuüben. Dafür geeignete Instrumente wurden verfeinert und Strategien weiterentwickelt, letztlich jedoch mit nur mäßigem Erfolg.

Seit geraumer Zeit zeichnet sich eine weitere radikale Veränderung ab. Das Kind steht nicht (oder vorerst nicht) mehr im Mittelpunkt der Überlegung, ob man überhaupt und wenn ja, wen man heiraten soll. Vielmehr wird eine *Maximierung des individuellen Glücks* in einer auf Dauer angelegten, qualitativ hochwertigen Beziehung angestrebt. Das kindzentrierte Ehe-Modell bekommt durch ein auf Partnerschaft begründetes Modell des Zusammenlebens Konkurrenz. Das Neue an diesem Modell besteht darin, dass Intimität oder Maximierung des individuellen Glücks in einer Beziehung nun subjektiv bestimmbare Größen sind. Sie stellen in der Regel das Ergebnis eines Aushandlungsprozesses zwischen den beiden Partnern dar. Ein solcher Prozess wird mangels Vorbildern auch kaum sozial konstruiert werden können. Damit entzieht sich dieses Modell der sozialen Kontrolle wie kein anderes zuvor. Dass eine solche Form des Zusammenlebens weniger institutionalisiert und leichter aufgelöst werden kann als frühere Modelle, liegt auf der Hand.

(2) Der veränderte gesellschaftliche Status der Frauen

In den letzten zwei bis drei Jahrzehnten hat sich der gesellschaftliche Status der Frauen in Deutschland grundsätzlich verändert. Es gab einen starken Anstieg des Anteils von Frauen an weiterführenden Bildungseinrichtungen sowie an der Erwerbstätigkeit:

1970 besuchten 23,7 % der Frauen eine Hochschule oder Universität, während im Jahre 1990 ihr Anteil 38,3 % betrug. Inzwischen überwiegt sogar der Anteil der weiblichen den der männlichen Studierenden an den Hochschulen. Der Anteil erwerbstätiger Frauen im Alter zwischen 25 und 45 Jahren steigerte sich von 47 % im Jahre 1970 auf 69 % 20 Jahre später. Dies ändert nichts daran, dass Frauen in höheren Positionen in Wirtschaft und Wissenschaft nach wie vor unterrepräsentiert sind. Erwerbstätigkeit hat zudem nicht nur die Frauen erfasst, sondern in zunehmendem Maße auch die Mütter unter ihnen. In der LBS-Familienstudie waren vor der Ankunft des ersten Kindes 81% der Frauen fast ausschließlich ganztags erwerbstätig. Nach der Geburt des ersten Kindes setzten 33% ihre Erwerbstätigkeit fort, weitere 10% stiegen in den Beruf wieder ein, als sie (etwa im 18. Lebensmonat des Kindes) eine geeignete außerfamiliale Betreuung für das Kind gefunden hatten. Dies trifft vor allem auf Mütter zu, deren Kind das schulpflichtige Alter erreicht hatte. Die Beschäftigungsquote von westdeutschen Frauen mit Kindern zwischen 6 und 14 Jahren betrug 1972 44,2%, 1990 stieg sie auf 62,3% an. In den alten Bundesländern waren 1995 38,5% der Mütter mit unter dreijährigen Kindern, 46,8% mit Kindern zwischen 3 und 5 Jahren und 61,1% mit Kindern zwischen 6 und 14 Jahren erwerbstätig. Für Mütter in den neuen Bundesländern belaufen sich diese Ziffern auf 50,0%, 62,2% und 78,1%.

Nur eine Minorität von Frauen definiert heute ihre Identität als Ehe- und Hausfrau. Die überwiegende Mehrheit der Frauen möchte Familie und Beruf miteinander vereinbaren. Auch die Lebensthemen, die eine junge Frau heute beschäftigen, haben sich inzwischen gewandelt. In einer im Auftrag des Bundesministeriums für Familie, Senioren, Frauen und Jugend durchgeführten (qualitativen) Studie des Deutschen Jugendinstituts[19] konnte eine solche Veränderung nachgewiesen werden. Es sind das nicht mehr die herkömmlichen »weiblichen« Themen wie die Doppelbelastung durch Familie und Beruf. Und auch die schon bekannten Unterschiede zwischen Großstadt, Kleinstadt bzw. ländliche Region, Bildungsstand, Ost-West erwiesen sich als nicht relevant. Bei ihrer Lebensgestaltung orientieren sich Frauen vielmehr an Themen wie Selbstentwicklung, Partnerschaft, Traditionen oder Krisen im Lebenslauf.

(3) Neubewertung der Vaterrolle

Der amerikanische Familienforscher Paul Amato[20] hat auf die Notwendigkeit einer Neukonzeptualisierung von Vaterschaft

19 Keddi, Pfeil, Strehmel & Wittmann 1999.
20 Amato 1999.

hingewiesen. Er hat ein ressourcen-theoretisches Vaterschafts-konzept vorgestellt, »das Pentagramm der Elternschaft«, in dem er prinzipiell zwischen drei Ebenen elterlicher Ressourcen unterscheidet: Eltern werden in diesem Modell als Human-, als Finanz- und als Sozialkapital für ihre Kinder definiert. Unter Humankapital versteht er die Ausbildung und Beiträge der Eltern zur Förderung und Stimulation des Kindes, unter Finanzkapital deren Einkommen und insbesondere den Anteil an finanziellen Ressourcen, die sie für das Kind direkt aufwenden, und unter Sozialkapital wird die Qualität der Partner- und der Eltern-Kind-Beziehung verstanden. Die kindliche Entwicklung soll in Zusammenhang mit der Qualität des verfügbaren elterlichen Human-, Finanz- und Sozialkapitals stehen. Ungeachtet historischer und kultureller Einflüsse wird ferner davon ausgegangen, dass Mütter und Väter grundsätzlich gleichermaßen in der Lage sind, ihren Kindern diese Ressourcen zur Verfügung zu stellen, wenn auch in der Realität von einer starken Variabilität ausgegangen wird. In Amatos »Pentagramm der Elternschaft« bedingt die Ausbildung der Eltern das elterliche Einkommen und dieses die Qualität der Eltern-Kind- und der Partner-Beziehung. Letztere werden auch direkt durch die Ausbildung der Eltern beeinflusst.

In einem weiteren Analyseschritt interessierte sich Amato für den spezifischen Beitrag, den Väter und Mütter zur Entwicklung der Kinder leisten. An fünf abhängigen Variablen der untersuchten jungen Männer und Frauen hat Amato dieses Modell getestet:

• Qualität der Beziehung zu den eigenen Eltern und Verwandten,

• Qualität der Beziehung zu den Freunden,

• Lebenszufriedenheit,

• psychologische Auffälligkeiten und

• Selbstwertgefühl.

Er greift dabei auf Daten zurück, die im Rahmen der 1980 eingeleiteten Längsschnittstudie »The Study of Marital Instability Over the Life Course«[21] an etwa 2000 verheirateten Personen mit Kindern im Alter zwischen 7 und 19 Jahren erhoben wurden. Amato hat zwölf Jahre später, im Jahre 1992, 384 junge Männer und Frauen, die 1980 noch bei ihren beiden Eltern gelebt hatten,

21 Booth, Amato, Johnson & Edward 1998.

erneut untersucht, also in einem Alter von nunmehr 19 bis 31 Jahren (Median = 23 Jahre). Er konnte nachweisen, dass väterliche Ressourcen 12, 15 und jetzt sogar 20 Jahre nach der Erstbefragung weiterhin die Ausbildung sowie das Selbstwertgefühl beeinflussen und dass mögliche psychologische Beeinträchtigungen der jungen Männer kausal mit dem väterlichen Beitrag zusammenhingen. Der mütterliche Einfluss auf die abhängigen Variablen »Qualität der Eltern-Kind-Beziehung« und »Qualität der Beziehung zu den Freunden« ist signifikant größer als der väterliche Einfluss. Beide Elternteile hatten einen gleichen Anteil an der Lebenszufriedenheit der Kinder.

Im Anschluss an die Überlegungen von Amato haben Fthenakis und Minsel[22] – im Auftrag des Bundesministeriums für Familie, Senioren, Frauen und Jugend – eine für die Bundesrepublik Deutschland repräsentative Studie zur Rolle des Vaters in der Familie durchgeführt. 67 % der befragten Väter konzeptualisierten dieser Studie zufolge ihre Vaterschaft, in dem sie ihre Erzieherfunktion höher gewichteten als ihre ökonomische Funktion. 33 % taten es umgekehrt. Eine ähnliche Auffassung vertraten auch deren Partnerinnen bzw. Frauen. Wie jedoch die längsschnittlich angelegte LBS-Familien-Studie zeigte, haben solche Vaterschaftskonzepte kaum Chancen, in familiale Realität umgesetzt zu werden.[23]

Damit wird ein Grundproblem manifest, das in etlichen Studien immer wieder beobachtet wurde: Alle verfügbaren Daten bestätigen, dass es prinzipiell keine Probleme bei der Etablierung symmetrischer, partnerschaftlich organisierter Beziehungen zwischen Männern und Frauen, bei der Einbindung von Männern als Väter in die Erziehungsverantwortung und bei der Bewältigung des generativen Problems geben dürfte, wenn Männer und Frauen in Deutschland die Chance hätten, die von ihnen präferierten Konzepte tatsächlich auch zu realisieren. Das eigentliche Problem liegt darin, dass das System hochgradig effizient organisiert ist, nämlich dann, wenn es darum geht, die Umsetzung solcher Konzepte zu verhindern.

22 Fthenakis & Minsel 2002.
23 Fthenakis, Kalicki & Peitz 2002.

(4) Der gewandelte Wert des Kindes

Historische und interkulturelle Vergleiche zeigen, dass sich mit dem Wandel von agrarisch strukturierten zu hoch industrialisierten Gesellschaften nicht nur das Verhältnis der Geschlechter in der Familie von einer patriarchalischen Struktur zu mehr egalitären Auffassungen gewandelt hat. Auch der »Wert der Kinder«, die Nutzenerwartungen an das Vorhandensein von Kindern in der Familie, hat sich gewandelt.[24] Kinder haben in den westlichen Industriegesellschaften nicht mehr in erster Linie einen ökonomisch-utilitaristischen Wert, etwa als direkte Helfer beim Erwerb des Lebensunterhaltes für die Familie. Auch der sozial-normative Wert, der mit einem Statusgewinn als Eltern in der Gesellschaft, als Träger des Familiennamens und als Wahrer des familialen Besitzes oder Standes verbunden wurde, ist nicht mehr so stark ausgeprägt. Dagegen ist der psychische Nutzen, die Freude am Aufwachsen des Kindes, das Erlebnis von Sinnerfüllung stark in den Vordergrund getreten. Vor dem Hintergrund der veränderten Bedeutung der Kinder für ihre Eltern haben sich auch Veränderungen im Eltern-Kind-Verhältnis ergeben. Mit der Anerkennung und der Betonung kindlicher Autonomie wandelt sich die Eltern-Kind-Beziehung mehr und mehr zu einem partnerschaftlichen Zusammenleben. Aus dem Erziehungsverhältnis wird nun ein Beziehungsverhältnis.

Das zeigt sich einerseits in einer stärkeren Kindzentrierung, andererseits aber auch in einer Schwächung des Partnersubsystems. Der Erziehungsstil wird von veränderten Erziehungseinstellungen geprägt, von einer Betonung von Anpassung und sekundären Tugenden wie Ordnung, Fleiß und Gehorsam hin zu Individualität, Selbständigkeit und Lebensfreude.[25]

(5) Die stille Revolution in der Erziehung

In einer Längsschnittstudie, in der Kinder in einer Zwei-Generationen-Stichprobe von Familien über den Zeitraum von 16 Jahren (1976-1992) untersucht wurden, haben Schneewind und Ruppert[26] eine vorwiegend positive Einstellung zu den Eltern-Kind-Beziehungen feststellen können, wenngleich die Kinder im Schnitt eine kritischere Haltung einnehmen als ihre Eltern.

24 Nauck 1991.
25 Schneewind 1999.
26 Schneewind & Ruppert 1995.

Es ist zweifelsfrei, dass die absolute Mehrzahl der Kinder die Eltern als die wichtigsten Personen im Leben betrachtet. Der Shell-Studie zufolge sind 84% der Jugendlichen der Auffassung, dass die Beziehung zwischen ihnen und ihren Eltern gut bis sehr gut sei. 80% der Jugendlichen vertrauen am meisten ihren Eltern, 50% ihren Geschwistern, 38% ihren Ärzten und 2% Politikern. In ihrem Denken fühlen sie sich am meisten beeinflusst durch ihre Eltern (61%) und von ihren Freunden (17%). Dieser Befund widerlegt die kontrovers diskutierte Behauptung von Harris,[27] wonach Eltern auf ihre Kinder keinen nennenswerten Einfluss hätten, verglichen mit der Beeinflussung durch das soziale Netz.

In mehreren Umfragen lässt sich seit 1951 eine Zunahme von elterlichen Erziehungseinstellungen nachweisen, die auf Betonung kindlicher Autonomie, von Unabhängigkeit und freiem Willen hinweisen (von 28% auf 65%), während die Bedeutung von Werten wie Gehorsam und Unterordnung kontinuierlich sank (von 25% auf 10%). »Typisch deutsche« Tugenden, wie z.B. Fleiß und Ordnungssinn haben sich im Wesentlichen auf einem Niveau von 40% gehalten.[28] Seit den siebziger Jahren lassen sich somit Veränderungen in den Erziehungseinstellungen und -praktiken westdeutscher Eltern feststellen, mit sinkender Bedeutung von Anpassungswerten wie Pflicht und Gehorsam und steigender Bedeutung des Themenkreises der Selbstverwirklichung.[29]

Die zuverlässigste Information liefert für Deutschland die bereits erwähnte, von Schneewind und Ruppert[30] vorgelegte Längsschnittstudie. Diese Studie konnte eine zunehmende Liberalisierung und Emotionalisierung der Eltern-Kind-Beziehungen belegen, die im Übrigen zu einem großen Teil auf Generationen- und weniger auf Zeiteffekte zurückzuführen sind. Genauer gesagt stellte sich heraus, dass vor allem normative Verbindlichkeiten schwinden, Leistungs- und Konformitätsansprüche reduziert werden, das Setzen von Grenzen zu einer immer schwierigeren Aufgabe wird, was auch dazu führt, dass die Grenzen zwischen den Generationen weniger klar hervortreten. Darüber hinaus wird Kindern ein größerer Freiheitsspielraum gewährt. Außerdem drücken Eltern ihre Zuneigung zu ihren Kindern mit mehr

27 Judith Harris 1998.
28 Gensicke 1994; Reuband 1997.
29 Miegel & Wahl 1994.
30 Schneewind & Ruppert 1991.

Offenheit aus.[31] Ferner betont Schneewind, dass es den Anschein hat, »dass ein hierarchisch-generationenbezogenes Modell von Eltern-Kind-Beziehungen einem eher partnerschaftlich-egalitären Modell gewichen ist.«[32] Die Entwicklung habe demnach von einer »nomozentrischen« (d. h. auf gesellschaftlichen Normen beruhenden) zu einer »autozentrischen« (d. h. an selbstbestimmten Leitvorstellungen der Lebensführung orientierten) Mentalität geführt.[33]

3. Prozessuale Veränderungen in der Familienentwicklung

Vor dem Hintergrund des hier angedeuteten Wandels von Familienstrukturen und -beziehungen und vor allem hinsichtlich der Herausforderungen, die sowohl für den Einzelnen als auch für die Gesamtfamilie aus der Integration von Diskontinuitäten resultiert, stellt sich die Frage nach dem für die Familien von heute angemessenen wissenschaftlichen Betrachtungsansatz. Gegenwärtig gewinnen – neben soziologischen – vor allem entwicklungs- und familienpsychologische Ansätze zunehmend an Bedeutung für die Beschreibung und Erklärung von Bedingungen des Aufwachsens von Kindern und Eltern: Die *systemische Sichtweise* der Familie hat nicht nur für die Theorie und Praxis der Familientherapie, sondern auch für die Familienforschung und zunehmend auch für die Arbeit der Entwicklungspsychologen Gewicht erhalten.

Ein System kann sich auf zweierlei Weise verändern: Einmal in einer Weise, in der sich kontinuierlich einzelne Parameter, nicht aber die Strukturen des Systems wandeln. Zum anderen in einer Weise, durch die sich das System diskontinuierlich und qualitativ verändert. Ein solcher Wandel ist durch einen Wechsel des äußeren Bezugsrahmens und/oder durch systemimmanente Umstrukturierungen bedingt. Dieser qualitative Wandel des Systems Familie und die damit verbundenen Anpassungsleistungen der Familienmitglieder, die man als Entwicklungsaufgaben[34] verstehen kann, lassen sich im Lebenszyklus der Familie[35] nachzeich-

31 Schneewind 1999.
32 A. a. O., S. 71.
33 Klages & Gensicke 1994.
34 Oerter 1985.
35 McGoldrick & Carter 1982.

nen. So z. B. bei der Geburt des ersten Kindes, in der Zeit des Vorschulalters und des Schulbesuchs; während der Adoleszenz und der Loslösung des Jugendlichen aus dem Familienverband; in der Lebensphase nach der aktiven Elternschaft (»empty-nest«- Problematik) und schließlich beim Austritt aus dem Berufsleben und bei der Verwitwung. Damit ist ein Konzept angedeutet, das für die Entwicklungspsychologen zu einem allgemeingültigen Rahmenwerk geworden ist und auch aus der Familienforschung nicht mehr wegzudenken ist: die sog. Lebensspannen-Perspektive,[36] also eine Sichtweise, die den gesamten Lebenszyklus eines Individuums oder einer Personengruppe, etwa der Familie, berücksichtigt. Eine solche Perspektive birgt den Vorteil, dass sie auf stressvolle Ereignisse im Lebenszyklus nicht nur reaktiv, sondern prospektiv eingehen, also vorbereitend und damit letztendlich präventiv wirksam werden kann.

Zu allen Zeiten mussten Familien aber nicht nur mit diesen normativen Lebensereignissen, sondern auch mit kritischen Ereignissen nicht-normativer Art[37] umgehen. Für die moderne Familie in West-Europa – wie auch in Familien aus anderen Industrieländern – scheint das in verstärktem Maße zuzutreffen. So beinhalten die Problemkreise der Ehescheidung wie auch der vorübergehenden oder langfristigen Arbeitslosigkeit drängende familienbezogene Fragestellungen, die neben anderen kritischen Ereignissen, wie z. B. die Geburt eines behinderten Kindes, plötzlicher Tod oder schwere Krankheit, Opfer eines Unfalls oder eines Verbrechens geworden zu sein, um nur einige zu nennen, quantitativ besonders hervorzuheben sind. Zu den kritischen Lebensereignissen gehören aber auch solche, die nicht nur individuelle Bedeutung haben, wie z. B. wirtschaftliche Depression,[38] Kriege, wie wir sie jüngst in Europa erlebt haben bzw. derzeit in Vorderasien erleben, oder Naturkatastrophen.

Die Grundannahme des Konzeptes der normativen wie nicht normativen Lebensereignisse ist, dass diese Ereignisse als Stressoren aufgefasst werden, die die Familie in krisenhafte Situationen bringen und im System Familie einen Prozess einleiten, der sich als Transition beschreiben lässt. Der Verlauf einer solchen Transition wird von den gewählten Bewältigungsstrategien mitbe-

36 Hill & Mattesich 1979
37 Callahan, & McCluskey 1983.
38 Elder 1974.

stimmt, welche wiederum davon abhängen, auf welche persönlichen, sozialen und materiellen Ressourcen der Einzelne und die Familie zurückgreifen können.[39] Im ungünstigen Fall können Bewältigungsversuche zu einer Kumulation der Stressoren und somit zur Verschärfung einer Krise führen.

Für die Wissenschaft wie auch für die Praxis und die Politik stellt sich demnach heute die zentrale Frage nach einem angemessenen Konzept, das uns erlaubt, Familienentwicklung und familialen Wandel adäquat zu beschreiben und darauf aufbauend neue Wege im Umgang mit Familien zu eröffnen.

Studiert man unter diesem Aspekt Handbücher zur Lebensereignisforschung,[40] zur Stressforschung,[41] zur Bewältigungsforschung,[42] zur Social-Support-Forschung[43] oder zur Transitionsforschung,[44] wird man eine Konvergenz der Forschungsrichtungen hin zu einer »Psychologie des Wandels«[45] finden.

In den zurückliegenden vier Jahren hat allerdings ein erweitertes Konzept an Dominanz gewonnen: Der Familien-Transitions-Ansatz. Diesem Konzept zufolge stellen Transitionen sowohl auf der individuellen als auch auf der familialen Ebene Veränderungsphasen nach spezifischen Ereignissen, wie die Geburt eines Kindes oder Trennung, Scheidung bzw. Wiederheirat, dar, die durch verdichtete und akzelerierte Lernprozesse charakterisiert sind, bei denen psychologische Veränderungen sowie Veränderungen auf der interaktionalen Ebene des familialen Systems stattfinden, deren Richtung vorerst offen bleibt.[46]

39 Fthenakis 1986; Ulich, Haußer, Mayring, Stehmel, Kandler & Degenhardt 1985.
40 Philipp 1995; Snyder & Ford 1987.
41 Fisher & Reason 1988.
42 Moos 1986.
43 Sarason & Sarason 1985.
44 Allen & van de Vliert 1984.
45 Fisher & Cooper 1990.
46 Die Transitionsforschung geht auf die Konfigurations-Theorie des Soziologen Norbert Elias zurück und findet gegenwärtig eine zunehmend breite Anwendung in verschiedenen Disziplinen: Rosenmayer hat 1978 Transitionen als Gegenstand philosophischer Betrachtungen bei dem Bemühen, die menschlichen Lebensalter in Deutungsversuchen der europäischen Kulturgeschichte zu interpretieren, gemacht. Der Ethnologe Arnold van Gennep (1999) hat in seinem Buch »Übergangsriten« den Versuch unternommen, aufgrund einer Sekundäranalyse von anthropologischen Untersuchungen einige bedeutsame Mechanismen von Passage und ihrer rituellen Regulierung zu extrapolieren. Eine explizite Fassung von Übergängen

An dieser Stelle soll lediglich neben einer normativen Transition in der Familienentwicklung, nämlich der zur Elternschaft, auf eine nichtnormative, die Transition zur Scheidungs- und Nachscheidungs- bzw. zur Stieffamilie, exemplarisch eingegangen werden, um dieses Denkmodell der neueren Familienforschung zu illustrieren.

Wie Hetherington[47] betont hat, entfernt sich die Scheidungsforschung zunehmend von einer Perspektive, aus der betrachtet die Ehescheidung als eine atypische, sogar pathogene Entwicklung der Familie gesehen wird. Vielmehr wird gegenwärtig der Versuch unternommen, Ehescheidung wie auch Wiederheirat in Analogie zu anderen familialen Transitionen nicht als einzelnes Ereignis, sondern als einen Übergang in einer *Reihe von* Übergängen anzusehen, die die Entwicklung unterschiedlicher Familienstrukturen und die Entwicklung der Mitglieder innerhalb dieser Strukturen bestimmen. Auch wurden erste empirische Arbeiten vor diesem Hintergrund durchgeführt. Es wurde die Behauptung aufgestellt,[48] dass Verhaltensprobleme, die Kinder in reorganisierten Familien zeigen, nicht aus Schwierigkeiten bei der Anpassung an die Wiederheirat resultieren, sondern Belastungen im Zusammenhang mit der Scheidung und dem Leben in einem

als individuelle, aber sozial regulierte Veränderungsprozesse findet sich ab den fünfziger Jahren in den Arbeiten von Strauss: Spiegel und Maske – Die Suche nach Identität (1974) oder 1987 in seinem Werk »Qualitative Analysis for Social Scientists«. Das Interessante bei Strauss ist der nicht subjektzentrierte, sondern der auf den Übergangsprozess zentrierte Blick. In den späteren Arbeiten von Strauss mündeten seine Überlegungen in eine allgemeine Theorie der Statuspassage ein, die bis heute einen der elaborierten Versuche darstellt, eine Theorie des Übergangs zu entwickeln. Parkes bemüht sich seit Anfang der siebziger Jahre um die Entwicklung eines einheitlichen Verlaufsmodells von Übergangsprozessen. Ulich hat an der Universität Augsburg in Deutschland in seiner anregenden Untersuchung zur Krisenpsychologie Überlegungen angestellt, die unmittelbar auch für die Übergangsforschung relevant sind und die sich in einer Längsschnittuntersuchung mit arbeitslosen Lehrern niedergeschlagen haben. Seine Kernthese besagt, dass Krisen entwicklungspsychologisch bedeutsam sein können, wenn dem Subjekt hinreichend subjektive und objektive Bewältigungsmöglichkeiten zur Verfügung stehen. Auch die Studie von Jahoda, Lazarsfeld & Zeisel (2002), die sich mit der arbeitslosen Arbeiterschaft eines österreichischen Dorfes befasst hat, zählt zu den Vorläufern der Transitionsforschung.

47 Hetherington 1989.
48 Furstenberg 1988, Zill 1988.

Ein-Eltern-Haushalt reflektieren können. In der Längsschnitt-studie[49] konnten kurz vor oder nach der Geburt des ersten Kindes Prädiktoren für eine spätere Trennung und Scheidung identifiziert werden. Bray und Berger[50] haben ein Familienentwicklungsmo-dell für Scheidung und Wiederheirat vorgelegt, das Prädiktoren hierfür, beginnend mit der Erstehe, über Trennung und Schei-dung, Alleinerzieherschaft, Wiederheirat und erneuter Scheidung identifiziert. Scheidung und Wiederheirat implizieren diesen Au-toren zufolge eine Reihe von ehe- und familienbezogenen Über-gängen, die mit der individuellen und familiären Entwicklung in Wechselwirkung stehen.

Die Stieffamilie stellt ebenfalls ein sich entwickelndes System dar, welches kontinuierlich von den individuellen Entwicklungs-pfaden jedes Familienmitglieds beeinflusst wird. Deshalb wurden die entwicklungsbezogenen Aspekte der Stieffamilie und einzel-ner Mitglieder in einen Familiensystemansatz integriert, welcher als entwicklungsbezogenes Familiensystemmodell bezeichnet wird.[51]

Ehescheidung wird seit Mitte der neunziger Jahre als eine Tran-sition konzipiert, die neben individuellen und familialen Verän-derungen auch solche der verwandschaftlichen und sozialen Netze impliziert. Die Beschäftigung mit dem Scheidungsphäno-men in verschiedenen Kulturen und die stärkere Berücksichti-gung kontextueller Faktoren hat der Familienforschung in den letzten drei Jahren erlaubt, die Rolle solcher Faktoren besser ein-zuschätzen. Dabei konnte gezeigt werden, dass kulturelle Fakto-ren, ökonomische Variablen, Verfügbarkeit von Unterstützungs-angeboten eine nicht zu unterschätzende Bedeutung für die Frage haben, ob und wie eine Transition vom Individuum oder von der Familie bewältigt wird[52].

49 Cowan & Cowan 1992.
50 Bray & Berger 1993
51 Bray & Berger 1990.
52 Ein Beispiel (Del Carmen und Virgo 1993): Wenn man die Scheidungs-modelle von Angehörigen aus vier unterschiedlichen kulturellen Gruppen in den USA näher betrachtet, wird man vier unterschiedliche, kulturell be-dingte, Bewältigungsformen erkennen. Weiße Frauen bevorzugen eine rechtliche Scheidung, erfahren von ihren eigenen Eltern ökonomische und/oder emotionale Unterstützung, wenden Modelle des Sorgerechts an, die die Bedeutung des außerhalb lebenden Elternteils als nicht gleichwertig einstufen, und ihr verwandtschaftliches und soziales Netz übt mittelbar

Eine im Familienentwicklungsprozess während der letzten Jahre gut untersuchte Transition ist die des Übergangs zur Elternschaft. Es ist das Verdienst von Cowan, ein Modell entwickelt und evaluiert zu haben, mit dessen Hilfe der Übergang zur Elternschaft als individuelle und familiale Transition beschrieben wird. Diesen Autoren zufolge leitet die Geburt eines Kindes Veränderungen sowohl auf der individuellen als auch auf der familialen Ebene ein. Darüber hinaus verändern sich infolge dieser Transition die verwandtschaftlichen und sozialen Netze.

Nach diesen Autoren reichen kontextuelle Veränderungen, wie sie vielfach in der soziologischen und bevölkerungswissenschaftlichen Forschung beschrieben werden, nicht aus, um einen Übergang in der Familienentwicklung zu postulieren. Vielmehr sind es *psychologische Veränderungen* im Innenleben der einzelnen (Familien-)Mitglieder, in der (Neu-)Organisation ihrer Rollen und deren zentralen Beziehungen, die einen Übergang konstituieren.

Cowan[53] haben diese psychologischen und interaktionalen Veränderungen mit Hilfe eines strukturell-prozessualen Modells beschrieben, das auf der Ebene des Individuums eine Reorganisation der Identität, eine veränderte Weltsicht der Dinge und die Be-

einen gewissen Druck auf Wiederheirat aus. Eine schwarze Frau bevorzugt das Modell der Trennung und erfährt aus ihrem verwandtschaftlichen Netz Unterstützung. Da sie berufstätig war und bleibt, hat sie ein Verhaltensrepertoire entwickelt, das einen Sozialisationsrahmen für die Kinder bietet, der geeignet erscheint, Aspekte des nunmehr fehlenden Vaters zu kompensieren. Zudem wird kein Druck auf Wiederheirat ausgeübt. Kinder scheinen die trennungsbedingte Transition besser zu bewältigen als Kinder mit Eltern aus der amerikanischen weißen Schicht. Asiatische Familien weisen nicht nur die niedrigste Scheidungsrate in den USA auf, sie verteilen zudem die minderjährigen Kinder zwischen den beiden Haushalten etwa gleich. Der Grund liegt darin, dass kulturell bedingt die Organisation des väterlichen Haushaltes die Anwesenheit einer älteren weiblichen Person vorsieht, die gegebenenfalls Betreuungsaufgaben für das Kind übernimmt. Völlig anders ist das Bewältigungsmodell für eine Frau der spanischen Minorität in den USA: Die Trennung und Scheidung wird vom eigenen verwandtschaftlichen System abgelehnt, die Frau erfährt keine Unterstützung, ist auf Berufstätigkeit angewiesen, was mit einer geringeren Verfügbarkeit für ihr Kind und mit größeren Belastungen für sie einhergeht. Dieses Beispiel einer derart unterschiedlichen Bewältigung einer Transition soll die zentrale Bedeutung kultureller wie auch ökonomischer, sozialer und institutioneller Faktoren bei der Bewältigung von Transitionen deutlich werden lassen.

53 Cowan & Cowan 1991, 1992, 1995.

wältigung dessen, was Erickson als ›emotionalen Aufruhr‹ bezeichnet hat, vorsieht.

Die Bewältigung der Transition zur Elternschaft impliziert demnach beim werdenden Vater eine Veränderung seiner Identität. Das Leben erhält für ihn einen neuen Sinn. Etliche Studien haben auf die emotionalen Probleme werdender Väter hingewiesen, die jedoch in vielen Kulturen weitgehend unbeachtet bleiben. Bestandteil des Bewältigungsprozesses auf der individuellen Ebene ist die Wahrnehmung der mit der Transition verbundenen emotionalen Beunruhigung. Diese kann sogar Formen einer Depression annehmen, wie dies bei der Post-Partum-Depression bei Müttern der Fall ist. Auf allen diesen Ebenen müssen psychologische Veränderungen stattfinden, damit man von einer Transition sprechen kann.

Männer im Übergang zur Elternschaft zeigen häufig eine Reihe von Problemen oder sie versuchen mit äußeren Zeichen, den stattfindenden Bewältigungsprozess sozial zu vermitteln: Manche werdenden Väter lassen sich während der Schwangerschaft einen Bart wachsen, andere nehmen an Gewicht zu, für manche werden häufigere Arztbesuche verzeichnet, und nicht wenige flüchten in die Arbeit. Väter mit Neugeborenen weisen eine der höchsten Raten von Überstunden auf.

Veränderungen finden aber auch auf der familialen Ebene statt. Hier werden Rollen reorganisiert. Dabei ist wichtig zu wissen, dass sowohl neue Rollen angeeignet als auch alte gelöscht werden können, etwa indem Männer ihr Rollenverhalten durch Übernahme der Vaterrolle erweitern.

Veränderungen finden auch in der Ehepartnerbeziehung statt: Für einen nicht zu unterschätzenden Teil der Familie verändert sich infolge der Geburt des ersten und noch stärker des zweiten Kindes die Qualität der Partnerbeziehung. Etliche Längsschnittstudien haben diesen Veränderungsprozess beschrieben, der von einer rapiden Reduktion von Zärtlichkeit und Sexualität sowie von einer Traditionalisierung der familialen Arbeitsteilung begleitet wird und zu einer Erosion in der Ehepartner-Beziehung führen kann. Die Bewältigung von Transitionen impliziert die Entwicklung neuen Verhaltens. Darin liegt auch die Chance für persönlichen Gewinn und für individuelle wie familiale Weiterentwicklung. Zu lernen, mit solchen komplexen Veränderungsprozessen umzugehen, ist eine Herausforderung, der nur mit neuem Verhalten begegnet werden kann. Schließlich können Transitionen auf der interaktionalen Ebene im Familiensystem eine emotionale Beunruhigung bzw. Belastung bedingen, die zu Konflikten in der Familie führen und unter besonderen Bedingungen dysfunktionale und destruktive Entwicklungen hervorrufen.

Cowan haben aber auch darauf hingewiesen, dass Veränderungen dieser Art nicht nur auf die Individuen und das Familiensystem beschränkt bleiben. Sie erfassen auch das soziale und verwandtschaftliche Netz: Es ist charakteristisch für die Transitionen, dass sich während dieser Zeit das Netz der Freunde verändert. Junge Mütter verlieren den Kontakt zu den alten Freunden und bauen sich neue Freundeskreise auf. Auch die Qualität der Beziehung zu den eigenen Eltern verändert sich bei der Bewältigung einer Transition. Eltern können erneut emotionale und/oder finanzielle Unterstützung bieten, Betreuungsaufgaben übernehmen usw.

Ob und wie ein Familienmitglied oder das Familiensystem insgesamt eine Transition bewältigt, hängt aber auch in hohem Grad mit Faktoren kontextueller Art zusammen. Auf die Bedeutung kultureller Faktoren in Verbindung mit einer Scheidung wurde bereits hingewiesen, also ökonomische Faktoren, die Bereitstellung von Unterstützungsprogrammen und von Interventionsansätzen, geeignete rechtliche Bedingungen. Die neuen Medien und die rapide Verbreitung von elektronischen Kommunikationsnetzen, Einrichtungen wie Schulen, Beratungsstellen und Ähnliches spielen bei der Bewältigung von Transitionen eine bedeutende Rolle. Hinzu kommen Erkenntnisse aus der neueren Forschung, wonach transgenerative Effekte nachweisbar sind.[54]

Interessante Befunde aus den letzten zwei Jahren verweisen darauf, dass in verschiedenen Transitionen im Familienentwicklungsprozess vergleichbare Veränderungsprozesse auf der individuellen und familialen Ebene stattfinden: So sind es die gleichen Dimensionen, die im Übergang zur Elternschaft und im Übergang zur Nachscheidungsfamilie Veränderungen erfahren. Und es scheint so zu sein, dass Individuen bzw. Familien recht früh im Familienentwicklungsprozess die mit der Bewältigung verbundenen Probleme manifest werden lassen. Zudem stellen Transitio-

54 Fthenakis & Minsel 2002; Fthenakis, Kalicki & Peitz 2002.

nen Phasen im Familienentwicklungsprozess dar, in denen das Individuum wie das Familiensystem offen für Hilfe ist.

4. Kontextuelle Veränderungen

Nicht nur im familialen System, sondern auch auf anderen Systemebenen haben sich die Lebensbedingungen von Familien und insbesondere von Kindern verändert. Die noch mangelhafte Vereinbarkeit von Familie und Beruf geht in der Regel auf Kosten von Kindern und Frauen. Weitere Belastungen von Familien werden nunmehr öffentlich diskutiert. Dazu zählen Probleme der strukturellen Gewalt gegen Frauen und Kinder, die Zunahme von Rechtsradikalismus in Europa, Auswirkungen von Arbeitslosigkeit auf die Familienmitglieder sowie Probleme von Kindesmisshandlung, -vernachlässigung und von sexuellem Missbrauch von Kindern, worauf hier nicht näher eingegangen werden kann.

Insbesondere gesamtwirtschaftliche Veränderungen von einem noch nie da gewesenen Ausmaß werden direkte Konsequenzen für Familien und für die Erziehungsarbeit mit Kleinkindern mit sich bringen. Aus der Komplexität kontextueller Veränderungen sei hier lediglich auf einige wenige hingewiesen, um deren Bedeutung für Intervention und Politik hervorzuheben.

(1) Stärkere Mobilität

Familien sehen sich infolge wirtschaftsstruktureller Veränderungen zunehmend einem höheren geographischen Mobilitätsdruck und einer kulturellen und lingualen Diversität gegenüber, die zu einer Restrukturierung von sozialen Netzen und zu weiteren Veränderungen im Leben der Familien führen werden. Das Mobilitätsproblem ist dabei für die europäische Familie nicht auf den Rahmen der EU begrenzt; es hat bereits ein darüber hinausreichendes internationales Ausmaß angenommen, wenn man etwa an die Familien denkt, die in den asiatischen Raum arbeitsbedingt auswandern mussten bzw. an den Zustrom vieler Flüchtlinge und Immigranten. Auch die Kinder sind infolge der veränderten Wirtschaftsstrukturen, in denen ihre Eltern Erwerbstätigkeit organisieren, einer höheren geographischen Mobilität und einer zunehmenden kulturellen und lingualen Diversität ausgesetzt, die auch bei ihnen zu einer Restrukturierung von sozialen Netzen und zu weiteren Veränderungen in ihrem Leben führen.

(2) *Kulturelle Diversität*

Die Öffnung der Märkte, wirtschaftliches Ungleichgewicht zwischen Nationen und der Zerfall des Ostblocks haben weltweit Wanderbewegungen in bislang unbekannten Dimensionen ausgelöst. Es bleibt abzuwarten, wie sich die jüngst erfolgte Erweiterung der EU um weitere zehn Länder bezüglich Mobilität und kulturelle Diversität auswirken wird.

Westeuropa zählt zu den begehrtesten Einwanderungszielen, wobei Deutschland die höchste Anziehungskraft ausübt. Für die Jahre 1981-1990 hatten wir die stärksten Zuwanderungsraten in der Geschichte Deutschlands zu verzeichnen. Einen Wanderungsgewinn von 2,2 Millionen Menschen in einem Jahrzehnt hat es in Deutschland nie zuvor gegeben. Ende 1995 lebten rund 7,3 Millionen ausländische Frauen und Männer in Deutschland (10 % der Bevölkerung), von denen 26 % hier geboren und aufgewachsen oder 27 % schon vor mindestens 20 Jahren zugezogen sind. Von den Kindern und Jugendlichen sind zwei Drittel in Deutschland geboren. Jede zehnte Familie mit Kindern im Haushalt ist in Deutschland eine ausländische Familie. Zugleich mehren sich europaweit binationale Ehen; in Deutschland stieg ihr Anteil in den letzten 35 Jahren von 5,0 auf 16,5 % an. Dies ist vor allem darauf zurückzuführen, dass die jüngeren Ausländergenerationen immer häufiger bereits in Deutschland aufgewachsen sind und im Inland heiraten.

Kinder wachsen also heute in einer pluralen, heterogenen Gesellschaft auf, in der tradierte Normen und Orientierungen an Verbindlichkeit verloren haben. Auch die Erziehungskonzepte der Eltern haben sich, wie bereits ausgeführt, im Zuge eines allgemeinen Wertewandels geändert. Einer Abnahme von Erziehungszielen, die Konventionen und Konformität implizieren, d.h. einer Orientierung an allgemein gültigen gesellschaftlichen Normen, steht eine Ausrichtung auf konkurrierenden Individualismus und kritische Autonomie gegenüber.

Zahlreiche Kinder kommen aus anderen Ländern und Kulturen. Während es diesen Kindern oft schwer fällt, ihre Identität zu finden, werden deutsche Kinder herausgefordert, diese oft fremde Identität zu tolerieren und fremde Kulturen für sich als Bereicherung zu erleben.

Mit der gesellschaftlichen Pluralität einher geht die Notwendigkeit, erfahrene Widersprüche und Mehrdeutigkeiten zu bewältigen und die eigene Biografie und Identitätsentwicklung zunehmend selbst zu regeln. Im 10. Kinder- und Jugendbericht[55] heißt es dazu in einem Zitat: »Dem einzelnen wird [...] die Verantwortung auferlegt, den eigenen Lebenslauf selbst zu gestalten, und zwar auch und gerade dort, wo er nichts anderes als das Produkt der Verhältnisse ist«. Die Reduktion der Bindungskraft vorgegebener Orientierungen erhöht die Anforderungen an den Einzelnen, die Ideale der Verantwortung für andere und der Selbstverwirklichung miteinander in Einklang zu bringen.

(3) Wachsende Verschlechterung ökonomischer Lebensbedingungen für Eltern und Kinder

Verglichen mit der ökonomischen Situation kinderloser Paare ist die Situation von Familien als erheblich schlechter einzustufen. Das durchschnittliche Pro-Kopf-Einkommen einer Ein-Verdiener-Familie mit zwei Kindern beträgt lediglich 67% des Einkommens eines kinderlosen Ein-Verdiener-Paares. Bei Zwei-Verdiener-Familien sinkt der Anteil sogar auf 38% verglichen mit einem kinderlosen Zwei-Verdiener-Paar.[56] Staatliche Transferleistungen (Kindergeld, Kinderfreibeträge oder Erziehungsgeld) decken nur etwa 20% der tatsächlichen Kinderkosten ab. Bei Berücksichtigung steuerlicher Gesichtspunkte fällt dieser Anteil nach Angaben des Bundesministeriums für Familie und Senioren sogar auf nur 10%. Trotz aller Anstrengungen, die auf Bundes- und Landesebene unternommen werden, konnte diese Benachteiligung von Familien nicht beseitigt werden, so dass nach wie vor eine nicht gerechtfertigte (finanzielle) Mehrbelastung von Familien vorliegt.

Höchst bedenklich wird die Situation, wenn das Vorhandensein von zwei und mehr Kindern in unserer Gesellschaft (neben dem Status des Alleinerziehenden) einen sicheren Prädiktor für Armut darstellt. Im 10. Kinder- und Jugendbericht wird darauf hingewiesen, dass sich bei der Berechnung der Kinderkosten monatliche Beträge ergeben, die noch vor Jahren über 500 DM lagen und bis über DM 1000 hinausreichen.[57] Eine konservative Kostenschätzung von Lambert[58] kommt zu dem Ergebnis, »dass

55 10. Kinder- und Jugendbericht; Hrsg. Bundesministerium für Familie, Senioren, Frauen und Jugend 1998 b.
56 Schnabel 1987.
57 Weidacher 1993.
58 Lambert 1996.

sich die durchschnittlichen Versorgungs- und Betreuungsleistungen von Eltern für ein 1983 bzw. 1985 geborenes Kind über 18 Lebensjahre hinweg auf 306 000 DM summieren, sich im Monat also auf etwa 1400 DM belaufen.«[59] Der Bericht erwähnt ferner, dass »angesichts der unterschiedlichen Schätzungen der Kinderkosten es auch keine eindeutigen Angaben darüber geben (kann), welcher Teil dieser Kosten den Eltern durch Steuerfreibeträge für Kinder, durch Kindergeld, Erziehungsgeld, Anerkennung von Erziehungszeiten bei der Rentenversicherung und kindbezogene Wohngeldzahlungen erstattet wird, zumal ein Teil dieser Zuwendungen von der Höhe des Einkommens der Eltern abhängig ist.«[60] »Zu berücksichtigen ist bei diesen Berechnungen, dass die 1996 aufgrund des Urteils des Bundesverfassungsgerichts von 1990 vollzogene Korrektur des Steuersystems, wonach die minimalen existenzsichernden Versorgungsaufwendungen nicht besteuert werden dürfen, keine Sozialleistung darstellt, sondern eine unzulässige Besteuerung beendet.«[61] Die Verfasser des Berichts schließen sich der Meinung Lamberts an, »dass die eingeräumten Freibeträge zu niedrig sind«. Es ist ferner nach dem Bericht zu bedenken, dass die Familien durch direkte oder indirekte Steuern die staatlichen Zahlungen zu einem erheblichen Teil mitfinanzieren. Großen Einfluss auf die Kostenverteilung übt auch aus, für wie lange Mütter ihre Erwerbstätigkeit unterbrechen. Lambert kommt zu dem Ergebnis, »dass in Arbeiter- und Angestelltenfamilien mit durchschnittlichem Einkommen bei einer achtjährigen Erwerbsunterbrechung der Mutter die staatlichen Leistungen zugunsten von Familien lediglich etwa 15 % der Versorgungs- und Betreuungsaufwendungen decken.«[62]

(4) Armut von Kindern

Einkommensarmut wird definiert entweder über »bekämpfte Armut« (indem Sozialhilfe bezogen wird) oder über das Äquivalenzeinkommen (Pro-Kopf-Einkommen), wenn dieses nur die Hälfte oder weniger des statistischen Pro-Kopf-Einkommens in der Bundesrepublik Deutschland erreicht. Unterschiedliche Studien bestätigen übereinstimmend, dass 3 % der Menschen in

59 10. Kinder- und Jugendbericht.
60 10. Kinder- und Jugendbericht, a. a. O., S. 86 f.
61 A. a. O.
62 A. a. O.

Deutschland Sozialhilfe beziehen und etwa 10% weniger als die Hälfte des Durchschnittseinkommens zur Verfügung haben. Da Armut auch vorübergehender Natur sein kann, ist demnach eine bedeutende Anzahl von Menschen zumindest zeitweise von Armut betroffen. Zudem ist Armut in bestimmten Bevölkerungsgruppen weit mehr verbreitet als in anderen, z. B. bei Alleinerziehenden, bei kinderreichen Familien oder bei Zuwandererfamilien.

Immer wieder wird belegt, dass an die Stelle der Altersarmut der sechziger Jahre eine Armut junger Menschen getreten ist. Nach Hauser[63] stieg der Anteil der Empfänger von Hilfen zum Lebensunterhalt bei Kindern und Jugendlichen bis zum Alter von 17 Jahren in der Bundesrepublik bzw. in den alten Bundesländern von 1963 bis 1992 kontinuierlich von 1,7% auf 8,7%. In den neuen Bundesländern stieg der Anteil der Kinder, die Sozialhilfe erhalten, von 1,2% im Jahre 1990 auf 3,6% im Jahre 1994.[64] Auch nach dem Kriterium der Unterschreitung der Hälfte des Äquivalenzeinkommens waren 1988, nach Angaben des Familiensurveys des DJI, 16,2% der Kinder arm. 1994 waren es 11,2%. Für 1995 ergibt eine Auswertung des Sozioökonomischen Panels (nach der Vorgehensweise im DJI-Familiensurvey) einen Anteil von 15,4% von Kindern, die in Armut leben. Sowohl die Daten des DJI-Familiensurveys für 1988 und 1992 als auch die des Sozioökonomischen Panels für 1990 und 1992 bestätigen, dass das Armutsrisiko für Kinder anderthalb- bis zweifach höher liegt als das Armutsrisiko für Erwachsene. Da dieses Problem ausführlich (und in seiner politischen Behandlung z. T. kontrovers) sowohl im 10. Kinder- und Jugendbericht als auch im Bericht der Bayerischen Staatsregierung zur sozialen Lage in Bayern[65] behandelt wird, sollen hier lediglich die Auswirkungen von Armut auf die Entwicklung des Kindes angesprochen werden.

Auf die Folgen der Armut und deren Auswirkungen besonders auf Kinder und Frauen wurde in den letzten Jahren wiederholt hingewiesen.[66] Armut stellt heute für einen nicht zu unterschät-

63 Hauser 1995.
64 Joos 1997.
65 Bericht der Bayerischen Staatsregierung zur sozialen Lage in Bayern, hg. vom Bayerischen Staatsministerium für Arbeit und Sozialordnung, Familie und Frauen 1999.
66 Huston 1994.

zenden Anteil von Kindern den zentralen Risikofaktor für ihre Entwicklung dar, und sie ist assoziiert mit einer Reihe von anderen Problemstellungen, wie höherer Kindersterblichkeit, geringerem Geburtsgewicht, gefährlichen Krankheiten, Verletzungen und Tod.[67] Umfangreiche Studien aus den letzten fünf Jahren haben die Folgen von Armut auf Kinder deutlich gemacht: Arme Kinder unterliegen dem Risiko von Entwicklungsverzögerungen; sie weisen bereits im vorschulischen Alter erhebliche Defizite in ihrer intellektuellen Entwicklung auf; ihr schulischer Fortschritt verläuft langsamer und wird häufig durch Schulabbruch beendet.[68] Sie weisen ein höheres Ausmaß an sozial-emotionalen verhaltensbezogenen Problemen inklusive Angst, sozialem Rückzug, Aggression und Delinquenz und nicht zuletzt ein schwaches Selbstwert- und Effizienzgefühl auf. James Garbarino hat bereits 1991 darauf hingewiesen, dass solche Probleme in der Adoleszenz auf die gesamtgesellschaftliche Ebene übergreifen können, etwa in Form von Jugendkriminalität, früher Schwangerschaft und häufigerem Schulabbruch.

II. Interventionen im Familienentwicklungsprozess

Einleitung

Vor diesem Hintergrund lässt sich ein Szenario für Familien entwerfen, *das von einer Pluralisierung der Lebensstile, von einer Diskontinuität in der familialen Entwicklung und der Bewältigung von Belastungen gekennzeichnet ist, die aus normativen und nicht normativen Lebensereignissen resultieren bei gleichzeitig fortschreitender Individualisierung der familialen Biographie.* Geographische Mobilität, linguale und kulturelle Diversität, Neuorganisation von sozialen Netzen sind damit weitere Aspekte eines komplexer gewordenen Familienlebens in unserer Welt. Familien werden demnach in einem höheren Ausmaß als bisher Diskontinuität in ihr Leben integrieren sowie eine größere Anzahl normativ wie nicht normativ bedingter Übergänge im individuellen und familialen Bereich bewältigen müssen.

67 Klerman 1991.
68 McLanahan, Astone & Marks 1991; Ramey & Campbell 1991; McLoyd 1989; McLoyd & Wilson 1991.

Die Richtung einer solchen Entwicklung lässt sich zurückverfolgen bis zum Ende des vorigen Jahrhunderts. Insofern stellen solche gesamtgesellschaftlichen Prozesse, etwa aus Sicht eines fortschreitenden Individualisierungs- und Pluralisierungsprozesses, keine neuen soziologischen Erkenntnisse dar. Neu ist allerdings die Geschwindigkeit, mit der dieser Prozess seit Anfang der achtziger Jahre verläuft, was zusätzliche Bewältigungsprobleme aufwirft, weil in dessen Verlauf – begünstigt durch die neuen Informations- und Kommunikationsnetze – die Menschen immer weiter aus stabil scheinenden Ordnungs-, Orientierungs- und Lebensverlaufsmustern gelöst und mit immer unübersichtlicher werdenden sozialen Regulierungsvorhaben konfrontiert werden.

Familien sehen sich demnach Herausforderungen gegenüber, die mit der zunehmenden Diversität und Komplexität gesamtgesellschaftlicher Rahmenbedingungen zusammenhängen, unter denen heute Familie organisiert und gelebt wird. Solche Herausforderungen resultieren gegenwärtig insbesondere aus dem Übergang zu einer Wissensgesellschaft, aus der (zunehmend globalisierten) Ökonomie und der modernen Wirtschaft, aus der Arbeitswelt, aus der Zunahme der Mobilität, aber auch aus Phänomenen wie soziale Ausgrenzung und Armut, worauf bereits hingewiesen wurde.

Das formelle Bildungssystem bereitet auf die Übernahme der wichtigsten Rolle im Leben, die des Partners/Vaters bzw. der Partnerin/Mutter nur äußerst unzureichend, wenn überhaupt, vor, und dies, obwohl alle psychologischen Entwicklungstheorien die Bedeutung der (frühen) Kindheit für die weitere Entwicklung hervorheben und die Familie, vor allem die Eltern, als einen der wichtigsten Einflussfaktoren für die physische, psychische und soziale Entwicklung des Kindes betrachten. Untersuchungen zeigen, dass nicht die stabile Betreuungsperson, sondern die (oder mehrere) Person(en) mit einer guten Beziehung zum Kind der wirksamste protektive Faktor zum Schutz vor seelischer Erkrankung trotz sonst ungünstiger Bedingungen beim Kind ist.[69]

Das Kinder- und Jugendhilfegesetz (KJHG) hat den Anspruch auf allgemeine Förderung der Erziehung in der Familie (§ 16 KJHG) bzw. auf Hilfe zur Erziehung (§ 27 KJHG) kodifiziert.

69 Ulich 1988.

Während im § 16 KJHG die präventive Hilfe im Vordergrund steht, betont § 27 KJHG kurative Hilfen und Interventionen in der Familie. Explizit werden im § 16 Angebote der Familienbildung genannt, »die auf Bedürfnisse und Interessen sowie auf Erfahrungen von Familie in unterschiedlichen Lebenslagen und Entwicklungssituationen eingehen, die Familie zur Mitarbeit in Erziehungseinrichtungen und in Formen der Selbst- und Nachbarschaftshilfe besser befähigen sowie junge Menschen auf Ehe, Partnerschaft und das Zusammenleben mit Kindern vorbereiten«.

Nach dem Bundesministerium für Familie, Senioren, Frauen und Jugend unterscheidet man zwischen einer institutionellen, einer informellen, einer funktionalen und einer medialen Familienbildung.

»Institutionelle« Familienbildung findet in einer Einrichtung statt und beinhaltet in der Regel Informationsveranstaltungen bzw. Elterntrainings, die von einer professionellen Fachkraft angeboten werden. »Informelle« Familienbildung umfasst den nicht formell organisierten Austausch zwischen Eltern und dem verwandtschaftlichen und sozialen Netz. Mit »funktionaler« Familienbildung ist Mitsprache und Mitgestaltung der Eltern bei der Arbeit in den Tageseinrichtungen ihrer Kinder gemeint, während die »mediale« Familienbildung von Fachzeitschriften, Elternratgebern, Rundfunk- und Fernsehbeiträgen sowie durch Beiträge im Internet geleistet wird. »Eltern- und Familienbildung soll die Erziehungskompetenz der Eltern verbessern und dadurch die gesunde Entwicklung von Kindern unterstützen, das Auftreten von Störungen verhindern bzw. bereits bestehende Störungen abmildern.«[70] Sie soll auch bei der Entwicklung von Lösungsstrategien sowie Krisen- und Konfliktbewältigungsmaßnahmen behilflich sein und Angebote für deren Einübung bereitstellen.[71]

Angebote der Familienbildung können nach Schneewind[72] primär-präventiver Natur (Vermittlung von Kompetenzen, die für den Aufbau positiver interpersoneller Beziehungen und für die Entwicklung von Selbstregulierungsmechanismen von Bedeutung sind) oder sekundär-präventiver Natur sein (z. B. Vorbereitung von Paaren auf transitionsbedinge Übergänge, Vermittlung von Kompetenz zur Bewältigung von kritischen Ereignissen

70 Minsel 1999.
71 Brandmayr 2000.
72 Schneewind 1999.

etc.). Tertiär-präventive Ansätze verfolgen das Ziel, Familien, die eine Familientherapie oder Familienberatung in Anspruch genommen haben, anschließend durch Kurse oder Seminare zu unterstützen und ihre Handlungskompetenz zu stärken. Dadurch soll erreicht werden, dass vormalige Störungen künftig vermieden werden.

Die familienpsychologische Forschung konnte eine Reihe von Faktoren identifizieren, die kompetente Eltern kennzeichnen. So sind nicht an Bedingungen gebundene Wertschätzung des Kindes, Verständnis bzw. Feinfühligkeit dem Kind gegenüber, ein autoritativer Erziehungsstil, die Qualität der Partnerschaft, Übereinstimmung in den elterlichen Erziehungseinstellungen und Erziehungspraktiken sowie das Familienklima relevante Aspekte kompetenter Mutterschaft und Vaterschaft. Auch die Verfügbarkeit von sozialen Netzen und Unterstützungssystemen hat sich als vorteilhaft erwiesen.

Eine in Kanada durchgeführte Längsschnittstudie konnte zeigen, dass die Stärkung elterlicher Kompetenz mittel- und langfristig mit positiven Auswirkungen auf die kindliche Entwicklung assoziiert ist. Dabei wurde festgestellt, dass bei einer gezielten Förderung des Elternverhaltens Kinder aus Risikofamilien die Entwicklungswerte von Kindern aus Nicht-Risiko-Familien ohne Intervention erreichen können. *Die Stärkung elterlicher Kompetenz ist somit einer der wirksamsten Mechanismen zur Vermeidung kindlicher Fehlentwicklung und zur Reduktion sozialer Kosten im System.*

Verfügbare Interventionsprogramme stimmen darin überein, dass einer guten funktionierenden Beziehung zwischen Eltern und Kind Priorität vor bestimmten erzieherischen Interventionen eingeräumt wird. Es gilt demnach, die Eltern-Kind-Beziehung zu stützen und zu stärken. Den hierfür verfügbaren älteren Programmen liegen unterschiedliche theoretische Orientierungen und Zielsetzungen zugrunde. Während z.B. etliche Programme Lob und Strafe einsetzen, lehnen dies andere entschieden ab (etwa das auf den Prinzipien der humanistischen Psychologie aufbauende PET-Parent Effectiveness Training von Gordon, 1972). Auf diese Programme kann hier nicht näher eingegangen werden.[73] Stattdessen soll auf einige neuere Programme hinge-

73 Vgl. Minsel 1999.

wiesen werden, die in den neunziger Jahren entwickelt wurden und die zunehmend an Bedeutung gewinnen.

(1) Programme zur Förderung elterlicher Kompetenz in besonderen Problemsituationen

Die internationale Interventionsforschung hat in den letzten Jahren eine Reihe von Hilfen und Anregungen vorgelegt, die elterliche Kompetenz und Qualität der Partnerschaft über alle Phasen des Familienentwicklungsprozesses bzw. in unterschiedlichen Familiensituationen fördern sollen. Solche Angebote beziehen sich primär auf Risikofamilien, die Stressoren von hoher Intensität bzw. längerer Dauer ausgesetzt sind, unter weniger förderlichen Umweltbedingungen leben und deren Mitglieder durch geringe Bewältigungskompetenzen oder erhöhte konstitutionelle Vulnerabilität gekennzeichnet sind. So gibt es z. B. Programme für Familien, die einen zu früh geborenen Säugling versorgen müssen, für Mütter, die noch minderjährig sind, oder für junge Eltern, die in ihrer Herkunftsfamilie Misshandlungen erfahren haben. Des Weiteren gibt es Programme, die Kinder vor übermäßigem Konsumverhalten bewahren oder drogensüchtige Mütter beim Abbau des Drogenkonsums unterstützen sollen.[74]

Programme wurden auch für Familien entwickelt, deren Kinder Verhaltensauffälligkeiten zeigen, beispielsweise gestörtes Essverhalten, Schlafstörungen, Aggressivität, abweichendes Verhalten etc. Spezielle Interventionsformen wurden für Familien entwickelt, deren Kinder besondere Merkmale aufweisen wie körperliche Behinderungen, Krankheiten, Hyperaktivität u. a. Auch für Familien, deren Kinder misshandelt oder vernachlässigt wurden, sind besondere Programme entwickelt worden. Ferner gibt es Programme für Eltern, die Kinder adoptiert haben oder in naher Zukunft adoptieren wollen, sowie für Eltern, die eine Pflegschaft innehaben bzw. übernehmen wollen.

Prototypische Beispiele für solche Programme sind z. B. »Deviant Children: A Clinician's Manual for Assessment and Parenting Training« von Barkley,[75] das detaillierte Instruktionen für den Umgang mit verhaltensauffälligen Kindern zwischen 2 und 12 Jahren gibt, oder »Parenting the Strong-Willed-Child: The

---

74 Minsel, a. a. O.
75 R. A. Barkley 1997.

Clinically Proven Five-Week Program for Parents of Two-to-Six-Year-Olds« von R. L. Forehand und N. Long, ein Programm, das auf einer Forschungsarbeit von 30 Jahren beruht und das an Eltern adressiert ist, deren Kinder elterliche Anweisungen nicht befolgen.

(2) Programme zur Bewältigung von Übergängen in der Familienentwicklung

Ein besonderer Stellenwert kommt Programmen zu, die auf Transitionen fokussieren.[76] Neben den bekannten Schwangerschafts- und Geburtsvorbereitungskursen gewannen in den neunziger Jahren Interventionsprogramme betreffend den Übergang zur Elternschaft an Bedeutung, wie z. B. das »Becoming a Family Project« von Cowan sowie das »DFV-Elternbildungsprogramm«, das eine Anpassung und Weiterentwicklung des Programms von Cowan darstellt.[77] Beide Programme werden in Gruppen angewandt. Barbara Reichle hat 1999 das Programm für Multiplikatoren mit dem Titel »Wir werden Familie – ein Kurs zur Vorbereitung auf die erste Elternschaft« vorgelegt, das ebenfalls auf diese Phase des Familienentwicklungsprozesses gerichtet ist.

Auch weitere Übergänge im Familienentwicklungsprozess bieten Ebenen für familiale Interventionen an. Allein zur Bewältigung der mit einer Trennung, Scheidung bzw. Wiederheirat zusammenhängenden Aufgabenstellungen liegen in der internationalen Literatur über 500 Interventionsprogramme vor.[78] Interventionsansätze dieser Art sollen der Familie bzw. den einzelnen Familienmitgliedern helfen, die mit speziellen Transitionen zusammenhängenden Aufgaben zu bewältigen.

(3) Programme zur Förderung von Partnerschaft

Andere Ansätze wiederum intendieren die Stärkung von Partnerschaften. In diesem Zusammenhang kann auf das von H. J. Markman bereits zu Beginn der achtziger Jahre entwickelte »Pre-

---

76 Vgl. im Überblick: Fthenakis & Eckert 1997.
77 Fthenakis, Eckert & von Block 1999.
78 Stellvertretend sei hier auf das Gruppeninterventionsprogramm für Kinder mit getrennt lebenden bzw. geschiedenen Eltern von Fthenakis et al. (1995) bzw. auf das Programmkit »Stepping Together – Creating Strong Stepfamilies« von E. B. Visher und J. S. Visher verwiesen.

marital Relationship Enhancement Program« (PREP) hingewiesen werden, das im deutschsprachigen Gebiet seine Anpassung im EPL (»Ein partnerschaftliches Lernprogramm«) von Hahlweg et al. gefunden hat. Letzteres will die Kommunikationsfähigkeit von Paaren fördern und spezielle Kompetenzen trainieren. Von besonderem Interesse ist auch das sog. Reziprozitätstrainings-Programm,[79] das in 15 Sitzungen Reziprozität, Kommunikation und Konfliktlösung fördern will. In ähnliche Richtung geht auch das Programm von Heitler:[80] »The Power of Two. Secrets to a Strong & Loving Marriage«. Andere Programme wiederum wenden sich an Paare, die ihre Beziehung nach dem Auszug der Kinder in der sog. »Empty-Nest-Phase« stärken wollen. Hier ist das von Arp[81] vorgelegte Programm »The Second Half of Marriage. Facing the Eight Challenges of Every Long-term Marriage« zu erwäh- nen. John Gottman von der University of Washington in Seattle hat 1999 zusammen mit Nan Silver als Ergebnis langjähriger Forschung ein Programm publiziert, das sich zur Stärkung der Partnerschaftsqualität in vorzüglicher Weise eignet. Aus dem deutschsprachigen Gebiet ist – neben den Arbeiten von Hahlweg (vor allem das vor kurzem veröffentlichte Programm von Bodenmann[82] zu nennen, das eine systematische Förderung der Kompetenzen intendiert, die sich in der Forschung für die Stabilität und Qualität von Partnerschaft als relevant erwiesen, nämlich für »...die Art und Weise, wie Paare im Alltag Stress bewältigen können, wie sie angemessen miteinander zu kommunizieren in der Lage sind und wie es ihnen gelingt, effizient Probleme im Alltag zu lösen«.

(4) Programme zur Stärkung des Systems Familie
In der letzten Zeit interessiert sich die Interventionsforschung nicht nur für das einzelne Individuum und die Förderung der Paarbeziehung, sondern insbesondere für die Stärkung des Systems Familie insgesamt. Stellvertretend für diesen Schwerpunkt sei hier auf die Arbeit von Froma Walsh hingewiesen, die 1998 ein Programm (»Strengthening Family Resilience«) vorgelegt hat,

---

79 Schindler, Hahlweg & Revenstorf 1998.
80 Heitler & Singer 1997.
81 Arp & Arp 2000.
82 Bodenmann, Guy: »Kompetenzen für die Partnerschaft – Freiburger Stresspräventionstraining für Paare (FSPT)« 2000.

das auf die Familie fokussiert und ihr helfen soll, Widerstandskraft zu entwickeln bzw. sie zu befähigen, Krisen und Brüche zu bewältigen. Das Programm dient der Stärkung der Organisation, der Kommunikation und der Überzeugungssysteme einer Familie.

(5) Programme zur Förderung von Elternschaft

Ein weiterer Bereich in der Programmlandschaft beinhaltet Programme zur Förderung engagierter bzw. kompetenter Elternschaft. Im Norden der USA kommen z. B. gegenwärtig auf diesem Gebiet über 560 Programme zur Anwendung, mit einer starken Tendenz zur Kommerzialisierung.[83] Eines der bekanntesten Programme ist das »Parent Effectiveness Training (PET)« von T. Gordon,[84] das in Deutschland unter dem Titel »Familienkonferenz« bekannt wurde. Das Programm bezieht sich vorwiegend auf die Beziehungen zwischen Eltern und Kindern, die häufig durch Konflikte belastet sind. Grundlegende Idee ist der Aufbau einer »partnerschaftlichen«, d. h. nicht machtorientierten, Eltern-Kind-Beziehung.

Ein weiteres erfolgreiches Elterntrainings-Programm ist das »Systematic Training for Effectice Parenting (STEP)«,[85] das sich mit vier Schwerpunkten an Eltern mit Kindern unter drei Jahren, mit Kindern im vorschulischen, im schulischen Alter und in der Pubertät wendet. Es unterstützt Eltern bei der Erziehung ihrer Kinder zu selbständigen und selbstbewussten Erwachsenen und vermittelt effektive Elternfertigkeiten, die in wöchentlichen Sitzungen trainiert werden.

Eine besondere Stellung innerhalb der Programmlandschaft von Elternangeboten nimmt das »Early Childhood Parenting Skills Program (ECPAS)« von Richard Abidin[86] ein, das gleichfalls der Erweiterung von Elternkompetenzen dient. Es basiert auf den Ergebnissen entwicklungspsychologischer und interventionsbezogener Forschung und integriert Aspekte bereits erprobter Programme. Auch dieses Programm stellt einen der Eckpfeiler des Bayerischen Familienbildungsangebotes dar. Schließlich ist das von Matthew Sanders und seinen Mitarbeitern an der Univer-

---

83 Fthenakis & Eckert 1997.
84 Gordon 1970, 1972.
85 D. Dinkmeyer & G. D. McKay 1997.
86 Abidin 1996.

sity of Queensland in Australien entwickelte und in Deutschland von Hahlweg und Kollegen adaptierte TRIPLE P – Programm (Positive Parenting Program) zu nennen, dessen Berücksichtigung eine Bereicherung des Angebots darstellen wird.

III. Anregungen für die Familienpolitik

Für die Familienpolitik besteht eine doppelte Herausforderung, nämlich einerseits darin, den Familiensektor (Partnerschaft und Elternschaft) zu stärken und die Bedingungen, unter denen Familie gelebt wird, zu verbessern, und andererseits die Qualität von Partnerschaft im Nichtfamiliensektor zu unterstützen. Neben Familien- wird demnach verstärkt auch eine Partnerschaftspolitik benötigt. Eine familienpolitische Priorität ersten Ranges besteht außerdem darin, die beiden Bereiche nicht weiterhin als konkurrierende Lebensformen anzusehen, sondern diese miteinander zu »versöhnen«, Verteilungsungerechtigkeiten zu beseitigen und neben dem Vorrang von Familie andere Formen des Zusammenlebens zu respektieren und nicht zu diskriminieren. Es wird demnach eine Politik befürwortet, die den Familien bzw. den Partnerschaften nicht den Weg weist, sondern ihnen hilft, selbst ihren Weg zu finden.

Es wurde bereits darauf hingewiesen, dass kontextuelle Bedingungen, d. h. Faktoren, die der politischen Handlungsebene zugänglich sind, maßgeblich dazu beitragen, ob vom Individuum und dem Familiensystem eine Transition bewältigt wird oder nicht. Konzepte dieser Art sind deshalb geeignet, die Rolle, die solche Faktoren spielen, exakter als bisher zu erfassen und deren Wirkung aufzuzeigen. Kulturelle Faktoren sind, wie erwähnt, entscheidend für die Art und Weise des Bewältigungsprozesses. Darin eine Bereicherung und eine Quelle für Innovation und Stimulation zu erkennen, ist die Aufgabe einer Familienpolitik, die kulturelle Diversität integriert. Im abendländischen Raum haben wir in den zurückliegenden Jahren auf die Bedeutung des Erhalts von Werten wie Liebe, Solidarität, Verantwortung und christlicher Glaube innerhalb der Familie hingewiesen. Wir haben dabei Gewicht auf den Erhalt von Strukturen und Rollen gelegt, ohne zu reflektieren, dass Familien in diachronischer Hinsicht und auf einer globalen Ebene Transitionen durchlaufen, die sie veranlassen, sich strukturell und funktional zu verändern, wenn sie über Jahrhunderte hinweg sich veränderten Bedingungen anpassen müssen. Ich wage sogar die Behauptung, dass der Erhalt der Werte unmittelbar mit der Kompetenz von Familien zusammenhängt, ihre Strukturen zu erneuern und weiterzuentwickeln. So ist die Erfüllung des Bedürfnisses der meisten Menschen, eine qualitativ gute und auf Dauer angelegte Beziehung zu einem Partner zu leben, nur möglich, wenn ihnen die Freiheit gegeben wird, die strukturellen Bedingungen, unter denen sie eine solche Qualität von Beziehung erleben wollen, selbst gestalten zu können.

In der Betrachtung und im Umgang mit Familien haben wir uns unreflektiert auf einen Standpunkt verständigt, der allzu schnell eine restaurative und auf Problemstellungen und Defizite ausgerichtete Betrachtungsweise einnimmt. Dies betrifft Forschung, Praxis und Politik zugleich. Das Konzept der Verletzlichkeit (vulnerability) bezieht sich auf die Prädisposition eines Individuums zur Entwicklung verschiedener Formen psychopathologischen oder ineffektiven Verhaltens. Sie reflektiert die Neigung zu negativen Entwicklungsergebnissen, die unter Risikobedingungen auftreten können. Demgegenüber vertritt das Konzept von Widerstandsfähigkeit (resiliency)[87] anstelle eines defizit- und problemorientierten Ansatzes ein auf Stärken aufbauendes Modell. Neben der Betrachtung von Risikofaktoren und der Dokumentation ihrer schädlichen Auswirkungen auf eine gesunde Entwicklung werden Bedingungen identifiziert, die die Widerstandskraft von Individuen und Familien stärken.

Wenn wir von den Familien, die es »geschafft« haben, lernen, werden wir für die Prävention in Familien wertvolle Anregungen dafür erhalten, wie wir Vätern, Müttern und Kindern helfen können, Transitionen positiv zu bewältigen. Verschiedene Studien[88] legen nahe, den Fokus der Aufmerksamkeit von Risikofaktoren und der Ätiologie von Problemverhalten weg auf gesunde und adaptive Reaktionen zu richten, damit belastende Lebensbedingungen für Individuen und Familien besser verstanden werden können. Wir benötigen mehr Information über die Widerstandsfähigkeit von Kindern, Jugendlichen, Müttern und Vätern, und wir brauchen mehr Kenntnisse darüber, wie sich Widerstandsfä-

87 Wustmann 2003.
88 Garmezy, Masten & Tellegren 1984.

higkeit im Lebenszyklus entwickelt und verändert. Hierzu sind Studien erforderlich, die uns Auskunft über die Widerstandsfähigkeit geben und vor allem solche, die zwischen verschiedenen Populationen und kulturellen Gruppen stärker als bislang berücksichtigen, dass Familien speziell von einer interkulturellen Sichtweise profitieren können. Und wir benötigen Programme für Familien, die deren Widerstandskraft dadurch stärken, dass sie Risikofaktoren in ihrer Wirkung mildern, protektive Faktoren stärken und allen Familienmitgliedern Kompetenzen vermitteln, mit für sie schwierigen und belastenden Bedingungen umzugehen.

Die Familienforschung hat die Bedeutung kontextueller Bedingungen deutlich gemacht und unterstreicht die Verantwortung von Politik, Wirtschaft, Medien und der Gesamtgesellschaft für unsere Familien. Unter Berücksichtigung der bereits dargestellten Befunde der Sozialforschung im Allgemeinen und der Familienforschung insbesondere lassen sich bereits einige Elemente für die Familienpolitik umreißen, von denen hier einige noch kurz angesprochen werden sollen.

Wir benötigen eine explizite Familienpolitik: Franz Xaver Kaufmann hat zu Recht beklagt, dass wir in Deutschland bislang keine explizite Familienpolitik entwickelt haben. In den zurückliegenden zwei Jahrzehnten lassen sich unterschiedliche Argumentationen für Familienpolitik finden: Neben einer familieninstitutionellen, einer bevölkerungspolitischen, einer wirtschafts- und gesellschaftspolitischen Argumentation lässt sich eine sozial-, frauen- und neuerdings männer- und kinderpolitische Argumentation nachweisen. In allen diesen Politikbereichen finden sich implizit familienpolitische Komponenten. Das alles aber macht bei weitem noch keine explizite Familienpolitik aus, die von den Bedürfnissen der Familienmitglieder ausgeht, die Vielfalt der Familienformen berücksichtigt, der diskontinuierlich verlaufenden Familienentwicklung angemessen Rechnung trägt und familienpolitische Ansprüche an alle Politikbereiche richtet. Wir sind gegenwärtig weit davon entfernt, eine solche familienpolitische Konzeption zu haben. Hier liegt aus meiner Sicht *die* Chance für eine neue Familienpolitik.

Mehr präventiv orientierte Familienangebote werden gebraucht: Staatliche Hilfen und Interventionsmaßnahmen für Familien sind bislang eher restaurativ und weniger präventiv orientiert. Eine künftige Familienpolitik sollte präventiv orientiert sein und der Familie in den frühen Phasen ihrer Entwicklung helfen, Kompetenz zu erwerben, um mit Veränderungen im Laufe ihrer Entwicklung und mit Belastungen in ihrem Leben angemessen umzugehen.

Die dritte Säule der Familienpolitik, die Stärkung der Kompetenzen von Partnern, Eltern und Familien, wird angemahnt: Eine der dringenden anstehenden Aufgaben ist die Errichtung der dritten Säule der Familienpolitik, d. h. neben den finanziellen Hilfen, die nach wie vor für viele Familien unverzichtbar sind, neben den noch auszubauenden Betreuungsangeboten (vor allem für unter Dreijährige und für Kinder im Schulalter) sind es vor allem Hilfen zur Stärkung der Kompetenz der Familie sowohl was Elternschaft, als auch was Partnerschaft betrifft. Insbesondere der letztere Aspekt wurde bislang weitestgehend vernachlässigt. Wir wissen aber, dass er für die Stabilität im Familiensystem von primärer Bedeutung ist und die Stärkung der Elternschaft größte (auch) sozialökonomische Tragweite besitzt.

Der Einsatz von solchen Hilfen kann unmittelbar zur Reduktion des sozialen Risikos und damit auch zur Reduktion der hohen sozialen Kosten führen. Dabei kann es nicht darum gehen, die »betreute Familie« als neues familienpolitisches Ziel zu definieren. Vielmehr muss das Ziel sein, der Familie früh genug die Hilfe zukommen zu lassen, die es ihr erlaubt, in eigener Verantwortung ihr Schicksal in die Hand zu nehmen.

Familienpolitik muss stärker auf Prozesse und weniger auf Strukturen fokussiert werden: Partnerschafts- und Familienpolitik in eine übergeordnete, auf Entwicklung ausgerichtete familienpolitische Konzeption einzubinden, stellt eine neue Herausforderung dar. Eine solche familienpolitische Konzeption beschränkt sich nicht nur auf den genuinen familienpolitischen Bereich. Sie muss in hohem Maße auch Bestandteil der Bildungspolitik sowie anderer Politikbereiche werden.

Familienpolitik soll kulturelle Diversität und soziale Komplexität reflektieren: Der Sozialbericht der Landesregierung, der zehnte Kinder- und Jugendbericht und eine Reihe von Studien zeigen, dass auch in unserem Land ein massiv verlaufender Ausgrenzungsprozess stattfindet, dem wirkungsvoll begegnet werden muss. Unsere Aufmerksamkeit muss sich dabei verstärkt auf die Hochrisikogruppen in unserer Gesellschaft richten. Eine nicht zu unterschätzende Anzahl von Kindern wächst in solchen Hochrisikofamilien auf, ohne, dass es bislang gelingen konnte, angemessen darauf zu reagieren. Familien, die in Armut leben, Familien mit Alkohol- und Drogenabhängigkeit, Familien, in denen es zur Gewaltanwendung kommt, Familien in sozialer und kultureller Isolation, das sind nur einige Merkmale, für die besondere Sensibilität entwickelt werden sollte.

Angebote der Familienbildung sind auszubauen: Wenn wir den Familien helfen wollen, mit den rasant verlaufenden Veränderungen fertig zu werden, ihre Unsicherheit in Erziehungsfragen zu überwinden, hohe Qualität in der Partnerschaft zu erleben, wenn wir möchten, dass Familien ihren Aufgaben gerecht werden, benötigen wir mehr als je zuvor ein breites Angebot für Familienbildung und Familienerholung. Der Ausbau der Familienbildung bei gleichzeitiger Weiterentwicklung ihrer Konzepte in Bayern ist eine nicht mehr aufzuschiebende Aufgabe. Dabei haben wir neue Wege der Vermittlung zu gehen, die es gestatten, dass solche Angebote auch die Familien erreichen, die sie tatsächlich am nötigsten haben. Hier müssen in der Tat innovative Ansätze zur Anwendung kommen, z. B. die stärkere Einbeziehung von Frauenärzten, von Haus- und Kinderärzten und der Kindertageseinrichtungen. Neben der konzeptionellen Weiterentwicklung ist darüber hinaus eine Vernetzung der Angebote der Familienbildung mit den Angeboten der Jugendhilfe erforderlich.

Dies deutet auf die Notwendigkeit hin, die Struktur und die Organisation der derzeit verfügbaren Angebote zu überdenken. Viele der Institutionen für Familienberatung stellen das historische Ergebnis einer Epoche dar, die ihr eigenes Verständnis von staatlicher Hilfe und Fürsorge entwickelte. Am Ende dieses Jahrhunderts stellen wir zunehmend fest, dass diese Institutionen der dringenden Erneuerung und einer Neuordnung bedürfen. Es ist nicht mehr einzusehen, dass Ehe- und Familienberatungsstellen auf der einen und Erziehungsberatungsstellen auf der anderen Seite getrennte Institutionen darstellen, die vielfach nicht einmal miteinander kommunizieren, obwohl sie Aspekte derselben Familie behandeln und obwohl man seit langem weiß, wie beide Bereiche miteinander verflochten sind. Jedenfalls lässt sich, aus meiner Sicht, politisch eine solche Trennung nicht länger vertreten.

Betreuungs- und Bildungsangebote für Kinder unter drei Jahren und für Schulkinder bedürfen des Ausbaus: Obwohl Bayern für Kinder im Alter zwischen drei und sechs Jahren ein vielfältiges Betreuungsangebot bereitstellt, ist bislang die Betreuung für unter dreijährige Kinder und für Kinder im Schulalter alles andere als befriedigend. Die Leidtragenden sind die Kinder. Wir wissen aus der Forschung, dass eine qualitativ hochwertige außerfamiliale Betreuung für Kinder unter drei Jahren mit Vorteilen für die kindliche Entwicklung verbunden sein kann. Ähnliches lässt sich auch für die außerschulische Betreuung von Schulkindern zeigen. Die Folgen fehlender Betreuung im schulischen Alter sind nicht zu unterschätzen, wie vielfältige Arbeiten eindrucksvoll belegen konnten. Als weiteres Anliegen steht die Erneuerung der Bildungskonzeption für unter sechsjährige (wie auch für ältere) Kinder an. Es zeigt sich nämlich, dass das Bildungskonzept für unsere Kinder nicht mehr zeitgemäß ist und dass hier eine neue Bildungsreform ansteht, deren Ausmaß das der siebziger Jahre bei weitem überschreiten wird. Wir benötigen ein Betreuungskonzept für Kinder bis zum 14./15. Lebensjahr, und hier sollte die Politik auch die Frage nach einem übergeordneten (Dach-) Gesetz für diesen Bereich erneut überlegen, das zudem nicht nur die Betreuungsinstitutionen, sondern auch andere Betreuungsformen und vor allem die Familie selbst mit einbezieht.

In der Bildungspolitik muss die Frage erneut gestellt werden, welche Ziele sie für unsere Kinder verfolgt. Mit Blick auf die Familie kann behauptet werden, dass die Bildung unsere Kinder am wenigsten auf die wichtigste Rolle im Leben, die des Ehepartners oder der Mutter und des Vaters, vorbereitet. Der bildungspolitische Beitrag muss neu definiert werden. Hier besteht in der Tat ein enormer Nachholbedarf.

Verglichen mit anderen Ländern weisen wir auf dem Gebiet der Kindheits- und Familienforschung enorme Defizite auf. Die Intensivierung der Forschung im Hinblick auf die Entwicklung des Humankapitals ist eine nicht mehr aufzuschiebende Aufgabe. Dabei sind auch die Diskussionen aufzunehmen, die sich auf Qualitätsentwicklung, Qualitätssicherung oder -kontrolle vorhandener Angebote für Familien beziehen. Es ist durch nichts zu rechtfertigen, dass wir hohe Investitionen für Familien tätigen, ohne je wirklich ihre Effizienz evaluiert zu haben. Da Hilfen, Beratungsangebote und Interventionen für Familien unmittelbaren Einfluss auf alle Familienmitglieder haben, sind deren Auswirkungen empirisch zu überprüfen und die daraus gewonnenen

Erkenntnisse für deren Revision bzw. Weiterentwicklung zu nutzen. Für eine neue Familienpolitik sollten nur Angebote staatliche Unterstützung erfahren, die nachweisen konnten, dass sie Familien tatsächlich helfen.

Wie Familien sich weiterentwickeln, hängt unmittelbar mit den Antworten zusammen, die wir für sie bereithalten, wenn es darum geht, wichtige Transitionen zu bewältigen und Erziehungsverantwortung zu übernehmen. Soziale Mitverantwortung für Familien ist erforderlich, die mit einer veränderten Philosophie für Familien korrespondiert, eine Philosophie, die kulturelle Diversität bejaht, Familie als ein sich veränderndes und sich weiterentwickelndes System ansieht, dessen Überlebenschance mit seiner Kompetenz zusammenhängt, normative wie nichtnormative Transitionen zu bewältigen und gleichzeitig darin Chancen für die weitere Entwicklung zu erkennen. Die Chancen hängen aber auch mit den Rahmenbedingungen zusammen, die eine Gesellschaft für Familien bereithält. Ein auf Entwicklung ausgerichtetes, dynamisch konzipiertes, die strukturelle Vielfalt bejahendes Familienbild kann am ehesten dazu beitragen, das zu erhalten, was wir eigentlich wünschen: Die Familie als Keimzelle der Gesellschaft und als Quelle persönlichen Glücks.

Literaturverzeichnis

Abidin, R. R. (1996), Early Childhood Parenting Skills. A Program Manual for the Mental Health Professional. Psychological Assessment Ressources, Inc.

Allen, V. & van de Vliert, E. (Eds.) (1984), Role. Transitions. Explorations and Explanations. New York: Plenum.

Amato, P. R. & Booth, A. (1997), A generation at risk: Growing up in an era of family upheaval. Cambridge, MA: Harvard University Press.

Amato, P. R. (1999), More than money? Men's contributions to their children's lives. In: A. Booth & A. C. Crouter (Eds.), Men in families: When do they get involved? What difference does it make? Hillsdale, NJ: Erlbaum, 241-278.

Arp, D. & Arp, C. (2000), The Second Half of Marriage. Participant's Guide. Grand Rapids, Michigan.

Barkley, R. A. (1997), Deviant Children: A Clinician's Manual for Assessment and Parenting Training. New York.

Bayerisches Staatsministerium für Arbeit und Sozialordnung, Familie und Frauen (StMAS) (1999), Sozialbericht. Bericht der Staatsregierung zur sozialen Lage in Bayern. http://www.stmas.bayern.de/sozialpolitik/sozialbericht/sozber.pdf.

Bodenmann, G. (2000), Kompetenzen für die Partnerschaft. Freiburger Stresspräventionstraining für Paare. Weinheim.

Bohle, H.H. (1994), Ehescheidung: Soziologische Perspektiven und Forschungsbefunde. Diskurs 94 (2), 69-75.

Booth, A., Amato, P.R., Johnson, D.R., & Edwards, J.N. (1998), *Marital instability over the life course: Methodology report for fifth wave.* Lincoln: University of Nebraska Bureau of Sociological Research.

Brandmayr, E. (2000), Das Elternschaftskonzept nach Richard Abidin. Theoretische Grundlagen und Anwendung eines kompetenzorientierten Elternprogramms. Augsburg: Unveröffentlichte Diplomarbeit.

Bray, J.H. & Berger, S.H. (1990), Noncustodial father and parental grandparent relationships in stepfamilies. Family Relations 39, 414-419.

Bray, J.H. & Berger, S.H. (1993), Nonresidential parents after remarriage. In: C.E. Depner, & J.H. Bray (Eds.). Nonresidential parenting: New vistas in family living. Newbury Park, 156-181.

Callahan, E.J. McCluskey, K.A. (Eds.) (1983), Life-span developmental psychology. Normative life events. New York: Academic Press.

Cowan, C.P. & Cowan, P.A. (1991), Becoming a family: Marriage, parenting, and child development. In: P.A. Cowan & E.M. Hetherington (Eds.): Family transitions. Advances in family research series. Hillsdale, NJ, 79-109.

-, (1992), When partners become parents: The big life change for couples. New York.

-, (1995), Interventions to ease the transition to parenthood. Why they are needed and what they can do. Family Relations 44.

Del Carmen, R. & Virgo, G.N. (1993), Marital disruption and nonresidential parenting: A multicultural perspective. In: C.E. Depner & J.H. Bray (Eds.), Nonresidential parenting. New vistas in family living. Newbury Park, 12-36.

Dinkmeyer, D., McKay, G.D., & Dinkmeyer, D., Jr. (1997), The Parent's Handbook. Systematic Training for Effective Parenting. Circle Pines, MN.

Dorbritz, J. (1999), Stirbt die Familie? Gründe und Folgen der Schwächung einer Institution, Frankfurter Allgemeine Zeitung vom 21.12.1999.

Elder, G.H. (1974), Children of the great depression: Social change in life experience. Chicago.

Elder, G.H. & Caspi, A. (1991), Lebensläufe im sozialen Wandel. In: A. Engfer, B. Minsel & S. Walper (Hg.), Zeit für Kinder! Kinder in Familie und Gesellschaft. Weinheim, 32-70.

Engstler, H. (1998), Die Familie im Spiegel der amtlichen Statistik. Brühl.

Fisher, S. & Cooper, C. L. (1990), On the move: The psychology of change and transition. Chichester.

Fisher, S. & Reason, J. (1988), Handbook of life stress, cognition and health. Chichester.

Friedl, I. & Maier-Aichen, R. (1991), Leben in Stieffamilien. Familiendynamik und Alltagsbewältigung in neuen Familienkonstellationen. Weinheim, München.

Fthenakis, W. E. (1986), Interventionsansätze während und nach der Scheidung – Eine systemtheoretische Betrachtung. Archiv für Wissenschaft und Praxis der sozialen Arbeit 1986, (2), 174-201.

–, (1995), Ehescheidung als Übergangsphase im Familienentwicklungsprozess. In M. Perrez, J.-L. Lambert, C. Ermert & Plancherel (Hg.), Familie im Wandel. Freiburg, Schweiz: Universitätsverlag Freiburg, 63-95.

Fthenakis, W. E., Chow, S., Gemar, K., Köster-Goorkotte, I., Kohlmann, N., Lehmann, F., Mayer-Gaup, G., Seibel, K., Siefert, I., Stahl, F., Walbiner, W. & Wolf, J. (1995 a), Gruppeninterventionsprogramm für Kinder mit getrennt lebenden oder geschiedenen Eltern. TSK – Trennungs- und Scheidungskinder. LBS-Initiative Junge Familie (Hg.). Weinheim.

Fthenakis, W. E. & Eckert, M. (1997), Präventive Hilfen für Familien in Familienbildung und Beratung. In: H. Macha & L. Mauermann (Hg.), Brennpunkte der Familienerziehung. Weinheim, 219-239.

Fthenakis, W. E. u. a. (1999), Engagierte Vaterschaft. Die sanfte Revolution in der Familie. LBS-Initiative Junge Familie (Hg.). Opladen.

Fthenakis, W. E., Eckert, M. & von Block, M. im Auftrag des deutschen Familienverbandes e. V. (Hg.) (1999), Handbuch Elternbildung. Opladen.

Fthenakis, W. E., & Minsel, B. (2002), Die Rolle des Vaters in der Familie. Schriftenreihe des Bundesministeriums für Familie, Senioren, Frauen und Jugend, Band 213. Stuttgart.

Fthenakis, W. E., Kalicki, B. & Peitz, G. (2002), Paare werden Eltern. Die Ergebnisse der LBS-Familien-Studie. Opladen.

Furstenberg, F. F. jr. (1988), Child care after divorce and remarriage. In: E. M. Hetherington & J. D. Arasteh (Hg.), Impact of divorce, single parenting, and stepparenting on children. Hillsdale, NJ, 279-298.

Garbarino, J. (1991), Kinder in Familie und Gesellschaft: eine ökologische Perspektive. In: A. Engfer, B. Minsel, S. Walper (Hg.): Zeit für Kinder! Kinder in Familie und Gesellschaft. Weinheim, 72-89.

Garmezy, N., Masten, A. S. & Tellegren, A. (1984), The study of stress and competence in children: A building block of developmental psychopathology. Child Development 55, 97-111.

Gennep, A. van (1999), Übergangsriten. Frankfurt am Main.

Gensicke, T. (1994), Wertewandel und Familie. Aus Politik und Zeitgeschichte. Beilage zur Wochenzeitung »Das Parlament«, B29-30/94, 36-47.

Gordon (1970), Parent Effectiveness Training. The »No-Lose« Program for Raising Responsible Children. New York.

Gordon (1972), Familienkonferenz: Die Lösung von Konflikten zwischen Eltern und Kind. Hamburg.

Gottman, J. M. (1994), What predicts divorce? Hillsdale, NJ.

Gottman, J. M. & Silver, N. (1999), The Seven Principles for Making Marriage Work. New York.

Griebel, W. (1991), Arbeitsteilung im Haushalt: Was übernehmen Mutter, Vater, Kind (und Großmutter)? Zeitschrift für Familienforschung 3, 1991, 21-52.

–, (1999), Der Vater als Großvater. In: W. E. Fthenakis u. a., Engagierte Vaterschaft. Opladen, 223-230.

Hauser, R. (1995), Das empirische Bild der Armut in der Bundesrepublik Deutschland – ein Überblick. In: Aus Politik und Zeitgeschichte, Beilage zur Wochenzeitung »Das Parlament«, 31/32, 3-13.

Harris, J. R. (1998), The nurture asumption. Why children turn out the way they do. Parents matter less than you think and peers matter more. New York.

Heitler, S. & Singer, P. (1997), The Power of Two: Secrets of a Strong & Loving Marriage. New Harbinger Pubns.

Hetherington, M. E. (1989), Coping with family transitions: Winners, losers, and survivors. Child Development 60, 1, 1-4.

Hill, R. & Mattessich, P. (1979), Family development theory and life-span development. In: Baltes, P. B. & Brim, O. G. (Eds), Life-span development and behavior. Vol. 2. New York, 162-204.

Huston, A. C. (1994), Children in poverty: Designing research to affect policy. Social Policy Report. Vol. VIII, 2, 2-12.

Jahoda, M., Lazarsfeld, P. F. & Zeisel, H., & Fleck, Chr. (1975/2002), Marienthal: The Sociography of an Unemployed Community. Transaction Pub.

Joos, M. (1997), Armutsentwicklung und familiale Armutsrisiken von Kindern in den neuen und den alten Bundesländern. In: Otto, U. (Hg.), Aufwachsen in Armut. Opladen, 49-78.

Kiefl, W. & Kummer, I. (1992), Paare in der Krise. Wiesbaden: Bundesinstitut für Bevölkerungsforschung.

Klages, H. & Gensicke, T. (1994), Spannungsfelder des Wertewandels. Von der spontanen Entwicklung von Selbstentfaltungswerten zu deren Integration. In: N. Seibert (Hg.), Bildung und Erziehung an der Schwelle zum dritten Jahrtausend. München, 674-695.

Klerman, L. V. (1991), Alive and well? A research and policy review of health programs for poor young children. New York: National Center for Children in Poverty, Columbia University School of Public Health.

König, R. (1946), Zwei Grundbegriffe der Familiensoziologie: Desintegration und Desorganisation. In: R. König (Hg.), Materialien zur Soziologie der Familie. Köln: Francke, 55-87.

Keddi, B., Pfeil, P., Strehmel, P., & Wittmann, S. (1999), Lebensthemen junger Frauen. Die andere Vielfalt weiblicher Lebensentwürfe. Eine Längsschnittuntersuchung in Bayern und Sachsen. Opladen.

Kruse, A., Fünf-Generationen-Familie: Interaktion, Kooperation und Konflikt. Zeitschrift für Gerontologie 16 (1983), 205-209.

Lampert, H. (1996), Priorität in der Familie. Berlin.

McGoldrick, M. & Carter, E. A. (1982), The family life cycle. In: F. Walsh (Ed.), Normal family process. New York, 167-195.

McLanahan, S. S., Astone, N. M. & Marks, N. (1991), The role of mother-only families in reproducing poverty. In: A. C. Huston (Ed.), Children in poverty: Child development and public policy. New York, 51-78.

McLoyd, V. C. & Wilson, L. (1991), The strain of living poor. Parenting, social support, and child mental health. In: A. C. Huston (Ed.), Children in poverty: Child development and public policy. New York, 105-135.

McLoyd, V. C. (1989), Socialization and development in a changing economy. The effects of paternal job and income loss on children. American Psychologist 44, 293-302.

Miegel, M. & Wahl, S. (1994), Das Ende des Individualismus. München.

Minsel, B. (1999), Eltern- und Familienbildung. In: R. Tippelt (Hg.), Handbuch Erwachsenenbildung/Weiterbildung. 2. überarb. und akt. Auflage. Opladen.

Moos, R. (1986), Coping with life crises. An integrated approach. New York.

Nauck, B. (1991), Generationenvertrag, generatives Verhalten und Eltern-Kind-Beziehungen im interkulturellen Vergleich. In: A. Engfer, B. Minsel & S. Walper (Hg.), Zeit für Kinder! Kinder in Familie und Gesellschaft. Weinheim, 125-132.

Oerter, R. (1985), Aspekte einer entwicklungspsychologischen Beratung im Jugendalter. In: J. Brandtstätter & H. Gräser (Hg.), Entwicklungsberatung unter dem Aspekt der Lebensspanne. Göttingen, 65-82.

Philipp, S.-H. (Hg.) (1995), Kritische Lebensereignisse. 3. Aufl. Weinheim.

Ramey, C. T., & Campbell, F. A. (1991), Poverty, early childhood education, and academic competence: The Abecedarian experience. In: A. C. Huston (Ed.), Children in poverty: Child development and public policy. New York, 190-221.

Reichle, B. (1999), Wir werden Familie – Ein Kurs zur Vorbereitung auf die erste Elternschaft. Weinheim, München.

Reuband, K.-H.(1997), Aushandeln statt Gehorsam. Erziehungsziele und Erziehungspraktiken in den alten und neuen Bundesländern im Wandel. In: Böhnisch L., Lenz K. (Hg.), Familien: Eine interdisziplinäre Einführung. Weinheim, 129-153.

Rosenmayr, L. (1978), Die menschlichen Lebensalter in Deutungsversuchen der europäischen Kulturgeschichte. In: L. Rosenmayr (Hg.), Die menschlichen Lebensalter. Kontinuität und Krisen. München, 23-79.

Rottenleuthner-Lutter, M. (1989), Ehescheidung. In: R. Nave-Herz & M. Markefka (Hg.), Handbuch der Familien- und Jugendforschung. Band 1: Familienforschung. Neuwied, 607-623.

Sanders, M. R., Markie-Dadds, C. & Turner, K. M. T. (1996), Triple P. Positive Parenting Program. Families International Publishing Pty, Milton, Australia. Deutsche Ausgabe: PAG Institut für Psychologie (Hg.) (1999), Triple P. Positives Erziehungsprogramm. Münster.

Sarason, I. G. & Sarason, B. R. (Hg.) (1985), Social Support: Theory, Research and Applications. Dordrecht.

Schindler, L., Hahlweg, K. & Revenstorf, D. (1998), Partnerschaftsprobleme: Diagnose und Therapie. Therapiemanual. 2., aktualisierte, vollständig überarbeitete Auflage. Berlin, Heidelberg, New York.

Schnabel, M. (1987), Familienlastenausgleich – Anspruch und Wirklichkeit seit 10 Jahren. Neuwied.

Schneewind, K. A. (1999), Familienpsychologie. 2. überarb. Auflage. Stuttgart.

Schneewind, K. A. & Ruppert, S. (1995), Familien gestern und heute: Ein Generationenvergleich über 16 Jahre. München.

Schneider, N. F., Tölke, A. & Nauck, B. (1995), Familie im gesellschaftlichen Umbruch – Nachholende oder divergierende Modernisierung? In: B. Nauck, N. F. Schneider & A. Tölke (Hg.), Familie und Lebensverlauf im gesellschaftlichen Umbruch, S. 1-25.

Snyder, C. R. & Ford, C. E. (1987), Coping with negative life events. Clinical and social psychological perspectives. New York.

Strauss, A. L. (1974), Spiegel und Masken. Die Suche nach Identität. Frankfurt am Main.

Strauss, A. L. (1987), Qualitative analysis for social scientists. Cambridge.

Tyrell, H. (1988), Ehe und Familie – Institutionalisierung und Deinstitutionalisierung. In K. Lüscher, F. Schultheis & M. Wehrspaun (Hg.), Die »postmoderne« Familie. Familiale Strategien und Familienpolitik in einer Übergangszeit. Konstanz, 145-156.

Ulich, M. (1988), Risiko- und Schutzfaktoren in der Entwicklung von Kindern und Jugendlichen. Zeitschrift für Entwicklungspsychologie und Pädagogische Psychologie 20, (2), 146-166.

Ulich, D., Haußer, K. Mayring, P., Stehmel, P., Kandler, M. & Degenhardt, B. (1985), Psychologie der Krisenbewältigung. Eine Längsschnittuntersuchung mit arbeitslosen Lehrern. Weinheim.

Visher, E. B. & Visher, J. S. (1996), Therapy with Stepfamilies. New York: Brunner-Routledge. (Diese Veröffentlichung ist Bestandteil des im Text erwähnten Programm-Kits).

Walsh, F. (1998), Strengthening Family Resilience. New York, London.

Weidacher, A. (1993), Was Familien für Kinder ausgeben. In: Grundschulmagazin 8, 16-21.

Wustmann, C. (2003), Was Kinder stärkt: Ergebnisse der Resilienzforschung und ihre Bedeutung für die pädagogische Praxis. In: W. E. Fthenakis (Hg.), Elementarpädagogik nach PISA. Wie aus Kindertagesstätten Bildungseinrichtungen werden können. Freiburg im Breisgau, 106-135.

Zill, N. (1988), Behavior, achievement, and health problems among children in stepfamilies: Findings from a national survey of child health. In: E. M. Hetherington & J. D. Aresteh (Eds.), Impact of divorce, single parenting, and stepparenting on children. Hillsdale, NJ, 325-368.

Aleida Assmann
Sprache, Kultur, Bildung

Vor kurzem saß ich in Zürich mit einer deutschen Gegenwarts-
autorin zusammen. Was sie mir am Rande einer Tagung bei der
mittäglichen Pizza erzählte, halte ich für bedeutsam genug, um es
hier weiterzugeben. Sie hatte in dem Mietshaus in der Großstadt,
in der sie wohnt, von einem Mädchen gehört, das in der Schule
große Schwierigkeiten hatte und auch im Leben nicht reüssierte.
Eines Tages fand sie in der Mülltonne ein Schulheft dieses Mäd-
chens und nahm es mit nach Hause. Es entpuppte sich als ein Tagebuch, in dem das Mädchen Buch führte über ihre alltäglichen
Erfahrungen und sexuellen Kontakte. Die Autorin, die nicht an
indezenten Enthüllungen interessiert war, studierte das Heft und
war erschrocken. Sie konnte rein gar nichts über das Mädchen
erfahren. Was sie las, war eine erbärmlich reduzierte Sprache in
einer zerrütteten Orthographie. Es gab nicht einmal ein Re-
gelmaß in den Fehlern; dieselben Worte erschienen in immer
neuen Schreibvarianten. Nach diesem Einblick legte die Autorin
das Heft dorthin zurück, wo sie es gefunden hatte: in die Mülltonne.

Das ist leider keine fesselnde Geschichte. Es gibt keine Um-
schwünge und Überraschungen darin: Die Gescheiterte entpuppt
sich nicht insgeheim als verkanntes Genie. Es gibt keine andere
Überraschung in der Geschichte als die Enttäuschung unserer immer hoffnungsvollen Erwartungen. Trotzdem und gerade deshalb halte ich sie für einen guten Startpunkt in unser Thema. Sie
zwingt uns zu einer pragmatisch realistischen Perspektive, weshalb ich meine folgenden Überlegungen von diesem Nullpunkt
her aufbauen möchte.

1. Sprache und Erfahrung

Nennen wir das Mädchen, von dem hier die Rede ist, Nadine. Der
Name ist erfunden, aber es gibt vermutlich etliche ihresgleichen.
Was wissen wir von ihr? Nichts, als dass sie das Bedürfnis hatte

und den offensichtlich gescheiterten Versuch unternommen hat, ein wenig Übersicht und Ordnung in ihr haltloses und unbewältigtes Leben zu bringen. Das Tagebuch, das möglicherweise als Instrument der Orientierung angelegt war, erwies sich jedoch nur als Spiegel des inneren und äußeren Chaos. Sprache und Schrift, in der abendländischen Kultur seit Jahrhunderten, ja Jahrtausenden für Formen der Auto-Kommunikation und Selbst-Technik erprobt, verweigerten ihr ihre Dienste. Das Bedürfnis, das zusammenhanglose Erleben in Sprache und Bewusstsein zu übersetzen und der Erinnerung im Schwindel der Belanglosigkeiten und Veränderungen einen Halt zu bieten, fand keine Erfüllung. Keine Frage, woran es in diesem Fall fehlte: an der Sprache. Aber was ist das für ein Sprachdefekt? Wir unterstellen hier einmal, dass Nadine das Idiom der täglichen Kommunikation in ihrer Altersgruppe selbstverständlich beherrscht und sie sich in diesem Register frei zu bewegen weiß. Was ihr aber fehlt, ist die Fähigkeit, dieses mündliche Idiom in eine schriftliche Sprache zu überführen und einen Text zu produzieren, der zu ihr zurückspricht. Der Schritt von wechselseitiger Interaktion zur Selbst-Kommunikation mithilfe von Schrift hat nicht funktioniert. Die geschriebenen Worte öffneten keinen Innenraum und ermöglichten keine Reflexion. Sie schufen auch keinen Abstand, indem sie subjektives Erleben sprachlich verallgemeinerten.

Nadine ist gescheitert bei dem Versuch, ihre Sprache von der Kommunikations- zur Reflexionsebene anzuheben, weil der Schritt von der *Sprechsprache* in die *Schriftsprache* blockiert war. Schriftsprache bedeutet zu einem gewissen Grade eine Enteignung der Sprechsprache; sie löst die Sprache von den gängig einverleibten Wendungen ab und zwingt zu Abstraktion und Verallgemeinerung. Die Nachteile einer standardisierten Schriftsprache sind von den Romantikern mit Nachdruck hervorgehoben worden: sie entfremde, so beklagten sie, vom Intimen, Körperlichen, Heimischen, Lokalen. Die Vorteile liegen aber gleichermaßen auf der Hand: Die Schriftsprache hebt uns über den engen Radius der Üblichkeiten hinaus, sie vergesellschaftet uns mit Menschen, die wir nie gesehen haben, und eröffnet uns neue Perspektiven. Der amerikanische Philosoph Henry David Thoreau hat diesen Register-Wechsel zwischen Sprech- und Schriftsprache genauer analysiert. Er sprach in diesem Zusammenhang von einer *Muttersprache* und einer *Vatersprache*. (Die altmodischen gender-

Implikationen, die er dabei aufruft, müssen wir nicht unbedingt übernehmen.) Die Muttersprache ist für ihn diejenige, in die wir ohne merkliche Anstrengungen hineinwachsen und die sich zugleich mit unserer körperlich-geistigen Entwicklung bildet, die Vatersprache ist die Schriftsprache, die wir mühsam zu buchstabieren lernen und die uns Einlass in das Reich der Literatur gewährt. Wenn die Muttersprache den Wolken gleicht, die am Himmel vorüberziehen, dann gleicht die Vatersprache den Sternen, die von den Wolken verdeckt werden. In der Schriftsprache wachsen wir über uns selbst hinaus, was nicht ohne Anstrengungen möglich ist. Denn Lesen im eigentlichen Sinne, so fügte er hinzu,

> »ist nicht das, was uns genussvoll einlullt und unseren Geist still stellt, sondern was uns zwingt, uns auf die Zehenspitzen zu stellen, und unsere alertesten und wachsten Stunden fordert.«[1]

Die romantische Kritik an der Schriftsprache ist heute wenig originell und aktuell. Was wir dagegen brauchen, ist eine Kritik der eingeschränkten Codes, ganz gleich, ob sie sich jeweils in minimalistischen Szenesprachen, im E-Mail-Kauderwelsch oder im akademischen Fachjargon verengen. ›Restringierter Code‹ hat nichts, wie die Linguisten der 1960er-Jahre noch meinten, mit sozialer Schichtung zu tun. Es kann keine Rede davon sein, dass die Sprache der Unterschichten weniger elaboriert, präzise oder wendig ist. Restriktion von Codes entsteht durch Abschließung sprachlicher Möglichkeiten. Im Internet-Zeitalter hat sich die Qualität von Sprache dadurch entscheidend verändert, dass Sprechsprache und Schriftsprache eins geworden sind. Beim E-Mail-Austausch und beim Plaudern mit der Tastatur im Chatroom hat die Schriftsprache alle Merkmale einer Vatersprache im Sinne Thoreaus verloren; sie stellt keine Anforderungen mehr, alle Hemmschwellen sind beseitigt. Von Anstrengungen und Auf-die-Zehenspitzen-Stellen kann keine Rede mehr sein. Sprache wird in diesen Formen von Kommunikation weniger artikuliert als ›ausgeschieden‹, wie man Schweiß oder Urin absondert. Angesichts solcher Tendenzen von allen Seiten zur Verengung des Sprachpotentials brauchen wir dringender denn je die Schriftsprache und ihre Verkörperung in der Literatur, um Sprache auf

---

1 Henry David Thoreau,« Reading« in: *Walden*, 2 Bände, Boston, New York 1889, 1. Band, S. 164.

das Niveau der Reflexion, des historischen Gedächtnisses, der verallgemeinerbaren Erfahrung zu heben.

Damit komme ich noch einmal zu Nadine zurück. Sie hat keine Schriftsprache gelernt, weil sie nicht ahnte, dass diese ein lebensnotwendiges – überlebensnotwendiges Instrument ist, ohne das Bewusstsein, Reflexion und Identitätsbildung nicht denkbar sind. Die Schule ihrerseits müsste deutlicher machen, dass sie hier ein unschätzbares und weitreichendes Angebot zu machen hat, das nicht auf die Schulstunden und den Erwerb von Kernkompetenzen beschränkt ist, sondern auch etwas mit dem Leben zu tun hat. Das Erlernen einer Schriftsprache befähigt zum Lesen wie zum Schreiben und kann damit zu einem wesentlichen Instrument der Selbstbefragung und Identitätsvergewisserung werden.

Ich möchte das Bisherige verallgemeinern und gleichzeitig mithilfe eines Bildes zusammenfassen. Mein Thema ist das Verhältnis von Sprache und Kultur. Dieses Verhältnis ist ein gegenseitiges: Kultur beruht auf Sprache, andererseits ist Sprache unendlich kultivierbar. Kultur heißt zunächst ja nichts anderes als Pflege – sei es im Sinne von Gartenbau, Hygiene oder Körperpflege. Ohne Pflege verkommt auch die Sprache. Das führt dann dazu, dass sich ihr Potential der Welterschließung verengt. Wir können uns das klar machen, wenn wir uns ein Auto mit vier Gängen vorstellen. So wie die vier Gänge die Kraft des Motors in unterschiedlicher Weise umsetzen, so nutzen wir auch das Potential der Sprache mit jeweils unterschiedlicher Tiefe und Reichweite.

Der erste Gang, können wir sagen, dient der Kommunikation. Auf dieser Ebene geht es um Übermittlung und Austausch von Information. Manchmal wird nicht viel gesagt, wenn gesprochen wird, weil das vordringliche Interesse auf die Erhaltung des Kontakts zielt. Zwischenmenschlicher Kontakt und strategische Informationsübermittlung sind die wesentlichen Funktionen des ersten Gangs. Dieses Sprachregister umfasst die Gespräche auf dem Schulhof und den Schwatz beim Einkaufen ebenso wie die abendliche Tagesschau.

Der zweite Gang bringt das Sprachvermögen von der Stufe eines gut funktionierenden Automatismus auf die Stufe der Reflexion. Hier wird Sprache zum Mittel der Kritik, der Befragung, der Erinnerung, der Vergegenwärtigung einer abwesenden Realität. Auf dieser Ebene wird die Sprache dichter, bewusster, mit ihren

Worten und Bedeutungen sichtbarer und problematischer, und damit zu einem Instrument, das man für die eigenen Bedürfnisse umformen und aneignen muss. Mit diesem Register überschreiten wir unsere unmittelbaren Bedürfnisse, legen uns über unsere disparaten Erfahrungen Rechenschaft ab, besichtigen Vergangenes noch einmal und arbeiten uns an dem ab, was quer steht zu unseren Wünschen und Hoffnungen. Ohne diese Ebene der Reflexion ist ein kritisches Selbstbild ebenso wenig möglich wie ein vertieftes Interesse am Anderen.

Der dritte Gang systematisiert die Reflexion. Wir gelangen damit auf die Ebene der Wissenschaften, die Metasprachen entwickeln, in denen sie über Dinge wie menschliche Verhaltensformen, historische Prozesse, ökonomische Entwicklungen, Texte oder Kunstwerke sprechen. Das Problem dieses dritten Ganges ist die Entkopplung von den anderen Gängen. Wenn diese Sprache nicht mehr rückübersetzbar ist in einfachere Sprachen, verkommt sie zur Esoterik und zum erstarrten Fachjargon. Für die Entwicklung eines wissenschaftlichen Denkens ist dieser dritte Gang mit seinen Spezialsprachen jedoch unverzichtbar, weil diese ein verallgemeinertes und erlernbares Wissensniveau befestigen und Anschlussmöglichkeiten für individuelles Weiterdenken und Forschen anbieten. Im dritten Gang tut die Gesellschaft als ganze nichts anderes, als was das Individuum im zweiten Gang tut: sie legt sich Rechenschaft ab über naturwissenschaftliche Zusammenhänge sowie historische und kulturelle Befindlichkeiten.

Der vierte Gang ist der kreativen Sprache vorbehalten. Dies ist die Ebene der innovativen Denker, Künstler und Sprachschöpfer, die ihre Visionen und Gedanken in Sprachgestalten verdichten und für andere zugänglich machen. Mit ihren Sprachschöpfungen erweitern sie unsere Welt und eröffnen uns neue Blicke auf sie. Es ist diese vierte Ebene, auf der das Potential der Sprache voll zur Geltung kommt; hier wird die Sprache selbst erneuert, hier werden die Grenzen des Sagbaren immer wieder neu vermessen. Literarische Texte halten dieses Potential in komprimiertester Form fest; sie zu lesen heißt deshalb, sich an die Energiequellen der Sprache anzuschließen und über das eigene Idiom, die eigenen beschränkten Register herausgehoben zu werden. Lektüren literarischer Texte erinnern uns immer wieder an den untrennbaren Zusammenhang von Welt und Sprache; sie sind ein Hort der Imagination und Erfahrung, bieten aber auch Erkundungsreisen in die vergessenen Resonanzen von Worten und Blicke in die Abgründe von Sätzen an sowie die Entdeckung des verborgenen und spielerischen Zusammenhangs von Laut und Sinn bzw. Unsinn.

2. Bildung zwischen Sprache und Bildern

Um hier gleich eine solche Erkundungsreise in die vergessene Resonanz eines Wortes anzuschließen: Im Wort Bildung ist, was oft übersehen wird, das Wort Bild enthalten. In seinen religiösen Wurzeln geht der Begriff auf das Wort ›Einbildung‹ zurück, worunter Meister Eckart, der deutsche Mystiker des Mittelalters, noch nicht den freien Gebrauch der Phantasie verstand, sondern die Aufgabe des Menschen, das Bild Gottes in sich aufzunehmen, um damit seine eigene Gottes-Ebenbildlichkeit zu verwirklichen. Bei der Säkularisierung des Begriffs Bildung und seiner großen Karriere im 19. Jahrhundert ist dieser religiöse Bildbezug durch den normativen Bezug zu klassischen literarischen Texten verdrängt worden. Am Ende des Druck-Zeitalters, wo die Bücher zwar keineswegs auf dem Rückzug sind, aber doch durch technisch produzierte Bilder wie Photographie, Film und Video allenthalben ergänzt werden, stellt sich erneut die Frage, ob und was Bildung mit Bildern zu tun hat. Welche Rolle, so können wir unsere Frage auch stellen, spielt die Sprache in der Kultur nach dem sogenannten ›iconic turn‹, der Wende zur Bildkultur, die am Ende des 20. Jahrhunderts verkündet wurde?

Auch hier müssen wir zunächst vom Nullpunkt bzw. von den Tatsachen ausgehen. Unter dem ironischen Titel »Lernen fürs Leben« habe ich in einer Zeitung unlängst Folgendes gelesen: »Jugendliche verbringen mittlerweile mehr Zeit vor dem Fernseher als in der Schule. 20 Prozent der deutschen Grundschüler kommen auf einen Fernsehkonsum von mehr als 40 Stunden pro Woche, das sind fast sechs Stunden täglich.«

Zu diesem enormen visuellen Fernseh-Pensum kommen dann noch Kino und Internet hinzu. Das Problem liegt hier weniger in der Bilderflut als in der passiven Konsumierung von Bildern, die nicht beantwortet werden. Das Sehen von Filmen wird oft als passiver körperlicher Akt beschrieben: man zieht ihn in sich hinein wie eine Droge. Es geht mir hier nicht nur um den Aspekt des visuellen Suchtverhaltens. Offensichtlich füllt das Fernsehen auch eine Lücke in unserer Gesellschaft; die Jugendlichen holen sich all das, was sie nicht in der Familie und nicht in der Schule lernen, aus dem Fernsehen. Das Fernsehen ist in unserer Medien-Gesellschaft zur wichtigsten Ressource ihrer Sozialisation und Welterfahrung geworden. Was dabei jedoch völlig ausfällt, ist die aktive Energie der Verarbeitung oder Beantwortung. Fernsehbilder sind unbeantwortete Bilder. Dazu braucht man wiederum die Ressource der Sprache. In der Schule könnte man eine Sprache lernen, in der man sich über diese Bilderflut verständigt, sie sortiert, vergleicht und ein Stück weit analysiert. Wer einmal eine Vorabendserie auf ihre Topoi, Typen und Handlungslogik untersucht hat, wird sie mit anderen Augen betrachten. Wir können die Bilderflut, die unsere Mediengesellschaft entfesselt hat, nicht eindämmen, aber wir können die Sprache stärken, in der Jugendliche lernen, die Bilder, die sie überschwemmen, zu beantworten. Fähigkeiten, die an Texten erlernt und praktiziert werden, lassen sich leicht auch auf filmische Bilder anwenden: es geht dabei um das Wiedererkennen von Mustern und Verfahren, um die vielen Variationen begrenzter Themen und Mythen, um ein Durchschauen der Rhetorik der Effekte.

Mit ähnlichen Worten, mit denen man sich heute vor der Bilderflut der Massenmedien fürchtet, fürchtete man sich früher vor der Bilderflut der menschlichen Phantasie. Nietzsche sprach noch von einer »in hitziger Flüssigkeit aus der menschlichen Natur hervorströmenden Bildermasse.«[2] Nachdem dieser Bilderstrom, gestützt durch visuelle Medien, nach außen getreten ist und uns von allen Seiten umgibt, droht der alte Bilderstrom der Phantasie immer mehr zu veröden. Die größte Gefahr der entfesselten Bilderflut könnte heute in der Zerstörung von Einbildungskraft liegen. Einbildungskraft ist eine aktive Kompetenz; sie braucht Zeit, braucht Lücken, braucht Entzug; sie entwickelt sich nicht unter den Bedingungen augenblicklicher Bedürfnisbefriedigung. Was geschult werden muss, ist eine Form von visueller Aufmerksamkeit, die der italienische Schriftsteller Italo Calvino unter dem Stichwort ›Anschaulichkeit‹ in seine Liste der Kompetenzen für das dritte Millenium aufgenommen hat:

---

2 Friedrich Nietzsche, *Über Wahrheit und Lüge im außermoralischen Sinn*, in: K. Schlechta (Hg.), Werke in 3 Bänden, Bd. 3, München 1977, S. 309-322, dort S. 316.

»Wenn ich die *Anschaulichkeit* in meine Liste der zu bewahrenden Werte mit aufgenommen habe, dann deshalb, um vor der Gefahr zu warnen, dass wir ein fundamentales Vermögen des Menschen verlieren könnten: die Fähigkeit, mit geschlossenen Augen konturenscharfe Bilder zu sehen, aus der Reihung von schwarzen Buchstaben auf einer weißen Seite Farben und Formen aufsteigen zu lassen, in Bildern zu *denken*. Was mir vorschwebt, ist eine Pädagogik der Einbildungskraft, die uns dazu erziehen müsste, unsere innere Sicht zu kontrollieren, ohne sie zu ersticken und ohne sie auf der anderen Seite in eine konfuse, labile Phantasterei verfallen zu lassen, sondern es vielmehr zu erlauben, dass die Bilder sich zu einer Form kristallisieren, zu einer klar definierten, einprägsamen, sich selbst genügenden, ›ikonischen‹ Form.«[3]

Die Beantwortung, und damit meine ich die Übersetzung von Bildern in Sprache, nimmt ihnen den Charakter des Dauerflusses und gibt ihnen etwas von ihrer Schärfe, Prägnanz und Gedächtniskraft zurück. Die wichtigste Sprachkompetenz ist und bleibt das Übersetzen. Dieses beginnt nicht erst an den Rändern der verschiedenen Sprachen, sondern schon lange zuvor innerhalb der eigenen Sprache. Wir machen uns das Unverständliche permanent verständlich, indem wir es aus einer schwierigen in eine leichtere Sprache, oder aus einem langen Text in kurze Sätze übersetzen. Wir übersetzen aber auch, wenn wir über Bilder sprechen, und uns welche ausdenken, um etwas Abstraktes zu veranschaulichen. Da wir mit zwei getrennten Gehirnkammern, links für zeitliches und rechts für simultanes Erfassen, ausgerüstet sind, können wir gar nicht anders als für uns selbst ständig übersetzen zu müssen. Wenn diese Übersetzungs-Kompetenzen kultiviert, d. h. gepflegt und gesteigert werden, lassen sich Bilder in Bildung überführen.

3. Bildung zwischen Markt und Kanon

Kultur ist heute in der westlichen Welt weitgehend auf den Markt ausgerichtet, wo sich das Angebot über die Nachfrage regelt. Das ist kein einseitiger Mechanismus, denn auch auf die Nachfrage

3 Italo Calvino, *Sechs Vorschläge für das nächste Jahrtausend*, München, Wien 1991, S. 128. Ich habe am Ende des hier in Übersetzung wiedergegebenen Zitats den ungeläufigen Begriff der 'ikastischen' Form durch den der 'ikonischen' Form ersetzt.

kann eingewirkt werden, indem Bedürfnisse erzeugt und Wünsche wie z. B. der nach einem computergesteuerten Haustier angestoßen werden. Es ist absehbar, dass sich unter dem Primat der Wirtschaft diese marktorientierte Seite der Kultur, die als Bedarfsplanung organisiert ist, in Zukunft noch stärker auf das Marktgängige verengen wird und dass dabei Vielfalt und produktive – auch gerade historische – Fremdheit abgebaut werden. Zwei gravierende Probleme sind mit dieser marktorientierten Kultur verbunden: die Einschränkung von Vielfalt und die kurzfristige Bindung ans jeweils Aktuelle.

Dem *Prinzip Markt* möchte ich das *Prinzip Kanon* gegenüberstellen. Kanon ist eine Auswahl aufgrund ästhetischer oder historischer Wert-Kriterien. Ein Kanon ist langfristig angelegt und setzt sich nicht von selbst durch, weshalb Vorkehrungen und Anstrengungen für sein Zustandekommen und seinen Fortbestand getroffen werden müssen. Die Kultur, die in den Lehrplänen der Schulen, auf den Spielplänen der Theater, den Programmen der Konzerthäuser und den Ausstellungskalendern der Museen erscheint, kommt nicht ohne Institutionen und Subventionen aus. Die Werke der Kunst, die diese Seite der Kultur ausmachen, zeichnen sich dafür durch ein besonderes Angebot und einen besonderen Anspruch aus: sie bieten Lesern, Zuschauern, Hörern und Betrachtern an, aus ihren Routinen und Denkzwängen herauszutreten und etwas über sich selbst als Menschen zu erfahren. Sie bringen exemplarisch zur Sprache, was eine Epoche bewegt, und sie setzen der zerstreuenden Flut der Informationen und Bilder bewegende und einprägsame künstlerische Gestalten entgegen. Ohne diese Werke der Kunst wüssten wir sehr viel weniger über uns; es ginge uns wie einer Person, die niemals in einen Spiegel geschaut hat.

Das Prinzip des Marktes steht für den Druck, immer Neues produzieren zu müssen. Es bietet uns Serien mit immer neuen Folgen und ältere Filme in Form von »Remakes« an. Das Prinzip des Kanons beruht umgekehrt darauf, dass bestimmte künstlerische Werke, deren Bestand nicht einfach garantiert ist, sondern ständig neu verhandelt werden muss, als ›klassisch‹ geeicht und deshalb immer wiedergelesen, wiedergesehen, wiedergehört werden. Hier herrscht nicht das Prinzip von Verbrauch und Wegwerfen, sondern von Wieder-Holung und Wieder-Aufnahme – ganz nach der Devise: ein Buch, das es nicht wert ist, zweimal gelesen zu werden, ist es nicht wert, einmal gelesen zu werden. Darin unterscheidet sich der Kanon von den flüchtigen Konjunkturzyklen der Konsumkultur. Die Institutionen, die einen solchen Anspruch unterstützen, sind neben der Schule das Theater, der Konzertsaal und das Museum. Ohne diesen Anspruch auf Wiederholung und Dauer gibt es keine eine raumübergreifende und überzeitliche Vergemeinschaftung von Lesern, Hörern und Betrachtern. Bildung ist nichts anderes als Mitgliedschaft in dieser Gruppe, die auf den Kanon und damit auf das Prinzip einer Unerschöpflichkeit und langfristigen Gültigkeit und Brauchbarkeit bestimmter künstlerischer Werke setzt. Noch kürzer: Bildung ist individuelle Teilhabe am kulturellen Gedächtnis, und es ist heute vor allem die Schule, die das Eingangstor hierzu offen hält für alle, die das Angebot annehmen wollen. Bildung hat ihren Charakter im Medienzeitalter wesentlich verändert; sie ist nicht mehr – wie im 19. Jahrhundert – das symbolische Kapital einer bürgerlichen Schicht, die sich damit nach unten abgrenzte, sondern ein Angebot für alle, die sich darauf einlassen wollen. Die Schule hat hier eine besondere Verantwortung; sie ist ein wichtiger Anwalt des Prinzips Kanon und legt den Grundstein zur Bildung.

Mit der Reduktion von Kultur aufs Marktgängige gehen lebenswichtige kulturelle Optionen, kreative Denk-Spielräume und Fremdheitserfahrungen verloren. Das Potential der Kunst mit seiner Erziehung zu Phantasie und Kreativität, Sensibilität und Selbstkritik ist jedoch in einer Welt der sich verschärfenden Gegensätze zwischen Armut und Reichtum, zwischen Fremdem und Eigenem wichtiger denn je. Bildung ist heute nicht mehr ein Prestigefaktor, sondern ein Mittel zur Ausbildung von Persönlichkeit. Freilich ist die Zwangsalternative zwischen Massenkultur und Elitekultur nicht mehr haltbar. Das Prinzip Markt und das Prinzip Kanon schließen sich nicht gegenseitig aus, sondern ergänzen und korrigieren sich gegenseitig. Heute besteht Bildung in der Fähigkeit, sich zwischen Konsum und Kanon frei hin- und herzubewegen und dabei den ästhetischen Erfahrungsraum gegenüber festen Prägungen und Normierungen offen zu halten. Bildung ist nichts künstlich Aufgesetztes und schon gar kein sozialer Abgrenzungsbegriff. Es geht weniger um Trennung als um Vermittlung zwischen Sprache und Bildern, zwischen Pop- und Elitekultur, zwischen Konsum und Kanon. Bildung ist eine Form der Vergemeinschaftung, die die Grenzen der Familie und der Peergroup übersteigt; es ist nicht etwas, was man hat, sondern etwas, was man tut in aktiver Vermittlung zwischen Ich und Gesellschaft, Individuum und Kultur. Ästhetische Erfahrung ist der Hintergrund für Selbstreflexion und kulturelle Zugehörigkeit, die heute nicht mehr an feste nationale Schranken gebunden werden kann. An Werken der Kunst können Menschen ihre Individualität steigern und lernen, sich gegenüber allzu einfachen Sinnangeboten kritisch zu verhalten. Der Umgang mit Werken der Kunst erzeugt ferner ein historisches Bewusstsein, das für eine zukunfts- und weltoffene Haltung unabdingbar ist.

Sprache ermöglicht Kultur, sie ist aber auch abhängig von Kultur. Da sie eine kollektive menschliche Schöpfung ist, ist sie anfällig und zerstörbar. Ich kenne keinen Text, der den Zusammenhang von Sprache und Kultur eindrucksvoller beschrieben hat als George Orwells *1984*. Diesen Roman schrieb Orwell im Jahre 1948 unter dem unmittelbaren Eindruck der totalitären Regime des 20. Jahrhunderts. Seine Gedanken über die Gefährdung von Sprache entwickelte er an einer fiktiven Sprache, die er ›Newspeak‹ nannte. Sie steht für den Inbegriff politischer Instrumentalisierung. Ich zitiere aus seinem Roman:

>»Der Endzweck der Neusprache ist die Einschränkung des Gedankenraums. Irgendwann wird es unmöglich sein, einen falschen Gedanken zu denken, weil es keine Worte mehr geben wird, die ihn ausdrücken. Jeder Begriff wird nur noch durch ein einziges Wort ausgedrückt und alle Nebenbedeutungen werden sorgfältig getilgt sein. Jedes Jahr wird es weniger und weniger Worte geben, und im selben Verhältnis wird der Horizont des Bewusstseins schrumpfen. Die Revolution wird an ihr Ziel gekommen sein, wenn die Sprache vollkommen ist. Spätestens im Jahre 2050 werden die letzten Reste einer Kenntnis der Altsprache verschwunden sein. Die ganze Literatur der Vergangenheit wird zerstört sein. Chaucer, Shakespeare, Milton, Byron – diese Autoren werden nur noch in neusprachlichen Übersetzungen zugänglich sein, die nicht nur etwas anderes, sondern das Gegenteil vom Original präsentieren. Den Gedanken, wie wir ihn uns heute noch vorstellen, wird es nicht mehr geben. Am Ende steht die Orthodoxie, die Gedankenlosigkeit, das Unbewusste.«[4]

4 George Orwell, *1984*, New York 1961, S. 46-47 (meine leicht gekürzte Übersetzung, A. A.).

Die fortschreitende Einschränkung des Denkraums und Bewusstseinshorizonts ist nicht nur eine Folge politischer Diktaturen, sondern auch eine allgemeine Tendenz, der beständig entgegengearbeitet werden muss. Sprache ist wie die Kultur ein offenes, sich wandelndes Projekt. Wir bedienen uns ihrer und dienen ihr zugleich. Als Medium der Menschenbildung, der Reflexion, des kulturellen Gedächtnisses ist sie die Grundlage für Wachstum, Lebendigkeit, Veränderung – eine Entwicklung, die sich freilich niemals von selbst versteht, sondern der Aufmerksamkeit, der Anstrengung, des Auf-die-Zehenspitzen-Stellens, der bewussten Pflege bedarf. Sprache und Kultur ist, um es noch mal zu sagen, nicht etwas, was man hat, sondern etwas, das man tut.

Schluss

Ich habe mit Nadines Tagebuch begonnen und meine Leser ins Herz der Finsternis von Kultur und Bildung geführt. Ich möchte mit einem Satz aus einem anderen Tagebuch schließen. Es gehört Ottilie, einer Figur in Goethes *Wahlverwandtschaften*. Ottilie hat in ihrem Tagebuch folgenden Gedanken festgehalten:

>»Sich mitzuteilen ist Natur; Mitgeteiltes aufzunehmen, wie es gegeben wird, ist Bildung.«[5]

Dieser Satz erinnert uns noch einmal an die eingangs eingeführte Unterscheidung von Sprechsprache und Schriftsprache bzw. von Mutter- und Vatersprache. Sich mitzuteilen ist Natur; diese Fähigkeit zur Kommunikation bringen wir als eine natürliche Kompetenz mit und üben sie ebenso selbstverständlich aus wie das Atmen und das Essen. Aber sie führt uns nicht weit, wie wir an Nadines Tagebuch gesehen haben. Nadines Tagebuch muss deshalb durch Ottilies Tagebuch ergänzt werden. Das Gewicht liegt hier auf der zweiten Hälfte des Satzes: Mitgeteiltes aufzunehmen, wie es gegeben wird – darunter können wir u. a. den Wortlaut schriftlicher Mitteilungen, also Texte verstehen. Die Lektüre von Texten erfordert eine besondere Aufnahmefähigkeit, die nur durch Übung erworben wird. Sie setzt ein sensibles Ohr bzw. im

---

5 Johann Wolfgang Goethe, *Die Wahlverwandtschaften*, in: Sämtliche Werke, Band 9, Zürich 1977, S. 161.

Falle visueller Kommunikation ein alertes Auge voraus, das auf eine höhere Form von Aufmerksamkeit geschult ist. Diese Aufmerksamkeit umfasst immer beides: die Mitteilung selbst und die Form, in der die Mitteilung gegeben ist. Bildung, so dürfen wir diesen Aphorismus verallgemeinern, ist erhöhte Wahrnehmungsfähigkeit für die Mitteilungen anderer. Solche Rezeptionskompetenz erstreckt sich auf künstlerische Texte und Bilder, aber auch auf das genaue Hinhören der Worte unserer Mitmenschen. Wer diese Form des Aufmerkens und Hinhörens gelernt hat, kann auch auf sich selber hören. So nahe beieinander liegen Sprachkompetenz, soziale Kompetenz und Bildung.

Bildung, so lautet eine weitere Definition, ist das, was wir wissen, wenn wir alles vergessen haben, was wir gelernt haben. Bildung ist, mit anderen Worten, verkörpertes, eingefleischtes Wissen, das sich mit unserer Erfahrung und Identität so eng verbunden hat, dass es von uns unabtrennbar geworden ist. Sie wird weder durch Absolvieren eines bestimmten Pflichtpensums erworben, noch ist sie eine Sache der quantitativen Ausbreitung von Wissen. Sie entsteht allein mit der Fähigkeit zum Genießen und der Intensität der Aneignung. Nicht zuletzt deshalb ist ein belebendes und motivationsförderndes Milieu des Lernens an unseren Schulen so wichtig. Hier sind die zusätzlichen Schul-Stunden für Arbeitsgemeinschaften entscheidend, in denen persönliche Interessen gefördert und vertieft werden, sowie für Aufführungen, in denen Sprechen auf der Bühne praktiziert wird und Lernen die Form einer Gemeinschaftsproduktion annehmen kann. Die belebende und motivierende Kraft, die von einem solchen Lern-Milieu für den allgemeinen Schulalltag ausgeht, kann nicht überschätzt werden. Die Schulen und Lehrer, die sich auf diese Weise engagieren, haben in Zeiten der maximalen Ausreizung von Stundenplan und Deputat besondere Prämien verdient. Ein Scheffelpreisträger des diesjährigen Abiturjahrgangs schloss seine Rede mit den Worten: »Ich möchte mich herzlich bedanken bei der Schule, die meiner Meinung nach den Scheffelpreis unter den Gymnasien dieser Stadt verdient hätte, weil sie solche Angebote wie Orchester, Chor, Theater, Philosophie, Literatur, Psychologie, analytische Geometrie, Informatik, Japanisch und, und, und« weiterhin bereithält. Zu den ›und, und, unds‹ gehört dort auch die außergewöhnliche Institution eines Lehrer-Theaters.

Bildung fängt, wie ich in meinem Vortrag zeigen wollte, bei der

Sprache an. Zusammen mit der Sprache entwickeln wir unsere Identität und erweitern wir unseren Erfahrungsraum. In seinem Buch *Grammars of Creation* definiert George Steiner Sprache als »die artikulierte Organisation von Wahrnehmung, Reflexion und Erfahrung, die als Nerven-Struktur des Bewusstseins mit sich selbst und mit anderen kommuniziert.«[6] Schüler wie Nadine haben nicht begriffen, dass wir unsere Muttersprache nicht ein für alle Mal lernen, sondern als Prisma unserer Welterfahrung und unseres Selbstverständnisses ständig weiterentwickeln müssen. Zur Erweiterung der Welterfahrung gehören natürlich gerade auch die Fremdsprachen, die wir als Bürger eines kosmopolitischen Europa heute dringender denn je brauchen. Wir können die Umwelt, in der Jugendliche aufwachsen, nicht verändern, aber wir können ihnen dabei helfen, sich mit dieser Umwelt aktiver und selbstbestimmter auseinander zu setzen. Dazu gehört, dass sie – was ihre Sprache anbelangt – in einen höheren Gang zu schalten und Texte lesen lernen, die nicht nur genussvoll einlullen und den Geist still stellen, sondern zwingen, sich auf die Zehenspitzen zu stellen. Die Schule hat hier eine besondere Verantwortung. Sie legt den Grundstein für diese Entwicklung und kann mit darüber bestimmen, ob sich in der so wichtigen Lebens-Phase unserer Schülerinnen und Schüler die Pforten der Wahrnehmung schließen oder öffnen.

Literaturverzeichnis

Calvino, Italo, *Sechs Vorschläge für das nächste Jahrtausend*, München, Wien 1991.
Goethe, Johann Wolfgang, Die Wahlverwandtschaften, in: *Sämtliche Werke*, Band 9, Zürich 1977.
Nietzsche, Friedrich, *Über Wahrheit und Lüge im außermoralischen Sinn*, in: K. Schlechta (Hg.), Werke in 3 Bänden, Bd. 3., München 1977, S. 309-322.
Orwell, George, *1984*, New York 1961.
Steiner, George, *Grammars of Creation*, London 2001.
Thoreau, Henry David, »Reading« in: *Walden*, 2 Bände, Boston, New York 1889.

6 George Steiner, *Grammars of Creation*, London 2001, S. 5.

Matthias Rath und Gudrun Marci-Boehncke
»Geblickt?« –
MedienBildung als Coping-Strategie

> »Denn diese Erfindung wird den Seelen der Lernenden
> vielmehr Vergessenheit einflößen aus Vernachlässigung
> der Erinnerung, weil sie im Vertrauen auf die Schrift sich
> nur von außen vermittels fremder Zeichen, nicht aber
> innerlich sich selbst und unmittelbar erinnern werden.
> [...] Denn indem sie nun vieles gehört haben ohne Unter-
> richt, werden sie auch vielwissend zu sein dünken,
> obwohl sie größtenteils unwissend sind, und schwer zu
> behandeln, nachdem sie dünkelweise geworden statt
> weise.«

> (Platon, *Phaidros*, 275a-b)

1. Bildung als Coping-Strategie

Bildung ist Bild-ung. Sprich: Kinder und Jugendliche müssen und
sollen sich ein Bild machen von der Welt, in der sie leben. Sie tun
dies auf immer einzigartige Weise. Diese Einzigartigkeit wurzelt
im individuellen Personsein der Einzelnen, aber ist auch vorgeprägt durch die Kultur, die soziale Umwelt, in der die Kinder und
Jugendlichen aufwachsen, d. h. durch ihre Lebenswelt. Prägenden
Einfluss in dieser Lebenswelt haben traditionell vor allem die Familie, die Schule, die Freundeskreise, Peergruppen, in denen Kinder und Jugendliche aufwachsen und agieren. Vor allem in der
Zeit der Adoleszenz, deren Beginn am Höhepunkt des körperlichen Wachstumsprozesses – heute etwa mit 14-15 Jahren – ange-
siedelt wird,[1] muss zur Anwendung gebracht werden, was in der
Kindheit angelegt wurde: die Hilfen zur Welterschließung. Dazu
gehören wesentlich die Ausprägung eines eigenen Willens und
Kenntnisse über explizite und implizite Regelsysteme der Gesellschaft. Werte und moralische Vorstellungen, die in der Kindheit
über den Modus der Nachahmung erlernt und übernommen
worden sind, werden in der Pubertät im eigenen Erfahrungsum-

---

1 Vgl. Osten 2002.

feld der Peergruppen erprobt.[2] So gelangen Jugendliche zu ihrem eigenen »Bild von der Welt« und von sich selbst. Zur Ausprägung des Selbstbildes und einer erwachsenen Identität ist dabei die Reflexion der eigenen Sicht auf sich selbst ebenso wichtig wie die realistische Einschätzung des Selbst durch die Anderen.

Nun ist diese metaphorische Rede vom Bild nicht im Sinne eines Abbildes zu verstehen. Wir lernen auf dem Wege der Sozialisation nicht die Einzeldinge der Wirklichkeit, die sich, wie David Hume meinte, unserem Geist wie einer tabula rasa einprägen. Dieses Bild von der Welt ist allgemeiner, abstrakter. Es ist die Struktur von Welt. Aus diesem Ordnungsgefüge heraus verstehen wir die Wirklichkeit und orientieren uns in ihr.

Ludwig Wittgenstein[3] formuliert diese These in seinem »Tractatus logico-philosophicus« auf spröde, aber durchaus eingängige Weise. Sein Satz 1 definiert die Welt als »alles, was der Fall ist«. Und Satz 2 führt dies weiter aus: »Was der Fall ist, die Tatsache, ist das Bestehen von Sachverhalten.« Welt ist dem österreichischen Philosophen der Sachverhalt, das Verhältnis der Sachen, wie es sich mit der Welt verhält. Er hebt damit auf eine allgemeine Struktur ab, die unsere Welt konstituiert. Letztlich konstituiert solch eine Struktur die Welt aller Lebewesen. Doch spätestens dem Menschen (vielleicht auch schon den anderen Primaten) ist diese Struktur nicht mehr »mitgegeben«. Er muss sie erwerben und zugleich konstruieren, um Orientierung zu haben. In gewisser Weise ist diese Offenheit und Flexibilität nicht nur Chance, sondern auch Fluch des Menschen. Ohne diese Orientierung ist er hilflos – Bildung als der Prozess des Orientierung-Gewinnens ist notwendig zur Bewältigung der Herausforderung des Lebens selbst. Und diese Bewältigung stellt sich dem Menschen nicht als Gattung, sie stellt sich jedem Individuum neu. Insofern kann man, einen Begriff aus der Psychologie verwendend, Bildung als Bewältigungshandeln, als Coping-Strategie[4] bezeichnen. Wer nach Bildung fragt, fragt also nach der Coping-Strategie des Menschen, danach, wie Kinder und Jugendliche lernen, »was der Fall ist«.

Inhaltliche und methodische Grundlagen machen diese Bildung aus, die als Coping-Strategie zu einer Persönlichkeitsentwicklung führt, in der soziales Handeln bei größtmöglicher

2 Vgl. ebd., S. 68.
3 Wittgenstein 1984.
4 Vgl. Lazarus 1966 und Lazarus/Folkman 1984.

Selbstbestimmung und Selbstverwirklichung erfolgt. »Das Bildungsideal ist somit realisiert, wenn selbst lernende Menschen sich eine eigene Urteilskraft gebildet haben, Handlungsfähigkeit besitzen, also klug und vernünftig sind und ihren Verstand richtig gebrauchen können.«[5] Zum Verständnis und zum souveränen Handeln in der jeweiligen Lebenswelt mit all ihren sozialen und kulturellen Besonderheiten bedarf es im Laufe der Entwicklung jedoch eines Mittlers. Und dieser Mittler *bild-et* – das heißt: er vermittelt Symbole, die die jeweilige Lebenswelt erklären und in ihr handeln lassen.

Allerdings neigen vor allem Vertreter einer bewahrpädagogischen Position dazu, Kinder und Jugendliche von dieser vermittelten Welt fern zu halten. Der Medienpädagoge Ben Bachmair sieht dies differenziert: »Am Gedanken – die Kinderwelt als heile Naturwelt der direkten Erlebnisse und Erfahrungen – ist manches richtig und vieles falsch.«[6] Für ihn ist richtig, dass Kinder und Jugendliche zunächst der direkten, auch der sozial direkten Erfahrung bedürfen, der Kommunikation mit Älteren und Gleichaltrigen. Falsch ist, eine idyllische Idealwelt »im Stile von Johanna Spyris ›Heidi‹«[7] der medial geprägten Lebenswelt der Kinder und Jugendlichen gegenüberzustellen. Bevor wir uns diesem Punkt noch genauer zuwenden (und auch um einer Grundsatzdiskussion auf mittlerer Höhe zwischen pädagogischen Naturliebhabern und Medienfreaks zu entgehen), werfen wir kurz einen nur vermeintlich theoretischen Blick auf diese Mittler-Bedürftigkeit des Menschen im Zuge seiner Welterfassung.

Animal symbolicum

Den Band 1 seiner Philosophie der symbolischen Formen beginnt Cassirer mit der Konstatierung eines grundsätzlichen Defizits menschlicher Welterfassung. In der Neuzeit hätten wir lernen müssen, dass die adäquate Abbildung von Welt im besten Falle eine Zielgröße sein könne. Das Erkennen der Welt, so Kant, in dessen Nachfolge Cassirer zu sehen ist, ist nicht nur fragmentarisch, sondern prinzipiell vorgeprägt, und zwar nicht durch die zu erkennende Welt, sondern vielmehr durch uns selbst. Das heißt, der »naiven *Abbildtheorie* der Erkenntnis [ist] der Boden entzo-

5 Wolf 2003, S. 283.
6 Bachmair 2001, S. 45.
7 Ebd.

gen.«[8] Wir formen die Welt je schon vor, die Begriffe, Kategorien und Theorien des Menschen über sich und die Welt sind »selbstgeschaffene intellektuelle *Symbole*«[9].

Doch anders als Kant meinte, ist diese Vorprägung für Cassirer nicht intersubjektiv für jedes »vernünftige Wesen« überzeitlich gleich, sondern diese Symbole unterliegen einer Wandlung, einer Wandlung, die als Ganzes die Kultur einer Zeit, einer Gesellschaft ausmacht. Die im und durch das Symbol geleistete Erfassung der Welt ist nicht, im Sinne Kants, eine »Gestaltung [...] *der* Welt«, sondern eine »Gestaltung *zur* Welt«[10]. Die Welt ist keine der »bloßen *Eindrücke*«, sondern »des reinen geistigen *Ausdrucks*«[11] – ein Produkt des Menschen. Diese symbolische Hervorbringung von Welt ist jedoch nicht beliebig, sondern wird für die jeweilige Kulturstufe durch eine »Grundform des Geistes«[12] geprägt, die, bei aller erkenntnistheoretischen Relativität, mit einem absoluten Anspruch auftritt. Diese Grundformen nennt Cassirer »symbolische Formen«. Und aus diesen absolut sich gebenden Formen heraus entstehe das kulturell geprägte Bild von Welt. Diese Feststellung hat Folgen für das Selbstbild des Menschen.

In seinem 1944 erschienenen Essay »Versuch über den Menschen« bewertet Cassirer[13] die symbolische Formung des Menschen neu: War in der »Philosophie der symbolischen Formen« die akribische Analyse der symbolischen Formen eine Bestandsaufnahme der Prägungen, die uns letztlich den Blick auf die »wirkliche Welt«, die Realität verstellen, so wendet Cassirer dieses vermeintliche Manko jetzt zum eigentlichen Charakteristikum des Menschen, zu seiner Bestimmung, ja seinem Wesen. Seinen Ausgang nimmt Cassirer darin von der Beschreibung tierischer Realitätswahrnehmung bei Jakob von Uexküll. Uexküll vertritt eine phänomenalistische Philosophie, nach der es ebenso viele Wirklichkeiten gebe wie Organismen. Jeder Organismus konstituiere durch seinen Wahrnehmungsapparat die ihm erscheinende Wirklichkeit. Cassirer weist nun darauf hin, dass der Mensch, im Gegensatz zum Tier, nur verzögert auf äußere Reize

8 Cassirer 1953, S. 5.
9 Ebd.
10 Ebd., S. 11.
11 Ebd., S. 12.
12 Ebd., S. 13.
13 Cassirer 1996.

reagiert. Es tritt zwischen das von Uexküll so genannte »Merknetz«, das Realität artspezifisch erfasst, und das »Wirknetz«, das artspezifisch reagiert, ein »Symbolnetz« oder »Symbolsystem«[14]. Die Verzögerung, die symbolische und begriffliche Vermittlung der Menschenwelt, ist die Folge dieses Symbolnetzes, das als ein »Gespinst menschlicher Erfahrung«[15] zu verstehen sei. »Der Mensch lebt nicht mehr [wie das Tier] in einem bloß physikalischen, sondern in einem symbolischen Universum«. Er ist das Wesen, das sich seine Welt symbolisch erschließt, dem die Welt nur in Symbolen erscheint. Er ist das *Animal Symbolicum*.

Cassirer eröffnet mit seinem Konzept der symbolischen Formen die Zuweisung spezifischer Weltzugänge zu spezifischen, sich in der Erfassung von und Orientierung in der Welt unterscheidenden Kulturen. Das Symbol wird zum anthropologischen Datum, das sich zwar unter den Gegebenheiten der jeweiligen Kultur wandelt, aber als Faktum nicht hintergehbar ist. Nehmen wir diesen Gedanken Cassirers ernst, dann ist *jede* Form der Aneignung von Welt symbolhaft und damit in gewisser Weise rational. Die Symbolhaftigkeit der Sprache, des Textes, des Bildes mag im Grade der Abstraktion variieren, ihre grundsätzliche Symbolhaftigkeit bleibt davon jedoch unberührt. Aus der Symbolhaftigkeit aller Präsentationsformen von Welt folgt ein zweifacher Anspruch im Umgang mit diesen symbolischen Formen: (1) der Anspruch der prinzipiellen gegenseitigen Übersetzbarkeit unterschiedlicher Symbolsysteme (weil wir sonst nämlich als Menschen diese Vielfalt der symbolischen Formen gar nicht wahrnehmen, geschweige denn wissenschaftlich bearbeiten könnten), und zugleich (2) der Anspruch der grundsätzlichen Rationalität auch nicht-diskursiver Formen der Welt- und Selbstvergewisserung, wie sie uns zum Beispiel die Kunst – und die *Medien* bieten. Mit anderen Worten, die Lebensweltgebundenheit der Symbolisierung von Welt und Selbst wird nicht nur zum Objekt wissenschaftlicher Reflexion, sondern wird kulturell egalisiert: *Jede Form der symbolischen Weltvermittlung ist prinzipiell jeder anderen Form gleichgestellt.*

Ernst Cassirers symboltheoretische Anthropologie gewinnt in der heutigen, medial geprägten Zeit, an Bedeutung. Aus der an-

14 Cassirer 1996, S. 48 f.
15 Ebd., S. 50.

thropologisch bedingten symbolischen Formung »unserer« jeweiligen Welt resultiert eine generelle mediale Struktur dieser Welt. Damit aber wird die von Bachmair oben kritisierte Alternative »Scheinwelt der Medien versus reale Welt« zumindest in ihrer radikalen Zuspitzung relativiert. Ist die »Formung« der Weltkonstruktion durch Symbolsysteme keine Verfallsform eigentlicher, unmittelbarer Weltanschauung, dann ist die medial vermittelte Welt des gegenwärtigen Menschen eine gleichursprüngliche Weltinterpretation wie die traditionell vorgeprägten Weltbilder. Der Mensch hat keine »eigentliche«, »unmittelbare« Sicht auf die Welt. Seine Orientierung in der Welt ist immer schon eine mittelbare, vermittelte. Diese grundsätzliche »Medialität« menschlicher Welterfassung ist zugleich die jeweilige Kennmarke einer spezifischen Kultur, in der der Mensch lebt und in die hinein er sozialisiert, erzogen wurde. Insofern ist die Symbolanthropologie auch für die Frage nach der Bildung des Menschen in heutiger Zeit, ist sie auch (medien-)pädagogisch und didaktisch von Bedeutung.[16]

Lebenswelt(en)...

Die Lebenswelt des Menschen ist naturgemäß zu unterschiedlichen Zeiten und in unterschiedlichen Räumen je unterschiedlich. Und diese Unterschiedlichkeit prägt unsere Welt-Bilder. Der philosophische Gewährsmann eines solchen Verständnisses von Lebenswelt ist Edmund Husserl, der diesen Ausdruck definiert als »die Welt, in der wir immer schon leben, und die den Boden für alle Erkenntnisleistung abgibt und für alle wissenschaftliche Bestimmung.«[17]

Aus soziologischer Sicht haben Peter L. Berger und Thomas Luckmann[18] dies konkretisiert. Sie diagnostizieren zunächst eine grundlegende Sinnkrise für die Individuen in modernen Gesellschaften, verursacht durch einen zunehmenden Glaubwürdigkeitsverlust klassischer Sinnstiftungsinstanzen wie z. B. die Kirchen, die Institutionen Familie, Schule und Staat. Daneben lassen sich aber, so Berger und Luckmann, sogenannte »intermediäre Institutionen« bestimmen. Sie treten als Vermittlungsinstanz »zwischen dem einzelnen und den in der Gesellschaft etablierten

16 Vgl. Rath 2001.
17 Husserl 1948, S. 38.
18 Berger/Luckmann 1995.

Erfahrungs- und Handlungsmustern«[19] auf. D. h., diese Institutionen können (müssen aber nicht) die ehedem durch Tradition geleistete Sinnstiftung und Wertorientierung innerhalb der Gesellschaft übernehmen – wenn auch nicht mehr unbedingt durch den Prozess der klassischen erzieherischen »Enkulturation«[20]. Dabei nehmen für Berger und Luckmann die Massenmedien eine Sonderstellung ein, da sie diese Sinnstiftung und Wertorientierung quasi »organisieren«:

»Ein Wort zu den Medien der Massenkommunikation vom Verlagswesen bis zum Fernsehen: Wie schon oft – und richtig – bemerkt wurde, spielen diese Institutionen eine Schlüsselrolle in der modernen Sinnorientierung – genauer gesagt: in der Sinnverteilung. Sie vermitteln zwischen kollektiver und individueller Erfahrung, indem sie typische Deutungen für als typisch definierte Probleme anbieten. Was immer andere Institutionen an Wirklichkeitsdeutungen und Werten produzieren, die Medien wählen aus, organisieren (›verpacken‹) diese Produkte, verändern sie meistens im Lauf dieser Prozesse und entscheiden über die Formen der Verbreitung.«[21]

Die Feststellung, dass »den Medien« inzwischen eine große Bedeutung zukommt, dass sie als Sozialisationsagenten zu den wichtigsten Formkräften des Personwerdens der nachwachsenden Generation zu zählen sind, ist also selbstverständlich, ja trivial zu nennen.

Es ist dabei eine besondere Funktion der Medien, diese Welt-Bilder durch Zeichen zu vermitteln. Medien als Mittler von Zeichen vermitteln auf unterschiedlichen Sinnesebenen: Es kann sich um sehr abstrakt codierte Schriftzeichen handeln, aber auch um optische Signale (Farben, Formen, Bilder), akustische Zeichen (Töne) oder olfaktorische Zeichen. Es kann sich auch um mimische oder gestische Zeichen handeln. Diese gehören dem so genannten archaischen Code[22] an. Mimische und gestische Zeichen entstammen z. T. noch der vorkulturellen Entwicklungsstufe – auch Primaten und andere Säugetiere kennen etwa Droh- und Unterwerfungsgesten. Allerdings gibt es einen großen Teil an mimischen und gestischen Zeichen, die klar kulturspezifisch sind

19 A. a. O., S. 59.
20 Vgl. Wurzbacher 1963.
21 Berger/Luckmann 1995, S. 57.
22 Vgl. Doelker 1977.

und auch innerhalb der Spezies Mensch unterschiedlich benutzt werden. Begrüßungs- und Abschiedszeremonien gehören beispielsweise dazu. Solche Zeichen sind als Systeme im kulturellen Verbund weiterentwickelt worden und nach wie vor Bedeutungsträger – insbesondere emotionaler Reaktionen. Wichtig ist, dass den Gesten eine Idee zugrunde liegt, vor der sich menschliches Handeln eben von tierischem Handeln unterscheidet.

Diese Idee ist etwas Abstraktes.

Die mediale Kommunikation ist also zum einen abstrakt Ideenvermittlung, aber in der Gestaltung der Idee zur Vermittlung dann selbst wieder konkrete Botschaft. Die Idee als Idee ist abstrakt. In dem Moment, in dem die Idee vermittelt wird, entsteht im Zusammenwirken von ihr und dem, der sie zur Vermittlung gestaltet, eine neue Botschaft. Mediale Vermittlung ist also die Konkretion (Aristoteles) oder Nachahmung (Platon) einer Idee: eines »universellen Ganzen«. Das bedeutet auch: Medien sind nicht nur als Vermittlungsinstanz im Bildungsprozess relevant, sondern in diesen vermittelten Bildern gleichzeitig Norm gebende Instanz. Sie sind Sprache.

... Medienwelt(en)

Diese Zusammengehörigkeit von Medien und Lebenswelt sind wir spätestens seit den umfangreichen Studien von Dieter Baacke, Uwe Sander und Ralf Vollbrecht[23] gewohnt, in die These »Lebenswelten sind Medienwelten« zu kleiden. Baacke und seine Mitautoren vertreten einen »sozialökologischen Ansatz«[24], d. h., sie haben die Mediennutzung nicht verengt auf ein bestimmtes Umfeld, z. B. die Familie, oder auf nur ein Medium, z. B. das Fernsehen, untersucht, sondern sind der Frage nachgegangen, inwieweit Medien die Welt der Kinder und Jugendlichen durchdringen. Damit wurde erstmals die (gehoffte oder befürchtete, je nach ideologischer Couleur) These von der medienfrei zu haltenden Lebenswelt der Kinder und Jugendlichen grundsätzlich ins Reich der Märchen verbannt. Die Lebenswelt der Kinder und Jugendlichen ist nicht mediengefährdet – sie ist medial.

Seither sind viele derartige Studien wiederholt worden, und sie alle sind zu den gleichen Ergebnissen gekommen. Wer Bildung

23 Baacke/Sander/Vollbrecht 1990.
24 Ebd., S. 17 ff.

und Medien in den Blick nimmt, muss also Abschied nehmen von Johanna Spyris »Heidi«. Vielmehr haben Medien, vor allem das Fernsehen, aber nicht nur dieses, die Funktion übernommen, die Bettelheim den Märchen zugeschrieben hat: Sie haben »die Funktion, die Bilder für die handlungsleitenden Themen zu liefern,«[25] sie bieten Bilder für die Sinnfindung der Kinder und Jugendlichen. Das sagt noch nichts über die Qualität der Medien aus. Sinnfindung kann gelingen oder scheitern. Aber sie erfolgt nicht mehr ohne Medien. Wenn dies aber so ist, dann wird es notwendig sein, uns der Folgen medialer Angebote zu versichern.

2. Lebenswelt(en) von Kindern und Jugendlichen

> »Was die Zerstreuung der Erwachsenen angeht, so kann man wahrhaftig nicht sagen, dass sie weniger kindlich gewesen seien als die Vergnügungen der Kleinen.«[26]

> »Wenn wir was zusammen tun, was mit Medien zu tun hat, dann ist es auf jeden Fall Fernsehen: ›Verbotene Liebe‹, ›Marienhof‹, das schauen wir uns an, oder ›Lindenstraße‹, das ist zwar peinlich, ein bisschen, aber ich sage, wieso nicht. Ich mag’ so etwas ganz gerne. Das schaue ich mir schon mit ihr [der Mutter] an. Sobald sie da ist und ich da bin.«[27]

Medien als Spiel

Grundsätzliches scheint sich über die Jahrhunderte nicht geändert zu haben: Was der Historiker Van Marle über das Freizeitverhalten von Kindern, Jugendlichen und Erwachsenen vom Mittelalter bis ins 18. Jahrhundert anhand der Ikonographie aus dieser Zeit[28] herausgefunden hat, scheint sich auch in der Gegen-

25 Bachmair 2001, S. 46.
26 Van Marle: *Iconographie de l'art profane*, Den Haag 1932, Bd. 2, S. 71, zitiert nach Ariès 2000, S. 139.
27 19-jähriger Abiturient, zitiert nach Barthelmes/Sander 2001, S. 247.
28 Methodisch stellt dieses Vorgehen ein Problem dar, weil es sich bei der Ikonographie um eine gezielte Überlieferung handelt, deren Wirklichkeitsgehalt – vor allem in Bezug auf ihre Vollständigkeit – man heute nicht mehr genau überprüfen kann. Inwiefern sich historisch Kinder in ähnlichen Lebenswelten empfunden haben wie ihre Eltern, ist nicht mehr zu rekonstruieren.

wart fortzusetzen. Eltern und Kinder »spielen« ähnlich – und sie können dies als Menschen ab dem 4. Lebensjahr. Bis dahin ist das Regelbewusstsein der Kinder noch nicht angelegt, die Motorik noch unkontrolliert, die Sprache u. U. nicht hinreichend entwickelt, und eine Unterscheidung zwischen dem Ich und dem Anderen wird erst in dieser Zeit ausgeprägt. Sobald dies jedoch der Fall ist, wird auch Ähnliches »gespielt«. Was sich im Lauf der Geschichte geändert hat, sind die Formen der Spiele. Sie modifizieren sich kulturabhängig und sind damit – ebenso wie Feste und Bräuche – Teile des sozialen und letztlich damit auch des kulturellen Gedächtnisses.[29] In seiner Funktion gehört aber auch mediales Freizeithandeln zur Form des Spiels, ist eine »Etappe der Medienevolution.«[30] Freizeitgebundenes Medienhandeln ist – so könnte man nach Huizinga ableiten – »eine freie Handlung [...], die als ›nicht so gemeint‹ und außerhalb des gewöhnlichen Lebens stehend empfunden wird und trotzdem den Spieler [hier: Mediennutzer] völlig in Beschlag nehmen kann, an die kein materielles Interesse geknüpft ist und mit der kein Nutzen erworben wird, die sich innerhalb einer eigens bestimmten Zeit und eines eigens bestimmten Raums vollzieht, die nach bestimmten Regeln ordnungsgemäß verläuft und Gemeinschaftsverbände ins Leben ruft, die ihrerseits sich gern mit einem Geheimnis umgeben oder durch Verkleidung als anders von der gewöhnlichen Welt abheben.«[31] Schon in der Geschichte wurden einige Aspekte dieser Definition außer Kraft gesetzt. So betont Ariès, dass Spiel – und eben auch Kinderspiel – oft Glücksspiel mit sehr wohl materiellen Interessen gewesen sei, Grund genug, bereits vor dem 17. Jahrhundert die Moralisten auf den Plan zu rufen, die diese Unmoral anprangerten – ohne durchschlagenden Erfolg.[32]

Kulturkritiker wie Neil Postman (*Das Verschwinden der Kindheit*/*Wir amüsieren uns zu Tode* etc.) haben also Tradition und damit nichts wirklich Beunruhigendes mehr: Die Unmoral entstand schon immer als Resultat der Freizeitgestaltung – ob im Spiel, in der Romanlektüre oder im Medienkonsum. Das Bücherlesen – insbesondere das von sentimentalen Romanen – wurde

29 Vgl. Assmann/Assmann 1994, S. 139.
30 Ebd.
31 Huizinga 1991, S. 22.
32 Vgl. Ariès 2000, S. 150.

gerade für Heranwachsende im 18. Jahrhundert als große moralische Gefahr beschworen: »Vermeide [...] die Lesung [...] auch solcher Bücher, welche von Liebeleien handeln und die Einbildungskraft mit wollüstigen Bildern, das Herz mit weichlichen Empfindungen erfüllen.« – »Hemme die Phantasie augenblicklich, sobald sie, auch ungereizt, sich deiner bemeistern will«, empfiehlt Oest[33] im Jahre 1787. Und Campe warnt 1783 im »Theophron«: »Wisse, dass das fürchterliche Anschwellen der Bücher und die damit verbundene Lesewuth welche täglich weiter um sich greift, eine Folge und zugleich mit eine Ursache der immer größer werdenden Verderbniß unserer Sitten und der ganzen Menschheit ist. [...] man liest, um aller Arbeit überhoben zu sein, und doch nicht Langeweile zu haben.«[34] Weitere Beispiele ließen sich anführen, die vor somatischen Folgen des Bücherlesens warnen – von der Migräne für romansentimentalisch überreizte Frauen bis hin zum wertherschen Vorbild für den Selbstmord.

Von der Kritik am Buch und der mit ihm verbundene Kulturtechnik des Lesens[35] verlagerte sich die eher moraline Medienkritik stetig auf das je neuere Medium – vom Film[36] auf das Fernsehen,[37] auf Videos, Computer und Computerspiele bis hin zum Internet. Die Verantwortung für mediale Erziehung wird – so ergaben Untersuchungen zur Fernseherziehung unter Eltern[38] ebenso wie Umfragen zur Medienerziehung in Schule und Hochschule bei den dortigen Verantwortlichen[39] – mehrheitlich als private Angelegenheit der Familien definiert.

Nun ist es mehrfach erwiesen, dass Eltern »das unmittelbare Vorbild im Umgang mit Medien« sind. Es entstehe – so Barthelmes/Sander[40] wie auch Kuchenbuch[41] – ein familienspezifisches, also auch milieuspezifisches kulturelles Erbe, das zwar auch in Frage gestellt, jedoch wohl in weiten Teilen »von einer Genera-

33 Oest 1977, S. 120.
34 Campe, zitiert nach Kinder- und Jugendliteratur der Aufklärung 1998, S. 128.
35 Vgl. Hurrelmann 1996, S. 13-33.
36 Vgl. Hausmanninger 1992.
37 Vgl. Schorb/Theunert 2001.
38 Schorb/Theunert 2001, S. 63.
39 Gast/Marci-Boehncke 1996; Gast 1999.
40 Barthelmes/Sander 2001, S. 247.
41 Kuchenbuch 2003.

tion an die nächste weitergegeben«[42] wird. Dies gilt für das Leseverhalten[43] ebenso wie für den Medienumgang generell.[44]

Entsprechend zurückhaltend hat die Schule in der Frage von Medienkompetenzvermittlung agiert: Seit ca. 10 Jahren finden sich – unverbindlich – BLK- und KMK-Empfehlungen zur Medienerziehung im Lehrplan. Erst in der jüngsten Überarbeitung des Curriculums scheint ihnen Rechnung getragen zu werden. Weder schulinterne Lehrpläne noch die »stillen Lehrpläne« der Schulbuchverlage hatten diesen Empfehlungen bis zur Jahrtausendwende überzeugend Folge geleistet.[45]

Es scheint jedoch eine Trendwende in Sicht. Diese Trendwende ging jedoch nicht von der Freizeitfunktion der Medien aus, sondern entdeckte auf einer Wissensorganisationsebene die elektronischen Medien als Teil und Träger des kulturellen Gedächtnisses. Diese Entdeckung setzte aber die Anerkennung des erweiterten Textbegriffs voraus. Kulturelles Gedächtnis, in Texten überliefert, erhält identitätssicherndes Wissen. Dieses ist individuell abrufbar, veränderbar, interpretierbar.[46] Wo und in welcher Form diese Texte präsentiert werden – ob als Buch, als Datei, als Film, als Video-Clip, als PC-Spiel –, ist grundsätzlich irrelevant, weil verschiedene soziale Gruppen unterschiedliche Überlieferungstraditionen präferieren. Schüler – übrigens auch vermeintlich lernschwache – rezitieren spielend unzählige Weiterentwicklungen von Pokemons, Digitationen von Digimons, wissen, welche Yu-Gi-Ohs wie zu wem fusionieren können, aber die Deklination oder Konjugation sowie das Einmaleins scheinen nicht mehr memorierbar.

Was dieser historische Betrachtungsansatz deutlich machen sollte: Es gibt einerseits grundsätzliche Gemeinsamkeiten zwischen den Generationen auch hinsichtlich des Medienhandelns. Nicht nur die Formen sind gleich oder ähnlich – es gibt auch gemeinsame Inhalte. Eltern und Kinder spielen dieselben Spiele, sehen dieselben Sendungen, hören dieselbe Musik. Sollte eine harte Gegenüberstellung im auch medialen Freizeitverhalten jemals nachzuweisen gewesen sein, unter den medialen Angeboten spä-

42 A. a. O., S. 11.
43 Vgl. Hurrelmann 2000.
44 A. a. O., S. 139.
45 Vgl. Marci-Boehncke [im Druck].
46 Vgl. Assmann/Assmann 1994, S. 135.

testens der zweiten Hälfte des 20. Jahrhunderts gehören diese Generationenunterschiede der Vergangenheit an, wie Dietrich Kerlen[47] in einem aktuellen Gutachten zur Mediennutzung Jugendlicher dargelegt hat.

Trotzdem agieren Eltern und Kinder keinesfalls in deckungsgleichen Lebenswelten. Lebenswelt hat – wie oben erläutert – etwas mit Sinngebung zu tun, ist nicht »einfach da«, sondern wird erst in ihrer Funktion als »Grundlage der Erkenntnis« existent. Anders als Husserl jedoch verstehen wir Lebenswelt auch als individuelles Konstrukt, das durchaus gruppenspezifische Überschneidungen aufweist – ganz im Sinne der Husserlschen Lebenswelt –, aber im Besonderen den Teil der Welt meint, den jeder bzw. jede Gruppe für sich wahrnimmt und für sich mit Bedeutung, Sinn füllt. Lebenswelt meint keine verobjektivierbare Außenwelt,[48] sondern ist das sich stetig wandelnde Ergebnis eines inter-individuellen und zugleich intra-individuellen Rezeptionsprozesses. Dieser Prozess findet in je unterschiedlichen situativen und kulturellen Kontexten statt und dient der Identitätsbildung und Sinnfindung. Das bedeutet: Die Konstruktion von Lebenswelt ist immer auch eine Frage der Verarbeitung von Medienangeboten. Sie geschieht sowohl individuell[49] als auch als Ergebnis eines interaktiven Prozesses. Die Massenkommunikation erzeugt einen »gesellschaftsweit verbreiteten Wirklichkeitsentwurf, an dem sich sowohl die Individuen als auch die funktional ausdifferenzierten gesellschaftlichen Teilbereiche orientieren können.«[50]

Nehmen wir die These Cassirers ernst, den Menschen als Animal Symbolicum zu denken, dann erfolgt seine Konstruktion von Lebenswelt immer schon medial, sprich: Die Vermittlungsformen oder Medien mögen zwar unterschiedliche Qualitäten aufweisen, die grundsätzliche Medialität oder Vermitteltheit von Welt aber ist nicht aufzulösen in eine ideale Eigentlichkeit der Welterfassung.

Bezogen auf Kinder und Jugendliche erfolgt die »mediale Sinnfindung« in unterschiedlichen Altersstufen und Gruppen zumindest in einigen Fragen je unterschiedlich: »An die Stelle ererbter

---

47 Kerlen 2003. Das Gutachten für die Stiftung Ravensburger Verlag wurde auf der Leipziger Buchmesse 2003 vorgestellt und erscheint 2004 im Westdeutschen Verlag.
48 Siehe oben Cassirer.
49 Vgl. Charlton/Barth 1999 und Charlton/Neumann 1990.
50 Sutter 2002, S. 83.

Rituale trat ein sozialemotionales Interesse an Gleichaltrigen mit starker Betonung des Spielraums von Freizeit, Freundschaft und Liebe« – so hatte Baacke[51] die Ausbildung der Jugendkulturen seit den 50er-Jahren beschrieben. Interessant ist jedoch die Tiefenwirkung, die von Sozialisationseinflüssen der Kindheit auszugehen scheint: Sowohl bei Baacke als auch in neuesten Studien[52] findet sich bestätigt, dass hinsichtlich der allgemeinen Normausbildung wie auch der medialen Gewohnheiten die Vorbildfunktion der Eltern bestehen bleibt und damit die in der Kindheit erfahrenen Gewohnheiten auch im jungen Erwachsenenalter wieder übernommen werden – zumindest dann, wenn das Verhältnis zwischen den beiden Generationen im Kern nicht gestört ist. Die Unterschiede, die sich zeigen, sind weniger generationsspezifisch als vielmehr milieuspezifisch.[53]

Peergruppen decken jedoch in den jeweiligen Milieus den Bereich der Erlebnisorientierung ab, hier werden auch Beziehungserfahrungen im sexuellen Bereich stärker thematisiert als in der Familie. »Mit Hilfe der Peer-Beziehungen haben sie [die Jugendlichen] die Möglichkeit, ihr Selbstbild und ihre Über-Ich-Strukturen zu verändern und eine Identität zu finden, die die infantile Abhängigkeit von den Eltern durch allmähliche Ablösungsprozesse bearbeitbar macht.«[54]

Sozialisationsinstanz zwischen Eltern und Peergruppe scheinen also die Medien zu sein. Sie sind übergreifend, verbinden strukturell und inhaltlich beide Einflussfaktoren – stellen Kontinuität und Innovation dar. Über sie lässt sich das Vertraute ebenso beibehalten wie die Abgrenzung durch Neues vollziehen. Familiäre Lebenswelt, deren »Sinn« für die Kinder noch vorgegeben, nicht selbstgeprägt war, bildet sich in Musik, Printmedien und audio-visuellen Medien ab. Diese sowie die »neuen Medien« besitzen aber ferner die Möglichkeit zur Produktion und Teilnahme an eigenen oder vermeintlich für die in Abgrenzung befindliche Jugend geschaffenen, medialen Sinnwelten. Dass auch diese im Kern oft auf traditionelle Heldenmythen zurückgreifen und da-

51 Baacke 1999.
52 Vgl. z. B. Barthelmes/Sander 2001, S. 247; Kuchenbuch 2003, S. 11; Jugend 2002; Zinnecker 2002.
53 Vgl. Kuchenbuch 2003; Klingler/Neuwöhner 2003; auch Hurrelmann 2002, S. 139.
54 Baacke 1999, S. 16.

mit ein gerade in der Adoleszenz hochfunktionales kulturelles Schema verwenden, das auf der Reise eines Helden/einer Heldin basiert, der/die nach dem Abschied vom Vertrauten eine Phase der Initiation erlebt, die mit der Lösung von zunächst egoistisch funktionalen Aufgaben einhergeht, die jedoch schließlich altruistisch wirksam werden und zur Rückkehr, Erkenntnis und Versöhnung führen. Diese vom amerikanischen Mythenforscher Joseph Campell[55] als »Monomyth« bezeichnete Heldenbiographie ist keine Entdeckung des 20. Jahrhunderts. Dieses Schema ist schon im Märchen der Romantik zu finden – wenn nicht sogar im Parzival, im Nibelungenlied oder der Ilias. Dies mag zwar nicht in jedem Fall bewusst werden. Aber die Ähnlichkeiten zwischen dem Container-Wohnen bei Big Brother und der Konfrontation des Odysseus mit den Sirenen scheinen ebenso zu bestehen wie die zwischen »Deutschland sucht den Superstar« und Heldenauszügen aus verschiedenen Märchen: den drei Federn, bei Tischleindeck-dich und anderen. Auch die Computerspiele besitzen oft in ihrer Aufgabenstellung und den Lösungsstrategien Parallelen zum mittelalterlichen »Quest«.

Warum werden diese Schemata gerade in der Adoleszenz besonders funktional? Grundsätzlich bleiben sie lebenslang funktional, denn sie sind die Verweistexte für eine lebenslang andauernde Anpassungsaufgabe des Individuums an die Gesellschaft, in der es lebt. In der Adoleszenz ist die Anpassungsaufgabe jedoch besonders schwierig, geht sie einher mit einer grundsätzlichen Infragestellung der elterlichen Autorität und der Suche nach einer eigenen Ich-Identität. Kulturelle Orientierungspfeiler auf dem Weg vom Kind zum Erwachsenen sind deshalb weniger unmittelbare Personen als vielmehr vorgestellte Wunschbilder. Über diese Wunschbilder erfolgt das Coping. Es werden Rollen imaginiert, übernommen, es wird »probegelebt« – die Beziehung mit dem Filmstar, das eigene Abenteuer als Superman. Die medialen Rollenentwürfe stammen aus tradierten Verweistexten, die, wenngleich sie modern scheinen, kulturellen Archetypen entsprechen. Der Rekurs auf solche kulturellen Archetypen in einer Phase der nach vorne gerichteten Entwicklung oder »Progression« stellt zugleich eine inter-individuell vorgenommene »Regression« dar.[56]

55 Campell 1978.
56 Vgl. dazu Heuermann 1994.

Vor dem Hintergrund Cassirerscher Symboltheorie wird damit deutlich, dass dem Individuum auf dem Wege der frühkindlichen Sozialisation jene symbolischen Formen angeboten werden, die es im Zuge der regressiv-progressiven Adoleszenz benötigt. In der konkreten Realität der Mediengesellschaft heißt dies pointiert formuliert: Ein bewahrpädagogischer Schonraum schützt nicht, sondern verunmöglicht letztlich eine der gesellschaftlichen Realität entsprechende Selbstwerdung des Individuums, verhindert das, was der klassische Begriff der Bildung meint. Anerkennt man die Wandelbarkeit des Textbegriffs zur »Dynamisierung des Textes als ›Prozessform‹« oder als »processing«,[57] braucht man den Untergang der abendländischen Kultur nicht zu befürchten. Was man zu Recht befürchten kann, ist die verhältnismäßige Abnahme der Bedeutung eines speziellen Codes: der Schrift, nicht aber der über sie vermittelten kulturellen Information.

Exklusiv bibliophile und damit mediophobe Positionen verkennen diesen Umstand und hypostasieren Medien überhaupt zuzuweisende Lernprozesse allein auf das Bücher-Lesen. Gerade in didaktischen Kontexten problematisch müssen Kassandra-Rufe erscheinen, die im Auftauchen des fixierten Fernseh-Video-Nutzers das Ende unserer demokratischen Gesellschaft heraufscheinen sehen. Wahr daran ist, dass eine einseitige Mediennutzung zumindest die politisch relevante »Wissenskluft«[58] auseinander treibt. Eine These, die nur im »literarischen Lesen« die Voraussetzung zur Ausbildung von sozialer Rollenübernahme und Empathie sieht, schießt dabei jedoch über das Ziel hinaus.[59] Selbst eine so leseorientierte Disziplin wie die Buchwissenschaft relativiert in jüngster Zeit die materiale Gestalt des Buchs und propagiert einen in der Literaturwissenschaft akzeptierten weiteren Textbegriff,[60] der auch andere Mediengattungen umfasst. Die Dichotomie Buch *oder* Fernsehen übersieht die Vielfalt medialer Praktiken und sitzt einer Substitutionstheorie auf, nach der Medien sich im Gebrauch verdrängen würden. Mediendidaktik und Medienerziehung müssen aber vielmehr die verschiedenen Medienangebote und Nutzungsformen aufgreifen und auf ihre Bedeutung für eine umfassende Bildung hin abklopfen.

57 Assmann/Assmann 1994, S. 138.
58 Siehe unten.
59 Vgl. Schön 2000.
60 Vgl. Kerlen 2000.

Damit wird aber zugleich deutlich, dass, will man nicht gleichmacherisch und medieneuphorisch über die qualitativen Unterschiede medialer Angebote hinwegsehen, Medienerziehung mehr sein muss als nur technisch-funktionales Medientraining.[61] Hinter den Aspekt der Medienauswahl als Teil der Medienkompetenz kann man nicht zurückgehen. Medienpädagogik ist daher notwendig auch Medienanalyse und Medienkritik.

In einem ersten Schritt heißt dies, dass Medienpädagogik und Medienerziehung die Ergebnisse der Medienforschung, v. a. der Medienwirkungsforschung rezipieren müssen.

3. Mediennutzung – Medienwirkung

Vor allem die »Neuen Medien«, d. h. die elektronischen und interaktiven Medien, sind zu einer zentralen Definitionsinstanz unserer westlichen Gesellschaften geworden. Aus ihnen speisen wir unsere Vorstellungen von dem, was für uns die Welt ist – sie sind »Weltbildgeneratoren«. Ihr Einfluss auf uns zeigt Wirkung, und es ist nur natürlich, dass in einer medial verfassten Welt die Frage nach den Wirkungen dieser omnipräsenten Weltbildgeneratoren auch den Wissenschaften vorgelegt wird.

Die Fragestellung, die einer Medienwirkungsforschung zugrunde liegt, ist jedoch nicht neu. Bereits in Platons »Mythos von Theuth« (siehe Motto) wird ein Medium, nämlich das der Schrift bzw. der »geschriebenen Rede«, auf seine Wirkungen hin befragt und – abgelehnt.

Dieser alten Fragestellung nach dem, was die Medien mit uns machen, steht eine noch verhältnismäßig junge Forschungspraxis gegenüber. Wir können hier die Entwicklung dieser wissenschaftlichen Erforschung nicht nachzeichnen.[62] Einige Stichworte sollen genügen. Die Medienwirkungsforschung war in den letzten Jahrzehnten von drei Metatheorien bestimmt:[63]

– Medien haben extrem *starke Wirkungen*, es besteht also eine »Eins-zu-Eins-Beziehung«[64] zwischen Medienangebot und Medienwirkung,

61 Vgl. Schorr 2000.
62 Vgl. Rath 2000.
63 Vgl. hierzu die Systematisierung in Lowery/DeFleur 1983.
64 Brosius 1997, S. 13.

– Medien haben eine extrem *schwache Wirkung*, d. h., die Medien können vielleicht vorhandene Einstellungen verstärken, aber nicht wirklich neue schaffen,

– und die Theorie der *selektiven Medienwirkung*, die heute weitgehend akzeptiert ist und davon ausgeht, dass es zwar Wirkungen gibt, diese aber von einer Vielzahl von Randbedingungen abhängen, so dass eine eineindeutige Ursache-Wirkungsbeziehung ebenso wenig postuliert werden kann, wie man natürlich auch die Wirkung des medialen Angebots nicht völlig abzustreiten vermag.

Wichtigste Kernthese der Medienforschung heute ist die grundsätzliche Fähigkeit des Menschen, im Gewitter der Medien auszuwählen, ja, mehr noch, die Fähigkeit, Inhalte medialer Angebote nicht nur selektiv zu nutzen, sondern sie selbst zu formen, sie anzupassen an vorhandene Einstellungen und Interessen. Diese Filter- oder »Prisma«-Funktion des Rezipienten, wie sie Brosius[65] nennt, bricht die einseitige Wirkungsrichtung des Medienangebotes auf.

Sehr deutlich tritt diese komplexe und aktive Rolle des Nutzers in der sogenannten »Wissenskluft-These« zutage. In ihrer ursprünglichen Fassung[66] besagt die Wissenskluft-These, dass der sozioökonomische Status des Rezipienten maßgebend ist für seine Fähigkeit, Wissen über eine neue Information aufzubauen. Brisant wird dieser Sachverhalt, wenn man ihn im Zusammenhang mit der sich formierenden Wissens- oder Informationsgesellschaft sieht. Wenn wir eine unterschiedliche Verteilung des Wissens in der Mediengesellschaft vorfinden und der Informationsfluss, also das Material, aus dem sich unser Wissen aufbaut, exponentiell steigt, kann von Gleichheit der Mediennutzer nicht mehr die Rede sein. Jüngere Untersuchungen, zum Beispiel von Heinz Bonfadelli und Werner Wirth,[67] haben gezeigt, dass bei einem Anwachsen von Information diese unterschiedlich aufgenommen und verarbeitet wird. Für unser Thema von besonderer Bedeutung ist dabei die Tatsache, dass *Bildung* hierbei von zentraler Bedeutung ist. Bildung meint dabei aber nicht nur *Vor*bildung im Sinne von Vorwissen, sondern die Fähigkeit, Wissen aufzubauen. Und diese Fähigkeit wird vor allem auf dem Wege der

65 A. a. O., S. 36.
66 Vgl. Tichenor/Donohue/Olien 1970.
67 Bonfadelli 1994; Wirth 1997.

schulischen Bildung vermittelt. Eine höhere Schulbildung erhöht die Kompetenz, auch ohne Vorwissen Informationen aufzunehmen, sie in Verbindung zueinander zu bringen und Wissen aufzubauen.[68] Doch Schulbildung ist kein Schicksal. Interesse und Motivation, sich mit den Informationen auseinander zu setzen, kann die Wissenskluft vermeiden. Hier muss die außerschulische Medienbildung ansetzen,[69] und auch die Weise der medialen Präsentation von Informationen ist gefragt. Schließlich kommt es auch auf die Mediengattung an, die man nutzt. Vor allem Printmedien bieten jene Hintergrundinformationen, die einen Wissensvorsprung ermöglichen.

Am Beispiel der Wissenskluft-These lässt sich also zeigen, dass die Medienwirkungen das Ergebnis eines Aneignungsprozesses medialer Inhalte sind, der bestimmt wird von den Bildungsvoraussetzungen, aber auch von den medialen Präsentationsformen und der Mediengattung. Diesen Prozess zur Kenntnis zu nehmen ist für Medienerziehung und Medienpädagogik von zentraler Bedeutung. Allerdings, auch dies zeigt das Beispiel der Wissenskluft, sind die zu beachtenden Aspekte im Sinne der genannten Metatheorien der Wirkungsforschung äußerst komplex und nicht allein unter Laborbedingungen zu erfassen.[70]

Dies führt uns zurück auf die Berücksichtigung der medialen Lebenswelt von Kindern und Jugendlichen, in denen sich diese Komplexität ausspricht. Medienbildung muss die gesamte Medialität in den Blick nehmen, will sie den Herausforderungen der Informations- und Mediengesellschaft gerecht werden.

4. Fazit: Medien zwischen Spiel und Coping

Sind die Medien nun Ernst oder Spiel des Lebens? Sind Medienpädagogen zuständig, den Umgang zu vermitteln, oder Medienerzieher?[71] Oder womöglich die Mahner und Warner, die Mora-

---

68 Vgl. Kübler 2003, S. 267.
69 Vgl. *Handbuch Medien* 1999, speziell Sonnenschein 1999.
70 Vgl. Baacke/Sander/Vollbrecht 1990, S. 15.
71 Wir ersparen uns hier, die u. E. müßige Unterscheidung zwischen Medienerziehung und Medienpädagogik im Einzelnen nachzuzeichnen. Die gängige Frontstellung läuft zwischen fachdidaktischer Medienerziehung, informations- und kommunikationstechnischer Medien(aus)bildung und (sozial)pädagogischer Intervention im Medium des Mediums (vgl. Böhm

listen und Philosophen? Sind in Sachen Medien eher spielerische Zugänge gefordert, oder bedarf es einer neuen »Disziplin« in der ganzen Breite der Bedeutung dieses Worts: von der Tugend des Medienzeitalters bis hin zum (Schul-)Fach?

Eine andere »Disziplin«, das Schulfach »Leibeserziehung«, heißt heute Sportunterricht und hat als solcher den disziplinierenden Charakter gegen einen eher spielerischen eingetauscht, motivational im Sinne der Kinder und Jugendlichen sicher eine gute Entwicklung. Und an der Sache änderte sich dadurch nichts. Es wird geturnt, geschwommen, gespielt, Leichtathletik erlernt – Körperbildung, Bewegungskompetenz. Hinzu kamen aber auch neue Formen und Techniken: Hip-Hop, Modern Dance, Break-Dance, der Fosbury-Flop, Skaten, Snowboarden. Doch niemand mokiert sich über neue Bewegungsformen so wie über neue »Textformen«: Obwohl auch sie, die neuen Sportarten, in weiten Teilen getragen sind vom »Fun«-Aspekt, aus dem spielerischen Freizeitsport hervorgegangen und z. T. Ausdruck einer gerade medial vermittelten Jugendkultur und allzu oft einer rein ökonomisch getriebenen Kultur(medien)industrie sind. Die Entstehung dieser neuen Bewegungsformen erfolgte ähnlich wie die Entstehung neuer Textformen: als »processing.«[72] Bekanntes wurde verändert, aus Tanz und Gymnastik entstanden Hip-Hop und andere artistische Dance-Formate usw. Aber gute Tänzer und gute Turner ergeben noch nicht automatisch eine ideale Hip-Hop-Formation.

Jutta Wermke beschreibt die Entwicklung für die Medientexte

2000). Ein Blick über die Sprachgrenzen kann da den Blick weiten und klar machen, dass es sich schlechtestenfalls um Wortklauberei und bestenfalls nur um Dimensionen desselben Phänomens handeln kann. Feilitzen (2002) hat aus internationaler Sicht deutlich gemacht, »dass das Konzept der ›Medienerziehung‹ mehr von denjenigen verwendet wird, die dabei hauptsächlich an Schule [...] denken [...] Das Konzept des ›Medienwissens‹ [...] impliziert, dass wir alle medienkundig sein müssen. [...] ›Ausbildung für Kommunikation‹ bezieht sich noch ausführlicher darauf, dass alle [...] den Umgang mit Medien lernen müssen« (Feilitzen 2002, 51). Also: *Wo* geschieht Medienbildung, *was* muss man wissen, *wie* soll man mit Medien umgehen? Dies alles ist gefragt. Es mag analytisch klug sein, hier begrifflich zu trennen (vgl. Groebel 2001), für die Frage nach der Bildung kann es kein entweder (Schule) – oder (außerschulisch), dies (technische Medienbeherrschung) oder das (inhaltliche Medientextkompetenz) geben.

72 Vgl. Assmann/Assmann 1994, S. 138.

ähnlich, fokussiert dabei zunächst auf den in der deutschdidaktischen Diskussion lange aufrechterhaltenen Gegensatz zwischen Literatur und Medien:

»Die jeweils neuen Medien setzen deshalb Verarbeitungsprozesse in Gang, die von der Ausgrenzung des störenden Unbekannten zur partiellen Neudefinition auch der älteren Medien führen. [...] Lässt man es jedoch nicht bei der Feststellung von Nichtübereinstimmung bewenden, werden die Mischformen der tertiären Medien als neue Formen erkennbar, für die andere oder zu modifizierende Kriterien gelten.«[73]

Deshalb ist beispielsweise eine Literaturverfilmung etwas qualitativ anderes als die 1 : 1-Visualisierung der schriftlichen Vorlage. Sie ist eine Interpretation mit anderen Mitteln und mit dem Zielanspruch eines neuen, eigenen Kunstwerks.

Ist die »Literaturverfilmung« im Deutschunterricht inzwischen akzeptiert, bereitet der Video-Clip immer noch Begründungsprobleme für eine Integration in den Fachunterricht. In den Deutschunterricht gehört er nicht, weil er ja Bilder und Musik hat, keine gesprochene Sprache oder schriftlichen Text. Im Musikunterricht stören Bilder und narrative Struktur, und im Kunstunterricht sind die narrative Struktur und die Musik das »Fachfremde«. Die neuen Medientexte erfordern demnach auch einen neuen Unterricht. Fächerübergreifend und unter Einbeziehung der Rezipientenperspektive – und zwar gerade der, die außerhalb der Schule, also im Freizeitbereich entwickelt wird – sollte er erfolgen.[74] Medienunterricht sollte u. E. nicht – wie in der derzeitigen Diskussion der »Benimm-Unterricht« – als eigenes Fach etabliert werden, sondern man sollte die spezifische Kompetenz der unterschiedlichen Fachlehrer nutzen und an den unterschiedlichen fachspezifischen Inhalten die Medienkompetenz ausbilden.

Eine Integration in den Schulalltag ließe sich realisieren im Modell eines fächerübergreifenden Spiralcurriculums »Medienbildung«. Pro Halbjahr wird in einer definierten Anzahl Fächer – die schulintern inhaltlich bestimmt werden könnten – jeweils mindestens eine Einheit integrierter Medienunterricht angeboten. Dabei wird vorher festgelegt, welche Kompetenzen und Zieldimensionen im Verlauf der Schulkarriere vermittelt werden sollen

73 Wermke 2002, S. 94 f.
74 Vgl. Wermke 2002, S. 99.

– ähnlich dem Spiralcurriculum zum Aspekt »Film und Buch«, wie es als Modell im Fachunterricht Deutsch entwickelt wurde.[75]

Doch bleiben wir nicht beim Didaktischen stehen: Ist Medienerziehung noch Bildung? Gehen wir dieser Frage abschließend von der Mediennutzung aus nach. Das klassische Medium Buch und die im Buch-Lesen vermeintlich alleine aufscheinende mediale Bildung (siehe oben) kann uns dazu die Richtung weisen. Lesen fördert die Lesekompetenz. Dieser zunächst triviale Zusammenhang (wer nicht liest, kann nicht lesen) bekommt besondere Brisanz, wenn man aus dieser Text-Lese-Kompetenz (also genau dem, was die PISA-Studie erhoben hat) und ihrer z. T. sehr komplexen Anforderungsstruktur[76] die generelle Folgerung zieht, Lesekompetenz sei nicht nur Voraussetzung von Bildung, sondern diese selbst. Wenn Kerlen[77] darauf hinweist, »dass die Lektüre von bestimmten Büchern das Urteilsvermögen, die Imaginationstiefe, die Sprachgeschmeidigkeit und intellektuelle Sensibilität besonders fördert, hier folglich eine mediale Basiskompetenz zum Umgang mit *allen* Medien heranwächst«, dann kommt hier ein qualitativer oder allgemeiner: inhaltlicher Aspekt zum Tragen, der mit dem Lesevorgang selbst nicht automatisch gegeben ist: das *Was* des Gelesenen. Nehmen wir diese Differenzierung ernst, dann folgt daraus für die Mediennutzung (inkl. Bücher-Lesen), dass zwei Bildungsaspekte zu unterscheiden sind:

(1) ein formaler Bildungsaspekt, bei dem auf dem Wege der geführten oder nicht geführten Medienpraxis vor allem eine technische Kompetenz vermittelt wird: Lesen, Umgang mit kommunikationstechnischen und anderen medialen Einrichtungen, Beherrschung einer Tastatur, Beherrschung spezifischer Computerprogramme, Orientierung in standardisierten Software-Oberflächen usf.

(2) ein inhaltlicher Bildungsaspekt, bei dem auf dem Wege der geführten oder nicht geführten Medienpraxis vor allem eine inhaltliche Kompetenz vermittelt wird, die näherhin zu beschreiben ist als eine hermeneutische Kompetenz: Es ist die Fähigkeit, symbolische Strukturen als solche zu erkennen, ihre Zeichensysteme (Gesten, Buchstaben, Töne usf., siehe oben) zu »ent-ziffern« und mit Bedeutungen zu belegen – also aktiv zu konstruie-

75 Vgl. Gast/Marci-Boehncke 1996.
76 Vgl. *PISA 2000*, S. 69-137.
77 Kerlen 2003.

ren. Diese Aktivität, verbunden mit dem Cassirerschen Aspekt der grundsätzlichen Medialität, lässt die ganze Bedeutung dieser hermeneutischen Kompetenz deutlich werden. Es geht dabei nämlich nicht nur um die Erfassung von symbolisch vermittelter Welt (also dem, »was der Fall ist«), sondern auch der Erfassung seiner selbst, der (symbolischen) Konstruktion seiner eigenen Identität, die Frank[78] als »Hermeneutik des Selbstverständnisses« charakterisiert hat. Vor allem der Ich-Bezeichnung des Individuums gilt seine Aufmerksamkeit. Angesichts der Veränderungen, denen ein Individuum trotz aller »lebensgeschichtlichen Kontinuität«[79] unterliegt, bedarf diese Ich-Bezeichnung der ständigen Selbstauslegung durch das Individuum.

Deuten wir diese Identitätsauslegung als die eigentliche Herausforderung der Kindheit und Adoleszenz, dann ist Bildung als Coping-Strategie die Bewältigung dieser Herausforderung. Und dabei sind beide Bildungsaspekte, der formale wie der inhaltliche, hoch relevant. Greifen wir noch einmal die theoretischen Grundlagen der Coping-Theorie auf, dann lassen sich mit Lazarus, Kanner und Folkman[80] »problemorientierte« und »emotionsorientierte« Coping-Strategien unterscheiden. Erstere zielen auf die praktische Bewältigung eines Problem, auf eine im weitesten Sinne technische Lösung. Die zweite Strategie hat zum Ziel, die mit der zu bewältigenden Herausforderung verbundene emotionale Belastung zu mindern: Dies kann geschehen auf dem Wege der Bearbeitung, zum Beispiel einer Neubewertung, oder auf dem letztlich negativen Wege der Abwehr, Verdrängung.

Bildung als Coping muss immer beides umfassen. Die von uns unterschiedenen beiden Bildungsaspekte der Mediennutzung stellen unterschiedliche Formen der Coping-Strategie dar. Der erste technische Bildungsaspekt ist eine rein problemorientierte Coping-Strategie. Darin hat er seine hohe Bedeutung (z. B. ist ohne Lesekompetenz heute auch kaum andere Mediennutzung möglich), aber auch seine Grenze. Er ist, da auf eine formale Kompetenz setzend, auch sehr wohl in Trainings[81] leistbar. Darin kann sich Medienerziehung als Bildung jedoch nicht erschöpfen.

Der inhaltliche oder hermeneutische Bildungsaspekt umfasst

78 Frank 1988, S. 28.
79 Ebd., S. 21.
80 Kanner und Folkman 1980.
81 Schorr 2000.

beide Strategieformen. Er ist problemorientiert und zugleich emotionsorientiert. Er hebt auf die Fähigkeit zur Hermeneutik von Welt ab, was einer grundsätzlichen Orientierungsfunktion von Bildung entspricht, beinhaltet aber auch den Aspekt der Selbstauslegung.

Diese Identitätsbildung ist in allen Zeiten durch Sozialisationskräfte gelenkt worden, hier sind weder die modernen Medien noch das Lesen in besonderer Weise ausgezeichnet. Aber die Sozialisationsagenten wie das Verfahren haben sich geändert. Konnte diese Orientierung in vormodernen traditionellen Gesellschaften noch direkt, im Sinne von Pross[82] durch »primäre Medien«, also konkrete Menschen erfolgen, so hat sich in den modernen, zumindest handschriftlichen oder »literalen« Gesellschaften[83] das Medium vom Träger getrennt, sprich, das zu Vermittelnde wird, qua Schriftlichkeit, vom Menschen als Erzähler und Vorbild unabhängig. Das sekundäre Medium Schrift verhilft dem Text zum Eigenstand, der jeweils neu verstanden und gedeutet werden muss.

Unter der grundsätzlichen Medialität des Menschen bedeutet dies, dass Menschen auf dem Wege der Identitätsbildung nicht nur ihre sozial und medial vermittelten Texte, sondern sich selbst auslegen. Unter den Bedingungen der Elektronik und damit der Vielfalt der Medien der Gegenwart beginnt eine »Dynamisierung des Textes«,[84] das oben bereits erwähnte, von Assmann und Assmann sogenannte »processing«. Bildung als Selbstbildung oder Selbstsozialisation geschieht unter diesen Bedingungen hermeneutisch und medial. Greifen wir das Generationenmodell von Margaret Mead[85] auf, so stehen wir nach den vergangenheitsbezogenen postfigurativen Kulturen sowie der gegenwartsbezogenen konfigurativen Kultur in der Medienepoche der Elektronik zugleich an der Schwelle zu einer präfigurativen Kultur, in der sich Kinder und Jugendliche aus der medialen Gegenwart heraus selbst entwerfen müssen.

Bildung im Sinne des Coping kann daher als individuum-bezogenes Gegenstück zum Processing aufgefasst werden, das eine auf die Veränderung der Umwelt bezogene Anpassungs-Entwick-

82 Pross 1972.
83 Vgl. Assmann/Assmann 1994, S. 131.
84 Ebd.
85 Mead 1971.

lungsstrategie ist. Die Weiterentwicklung sowohl der Umwelt des auch als Individuums sind nur möglich unter Bezugnahme auf das Bekannte, Alte – die »Regression« und auch die bewusste Aktualisierung kultureller Wissensbestände. Sowohl die Bereitstellung bestehender Kulturinhalte als auch die Verfahren der Entwicklung neuer Lebens- und Selbstmodelle erfolgen heute durch und in Medien. Die Lebenswelten der Kinder und Jugendlichen sind sicher keine Medienwelten, aber sie sind mediale Welten. Eine bewahrpädagogische Attitüde, die die Vielfalt der Medien aus den Familien und Schulen heraus- und allein die Buchlektüre hineintragen will, wird scheitern.

Bildung ist nicht nur auch Medienbildung, sondern Bildung mit, in und aus Medien. Der Mensch ist ein mediales Wesen, die Bewältigung seiner größten Herausforderung, nämlich er selbst zu werden, Identität auszubilden und zu bewahren, erfolgt medial. Es kann daher am Ende dieses Beitrags nicht bei der Bedeutung der Medienerziehung stehen geblieben werden. Vielmehr ist zumindest darauf hinzuweisen, dass die medialen Angebote immer auch eine inhaltliche und damit qualitative Seite haben, die diese Bildung mitbestimmen. Medienbildung bedarf daher notwendig auch der Auseinandersetzung mit normativen Fragestellungen, Fragestellungen der Medienästhetik, vor allem aber der Medienethik. Es kann dabei nicht nur darum gehen, die Medienproduktion und ihre Produkte zu »bewerten«,[86] sondern in der aktiven Auseinandersetzung mit Medieninhalten Kindern und Jugendlichen Kriterien und Kompetenzen an die Hand zu geben, die eine kritische Auseinandersetzung mit Medienangeboten ermöglichen. Dies geht von medienanalytischen Kenntnissen bis hin zu allgemeinen ethischen Prinzipien, unter denen mediale Angebote betrachtet werden können, wie zum Beispiel die Prinzipien der Wahrheit, Würde, Offenheit.[87] Damit würde auch die u. E. wichtigste Dimension einer gelingenden Medienbildung verwirklicht, die Dieter Baacke unter dem Schlagwort der »Medienkompetenz« immer wieder betont hat, die Fähigkeit zur Medienkritik.

86 Vgl. Rath 2003.
87 Vgl. *Beiträge zur Medienethik* 1989-1996.

Literaturverzeichnis

Ariès, Philippe, *Geschichte der Kindheit*, München 2000.

Assmann, Aleida, Assmann, Jan, »Das Gestern im Heute. Medien und soziales Gedächtnis«, in: *Die Wirklichkeit der Medien*, hg. v. Klaus Merten, Siegfried J. Schmidt, Siegfried Weischenberg, Opladen 1994, S. 114-140.

Baacke, Dieter, »Sprachlose Bürger? Medienkompetenz als zentrales Ziel von Medienpädagogik«, in: *Öffentlichkeit und Kommunikationskultur*, hg. v. Wolfgang Wunden, Hamburg 1994, S. 231-243.

–, *Jugend und Jugendkulturen. Darstellung und Deutung*, Weinheim 1999.

–, Baacke, Dieter, Sander, Uwe, Vollbrecht, Ralf, *Lebenswelten sind Medienwelten (Medienwelten Jugendlicher*, Bd. 1), Opladen 1990.

Bachmair, Ben, »›. . . was haben die für schreckliche und banale Bilder im Kopf‹. Pädagogische Argumente zum alltäglichen Medienkonsum«, in: *Medienimpulse – special »Terror und Medien«*, Oktober 2001, S. 44-47.

Barthelmes, Jürgen, Sander, Ekkehard, *Erst die Freunde, dann die Medien. Medien als Begleiter in Pubertät und Adoleszenz. Medienerfahrungen von Jugendlichen*, Bd. 2, München 2001

Beiträge zur Medienethik, 3 Bände, hg. v. Wolfgang Wunden, Frankfurt am Main 1989-1996.

Berger, Peter L., Luckmann, Thomas, *Modernität, Pluralismus und Sinnkrise. Die Orientierung des modernen Menschen*, Gütersloh 1995.

Böhm, Maria, »Medienerziehung, Medienarbeit oder Bildung? Über Risiken selbstbegrenzender Medien- und Kommunikationspraxis in der Pädagogik und Sozialarbeit«, in: *Medien Praktisch* (24), Nr. 2/2000, S. 48-52.

Bonfadelli, Heinz, *Die Wissenskluftperspektive. Massenmedien und gesellschaftliche Information (Forschungsfeld Kommunikation*, Band 5), Konstanz 1994.

Brosius, Hans-Bernd, *Modelle und Ansätze der Medienwirkungsforschung. Überblick über ein dynamisches Forschungsfeld (Düsseldorfer Medienwissenschaftliche Vorträge*, Heft 8), hg. v. Hans Süssmuth), Bonn 1997.

Campell, Joseph, *Der Heros in tausend Gestalten*, Frankfurt am Main 1978.

Cassirer, Ernst, *Philosophie der symbolischen Formen*. Teil 1. *Die Sprache*, Darmstadt 1953.

–, *Versuch über den Menschen. Einführung in eine Philosophie der Kultur*, Hamburg 1996.

Charlton, Michael, Barth, Michael, »Grundlagen der empirischen Rezeptionsforschung in der Medienwissenschaft«, in: *Medienwissenschaft. Ein Handbuch zur Entwicklung der Medien und Kommunikationsformen*. 1. Teilband, hg. v. Joachim-Felix et al., Berlin, New York 1999, S. 82-110.

–, Neumann, Klaus, *Medienrezeption und Identitätsbildung*, Tübingen 1990.

Deutschdidaktik und Medienerziehung. Kulturtechnik Medienkompetenz in Unterricht und Studium, hg. v. Hans Dieter Erlinger und Gudrun Marci-Boehncke, München 1999.

Doelker, Christian, *Ein Bild ist mehr als ein Bild: Visuelle Kompetenz in der Multimedia-Gesellschaft*, Stuttgart 1997.

Feilitzen, Cecilia von, »Medienerziehung – Einige internationale Perspektiven«, in: *Medien und Erziehung* (46), Nr. 1, Februar 2002, S. 49-55.

Frank, Manfred, »Subjekt, Person, Individuum«, in: *Die Frage nach dem Subjekt*, hg. v. Manfred Frank et al., Frankfurt am Main 1988, S. 7-28.

Gast, Wolfgang, »›Bonner Runde‹: Medienpädagogik im Fach Deutsch. Theorie und Praxis der Lehrenden in Schule und Hochschule«, in: *Deutschdidaktik und Medienerziehung. Kulturtechnik Medienkompetenz in Unterricht und Studium*, hg. v. Hans Dieter Erlinger und Gudrun Marci-Boehncke, München, 1999, S. 35-50.

–, Marci-Boehncke, Gudrun, »Medienpädagogik in die Schule. Plädoyer für ein fachspezifisches Curriculum – jetzt!«, in: *Medien Praktisch* (20), Heft 3/1996, S. 47-51.

Groebel, Jo, »Neue Medien, neues Lernen«, in: *Medienkompetenz. Wirtschaft, Wissen, Wandel*, hg. v. Ingrid Hamm, Gütersloh 2001, S. 80-111.

Handbuch Medien: Medienkompetenz. Modelle und Projekte, hg. v. Dieter Baacke et al., Bonn 1999.

Hausmanninger, Thomas, *Kritik der medienethischen Vernunft: Die ethische Diskussion über den Film in Deutschland im 20. Jahrhundert*, München 1992.

Heuermann, Hartmut, *Mythen und Medien. Die Bedeutung regressiver Tendenzen in der westlichen Medienkultur*, München 1994.

Huizinga, Johan, *Homo ludens. Vom Ursprung der Kultur im Spiel*, Hamburg 1991

Hurrelmann, Bettina, »Leseförderung – eine Daueraufgabe« in: *Mehr als ein Buch. Leseförderung in der Sekundarstufe I*, hg. v. Bertelsmann Stiftung, Gütersloh 1996, S. 13-33.

–, »Kinder und Jugendliteratur in der literarischen Sozialisation« in: *Taschenbuch der Kinder- und Jugendliteratur*. Bd. 2, hg. v. Günter Lange, Baltmannsweiler 2000, S. 901-920.

–, »Sozialhistorische Rahmenbedingungen von Lesekompetenz sowie soziale und personale Einflussfaktoren«, in: *Lesekompetenz. Bedingungen, Dimensionen, Funktionen*, hg. v. Norbert Groeben und Bettina Hurrelmann, Weinheim, München 2002, S. 123-149.

Husserl, Edmund, *Erfahrung und Urteil. Untersuchungen zur Genealogie der Logik*, redigiert und hg. v. Ludwig Landgrebe, Hamburg 1948.

Jugend 2002: 14. Shell Jugendstudie, Konzeption und Koordination: Klaus

Hurrelmann und Mathias Albert in Arbeitsgemeinschaft mit Infratest Sozialforschung, hg. von der Shell AG, Frankfurt am Main 2002.

Kerlen, Dietrich, »Buchwirkungsforschung – Vermessung eines Forschungsfeldes«, in: *Buchwissenschaft und Buchwirkungsforschung (VIII. Leipziger Hochschultage für Medien und Kommunikation)*, hg. von Dietrich Kerlen und Inka Kirste, Leipzig 2000, S. 99-111.

–, *Jugendlicher Mediengebrauch in Deutschland: Eine Bestandsaufnahme der Erhebungen dazu von den 1950er bis zu den 1990er Jahren oder Das allmähliche Verschwinden der falschen Alternativen. Gutachten für die Stiftung Ravensburger Verlag* (Manuskript), Ravensburg 2003.

Kinder- und Jugendliteratur der Aufklärung. Eine Textsammlung, hg. v. Hans-Heino Ewers, Stuttgart 1998.

Klingler, Walter, Neuwöhner, Ulrich, »Kultur in Fernsehen und Hörfunk«, in: *Media-Perspektiven*, 7/2003, S. 310-319.

Kuchenbuch, Katharina, »Die Fernsehnutzung von Kindern aus verschiedenen Herkunftsmilieus. Eine Analyse anhand des Sinus-Milieu-Modells«, in: *Media-Perspektiven*, 1/2003, S. 2-11.

Kübler, Hans-Dieter, »Bildung zwischen Markt, Medien und ideellem Wert. Fünfzehn Thesen«, in: *Die medialisierte Gesellschaft. Beiträge zur Rolle der Medien in der Demokratie (Schriften zur Medienpädagogik 34)*, hg. v. Dieter Wiedemann und Jürgen Lauffer, Bielefeld 2003, S. 266-279.

Lazarus, Richard S., *Psychological stress and the coping process*, New York 1966.

–, Folkman, Susan, *Stress, appraisal, and coping*, New York, 1984.

–, Kanner, A. D., Folkman, Susan, »Emotions: A cognitive-phenomenological analysis«, in: Robert Plutchik und Henry Kellerman (Hg.), *Theories of emotion*, Vol. 1: *Emotion: Theory, research, and experience*, New York 1980, S. 189-217.

Lesekompetenz. Bedingungen, Dimensionen, Funktionen, hg. v. Norbert Groeben und Bettina Hurrelmann, Weinheim, München 2002.

Lowery, Shearon A., DeFleur, Melvin L., *Milestones in mass communication research: Media effects*, New York, London 1983.

Marci-Boehncke, Gudrun, »Medienerziehung im Lesebuch – ein Forschungsbericht zu Deutschlehrwerken der Sekundarstufe in Baden-Württemberg, Schwerpunkt Haupt-/Realschule«, in: *Kanonbildung in audiovisuellen Medien (Symposion Deutsch Didaktik 2002)*, hg. v. Hans-Dieter Erlinger und Bodo Lecke, München [im Druck].

–, Gast, Wolfgang, »Zwischen Goethes Faust und daily soap: Medienpädagogik im Fach Deutsch: Eine kleine Empirie« in: *Medien und Erziehung* (10), 5/1997, 293-302.

Mead, Margaret, *Der Konflikt der Generationen*, Freiburg 1971.

Osten, Peter, »Pubertät und Adoleszenz aus der Sicht der klinischen Entwicklungspsychologie. Teil 2: Adoleszenz«, in: *Psychotherapie* (7), 1/2002, S. 66-87.

PISA 2000. Basiskompetenzen von Schülerinnen und Schülern im internationalen Vergleich, hg. v. Deutsches PISA-Konsortium, Opladen 2001.

Platon, *Phaidros*, in: Sämtliche Werke Bd. 6, Frankfurt am Main 1991.

Pross, Harry, *Medienforschung*, Darmstadt 1972.

Rath, Matthias, »Medienwirkungsforschung in Deutschland – eine Annäherung«, in: *Buchwissenschaft und Buchwirkungsforschung (VIII. Leipziger Hochschultage für Medien und Kommunikation)*, hg. v. Dietrich Kerlen und Inka Kirste, Leipzig 2000, S. 89-98

–, »Das Symbol als anthropologisches Datum. Philosophische und medienkulturelle Überlegungen zum animal symbolicum«, in: *Symbol. Verstehen und Produktion in pädagogischen Kontexten*, hg. v. Jürgen Belgrad und Horst Niesyto, Hohengehren 2001, S. 34-45.

–, »Die medienphilosophische Perspektive: Medien, Wirtschaft, Sinn«, in: *Medien und Ökonomie. Bd. 1/2: Grundlagen der Medienökonomie: Soziologie, Kultur, Politik, Medienphilosophie, International, Geschichte, Technik, Journalistik*, hg. v. Klaus-Dieter Altmeppen und Matthias Karmasin, Wiesbaden 2003, S. 125-139.

Schön, Erich, »Kinder und Jugendliche im aktuellen Medienverbund«, in: *Taschenbuch der Kinder- und Jugendliteratur. Bd. 2*, hg. v. Günter Lange, Baltmannsweiler 2000, S. 921-940.

Schorb, Bernd, Theunert, Helga, *Jugendmedienschutz – Praxis und Akzeptanz*, Berlin 2001.

Schorr, Angela; »Medienerziehung, Medienkompetenz und Medienwirkungsforschung – eine integrative Perspektive«, in: *Publikums- und Wirkungsforschung. Ein Reader*, hg. v. Angela Schorr, Wiesbaden 2000, S. 397-429.

Sonnenschein, Sabine, »Ganz nach ihrer Lust und Laune. Außerschulische Jugendarbeit mit Medien – Trends und Tendenzen. Eine Bestandsaufnahme auf der Grundlage bisheriger Erfahrungen in der medienpädagogischen Praxis«, in: *Handbuch Medien: Medienkompetenz. Modelle und Projekte*, hg. v. Dieter Baacke et al., Bonn 1999, S. 15-22.

Sutter, Tilmann, »Anschlusskommunikation und die kommunikative Verarbeitung von Medienangeboten«, in: *Lesekompetenz. Bedingungen, Dimensionen, Funktionen*, hg. v. Norbert Groeben und Bettina Hurrelmann, Weinheim, München 2002, S. 80-105.

Tichenor, Phillip J., Donohue, George A., Olien, Clarice N., »Mass media flow and differential grow in knowledge«, in: *Public Opinion Quarterly* (34), 1970, S. 159-170.

Wermke, Jutta, »Literatur und Medienunterricht«, in: *Grundzüge der Literaturdidaktik*, hg. v. Klaus-Michael Bogdal und Hermann Korte, München 2002, S. 91-104.

Wirth, Werner, *Von der Information zum Wissen. Die Rolle der Rezeption für die Entstehung von Wissensunterschieden. Ein Beitrag zur Wissens-*

kluftforschung (Studien zur Kommunikationswissenschaft, Band 23), Opladen 1997.

Wittgenstein, Ludwig, *Tractatus logico-philosophicus (Werkausgabe* Bd. 1), Frankfurt am Main 1984, S. 7-85.

Wolf, Stefan, »Wahre Bildung vs. Ware Bildung – oder vom vermeintlichen Gegensatz zur Synergie!?« in: *Die medialisierte Gesellschaft. Beiträge zur Rolle der Medien in der Demokratie*, hg. v. Dieter Wiedemann und Jürgen Lauffer, Bielefeld 2003, S. 282-291.

Wurzbacher, Gerhard, »Sozialisation – Enkulturation – Personalisation«, in: ders. (Hg.), *Der Mensch als soziales und personales Wesen*, Stuttgart 1963, S. 1-34.

Zinnecker, Jürgen, Behnken, Imbke, Maschke, Sabine, Stecher, Ludwig, *null zoff & voll busy. Die erste Jugendgeneration des neuen Jahrtausends*, Opladen 2002.

Albert Biesinger, Friedrich Schweitzer
Kinder nicht um Gott betrügen –
Das Recht des Kindes auf Religion[1]

1. Fragen und Erfahrungen von Kindern

»Wo war ich eigentlich, als ich noch nicht da war?«

»Wie geht das, dass ich weiß, dass ich bin?« (4 Jahre)

»Gibt es in der Luft noch eine Welt und unter dem Boden, wenn man tief gräbt, auch eine Welt?«

»Glaubt die Katze, dass Gott aussieht wie eine Katze?«

»Wer macht die Tage, und wann sind sie alle?«

»Irgendeiner muss doch den Anfang gemacht haben. Aber wer?«

»Papa, weißt Du, was ich mir eigentlich gar nicht vorstellen kann?« – »Na was?« – »Dass es Gott gibt.«

»Mutti, ich finde es gar nicht schön, dass ich geboren bin und dass ich vielleicht lange leben muss.« (5 Jahre)

»Wenn ich tot bin, bin ich dann noch ganz?« (3 Jahre)

»Ist Gott ein Mensch oder eine Frau oder beides?« (8 Jahre)

»Ich weiß gar nicht, warum es die Welt gibt.« (5 Jahre)

»Wozu sind die Menschen eigentlich da? Sag mal, wozu?«

---

1 Seit Jahren vertreten wir zum Teil unabhängig voneinander und zum Teil gemeinsam parallele Perspektiven zur religiösen Erziehung in der Kindheit; vgl. Biesinger, Albert, *Kinder nicht um Gott betrügen. Anstiftungen für Mütter und Väter,* Freiburg ¹²2002; Schweitzer, Friedrich, *Das Recht des Kindes auf Religion. Ermutigungen für Eltern und Erzieher,* Gütersloh 2000. Im vorliegenden Beitrag verbinden wir erstmals unsere Perspektiven zu einem gemeinsam vertretenen Ansatz. Unterschiede etwa konfessioneller Art werden dabei bewusst vernachlässigt, obwohl sie gerade vom Kind her sowie für unsere Kooperation sonst wichtig sind; vgl. Schweitzer, Friedrich, Biesinger, Albert zusammen mit Reinhold Boschki, Claudia Schlenker, Anke Edelbrock, Oliver Kliss, Monika Scheidler, *Gemeinsamkeiten stärken – Unterschieden gerecht werden. Erfahrungen und Perspektiven zur konfessionellen Kooperation,* Freiburg, Gütersloh 2002. Der Text wurde gemeinsam entworfen und verabschiedet, lässt aber in einzelnen Abschnitten gleichwohl unterschiedliche Handschriften noch erkennen.

Kinder fragen nicht erst, was sie fragen dürfen; sie sind religiöse Menschen von innen heraus, sonst könnten sie uns mit ihren Fragen und Aussagen nicht an den Rand unserer Denkvorstellungen treiben.

Solche Fragen von Kindern sind nicht etwa angelernt oder von außen beigebracht. Sie sind vielmehr ursprüngliche Themen, die Kinder beschäftigen und die üblichen Schemata sprengen. Kinder machen sich selbst ihre Vorstellungen von Gott.

Wer von Bildung spricht, darf religiöse Gefühle und Reflexionen nicht ausgrenzen; religiöse Kommunikation ist vielmehr als integrativer Bestandteil der Persönlichkeitsentwicklung zu verstehen. Religion deutet Welt, Herkunft, Gegenwart und Zukunft.

Nicht zu kurz denken – Transzendenz – Durchkreuzung des Üblichen

Wenn man sich mit den Kategorien der Wirklichkeitsdeutung begnügt, die vor dem Undenkbaren Halt machen, wird man dem religiösen Orientierungsbedarf von Kindern und Jugendlichen nicht gerecht. Die großen Fragen von Kindern beziehen sich auch auf Gott, auf ihre Herkunft, ihre Zukunft und nicht zuletzt auch auf viele Grauzonen menschlicher Existenz, die so leicht nicht zu interpretieren sind.

Die These »Kinder nicht um Gott betrügen«[2] ist eine provokative Rückfrage: Mit welcher Begründung wird Kindern die Möglichkeit der religiösen Orientierung genommen, deren sie aufgrund ihrer empirisch belegbaren religiösen Fragestellungen bedürfen?[3] Ähnlich zielt das Plädoyer für das Recht des Kindes auf Religion[4] auf eine Begleitung des Kindes auch bei seinen großen Fragen, denen die Erwachsenen manchmal so gerne ausweichen. Inzwischen gibt es eine Vielzahl von Forschungsarbeiten

2 Biesinger, Albert, *Kinder nicht um Gott betrügen. Anstiftungen für Mütter und Väter,* Freiburg 2002.
3 Grundlegend Schweitzer, Friedrich, *Lebensgeschichte und Religion. Religiöse Entwicklung und Erziehung im Kindes- und Jugendalter,* Gütersloh 1999; mit zahlreichen Beispielen Oberthür, Rainer, *Die Seele ist eine Sonne. Was Kinder über Gott und die Welt wissen,* München 2000; ders., *Kinder fragen nach Leid und Gott. Lernen mit der Bibel im RU,* München 1998; ders., *Kinder und die großen Fragen. Ein Praxisbuch für den RU,* München 1995.
4 Schweitzer, Friedrich, *Das Recht des Kindes auf Religion. Ermutigungen für Eltern und Erzieher,* Gütersloh 2000.

zur Kompetenz von Kindern, religiös zu denken, sich Vorstellungen vom Glauben und von Gott zu machen oder sich mit Fragen nach Sinn, Leiden und Tod eigenständig und konstruktiv auseinanderzusetzen.[5] Wenn man es wirklich ernst meint, von Kindern her zu denken und sie in ihren Lernprozessen zu unterstützen, dann kann man das große Segment ihrer religiösen Fragen nicht ausgrenzen und bei Bildungsprozessen abspalten.

Der Bereich schulischer Bildung hat in Deutschland durch die Vorgabe des Grundgesetzes (Art. 7, 3) die religiöse Bildung als Religionsunterricht integriert. In Psychologie und Erziehungswissenschaft hingegen ist Religion nach wie vor kaum ein Thema. Der manchmal zu hörende Hinweis auf die religionspädagogischen Lehrstühle an den Universitäten mag als Würdigung von deren Arbeit aufgefasst werden. Gleichwohl kann man nicht wissenschaftlich von »Kindheit« sprechen und gleichzeitig Religiosität ausgrenzen.

Kinder und Jugendliche verarbeiten religiöse Phänomene. Manche Erwachsene sprechen dabei von »Äußerlichkeiten«, aber für Kinder geht es um Symbole und Bedeutungen im Sinne einer religiösen Interpretation der Wirklichkeit. Die in einem gemeinsamen Forschungsprojekt »Konfessionelle Kooperation im evangelischen und katholischen Religionsunterricht« erhobenen Interessen und Verarbeitungsstrategien von Grundschulkindern belegen, dass es bildungstheoretisch verfehlt wäre, solche Wahrnehmungs- und symbolischen Interaktionsprozesse nicht zu begleiten und durch Interventionen zu unterstützen.[6] Weitere

---

5 Aus der Fülle an neueren Untersuchungen vgl. über die bereits genannten Veröffentlichungen hinaus: Bucher, Anton A., Büttner, Gerhard, Freudenberger-Lötz, Petra, Schreiner, Martin (Hg.), »*Im Himmelreich ist keiner sauer.« – Kinder als Exegeten* (Jahrbuch für Kindertheologie, Bd. 2), Stuttgart 2003; diess., (Hg.), »*Mittendrin ist Gott« – Kinder denken nach über Gott, Leben und Tod* (Jahrbuch für Kindertheologie, Bd. 1), Stuttgart 2002; Büttner, Gerhard, Rupp, Hartmut (Hg.), *Theologisieren mit Kindern*, Stuttgart 2002; Fischer, Dietlind, Schöll, Albrecht (Hg.), *Religiöse Vorstellungen bilden. Erkundungen zur Religion von Kindern über Bilder*, Münster 2000; Klein, Stefanie, *Gottesbilder von Mädchen. Bilder und Gespräche als Zugänge zur kindlichen religiösen Vorstellungswelt*, Stuttgart 2000; zusammenfassend vgl. Boschki, Reinhold, *Theologie der Kinder – Theologie der Kindheit*, Antrittsvorlesung, Tübingen 3. Juli 2003.

6 Siehe Schweitzer, Friedrich, Biesinger, Albert zusammen mit Reinhold Boschki, Claudia Schlenker, Anke Edelbrock, Oliver Kliss, Monika Scheidler, *Gemeinsamkeiten stärken – Unterschieden gerecht werden. Erfahrun-*

Befunde aus anderen Untersuchungen betreffen religiöse Suchprozesse, Deutungskompetenzen und nicht zuletzt auch die emotionale Betroffenheit von Kindern und Jugendlichen im Blick auf
religiöse Suchprozesse.[7] Auch die großen Fragen der Kinder treten plastisch hervor.[8] Methodologisch sind religiöse Denk- und
Emotionsprozesse zwar schwierig zu analysieren. Wissenschafts-
theoretisch darf dies aber kein Argument sein, es erst gar nicht zu
probieren. Wenn es methodologische Probleme gibt, dann sind
diese Schritt für Schritt zu lösen; Wissenschaft darf nicht vor diesen Problemen kapitulieren.

2. Fragen und Konkretionen aus der Sicht von Kindern

Fragen nach der (eigenen) Identität
Wieso lebe ich eigentlich, warum kann ich mich fühlen, wieso
lebt nicht ein anderer für mich?
Warum bin ich?
Wenn es mich nicht gäbe, würde es keiner merken?
Wie war es in Mamas Bauch?

*Geheimnisse des Unendlichen/Unvorstellbaren (Welt, Natur,
Universum, Raum, Zeit)*
Kommt man im All an ein Ende?
Warum gibt es die Erde?
Wie entstand die Welt?
Wer war der erste Mensch?
Wer hat Gott erschaffen?
Wann ist Zeit entstanden?
Warum gibt es abgemessene Zeit?

gen und Perspektiven zur konfessionellen Kooperation, Freiburg, Gütersloh
2002; diess., »Religionspädagogische Unterrichtsforschung und ›guter Religionsunterricht‹ – Qualitätsmerkmale konfessioneller Kooperation in empirischer Perspektive«, in: *Zeitschrift für Pädagogik und Theologie (Der
Evangelische Erzieher)*, 54 (2002), Heft 2, S. 133-144; diess., »Konfessionelle Kooperation – eine neue ›Zauberformel‹? Über die Bedeutung von
Konfessioneller Kooperation für Kinder und Lehrende«, in: *Katechetische
Blätter* 127 (2002), S. 366-374.
7 Beile, Hartmut, *Religiöse Emotionen und religiöses Urteil. Eine empirische
Studie über Religiosität bei Jugendlichen*, Stuttgart 1998.
8 Vgl. Fußnote 2.

Trauer, Krankheit, Leiden, Sterben und Tod
Warum lässt Gott zu, dass man so traurig sein muß?
Warum müssen wir Menschen sterben?
Wenn Gott stärker als der Tod ist, warum schafft er dann den Tod nicht ab?
Wird Gott nie sterben?

Leben nach dem Tod
Was mache ich, wenn ich tot bin?
Wo kommen wir hin, wenn wir tot sind?
Warum gibt es einen Himmel?
Wie sieht es im Himmel aus? Ist der Himmel wirklich ein Paradies?

Die Entstehung von Sprache
Wie konnte man die Sprache erfinden, wenn man noch nicht sprechen konnte?
Wer hat in mir die Sprache entwickelt?
Was gibt uns unsere Stimme?
Woher kommen die Namen?
Warum gibt es eigentlich Wörter?
Wieso heißt Gott Gott und nicht Mensch?

Die Existenz und Wirklichkeit Gottes
Wie sieht Gott aus?
Warum kann man Gott nicht sehen?
Wo kommt Gott her?
Ist Gott noch auf der Welt?
Wie groß ist Gott?
Gibt es überhaupt Gott?[9]

Kinder eines vierten Schuljahres
Gott selber hat keine Leiden, aber er leidet unter dem Leid der Menschen.
Gott hat kein Ende,
aber es ist für ihn wie ein Ende, wenn einem Menschen das Ende naht.

9 Gekürzt zitiert aus Oberthür, Rainer, *Kinder und die großen Fragen. Ein Praxisbuch für den Religionsunterricht*, München 1995.

Gott kann uns nicht in die Hand nehmen, aber er führt uns trotzdem durch das Leben.

Wir können zu Gott sprechen, aber er kann uns nichts sagen.

Gott kann alle Menschen trösten und muss nicht groß sein.

Gott ist groß, auch im kleinsten Tier.

Wenn man Gott sehen will, sieht man ihn nicht, aber wenn man ihn braucht, dann sieht man ihn.

Gott ist ein leuchtendes Licht, auch für Menschen, um die es dunkel ist.

Gott ist nicht da, aber da. Gott ist still, aber spricht.

Gott ist weit, aber mir nah.

Kinder eines dritten Schuljahres

Mann kann Gott zwar nicht sehen, aber man kann Gott in Träumen hören.

Gott ist still, aber er kann mit den Menschen reden.

Gott ist nicht zu sehen, aber in Gedanken sieht man ihn doch.

Gott ist immer bei dir, nur du merkst es nicht.

Gott lässt Menschen sterben, aber er lässt uns trotzdem leben.

Gott ist kein weiter Herrscher, sondern eine weitergebende Liebe.

Gott kann man nicht fühlen, aber ich kann es in der Seele fühlen.

Gott ist hier, obwohl er sich nicht zeigt.

Wir können Gott nicht sehen, aber er hinterlässt seine Spuren.

Gott ist sehr hoch am Himmel, ist aber ganz nah bei mir.

Gott ist nicht überall, aber bei jedem in der Nähe.[10]

Religiöse Wirklichkeitsdeutung als Blick über die Grenze

Die Einschätzungen, dass es nur das gebe, was wir messen können, ist eine methodologische Selbstbescheidung. Es ist wichtig, die wissenschaftliche Neugier und die Interpretation der Wirklichkeit nicht an den uns vorgegebenen Grenzen Halt machen zu lassen, sondern auch die Bedingung der Möglichkeit dieser Grenzen und vor allem auch den Blick über die Grenzen hinaus zum Thema von Bildung zu machen.

Transzendenz ist ein elementares Bildungsthema. Die Bedin-

---

10 Gekürzt zitiert aus Oberthür, Rainer, *Die Seele ist eine Sonne. Was Kinder über Gott und die Welt wissen*, München 2000.

gung der Möglichkeit unserer Existenz, gedeutet als Schöpfung, die Beziehungsqualität unserer Gegenwart mit unserer Herkunft und die Bedingung der Möglichkeit einer Zukunft – unserer Zukunft über den Tod hinaus – dies sind Interpretamente, die einen »Sinn-Überschuss« darstellen. Die theologische Frage, welche Religion unter dem Aspekt der Wahrheitsfrage die richtige sei, ist dabei zunächst auszuklammern. Das Grundgesetz der Bundesrepublik Deutschland geht konkret geschichtlich von den in der Bundesrepublik anerkannten Religionsgemeinschaften aus (Judentum, evangelische Kirche, katholische Kirche), ist aber durch den Begriff der »Religionsgemeinschaften« (Art. 7, Abs. 3 GG) in die Zukunft hinein offen etwa für einen islamischen Religionsunterricht. Neuerdings gibt es in Berlin buddhistischen Religionsunterricht (wobei allerdings die besondere Rechtslage in Berlin zu bedenken ist).

Die konstruktiv-kritische Begleitung von Kindern und Jugendlichen auf ihrem religiösen Weg ist ein hohes Bildungsgut. Angesichts der Globalisierung ist religiöse Verständigung auf der Basis reflektierter religiöser Identität eine große Herausforderung, die sowohl persönlichkeitsrelevant als auch im Blick auf die Kooperation der Weltwirtschaft von enormer Bedeutung ist. Als christliche Theologen plädieren wir für eine vertiefende, konsekutive Entwicklung von religiöser Sprach- und Deutungskompetenz, die einen existentiellen und deshalb auch konfessorischen und konfessionellen Charakter aufweist und aufweisen soll, allerdings in entschiedener konfessioneller Kooperation.[11] Dieses Modell bezieht sich weitergehend auch auf die Kooperation zwischen den Religionen, d. h. zwischen den an Schulen vorhandenen Angeboten von Religionsunterricht.

3. Gottesbeziehung als Umfassungserfahrung

Es ist eine Bereicherung der menschlichen Selbst- und Fremdinterpretation, wenn wir uns als geborgen in der Gottesbeziehung wahrnehmen können (sog. In-Existenz). Geworfen sein im Weltall oder im göttlichen Urgrund verwurzelt sein – das ist die große Frage. Wer sich als Christ verstehen kann, dem bietet sich eine

11 Literatur s. o. Fußnote 3.

große Vision von Geborgenheit: die Gottesbeziehung. Umso mehr sind für religionspädagogische Lehr- und Lernprozesse die Gottesbilder zu klären.

Die These »Kinder nicht um Gott betrügen« ist ein Aufschrei in die derzeitige gesellschaftliche Situation hinein, in der Eltern suggeriert wird, es sei viel wichtiger als alles andere, ihren Kindern frühzeitig Ballettunterricht, musikalische Früherziehung und mehrere Sportarten zu ermöglichen. Eltern sehen sich diesbezüglich schon geradezu unter einem gesellschaftlichen Leistungsdruck: »Gute Eltern tun das einfach für ihre Kinder!«

Führt das Plädoyer für das Recht des Kindes auf Religion nur noch zu einer weiteren Verschärfung dieses Leistungsdrucks? Wird auch hier behauptet: »Ihr seid schlechte Eltern, Ihr meint es mit Euren Kindern nicht gut, sonst würdet Ihr Eure Kinder religiös erziehen«? Die Beziehung zu Gott ist keine Leistung. Sie ist eine Gabe, ein unverdientes Geschenk von Gott her. Sie ist aber auch eine Herausforderung, an der sich das Leben orientieren kann (ohne Druck allerdings und ohne moralische Aufforderung). Wer sich als Vater oder Mutter mit seinen Kindern auf die Beziehung mit Gott einlässt, dem kommt etwas zu, was er oder sie selber nicht leisten muss. Es wird der Vorhang für ein Leben geöffnet, das niemand anderer zusagen kann als Gott selbst, der es gut meint mit unserem Leben.

Es ist nirgends festgeschrieben, dass wir mit den üblichen innerweltlichen Schubladen von Weltdeutung zufrieden sein müssen, die unsere Gesellschaft fabriziert und die oft nicht weit führen. Die Welt sieht anders aus für Menschen, die dafür offen sind, sich von Gott lieben zu lassen, sich also der »Umfassungserfahrung von Gott« her, wie Martin Buber es formuliert hat, bewusst zu werden und diese zuzulassen – oder eben nicht. Es gibt viele Eltern, die sich derzeit in der Verteidigungsposition sehen, wenn sie ihre Kinder religiös erziehen. Je nach Bekanntenkreis gelten solche Eltern als unkritisch oder als »von gestern«. Kinder religiös zu erziehen ist aber nicht eine Frage von »konservativ« oder »progressiv«, sondern eine Frage von konsequentem Denken. Die Erschließung der Gottesbeziehung ermöglicht jenen »Überschuss an Sinn«, der eben nicht »entborgen« wird, wo Kindern diese Beziehung verbaut wird. Wenn religiöse Erziehung als eine solche sinnstiftende Erschließung der Gottesbeziehung verstanden wird, wird sie gerade nicht als Einschränkung, sondern im

Gegenteil als Bewusstseinserweiterung und als gesteigerte Lebensqualität wahrgenommen.

Mit Menschen, die im Sinne des Atheismus bewusst nicht an Gott glauben, müsste allerdings noch grundsätzlicher argumentiert werden. Dies würde den Rahmen dieses Beitrages sprengen. Die große Mehrheit der Bevölkerung sowohl im deutschsprachigen Raum als auch zumindest in Westdeutschland glaubt an »Gott«; mit vielen Menschen ist es oft ganz leicht, darüber nachzudenken, dass es tatsächlich eine spezifische Qualität ausmacht, den »ganz Anderen« zum Ausgangs- und Endpunkt eigener Lebensdeutung zu machen. Auf diese Weise wird Wirklichkeit daraufhin offen gehalten, dass »vielleicht alles ganz anders ist«, dass sie überraschende Qualitäten und Dimensionen in sich birgt, die uns vom jüdischen und christlichen Sinnhorizont her geschenkt sind und uns aufgehen können.

Muslime oder Juden haben dieselbe Herausforderung zu bewältigen wie die Christen: »Erziehen wir unsere Kinder unter Ausschluss der Gottesbeziehung, oder geht in den Prozess der Kindererziehung die Dimension der Beziehung mit Gott selbstverständlich als Ferment für die Lebensdeutung mit ein?« Für den Buddhismus und Hinduismus stellt sich das Problem analog, auch wenn sich das Gottesverständnis hier natürlich vom christlichen unterscheidet und in manchen Formen des Buddhismus gar nicht von Gott gesprochen wird.

Aber nicht nur jene Kinder werden um Gott betrogen, denen die Beziehung zu Gott erst gar nicht eröffnet wird. Wir können Kinder ebenso durch »dämonische Gottesbilder« um Gott betrügen. Die These lautet: Kinder werden auch um Gott betrogen, wenn ihnen kaputtmachende Gottesbilder vermittelt werden, von denen sie sich später notwendigerweise entweder ablösen müssen oder unter denen sie ein Leben lang zu leiden haben.

Bestimmte Vorstellungen über Gott können Menschen krank machen. Eine solche religiöse Erziehung ist schlimmer als gar keine. Es ist also sehr wohl nachzufragen, in welcher Qualität wir Kindern Gott erschließen sollen.

Diese Vorsicht ist nicht überflüssig. In einer langjährigen Untersuchung hat der Pastoraltheologe K. Frielingsdorf an 591 Personen nachweisen können, dass sie geradezu dämonische Gottesbilder in sich tragen und auch weitergeben. Sie glauben an einen

- strafenden Richtergott
- einen dämonischen Todesgott
- einen Buchhalter- und Gesetzesgott
- und einen überfordernden Leistungsgott.

Es ist lohnend, sich mit diesen immer noch weit verbreiteten und weitergegebenen Gottesbildern für die religiöse Erziehung zu beschäftigen, um sich kritisch davon absetzen zu können.

Der strafende Richtergott

Dieses Bild zeichnet einen unerbittlichen Gott, der keinen Widerspruch duldet und der keine Barmherzigkeit kennt. In einer negativen Steigerung kann er zum unberechenbaren Willkürgott werden, dem man sich ohnmächtig ausgeliefert fühlt. Oft kommt es zur Selbstbestrafung, um den »unerbittlichen Richtergott... gnädig zu stimmen und so der Verurteilung zu entgehen.«[12]

Der Buchhalter- und Gesetzesgott

»Der Buchhaltergott ist ein gefühl- und herzloser Dämon, ein Robotergott, der jeden Fehler und jedes Vergehen des Menschen gegen das Gesetz automatisch registriert und aufschreibt für die große Endabrechnung beim Letzten Gericht.«[13]

Er wird oft mit dem unerbittlichen Richtergott in Verbindung gebracht, etwa durch den Spruch »Ein Auge ist, das alles sieht, auch was in finstrer Nacht geschieht.« So wurde bei vielen Kindern »systematisch eine Sündenangst geschürt und sie wurden zur Skrupelhaftigkeit hin erzogen.«[14]

Der überfordernde Leistungsgott

Indem dieser nur scheinbar gute Gott »den Menschen zur Übertreibung einer in sich guten Leistung verführt, erreicht er letztlich die Selbstzerstörung und damit den Tod des Menschen, der zusätzlich in dem Glauben lebt, ›Gottes Willen zu erfüllen‹.«[15] Hinter diesem Leistungsdenken steht eine eigenartige Rechtfertigungslehre, die fordert, dass jeder zu leisten hat, was er schuldig ist, und dass jedem geleistet werden muss, was ihm zu-

12 Karl Frielingsdorf, *Dämonische Gottesbilder und ihre Entstehung, Entlarvung und Überwindung*, Mainz 1992, S. 119f.
13 Ebd. S. 142.
14 Ebd. S. 143.
15 Ebd. S. 152.

steht. Dieses alte, grundlegende Vergeltungsprinzip kommt in der Formel »Do ut des« (»gibst Du mir, dann gebe ich Dir«) zum Vorschein.

Die kurze Skizze auf diese »dämonischen Gottesbilder« im Kontext der religiösen Erziehung markiert die Dringlichkeit, die eigenen Gottesbilder zu klären.

Niemand hat das Recht, die befreiende Gotteserfahrung, die Jesus von Nazareth verkündet hat, in Unterdrückungsmechanismen umzumünzen, die Gott zu einem Dämon machen.

Zu Recht ist jetzt zu fragen: Welches sind dann die positiven Gottesbilder, die Kindern vermittelt werden sollten?

Jesus hat Gott tatsächlich ganz anders verkündet:

– *Gott hat jeden Menschen als sein Ebenbild erschaffen und schenkt jedem Menschen das Leben in Fülle.*
– *Gott begleitet das Leben des Menschen wie ein guter Hirte, er meint es gut mit uns Menschen.*
– *Gott sorgt für den Menschen als ›mütterlicher‹ Vater.*
– *Gott leidet mit dem Menschen, wir können ihm klagen, ja, sogar ihn anklagen; Gott schafft Heil, so dass Leid und Tod nicht das letzte Wort bleiben.*

Mit diesem biblisch fundierten Gottesbild wird Kindern in der religiösen Erziehung eine »Neue Welt« eröffnet, sie können die Umfassungserfahrung wahrnehmen, die in dem Begriff »Reich Gottes« steckt, das Jesus mit vielen Gleichnissen und Bildern farben- und lebensfroh als große Zukunft von uns Menschen verkündet hat.

Das Postulat »Kinder nicht um Gott betrügen« muss für Christen heißen, die zentrale Botschaft des Christentums erneut wiederzuentdecken und konsequent weiterzusagen, dass Gott es mit uns gut meint, dass er uns heil macht. Damit sind solche unterdrückenden Formen von religiöser Erziehung von vornherein unmöglich. Schließlich war Jesus eben gerade kein Asket, er hat keine religiösen Übungen vorgeschrieben. Seine Botschaft ist Liebe: Selbstliebe, Gottesliebe und Nächstenliebe. Sie ist die Freude des ankommenden Reiches Gottes, das alle Menschen heil macht. Jesus wettert gegen all das, was uns hindert, das Reich Gottes, das Reich des Liebens und Geliebtwerdens wahrzunehmen. Er wettert daher auch gegen Geld und Macht, gegen Unterdrückung und Ungerechtigkeit; und er holt bewusst, und nicht nur einmalig – was für seine Zeit unerhört war – Frauen nahe an sich heran, heraus aus ihrer Bedeutungslosigkeit.

4. Kindertheologie: Kinder und die großen Fragen

Es ist bereits deutlich geworden, dass wir uns mit unserem Plädoyer, das Recht des Kindes auf Religion zu achten, nicht einfach für eine Rückkehr zu traditionellen Formen der religiösen Erziehung einsetzen oder gar Fehlformen der religiösen Erziehung verteidigen wollen. Der konsequente Ansatz beim Kind, bei den Orientierungsbedürfnissen von Kindern und Jugendlichen und bei ihrem Recht auf Religion schließt eine entsprechende kindgerechte Gestaltung von religiöser Erziehung und Bildung ein. Exemplarisch wird dies beim Anliegen einer Kindertheologie sichtbar.[16]

Den Anstoß zur Kinder*theologie* gab in vieler Hinsicht zunächst die Kinder*philosophie*.[17] Inzwischen ist es weithin üblich geworden, von *Kindern als Philosophen* zu sprechen. In Deutschland ist die Kinderphilosophie besonders durch das Buch von Hans-Ludwig Freese »Kinder sind Philosophen« bekannt geworden.[18] Auch hier wird erkannt, dass die Fragen der Kinder häufig Grundfragen des menschlichen Daseins betreffen und dass es sich lohnt, gemeinsam mit Kindern solche Fragen im Gespräch auszuloten. Auch die Kinderphilosophie stößt dabei rasch auf religiöse Fragen und wird zum Gespräch »über Gott und die Welt«.[19] Auch sonst fällt auf, dass in der Kinderphilosophie häufig Themen aufgenommen werden, die sich auf religiöse Fragen beziehen – Themen wie etwa »Glück« oder »Zeit«, »Tod«, die Suche nach »Wahrheit« usw. Die Philosophin Eva Zoller spricht ausdrücklich von einem »philosophischen Zugang zu religiösen Fragen«. Sie widmet sogar ein ganzes Kapitel dem Thema »Gehö-

16 Vgl. dazu ausführlicher Schweitzer, Friedrich, *Das Recht des Kindes auf Religion. Ermutigungen für Eltern und Erzieher*, Gütersloh 2000, S. 88 ff., sowie die bereits genannten Jahrbücher der Kindertheologie.
17 Als Einführung und Überblick s. Martens, Ekkehard, *Philosophieren mit Kindern. Eine Einführung in die Philosophie*, Stuttgart 1999.
18 Freese, Hans-Ludwig, *Kinder sind Philosophen*, Weinheim/Berlin 1989.
19 Kitzinger, Sheila/Kitzinger, Celia, *Mit Kindern sprechen über Gott und die Welt*, München 1991.

ren die Engel alle dem lieben Gott?«[20] So versteht es sich fast von selbst, auch ausdrücklich von einer Kinder*theologie* zu sprechen. *Kinder als Theologen* wahrzunehmen ist nicht nur sinnvoll, sondern in gewisser Hinsicht auch notwendig. Wo alle religiösen Fragen der Kinder einfach der Kinderphilosophie zugeschlagen oder untergeordnet werden, besteht die Gefahr zu übersehen, dass Kinder Religion brauchen. Ihre Fragen nach Gott und nach Geborgenheit in der Gottesbeziehung würden dann übergangen.

Den Ausgangspunkt für die Kindertheologie bilden die großen Fragen der Kinder – Fragen, die Eltern und Erzieher manchmal ratlos machen und auf die auch die Theologie nicht einfach eine Antwort geben kann:

Was macht Gott, wenn er schläft?
Wo wohnt Gott? Und wie sieht Gott eigentlich aus?
Kann Gott uns wirklich hören? Wie antwortet er uns eigentlich?
Was war, bevor Gott die Welt geschaffen hat?
Warum mussten die Tiere, die nicht mit auf die Arche durften, eigentlich sterben?

Wer sich auf solche Fragen wirklich einlässt, wird sich von dem traditionellen Vorurteil lösen müssen, religiöse Erziehung wolle immer nur vorgegebene (»richtige«) Antworten vermitteln. Im Hintergrund steht dabei ja nur allzu häufig der Indoktrinationsverdacht gegen religiöse Erziehung. Dieser Verdacht ist ernst zu nehmen. Er wird jedoch spätestens dann seinerseits zum Vorurteil, wenn er unterschiedslos auf alle Formen der religiösen Erziehung und Bildung angewendet wird. Eine vom Kind ausgehende, das Kind achtende und seine Rechte schützende religiöse Erziehung kann keine Indoktrination sein! Im christlichen Sinne jedenfalls kann religiöse Erziehung niemals in der bloß äußerlichen Weitergabe festliegender Inhalte und festliegender Antworten bestehen. Im Zentrum steht für sie nicht einfach die Tradition als ein äußerlich anzueignender Wissensbestand, sondern vielmehr der Glaube als eine persönliche Beziehung zu Gott, die niemals mit einer vorab festliegenden unpersönlichen Antwort verwechselt werden darf. Eine in diesem Sinne freiheitliche religiöse Erzie-

20 Zoller, Eva, *Die kleinen Philosophen. Vom Umgang mit »schwierigen« Kinderfragen*, Freiburg u. a. 1995, S. 101 ff.

hung kann auch aus erziehungswissenschaftlicher Sicht bejaht und gefordert werden. Dies hat in neuerer Zeit besonders Jürgen Oelkers hervorgehoben.[21] Religiöse Fragen im Sinne der Kindertheologie gehören demnach konstitutiv zur Welterschließung des Kindes mit hinzu.

Nicht jeder, der eine Frage stellt, ist deshalb schon ein Philosoph. Und dass Kinder nach Gott fragen, berechtigt noch nicht dazu, sie als Theologen anzusprechen. Wir müssen genauer prüfen, in welchem Sinne von einer Kindertheologie gesprochen werden kann und soll.[22] Grundlegend ist die Unterscheidung zwischen den *religiösen Vorstellungen* von Kindern und dem *Nachdenken über religiöse Vorstellungen*. Gewiss: Für das Interesse an Kindertheologie ist bereits die Tatsache bedeutsam, dass Kinder auch im Bereich der religiösen Vorstellungen höchst produktiv und kreativ sind. Dies belegen nicht zuletzt ihre Fragen nach Gott, die nicht selten auch zu eigenen Antworten auf die Gottesfrage führen. Dennoch sollte von einer Kinder*theologie* erst dann gesprochen werden, wenn damit die Art und Weise gemeint ist, wie Kinder über ihre eigenen Vorstellungen nachdenken, nach Ordnung und Zusammenhang in diesen Vorstellungen fragen und sich dadurch zum theologischen Denken herausgefordert sehen.

Zu Beginn dieses Beitrags haben wir die Frage eines achtjährigen Kindes zitiert: »Ist Gott ein Mensch oder eine Frau oder beides?« Dabei handelt es sich offensichtlich keineswegs um eine naive Kinderfrage. Das Kind hat sich klar gemacht, dass Menschen entweder Frauen oder Männer sind. Weiterhin steht ihm wohl vor Augen, dass Gott – jedenfalls im christlichen Glauben – als Person verstanden wird: als ein Gegenüber, zu dem wir eine Beziehung haben, zu dem wir im Gebet sprechen können und dessen persönliche Zuwendung im Glauben erfahren werden kann. Und nun ergeben sich Anschlussfragen: Sind Personen nicht immer Menschen? Kann also gesagt werden, dass Gott als Person ein

---

21 Oelkers, Jürgen, »Die Frage nach Gott. Über die natürliche Religion von Kindern«, in: *Alter Gott für neue Kinder? Das traditionelle Gottesbild und die nachwachsende Generation*, hg. v. Vreni Merz, Freiburg/Schweiz 1994, S. 13-22.

22 Vgl. dazu Schweitzer, Friedrich, »Was ist und wozu Kindertheologie?«, in: Bucher, Anton A., Büttner, Gerhard, Freudenberger-Lötz, Petra, Schreiner, Martin (Hg.), »*Im Himmelreich ist keiner sauer.« – Kinder als Exegeten* (Jahrbuch für Kindertheologie, Bd. 2), Stuttgart 2003, S. 9-18.

Mensch ist? Und wie ist dann zu entscheiden, ob er Frau oder Mann ist? Oder wird hier die Regel durchbrochen, so dass Gott »beides« ist?

Kindertheologie als Nachdenken über religiöse Vorstellungen lässt sich in drei Richtungen weiter ausdifferenzieren:

– An erster Stelle stehen die Fragen und Antworten, die von Kindern bei diesem Nachdenken selbst hervorgebracht werden. Dies kann *Theologie von Kindern* genannt werden.

– Das Nachdenken von Kindern vollzieht sich nicht in der einsamen Studierstube oder am Schreibtisch. Es geschieht vielmehr häufig gemeinsam mit anderen und im Gespräch. Deshalb kann von einer *Theologie mit Kindern* gesprochen werden. Hier geht es um das gemeinsame Nachdenken mit Kindern, das unverzichtbar bleibt und damit auch die Notwendigkeit religiöser Bildungsangebote begründet.

– Obwohl sich manche Vertreter einer Kindertheologie programmatisch von allen Versuchen abgrenzen, Kindern etwas »vermitteln« zu wollen, bleibt es u. E. sinnvoll, auch über eine *Theologie für Kinder* nachzudenken. Damit ist keine »Mini-Theologie« gemeint. Es kann in der Tat nicht darum gehen, Kindern das, was in der wissenschaftlichen Theologie erarbeitet wird, im Kleinformat auszuteilen. Ein in diesem Sinne naiv »wissenschaftsorientiertes« Lernen, wie es vor dreißig oder vierzig Jahren gefordert wurde, hat sich nirgendwo bewährt. Die Arbeit der Wissenschaft folgt ihrer eigenen Logik. Kinder fragen anders, und sie haben ein Recht darauf, dass ihre Fragen gehört und geachtet werden. Gleichwohl können manche theologischen Erkenntnisse aus der Wissenschaft auch für Kinder hilfreich sein. Beispielsweise stellt die Begegnung mit Angehörigen anderer Religionen heute für Kinder ebenso eine wichtige Herausforderung dar wie für die wissenschaftliche Theologie.

Eindrückliche Beispiele für theologische Gespräche mit Kindern bereits im Kindergartenalter hat der englische Religionspädagoge John Hull vorgelegt. Eines der von ihm berichteten Gespräche wollen wir deshalb hier etwas genauer betrachten:[23]

---

23 Leicht verändert aus Hull, John M., *Wie Kinder über Gott reden. Ein Ratgeber für Eltern und Erziehende*, Gütersloh 1997, S. 36f.

Kind (3 Jahre, 10 Monate): Wer gewinnt alle Kämpfe?
Vater: Keiner gewinnt alle Kämpfe. Manche gewinnt man, andere verliert man.
Kind: Gott gewinnt alle Kämpfe.
Vater: Na ja…, am Ende vielleicht, aber bis dahin verliert sogar er manche.
Kind: Wie kämpft Gott eigentlich? Er ist doch oben im Himmel.
Vater: Vielleicht kämpft er, indem er Menschen hilft.

Bis zu dieser Stelle handelt es sich um ein typisches Gespräch zwischen Vater oder Mutter und Kind. Durch die Frage des Kindes herausgefordert, bemüht sich der Vater, dem Kind Antworten zu bieten, die dem Kind einleuchten. Zugleich ist dem Vater wohl wichtig, dass die Antworten auch für ihn selbst vertretbar sind.

An dieser Stelle jedoch nimmt das Gespräch eine imposante Wendung, die es zu einem Paradebeispiel für die Kindertheologie werden lässt:

Vater: Wenn Gott im Himmel ist, warum fällt er dann nicht herunter?
Kind: (lacht) Weil er zaubern kann… Und weil er… in einer kleinen Hütte wohnt.
Vater: Und warum fällt die kleine Hütte nicht herunter?
Kind: (lacht vergnügt) Weil sie in den Wolken ist… und weil Gott macht, dass sie nicht runterfällt…, weil Gott hat nämlich seine Diener, und die machen, dass sie nicht runterfällt. Sie steht auf Ziegelsteinen… Auf großen, dicken, schweren Ziegelsteinen. Die halten sie fest.

Hier ist es nun der Vater, der die Fragen stellt, und auch der Vater kann das Kind mit seinen Fragen in einige Verlegenheit bringen – offenbar zum Vergnügen des Kindes, das sich fröhlich und lachend auf diese Fragen einlässt. Weiterhin bewegen die Fragen des Vaters das Kind dazu, seine eigenen Antworten noch einmal zu bedenken, kritisch darüber nachzudenken, wie es sich Gottes Wohnung wirklich vorstellt. Und so gelangt es zu der Erklärung, dass Gott deshalb nicht vom Himmel fällt, weil er in einer kleinen Hütte wohnt. Und diese Hütte fällt ihrerseits nicht herunter, weil sie auf Ziegelsteinen steht. Der Vater freilich gibt sich damit noch nicht zufrieden:

Vater: Wirklich? Auf den Wolken?

Kind: Nein. Dort auf der Erde.

Vater: Aber hast du nicht gesagt, Gottes Hütte ist in den Wolken?

Kind: Na ja, reichen tut sie (betont) hoch bis in die Wolken, aber sie steht auf der Erde. Ja, ... sie fängt auf der Erde an, aber sie geht hoch bis in die Wolken.

Unseres Erachtens ist dieses Gespräch nicht nur ein Paradebeispiel für Kindertheologie. Es belegt zugleich, dass Kinder nicht nur im allgemeinen anders denken, sondern auch im Blick auf Gott und die Welt. Für den Vater ist die Hütte, in der Gott wohnt, *entweder* im Himmel *oder* auf der Erde. Im kindlichen Weltbild ist dies aber keine Alternative. So, wie das Kind es beschreibt, handelt es sich um eine Art enormen Turmbau, dessen Fundament fest auf der Erde steht und der zugleich so hoch gebaut ist, dass er durch die Wolken hindurch in den Himmel hineinreicht.

Ist Theologie mit Kindern bloß eine intellektuelle Spielerei? Ist sie mehr als beliebiges Vergnügen? Der bereits genannte Erziehungswissenschaftler Jürgen Oelkers macht deutlich, dass solche Gespräche mit Kindern eine wesentliche Bedeutung für ihre religiöse Bildung haben. Auch für religiöse Bildung gilt, dass sie bereits im frühesten Kindesalter einsetzt und als Selbstbildung begriffen werden muss.[24] Kinder bilden religiöse Vorstellungen aus und bilden sich zugleich selbst mit Hilfe dieser Vorstellungen. Dies gilt nicht nur für Gespräche, sondern für das gesamte produktive Schaffen von Kindern – bis hin zu den Bildern von Gott, die Kinder manchmal malen.[25] Deshalb soll nun weitergefragt werden nach der Bildungsbedeutung von Religion.

24 Vgl. Schäfer, Gerd E., *Bildungsprozesse im Kindesalter. Selbstbildung, Erfahrung und Lernen in der frühen Kindheit*, Weinheim/München 1995.
25 Vgl. Fischer, Dietlind/Schöll, Albrecht (Hg.), *Religiöse Vorstellungen bilden. Erkundungen zur Religion von Kindern über Bilder*, Münster 2000.

5. Keine Bildung ohne Religion! – Zur bildungstheoretischen Begründung des Rechts auf Religion

Eine bildungstheoretische Begründung des Rechts des Kindes auf Religion lässt sich auf unterschiedlichen Ebenen erreichen: auf der Ebene von Bildungstheorien, unter dem Aspekt menschlicher Autonomie, im Blick auf Werteerziehung, Demokratie und Zivilgesellschaft, schließlich im Blick auf Aufgaben interreligiösen Lernens. Auf diese unterschiedlichen Begründungsmöglichkeiten soll im Folgenden knapp eingegangen werden.

Die gleichsam klassische Begründung religiöser Bildung beruft sich auf anthropologische Argumente. Grundlegend sind hier die anthropologisch-bildungstheoretischen Arbeiten von Friedrich Schleiermacher, der religiöse Bildung unter den Voraussetzungen von Aufklärung und Moderne neu begründet.[26] Das entscheidende Argument, das dann im 20. Jahrhundert von Bildungstheoretikern wie Wilhelm Flitner oder Eduard Spranger bzw. in unserer eigenen Gegenwart bei Hartmut von Hentig oder Dietrich Benner aufgenommen wurde, zielt darauf, dass menschliches Leben unter Absehung von religiösen Weltzugängen oder Transzendenzverhältnissen nur unzureichend verstanden werden kann. Zum Menschen, so Schleiermacher, gehören neben wissenschaftlichen Weltzugängen und neben dem praktischen Handeln bzw. der Ethik auch solche Erfahrungen, bei denen sich die Wirklichkeit weder dem Erkennen noch dem Handeln erschließt, sondern, wie er in poetischer Sprache formuliert, allein für »Anschauung« und »Gefühl«. Auf solchen Transzendenzbezügen beruht letztlich die Personalität des Menschen ebenso wie der Sinn menschlicher Existenz, der nur um den Preis einer Verdinglichung aus materiellen Lebenszielen oder aus der Wissenschaft bezogen werden kann.

Angesichts der häufig berichteten Erfahrung, dass religiöse Erziehung nicht zum Gelingen von Menschsein beigetragen habe, sondern zu dessen Verhinderung – stellvertretend erinnert sei an die oben genannten »dämonischen Gottesbilder« sowie an

---

26 Vgl. dazu sowie zum Folgenden Schweitzer, Friedrich, *Pädagogik und Religion. Eine Einführung*, Stuttgart u. a. 2003, S. 29ff., 107ff.

die sog. »Gottesvergiftung«,[27] ist es wichtig hervorzuheben, dass eine solche bildungstheoretische Begründung eine freiheitliche religiöse Erziehung voraussetzt. Dies entspricht im übrigen auch neueren theologischen Auffassungen sowie dem Ansatz beim Kind und seinem Recht auf Religion bzw. bei der Gottesbeziehung des Kindes. Im Blick auf einen solchen Ansatz lässt sich der Zusammenhang von menschlicher Autonomie und Religion allerdings auch plausibel machen. Die Entwicklung des kindlichen Selbst bzw. der kindlichen Identität, so wird heute in Psychologie und Philosophie ganz allgemein vorausgesetzt, kann nur gelingen, wo dieses Selbst Anerkennung erfährt. Bei dieser Anerkennung ist natürlich an die Anerkennung durch andere Menschen zu denken, zunächst durch die Eltern oder andere Bezugspersonen, durch Erzieherinnen und Erzieher, Lehrerinnen und Lehrer. Für die alltäglichen Lebensvollzüge ist dieses Verständnis auch durchaus ausreichend. Fragt man jedoch genauer, was diese Angewiesenheit der Selbst- oder Identitätsbildung auf die Anerkennung durch andere Menschen bedeutet, so stößt man rasch auf ein Dilemma: Wie soll ein autonomes Selbst oder menschliche Autonomie möglich werden, wenn diese nur das Produkt der Abhängigkeit von anderen Menschen sind? Wird das kindliche Selbst hier nicht zum Objekt oder sogar Produkt erzieherischen Handelns? Psychoanalytiker wie Erik Erikson heben deshalb hervor, dass das menschliche Ich auf ein größeres Gegenüber angewiesen bleibt, das seine Freiheit und Autonomie verbürgt – letztlich auch gegen alle innerweltlichen Identitätszumutungen, -zuschreibungen und -erwartungen.[28] So gesehen sind religiöse Erziehung oder Bildung Voraussetzung menschlicher Autonomie.

Ein Beitrag zur Werterziehung wird von Religion schon seit langem erwartet. Besonders eindrücklich sind hier die Beispiele aus dem 19. Jahrhundert, bei denen dies sehr direkt und ausdrücklich eingefordert wird. Wilhelm von Humboldt etwa fordert, dass den Menschen »klare und bestimmte Begriffe über ihre Pflichten« gegeben werden, und diese Begriffe sollen, »vorzüg-

---

27 Moser, Tilmann, *Gottesvergiftung*, Frankfurt am Main 1976.
28 Vgl. die in dieser Hinsicht besonders deutliche englische Ausgabe von Erikson, Erik H., *Identity. Youth and Crisis*, New York 1968, S. 220 (die deutsche Übersetzung ist hier leider weniger deutlich).

lich durch Religiosität, in Gefühl übergegangen« sein.[29] Auch bei von Humboldt ist freilich nicht zu verkennen, dass es sich hier um konservative Erwartungen handelt: Religion soll der Loyalitätsbildung dienen und dazu beitragen, die bestehenden Verhältnisse zu stabilisieren. Freiheitliche Bildung ist hier gerade nicht gemeint. In unserer eigenen Gegenwart spielen demgegenüber demokratisch-zivilgesellschaftliche Begründungsformen eine wichtige Rolle. Demnach ist die Qualität einer Demokratie von der Stärke der in ihr lebendigen zivilgesellschaftlichen Kräfte abhängig, und solche Kräfte erwachsen nicht zuletzt aus der Religion bzw. den Religionsgemeinschaften.[30] Religionsgemeinschaften erweisen sich so gesehen als der Ort und als das Medium, an und in dem sich die Motive und Bindungen als Voraussetzung ethischer Haltungen und Handlungsweisen erst herausbilden können.[31] Werterziehung im Sinne der Demokratie und der demokratischen Bildung kann von religiöser Bildung in entscheidender Hinsicht profitieren.

Von größter Aktualität ist heute aber natürlich vor allem die Frage, wie das Zusammenleben in Toleranz und Frieden angesichts der multikulturellen und multireligiösen Gestalt der deutschen oder europäischen Gesellschaft sowie angesichts der Globalisierung möglich sein soll. Weithin hat sich inzwischen – nicht zuletzt unter dem Einfluss der Erfahrungen des 11. September 2001 – die Einsicht durchgesetzt, dass Toleranz und Respekt zwischen Angehörigen unterschiedlicher Kulturen und Religionen eigens gelernt und gepflegt werden müssen. Die Aufgaben eines interreligiösen Lernens und einer interreligiösen Bildung werden daher zunehmend erkannt, auch wenn sich gerade in der Erziehungswissenschaft lange die Auffassung zu halten schien, inter-

---

29 Zitiert nach Nipkow, Karl Ernst/Schweitzer, Friedrich (Hg.), *Religionspädagogik. Texte zur evangelischen Erziehungs- und Bildungsverantwortung seit der Reformation.* Bd. 2/1: *19. und 20. Jahrhundert*, Gütersloh 1994, S. 78.

30 Besonders eindrücklich herausgearbeitet hat dies Wuthnow, Robert, *Christianity and Civil Society: The Contemporary Debate*, Valley Forge 1996, s. dazu auch verschiedene Beiträge in Scheilke, Christoph Th./Schweitzer, Friedrich (Hg.), *Religion, Ethik, Schule. Bildungspolitische Perspektiven in der pluralen Gesellschaft*, Münster u. a. 1999.

31 Besonders eindrücklich sind hier die Erfahrungen im multikulturellen Kanada, s. Taylor, Charles, *Multikulturalismus und die Politik der Anerkennung*, Frankfurt/M. 1993.

kulturelles Lernen sei ohne religiöse Bezüge zu denken.[32] Interkulturelles Lernen ist aber ohne Wahrnehmung interreligiöser Lernaufgaben weder sinnvoll noch möglich. Die Fremden oder Anderen, auf die sich das interkulturelle Lernen richtet, gehören häufig nicht nur einer anderen Kultur oder Nation an, sondern auch einer anderen Religion, in Deutschland häufig dem Islam. Türkische Kultur beispielsweise ist ohne Bezug auf den Islam gar nicht zu verstehen. Interkulturelles und interreligiöses Lernen können nicht voneinander getrennt werden.[33]

Zusammenfassend ist festzuhalten, dass das Recht des Kindes auf Religion, verstanden als Recht auf religiöse Erziehung und Bildung, sowohl aus der Perspektive des Einzelnen als auch im Blick auf die Gesellschaft gut begründet ist. Ehe wir auf entsprechende Konsequenzen im Blick auf Träger und Institutionen von Bildung und Erziehung eingehen, soll nun noch einmal genauer gefragt werden, wie sich das Recht des Kindes auf Religion zur Frage der Kinderrechte verhält.

6. Kinderrechte und das Recht auf Religion

Religion als ein Recht des Kindes anzusehen ist noch immer ungewöhnlich, besonders in Deutschland. In rechtlicher Hinsicht ist hier insbesondere an die Kinderrechtskonvention von 1989 zu denken, mit der erstmals auf internationaler Ebene eigene Rechte von Kindern anerkannt wurden. Aus gutem Grund wird bei dieser Konvention häufig von einem Meilenstein auf dem Weg zur Anerkennung von Kindern als eigenständigen Personen und Rechtssubjekten gesprochen. Die Verabschiedung der Kinderrechtskonvention ist auch in Deutschland stark wahrgenommen worden,[34] aber der Zusammenhang mit Religion bzw. religiöser Erziehung und Bildung blieb bislang eher im Dunkeln.

Die Formulierung von Kinderrechten in der Kinderrechtskon-

---

32 Als verbreitetes Lehrbuch s. Auernheimer, Georg, *Einführung in die interkulturelle Erziehung*, Darmstadt 1990.

33 Vgl. z. B. Fischer, Dietlind u. a., *Auf dem Weg zur Interkulturellen Schule. Fallstudien zur Situation interkulturellen und interreligiösen Lernens*, Münster/New York 1996.

34 Vgl. z. B. Carle, Ursula, »75 Jahre Rechte der Kinder – Was haben drei Generationen aus den Forderungen der Zwanzigerjahre gemacht?«, in: dies./ Astrid Kaiser (Hg.), *Rechte der Kinder*, Hohengehren 1998, S. 12-23.

vention von 1989 steht am Ende eines langen Prozesses. Schon 1924 war die erste Erklärung der Kinderrechte (Genfer Erklärung) verabschiedet worden. Bereits im ersten Satz dieser Erklärung heißt es: »Dem Kind muss ermöglicht werden, sich auf normale Weise zu entwickeln, in materieller und in spiritueller Hinsicht«.[35] Für diese erste Kinderrechtserklärung verstand es sich also von selbst, dass das Kind auch in »spiritueller Hinsicht« Entwicklungsbedürfnisse hat und eine religionspädagogische Begleitung bzw. Unterstützung braucht. Dies entspricht auch der damaligen Diskussion um Kinderrechte, wie sie etwa in den Werken von Janusz Korczak greifbar wird, besonders in seinem Buch »Das Recht des Kindes auf Achtung« von 1928.[36] Wenn Korczak etwa vom »Recht des Kindes auf seinen Tod« spricht, wird unmittelbar deutlich, dass für ihn Kinderrechte eine existentielle Dimension einschließen.

In der Kinderrechtskonvention von 1989 wird Religion zunächst in Art. 14 angesprochen. Dort wird das »Recht des Kindes auf Gedanken-, Gewissens- und Religionsfreiheit« verbrieft. Auch dem Kind wird die »Freiheit« eingeräumt, »seine Religion oder Weltanschauung zu bekunden«. Allerdings bewegen sich diese Bestimmungen im Bereich der sog. Abwehr- oder Schutzrechte. Sie wenden sich gegen unzulässige Einschränkungen religiöser Äußerungen des Kindes, während der Versuch, eine religiöse Begleitung des Kindes zu gewährleisten, weniger im Blick ist. Bei den Bildungsrechten (Art. 28 und 29) hingegen, wo davon zentral zu handeln wäre, wird Religion bestenfalls implizit angesprochen, wenn von der »Achtung vor … seiner kulturellen Identität, seiner Sprache und seinen kulturellen Werten … sowie vor anderen Kulturen als der eigenen« die Rede ist (Art. 29).

Eine interessante Frage wirft allerdings der in diesem Zusammenhang im Ausland häufig genannte Art. 27 auf.[37] In seiner deutschen Fassung lautet Art. 27 (1) folgendermaßen: »Die Vertragsstaaten erkennen das Recht jedes Kindes auf einen seiner körperlichen, geistigen, seelischen, sittlichen und sozialen Ent-

---

35 Ebd. S. 14.
36 Korczak, Janusz, *Das Recht des Kindes auf Achtung*, Göttingen 1979.
37 In England wird dieser Artikel als Grundlage für ein »spirituelles Recht von Kindern« angesehen, vgl. Hull, John M., *Utopian Whispers. Moral, Religious and Spiritual Values in Schools*, Norwich 1998, S. 59-62 (»Religious Education and the Spiritual Rights of Children«).

wicklung angemessenen Lebensstandard an.«[38] Die deutsche Fassung lässt nicht mehr erkennen, dass hier im englischen und französischen Text – ähnlich wie bei der ersten Erklärung von Kinderrechten aus dem Jahre 1924 – von »*spiritueller*« Entwicklung die Rede ist. Insofern verdunkelt die deutsche Fassung mit der flachen Wiedergabe als »seelische« Entwicklung das Gemeinte. So gesehen kann zumindest von einem deutlichen Anhalt des Rechts des Kindes auf Religion in der Kinderrechtskonvention gesprochen werden.

Die rechtlichen Erwägungen sollten allerdings nicht verkennen lassen, dass die Anerkennung eines Rechts auf Religion nicht einfach von Gesetzestexten abhängig ist, sondern auf gesellschaftliche, kulturelle und pädagogische Voraussetzungen verweist. Nur wenn eine Gesellschaft die Einsicht entwickelt, dass Kinder auch in religiöser Hinsicht Entwicklungsbedürfnisse haben, wird das Recht des Kindes auf Religion praktische Anerkennung finden. Dennoch ist es ein wichtiger Fortschritt, wenn in der Rechtswissenschaft inzwischen der schulische Religionsunterricht im Sinne eines dem Kind verliehenen »Grundrechtes« gesehen werden kann.[39]

Für unsere eigene Argumentation ist denn auch der pädagogische Sinn des Rechts auf Religion wichtiger als eine bloß gesetzliche Garantie, so wichtig diese etwa im Blick auf pädagogische Einrichtungen wie Kindertagesstätten oder auch die Schule bleiben muss. In pädagogischer Hinsicht kommt es darauf an, die kindlichen Entwicklungs- und Orientierungsbedürfnisse, die auch die Suche nach letztem Lebenssinn und nach Transzendenz einschließen, vor der in unserer Gesellschaft weithin drohenden Verdrängung zu bewahren.

Es ist in diesem Beitrag bereits mehrfach deutlich geworden, dass dabei nicht zuletzt an die sog. großen Fragen der Kinder zu denken ist – die Frage nach Tod und Sterben, die Frage nach Gott, die Frage nach der eigenen Identität, die Frage nach der Begrün-

---

38 Wir zitieren den Wortlaut der Kinderrechtskonvention in verschiedenen Sprachen nach Dorsch, Gabriele, *Die Konvention der Vereinten Nationen über die Rechte des Kindes (Schriften zum Völkerrecht*, Bd. 115), Berlin 1994, S. 344ff.

39 So Hildebrandt, Uta, *Das Grundrecht auf Religionsunterricht. Eine Untersuchung zum subjektiven Rechtsgehalt des Art. 7 Abs. 3 GG*, Tübingen 2000.

dung moralischen Handelns und die Frage nach der Religion der anderen. Das Recht des Kindes auf Religion steht dafür, dass solche Fragen nicht überhört und dass Kinder mit ihren Fragen nicht allein gelassen werden.

Soll das Recht des Kindes auf Religion gewahrt werden, muss dies allerdings auch Folgen haben für die Institutionen, die für Erziehung und Bildung zuständig sind. Deshalb wenden wir uns im letzten Schritt diesen Institutionen zu.

7. »Und wenn ich Fragen hätte, an wen sollte ich mich dann wenden?« Religiöse Erziehung in Kindertagesstätte und Schule

Die religiöse Interpretation der Wirklichkeit wird in verschiedenen Interaktionssituationen gelernt, angezweifelt, weiterentwickelt und individuell verarbeitet.[40]

Für schulische Bildung gilt ebenso wie in anderen Lernzusammenhängen der hermeneutische Zirkel von kognitivem, handlungsorientierendem und emotionalem Lernen. Der in der Anfangsthese genannte Anspruch an den Religionsunterricht geht über Wissensvermittlung hinaus. In vielerlei Zusammenhängen lässt sich analytisch aufzeigen, dass Religionsunterricht, der vorwiegend auf Wissensvermittlung abhebt, bei den Schülerinnen und Schülern eher innere Distanzierung zu dem bewirkt, was in den vielen Texten aus der Bibel, der Glaubenslehre oder durch einzelne Theologen vermittelt wird.

Ein konkretes Beispiel:

Schülerinnen und Schüler eines Gymnasiums hatten wöchentlich vier Stunden Religion. Bei der Abiturfeier fragte ich (A. B.) sie in Anwesenheit ihres Religionslehrers, wie sie diesen intensiven Religionsunterricht einschätzen. Sie sagten: »Wir haben viele theologische Texte gelesen, studiert, vertieft und diskutiert. Von

---

40 Schavan, Annette, »Wozu brauchen wir noch einen Religionsunterricht?«, in: R. Ehmann, Th. Fitzner, G. Fürst, R. Isak, W. Stark (Hg.), *Religionsunterricht der Zukunft. Aspekte eines notwendigen Wandels*, Freiburg i. Br. 1998, S. 19-27; vgl. auch K. E. Nipkow, »Religionsunterricht im Pluralismus. Ein identitätsbewusstes Fach auf dem Weg zu mehrseitiger Kooperation und Verständigung«, in: ebd., S. 38-56.

Ratzinger bis Schillebeeckx, Enzykliken, viele biblische Texte haben wir erarbeitet – aber mit uns hat das nichts zu tun.«

Eine solche im Grunde erschreckende Aussage von 19-jährigen Schülerinnen und Schülern muss für die Religionsdidaktik ein wesentlicher Ansporn sein, nach einem Konzept von Religionsunterricht weiterzusuchen, das Beziehungswissen für den einzelnen Schüler oder die Schülerin ermöglicht. Religionsunterricht kann und darf nicht von dem Anspruch abgehen, dass er Erschließung der Beziehung zu Gott, zu Jesus Christus und zum Heiligen Geist anstrebt – nicht nur Wissen. Die Einwände, dass dies mit den Schülern, die wir heute vor uns haben, auf gar keinen Fall gehe, dass es angesichts des Desinteresses der Schülerinnen und Schüler noch nicht einmal möglich sei, ihnen Grundwissen des Christentums zu lehren, überzeugen nicht.

Vielerorts ist die interdisziplinäre Vernetzung religiöser Fragestellungen noch unterentwickelt, ebenso die konfessionelle Kooperation, die in Absprache zwischen den Ministerien und den Religionsgemeinschaften unter differenzierten Voraussetzungen realisierbar ist.

Eines der Hauptkriterien für einen von Schülern als ansprechend beschriebenen Religionsunterricht ist die existentielle Betroffenheit, die Möglichkeit, über religiöse und ethische Probleme offen, pro und contra zu dialogisieren. Berufsschuljugendliche antworteten K. Kießling auf die Frage: »Würden Sie etwas vermissen, wenn es an Ihrer Berufsschule keinen katholischen Religionsunterricht mehr gäbe?«: »Und wenn ich Fragen hätte, an wen sollte ich mich dann noch wenden?«[41]

Das Postulat, existentiell betroffen machende Probleme in der schulischen Bildung nicht auszugrenzen, sondern bewusst in den Prozess der Persönlichkeitsbildung und der religiösen Orientierung zu integrieren, bedingt allerdings hohe Kompetenz und nicht zuletzt auch kommunikative Sensibilität. Die Klassengruppe oder der Kurs in der Oberstufe ist ja von der Zusammensetzung der Schülerinnen und Schüler dafür nicht von vornherein geeignet. Es ist eine Frage der Diskussionskultur und der Stö-

---

41 Kießling, Klaus, »Chancen und Hindernisse religiösen Lehrens und Lernens an berufsbildenden Schulen – erste Ergebnisse aus der empirischen Forschung des Instituts für berufsorientierte Religionspädagogik an der Universität Tübingen«, in: *Zeitschrift für Berufs- und Wirtschaftspädagogik* 99 (2003), in Druck.

rungsbearbeitung, auch in solchen Zusammensetzungen einfühlsam und offen miteinander dialogisieren zu lernen. Spätere berufliche oder andere gesellschaftliche Zusammenhänge bieten schließlich auch nicht die Wunschzusammensetzung einer Arbeitsgruppe; dennoch gibt es gerade auch in solchen gruppendynamischen Zusammenhängen immer wieder auch hoch brisante ethische oder existentielle Fragen.

Der Religionsunterricht in der Schule ist ein nach dem Grundgesetz der Bundesrepublik Deutschland, Art. 7, Abs. 3, ordentliches Lehrfach. Dies heißt selbstverständlich, dass sich dieses Schulfach wie andere Schulfächer den Bedingungen schulischen Lehrens und Lernens unterwirft. Diese sind aber nicht statisch, sondern kreativ weiterzuentwickeln.

Aber nicht nur das: Der Religionsunterricht kann auch als Avantgarde diese Bedingungen Schritt für Schritt mit verändern. Im Bereich von Kommunikationsmethoden, von Alternativpädagogik wird dem Religionsunterricht von vielen eine hohe Kompetenz und Vorreiterposition auch für andere Unterrichtsfächer zugeschrieben.

Eine konkrete Unterrichtssituation: Im Religionsunterricht wird das Thema »Gott und das Leid«[42] auf der Basis des alttestamentlichen Buches Hiob – in interdisziplinärer Kooperation eines Religionspädagogen mit einem Alttestamentler – behandelt.

Die Unterrichtseinheit beginnt mit einer Einzelmeditation. Die Schülerinnen und Schüler werden gebeten, die für sie wichtigsten Leidsituationen, die sie aus der Nähe oder aus der Ferne kennen, aufzuschreiben und sich in Dreiergruppen darüber auszutauschen. Der nächste Unterrichtsschritt fasst die Ergebnisse aus den Kleingruppen systematisierend zusammen, so dass am Ende der Stunde auf der Folie verschiedene Kategorien von Leidsituationen systematisiert sind.

Die nächste Stunde beginnt mit der ausgewählten Lektüre von wichtigen Passagen des Buches Hiob. Die Textanalyse wird von den Schülerinnen und Schülern in der 11. Klasse ohne Probleme erfolgreich wahrgenommen. Dazu werden noch zwei weitere Stunden benötigt, und dann – wie geht es jetzt weiter?

Es sitzt nämlich ein Schüler mit einer Wollmütze auf dem Kopf

---

42 Groß, Walter/Kuschel, Karl-Josef, »*Ich schaffe Finsternis und Unheil!« Ist Gott verantwortlich für das Übel?*, Mainz 1992.

in dieser Lerngruppe. Er hat mehrere Chemotherapien hinter sich und ist seit einigen Wochen wieder aus dem Tumorzentrum zurück in die Schule gekommen.

Wie können wir über »Gott und das Leid« sprechen, wenn wir die Erfahrungen dieses Mitschülers nicht gemeinsam thematisieren?

Aber wie überhaupt darüber reden? Hier in dieser seiner Religionsgruppe der 11. Klasse?

Ein Vieraugengespräch zwischen Lehrer und Schüler ist nötig.

Zögernd beginnt er in der nächsten Stunde. Wir alle hören betroffen zu, werden sehr nachdenklich und leise.

Warum kommen solche Krankheiten? Warum gerade trifft es mich? Vor allem: Wie geht es weiter?

Aber wo ist Gott in dieser Situation?

Wir finden keine vorschnellen Antworten. Wenden uns nach dieser Stunde wieder dem Text zu und finden im letzten Kapitel des Buches Hiob folgende wichtige Deutung:

... Ich, Hiob, habe dich, Gott, in diesem meinem Leid von Angesicht zu Angesicht gesehen ...

Der genaue Bibeltext lautet:

»Vom Hörensagen nur hatte ich von dir vernommen; jetzt aber hat mein Auge dich geschaut.« (Hiob 42,5)

Solche existentiellen Fragestellungen gehören zur Bildung. Der Religionsunterricht ist im Horizont der Wirklichkeitserfassung und Wirklichkeitsdeutung unerlässlich, weil er auf der Basis eines konkreten religiösen Weges vertiefend, authentisch, den Kommunikationsprozess mit in diesem religiösen Weg erfahrenen Lehrerinnen und Lehrern Eigenverarbeitung und Sinnsuche ermöglicht.

Interessant ist, dass im Lehrplan für den oben erwähnten, in Berlin neu eingeführten buddhistischen Religionsunterricht auch Meditation und meditative Erfahrung bewusst integriert ist – ebenfalls als Einführung und vertiefende Erfahrung des buddhistischen Weges.

Das Bedenken, dass es schulorganisatorisch schwierig sei, Religionsunterricht auf dieser anspruchsvollen Basis zu realisieren, überzeugt wenig. Im Sinne von »innerer Differenzierung«, »Projektlernen« und »Lernfelddidaktik« wird es zu schulorganisatorischen Lösungen kommen müssen, die nicht lediglich auf den Klassenverband abheben.

Nicht zuletzt ist es eine Frage der intellektuellen Aufklärung, die religiösen Wege als bildungstheoretische und praktische Herausforderung öffentlicher Bildung zu begreifen und nicht privaten Zirkeln zuzuschieben – mit den entsprechenden Folgen.

Im Blick auf religiöse Verständigungsprozesse ist religiöse Kompetenz für die verschiedenen Dialogebenen unerlässlich: »Den anderen als anderen wahrnehmen« (vgl. Emmanuel Lévinas).

Dieser Bildungsprozess muss bereits in Kindertagesstätten ansetzen.[43] Eine konkrete Praxissituation lässt kritisch aufhorchen:

In einer Stadt kommt vom Kulturamt die Anweisung, dass in den städtischen Kindertagesstätten keine religiöse Erziehung mehr erlaubt sei, da es immer wieder Probleme zwischen muslimischen und christlichen Eltern gegeben habe. Außerdem seien schließlich viele Eltern ohne Religionszugehörigkeit.

Damit wird das dahinter liegende Problem aber lediglich verdrängt. Von der empirischen Beschreibung her mag es stimmen, dass es Besorgnisse von muslimischen Eltern im Blick auf die religiöse Erziehung ihrer Kinder in diesen städtischen Kindertagesstätten gibt (allerdings wird häufig berichtet, dass diese Eltern vor allem eine Erziehung ohne Gott – als gottlos – ablehnen). Unter Bildungsherausforderungen wäre auf jeden Fall komplett anders zu reagieren:

– Eine Analyse der konkreten Situationen, die zu diesen Diskussionen geführt haben, ist unerlässlich.

– Erforderlich ist die reflektierte Erarbeitung eines Konzeptes, das es den Eltern angesichts verschiedener religiöser Wege möglich macht, religiöse Begleitung gerade nicht auszugrenzen, sondern in einer spezifischen Qualität als Herausforderung zum Dialog und im Sinne einer pluralitätsfähigen religiösen Bildung anzunehmen.

Es ist schließlich für christliche Kinder wichtig, schon sehr früh begreifen zu lernen, warum muslimische Kinder in manchem anders denken und fühlen, was »Ramadan« bedeutet, was eine »Moschee« ist und warum sie anders beten.

Für muslimische Kinder ist es ein Fortschritt in ihrer Bildung, wenn sie lernen, warum in unserem Kulturkreis Advent, Weih-

---

43 Vgl. Scheilke, Christoph Th., Schweitzer, Friedrich (Hg.), *Kinder brauchen Hoffnung. Religion im Alltag des Kindergartens*. Bd. 1: *Mit Geheimnissen leben*, Gütersloh/Lahr 1999, sowie die Folgebände dieser Reihe.

nachten und Ostern gefeiert wird, was dies bedeutet und vor allem auch, wie sie sich in dieser Gesellschaft dazu verhalten können.

Die Rede von »Erziehung zur Toleranz« muss auch praktisch eingelöst werden. Toleranz entsteht nicht durch Ausgrenzung der Probleme, sondern durch deren qualitativ hochstehende Bearbeitung.

Dass Kinder Vertrauen auf Gott entwickeln, ist ganz in ihrem Sinne. Grundvertrauen baut Persönlichkeit auf. Die Zeiten, in denen wir leben, machen eine Rekonstruktion dieses Gedankens dringlich – gerade nicht restaurativ, sondern in Auseinandersetzung mit den alltäglichen Situationen sollen Kinder auch Beten lernen oder zumindest verstehen, warum Menschen beten.

In Kindertagesstätten wäre es auch in pluralen Situationen sehr wohl möglich, vor dem Essen ein entsprechendes Lied zu singen, ein kindgemäßes Gebet zu sprechen. Möglicherweise am einen Tag ein Gebet, das die christlichen Kinder sprechen und bei dem die muslimischen Kinder zuhören, und am anderen Tag beten die muslimischen Kinder und die christlichen Kinder hören zu. Damit ist im Blick auf Bildung mehr erreicht als durch Abspaltung religiöser Fragestellungen.

Der Bildungsauftrag der Institutionen in unserer Gesellschaft kann ohne religiöse Bedürfnisse zu beachten, religiöse Orientierungsprobleme und nicht zuletzt auch religiöse Entscheidungen ernst zu nehmen, nicht kompetent gedacht werden.

Dass dabei die Elternbildung eine zentrale Rolle spielen muss, ist dann besonders wichtig, wenn im Kontext von Schule die Kooperation mit dem Elternhaus zwar gebetsmühlenartig gefordert wird, aber nur wenige Hinweise für eine konkrete Umsetzung auf der praktischen Ebene vorliegen.

Ob man die Begriffe »Elternschule«, »Elternbildung« wählt oder nicht – dass es um Befähigung von jungen Eltern und um Erziehungskompetenz gehen muss, ist unbestritten. Lehrerinnen und Lehrer in vielen Klassen fühlen sich im Blick auf die Defizite komplett überfordert, die eine mangelnde Erziehung und Begleitung der Kinder in ihren Familien als beschädigende Spur hinterlassen.

In welcher Organisationsform Elternbildung für ethische und religiöse Bildung im Kontext von Kindertagesstätten und Grundschulen kompetent entwickelt werden kann, ist eine Herausforderung der nächsten Jahre.

In diesem Bereich stehen für eine neue Qualität von Kooperation zwischen Staat und den Religionsgemeinschaften große Herausforderungen an, die nicht aufzugreifen für die Entwicklung des Gemeinwesens, besonders aber für die Kinder und Jugendlichen unserer Gesellschaft wesentliche Beschädigungen hervorbringen kann.

Literaturverzeichnis

Auernheimer, Georg, *Einführung in die interkulturelle Erziehung*, Darmstadt 1990.

Beile, Hartmut, *Religiöse Emotionen und religiöses Urteil. Eine empirische Studie über Religiosität bei Jugendlichen*, Stuttgart 1998.

Biesinger, Albert, *Kinder nicht um Gott betrügen. Anstiftungen für Mütter und Väter*, 12. Aufl., Freiburg 2001.

Boschki, Reinhold, *Theologie der Kinder – Theologie der Kindheit*, Antrittsvorlesung, Tübingen 3. Juli 2003.

Bucher, Anton A., Büttner, Gerhard, Freudenberger-Lötz, Petra, Schreiner, Martin (Hg.), *»Im Himmelreich ist keiner sauer.« – Kinder als Exegeten*, (*Jahrbuch für Kindertheologie*, Bd. 2), Stuttgart 2003.

–, *»Mittendrin ist Gott« – Kinder denken nach über Gott, Leben und Tod* (*Jahrbuch für Kindertheologie*, Bd. 1), Stuttgart 2002.

Büttner, Gerhard, Rupp, Hartmut (Hg.), *Theologisieren mit Kindern*, Stuttgart 2002.

Carle, Ursula, »75 Jahre Rechte der Kinder – Was haben drei Generationen aus den Forderungen der Zwanzigerjahre gemacht?«, in: dies./ Astrid Kaiser (Hg.), *Rechte der Kinder*, Hohengehren 1998, S. 12-23.

Dorsch, Gabriele, *Die Konvention der Vereinten Nationen über die Rechte des Kindes* (*Schriften zum Völkerrecht*, Bd. 115), Berlin 1994.

Erikson, Erik H., *Identity. Youth and Crisis*, New York 1968.

Fischer, Dietlind, Schöll, Albrecht (Hg.), *Religiöse Vorstellungen bilden. Erkundungen zur Religion von Kindern über Bilder*, Münster 2000.

Fischer, Dietlind, Schreiner, Peter, Doyé, Götz, Scheilke, Christoph Th., *Auf dem Weg zur Interkulturellen Schule. Fallstudien zur Situation interkulturellen und interreligiösen Lernens*, Münster/New York 1996.

Freese, Hans-Ludwig, *Kinder sind Philosophen*, Weinheim/Berlin 1989.

Groß, Walter, Kuschel, Karl-Josef, *»Ich schaffe Finsternis und Unheil!« Ist Gott verantwortlich für das Übel?*, Mainz 1992.

Hildebrandt, Uta, *Das Grundrecht auf Religionsunterricht. Eine Untersuchung zum subjektiven Rechtsgehalt des Art. 7 Abs. 3 GG*, Tübingen 2000.

Hull, John M., *Utopian Whispers. Moral, Religious and Spiritual Values in*

Schools, Norwich 1998, (»Religious Education and the Spiritual Rights of Children«).

–, *Wie Kinder über Gott reden. Ein Ratgeber für Eltern und Erziehende*, Gütersloh 1997.

Frielingsdorf, Karl, *Dämonische Gottesbilder und ihre Entstehung, Entlarvung und Überwindung*, Mainz 1992.

Kitzinger, Sheila, Kitzinger, Celia, *Mit Kindern sprechen über Gott und die Welt*, München 1991.

Kießling, Klaus, »Chancen und Hindernisse religiösen Lehrens und Lernens an berufsbildenden Schulen – erste Ergebnisse aus der empirischen Forschung des Instituts für berufsorientierte Religionspädagogik an der Universität Tübingen«, in: *Zeitschrift für Berufs- und Wirtschaftspädagogik* 99 (2003), in Druck.

Klein, Stefanie, *Gottesbilder von Mädchen. Bilder und Gespräche als Zugänge zur kindlichen religiösen Vorstellungswelt*, Stuttgart 2000.

Korczak, Janusz, *Das Recht des Kindes auf Achtung*, 3. Aufl., Göttingen 1979

Martens, Ekkehard, *Philosophieren mit Kindern. Eine Einführung in die Philosophie*, Stuttgart 1999.

Moser, Tilmann, *Gottesvergiftung*, Frankfurt/M. 1976.

Nipkow, Karl Ernst, »Religionsunterricht im Pluralismus. Ein identitätsbewusstes Fach auf dem Weg zu mehrseitiger Kooperation und Verständigung«, in: Reinhard Ehmann, Thilo Fitzner, Gebhard Fürst (Hg.), *Religionsunterricht der Zukunft. Aspekte eines notwendigen Wandels*, Freiburg i. Br. 1998, S. 38-56.

–, Schweitzer, Friedrich (Hg.), *Religionspädagogik. Texte zur evangelischen Erziehungs- und Bildungsverantwortung seit der Reformation*. Bd. 2/1: *19. und 20. Jahrhundert*, Gütersloh 1994.

Oberthür, Rainer, *Die Seele ist eine Sonne. Was Kinder über Gott und die Welt wissen*, München 2000.

–, *Kinder und die großen Fragen. Ein Praxisbuch für den Religionsunterricht*, München 1995.

–, *Kinder fragen nach Leid und Gott. Lernen mit der Bibel im Religionsunterricht*, München 1998.

Oelkers, Jürgen, »Die Frage nach Gott. Über die natürliche Religion von Kindern«, in: Vreni Merz (Hg.), *Alter Gott für neue Kinder? Das traditionelle Gottesbild und die nachwachsende Generation*, Freiburg/Schweiz 1994, S. 13-22.

Schäfer, Gerd E., *Bildungsprozesse im Kindesalter. Selbstbildung, Erfahrung und Lernen in der frühen Kindheit*, Weinheim/München 1995.

Schavan, Annette, »Wozu brauchen wir noch einen Religionsunterricht?«, in: Reinhard Ehmann, Thilo Fitzner, Gebhard Fürst (Hg.), *Religionsunterricht der Zukunft. Aspekte eines notwendigen Wandels*, Freiburg i. Br. 1998, S. 19-27

Scheilke, Christoph Th., Schweitzer, Friedrich (Hrsg.), *Kinder brauchen Hoffnung. Religion im Alltag des Kindergartens*. Bd. 1: *Mit Geheimnissen leben*, Gütersloh/Lahr 1999.

–, *Religion, Ethik, Schule. Bildungspolitische Perspektiven in der pluralen Gesellschaft*, Münster 1999.

Schweitzer, Friedrich, »Was ist und wozu Kindertheologie?«, in: Anton A. Bucher, Gerhard Büttner, Petra Freudenberger-Lötz, Martin Schreiner (Hrsg.), *»Im Himmelreich ist keiner sauer.« – Kinder als Exegeten*, (*Jahrbuch für Kindertheologie*, Bd. 2), Stuttgart 2003, S. 9-18.

–, *Lebensgeschichte und Religion. Religiöse Entwicklung und Erziehung im Kindes- und Jugendalter*, 4. Aufl., Gütersloh 1999

–, *Das Recht des Kindes auf Religion. Ermutigungen für Eltern und Erzieher*, Gütersloh 2000.

–, *Pädagogik und Religion. Eine Einführung*, Stuttgart 2003.

Schweitzer, Friedrich, Biesinger, Albert, zusammen mit Reinhold Boschki, Claudia Schlenker, Anke Edelbrock, Oliver Kliss, Monika Scheidler, *Gemeinsamkeiten stärken – Unterschieden gerecht werden. Erfahrungen und Perspektiven zur konfessionellen Kooperation*, Freiburg, Gütersloh 2002.

–, »Religionspädagogische Unterrichtsforschung und ›guter Religionsunterricht‹ – Qualitätsmerkmale konfessioneller Kooperation in empirischer Perspektive«, in: *Zeitschrift für Pädagogik und Theologie (Der Evangelische Erzieher)*, 54 (2002), Heft 2, S. 133-144.

–, »Konfessionelle Kooperation – eine neue ›Zauberformel‹? Über die Bedeutung von Konfessioneller Kooperation für Kinder und Lehrende«, in: *Katechetische Blätter* 127 (2002), S. 366-374.

Taylor, Charles, *Multikulturalismus und die Politik der Anerkennung*, Frankfurt/M. 1993.

Wuthnow, Robert, *Christianity and Civil Society: The Contemporary Debate*, Valley Forge 1996.

Zoller, Eva, *Die kleinen Philosophen. Vom Umgang mit »schwierigen« Kinderfragen*, Freiburg 1995.

Dieter Braun, Berthold Frieß
Außerschulische Jugendbildung
Einblicke in einen eigenständig wertvollen
Ausschnitt der Bildungslandschaft

»Bildung ist mehr als Schule.«[1]

Die vieldiskutierte PISA-Studie aber ist eine reine Schulstudie und darf darum nicht dazu führen, dass wir mit dem Tunnelblick, der einem Diskussionsrausch zu eigen sein kann, nur die Schule und ihre (begrenzten) Möglichkeiten in den Blick nehmen. Wir bekommen sonst unweigerlich einen schiefen Einblick in die Bildungslandschaft Deutschlands. Allzu oft passiert in der politischen Auseinandersetzung und in der Fachdiskussion leider genau dieses.

Kinder und Jugendliche erlangen Bildung aber nicht nur in der Schule. Familie und Jugendarbeit sind zumindest zwei weitere Sozialisationsinstanzen, die wesentliche Bildungsleistungen für junge Menschen erbringen. Über Bildung zu reden, zu schreiben, darüber zu diskutieren und dabei nur an Schule zu denken, ist eine unzulässige Verengung der Thematik. Sie wird weder der Wirklichkeit gerecht noch dem viel tiefergehend angelegten Verständnis, dass Bildung Menschen stärkt.

Die außerschulische Jugendbildung ist ein wesentlicher Teil von Bildung und Erziehung. Sie ist neben den folgenden qualitativen Ausführungen auch rein quantitativ nicht zu unterschätzen. Im Jahr 2000 führten Jugendinitiativen, -gruppen, -verbände und -ringe laut Statistischem Landesamt im Land Baden-Württemberg 8673 Maßnahmen in den Bereichen »Kinder- und Jugenderholung«, »außerschulische Jugendbildung«, »internationale Jugendbildung« und »Mitarbeiterfortbildung« durch. Die Projekte umfassten insgesamt 341 135 Teilnehmerinnen und Teilnehmer. D. h., dass jedes Jahr mindestens 20 % aller jungen Menschen zwischen 6 und 26 Jahren in Baden-Württemberg durch die Jugendarbeit erreicht werden. Dabei ist zu beachten, dass diese Zahlen der Statistik die regelmäßigen Veranstaltungen, wie die Öff-

1 Bundesjugendkuratorium, Leipziger Thesen, Bonn 2002, Titel.

nungszeiten von Jugendfreizeitstätten oder die vielen kontinuierlichen Jugendgruppen, noch nicht einmal berücksichtigen.

1. Das Verständnis von Bildung in der Jugendarbeit

»Die außerschulische Jugendbildung ist ein eigenständiger und gleichberechtigter Teil des gesamten Bildungswesens.«[2] Dieser Satz aus dem Jugendbildungsgesetz in Baden-Württemberg macht deutlich, dass Bildung für die Jugendarbeit kein vorübergehendes Modethema ist. Das Recht junger Menschen auf Förderung ihrer Entwicklung und auf Erziehung zu einer eigenverantwortlichen und gemeinschaftsfähigen Persönlichkeit[3] kann nur verwirklicht werden, wenn unterschiedliche Träger der Erziehung und Bildung ihre Verantwortung jeweils für sich und in Kooperation miteinander wahrnehmen. Zu diesen verantwortlichen Trägern gehören nach Artikel 12 der Landesverfassung von Baden-Württemberg[4] auch die verbandliche, offene und kommunale Jugendarbeit. Im Kinder- und Jugendhilfegesetz heißt es: »Zu den Schwerpunkten der Jugendarbeit gehören: 1. außerschulische Jugendbildung mit allgemeiner, politischer, sozialer, gesundheitlicher, kultureller, naturkundlicher und technischer Bildung [...]«[5]

Dass Bildung mehr ist als messbares, abrufbares und überprüfbares Schulwissen, nimmt der Landesjugendring Baden-Württemberg in seinem Positionspapier »Bildung in Bewegung« auf. Dort wird im Konsens unterschiedlicher Jugendorganisationen

2 § 1 Abs. 1 Satz 1 Gesetz zur Förderung der außerschulischen Jugendbildung (Jugendbildungsgesetz) des Landes Baden-Württemberg i. d. F. vom 8. Juli 1996.
3 § 1 Abs. 1 Achtes Buch (VIII) Kinder- und Jugendhilfe (KJHG), Sozialgesetzbuch (SGB) vom 26. Juni 1990.
4 Artikel 12 der Landesverfassung Baden-Württemberg: »*(1) Die Jugend ist in der Ehrfurcht vor Gott, im Geiste der christlichen Nächstenliebe, zur Brüderlichkeit aller Menschen und zur Friedensliebe, in der Liebe zu Volk und Heimat, zu sittlicher und politischer Verantwortlichkeit, zu beruflicher und sozialer Bewährung und zu freiheitlicher demokratischer Gesinnung zu erziehen. (2) Verantwortliche Träger der Erziehung sind in ihren Bereichen die Eltern, der Staat, die Religionsgemeinschaften, die Gemeinden und die in ihren Bünden gegliederte Jugend.*«
5 § 11 Abs. 3 Achtes Buch (VIII) Kinder- und Jugendhilfe (KJHG), Sozialgesetzbuch (SGB) vom 26. Juni 1990.

folgendes Bildungsverständnis beschrieben: »Bildung richtet sich an den ganzen Menschen. Sie ist immer Persönlichkeitsbildung. Bei Bildung geht es um die optimale Entfaltung aller geistigen, seelischen und körperlichen Kräfte. Im Bildungsprozess werden die Einzelnen nicht für bestimmte Zwecke vereinnahmt. Bildung ermöglicht es dem Menschen, selbständig und eigenverantwortlich entsprechend den jeweiligen Neigungen und Fähigkeiten das eigene Leben zu gestalten. Sie befähigt zu selbständigem Denken und Handeln. Bildung bezieht sich auf die Einzelnen und befähigt zur Teilhabe am sozialen und wirtschaftlichen Leben, zur Mitgestaltung und Verantwortungsübernahme in der Gesellschaft. Damit führt Bildung zu Aktion und Einmischung und gibt Impulse zur Humanisierung und Demokratisierung der Gesellschaft. Innerhalb dieses Bildungsverständnisses sind die folgenden Kompetenzen von grundlegender Bedeutung:

- Reflexions-, Urteils- und Handlungsfähigkeit
- Soziale Kompetenz (Teamfähigkeit, Selbständigkeit, Verantwortungsbewusstsein, Kommunikationsfähigkeit, Kreativität)
- Interkulturelle Kompetenz
- Fähigkeit zur gewaltlosen Konfliktlösung
- Fähigkeit zu partnerschaftlichem Verhalten zwischen Frauen und Männern
- Demokratiefähigkeit (eigene Meinung bilden und vertreten, Verantwortung übernehmen, Unrecht wahrnehmen, Bündnisse eingehen, solidarisch handeln)
- Kulturtechniken (z. B. Lesen, Schreiben, Rechnen, Umgang mit Medien)
- Berufsspezifisches Wissen und Fähigkeiten«[6]

2. Bildungsangebote der Jugendarbeit[7]

Genauso vielfältig wie die Jugendarbeit selbst sind ihre Inhalte und Formen. Die Palette der Angebote reicht von erlebnispädagogischen Maßnahmen über internationale Begegnungen bis zur Aus-, Fort- und Weiterbildung. Darunter fallen auch Spartenan-

---

6 Landesjugendring Baden-Württemberg e. V., Positionspapier Bildung in Bewegung, Stuttgart 2002.
7 Angelehnt an: Landesjugendring Baden-Württemberg e. V., Positionspapier Bildung in Bewegung, a. a. O.

gebote z. B. in den Bereichen Musik, Kultur, Sport, Religion oder Politik. Jugendarbeit gibt es in Form von Kinder- und Jugendgruppen, Freizeitenarbeit, Projektarbeit, offenen Angeboten und in Jugendfreizeitstätten. Sie handelt geschlechtsspezifisch sowohl in koedukativen Arbeitsformen als auch mit Jungen und Mädchen getrennt. Dabei ist es bemerkenswert zu beobachten, dass die Jugendarbeit nicht starr in selbst gesetzten Grenzen verharrt, sondern sich zunehmend für neue Zielgruppen und Kooperationspartner in Jugendhilfe, Schule und Arbeitswelt öffnet.

Jugendarbeit ist im Bereich der nicht-formellen Bildung tätig. Nicht-formelle Bildung ist organisierte, zielgerichtete Bildung, die generell freiwillig ist und Angebotscharakter hat. Jugendarbeit bietet Seminare, Projekte, Aktionen und sonstige Veranstaltungen an, in deren Rahmen Kinder und Jugendliche sich mit verschiedensten Themen auseinander setzen können. Darüber hinaus finden in der Jugendarbeit informelle Bildungsprozesse statt. Unter informeller Bildung versteht man ungeplante, nicht zielgerichtete Bildungsprozesse, die sich im gemeinschaftlichen Miteinander von Menschen ergeben. Mädchen und Jungen können also ihren Erlebnis- und Erfahrungsraum erweitern und erhalten entwicklungspsychologische Hilfen (Stärkung des Selbstvertrauens, Hilfen zur Identitätsfindung etc.). Sie haben die Möglichkeit, ihre soziale und kulturelle Kompetenz auszuweiten und ihre kommunikative Kompetenz auf- und auszubauen.

Ehrenamtliche in der Jugendarbeit decken ein breites Aufgabenspektrum ab. Sie initiieren und organisieren damit unterschiedlichste Bildungsprozesse.

• Ehrenamtliche machen unterschiedlichste Angebote zur Freizeitgestaltung von Kindern und Jugendlichen.
• Ehrenamtliche führen Bildungsangebote durch.
• Ehrenamtliche eröffnen Möglichkeiten für Kinder und Jugendliche, ihre Interessen und Wünsche öffentlich zu artikulieren und sich sozial zu engagieren.

Die Ehrenamtlichen übernehmen damit soziale und finanzielle Verantwortung. Sie schaffen und durchlaufen durch ihr aktives Tun selbstgestaltete und selbstverantwortete Bildungsprozesse.

3. Vier Beispiele von außerschulischer Jugendbildung in der Jugendarbeit

a) Jugendleiterinnen- und Jugendleiterschulung

Einen besonderen Stellenwert für die Ausbildung Ehrenamtlicher nehmen die Schulungen für Jugendleiterinnen und Jugendleiter ein. In deren Rahmen erhalten Jugendliche und junge Erwachsene eine qualifizierte Ausbildung, die neben fachlichen Aspekten auch die Auseinandersetzung mit der eigenen Persönlichkeit einschließt. In der JugendleiterInnen-Card (Juleica) sowie im »Quali-Pass« werden diese Qualifikationen bestätigt.

b) Mitarbeit bei freizeitpädagogischen Maßnahmen

Jahr für Jahr wird von unterschiedlichsten Organisationen eine statistisch kaum erfassbare Fülle von freizeitpädagogischen Maßnahmen angeboten. Sie finden in nahezu allen Schulferienzeiten statt, aber auch an Wochenenden und in kontinuierlichen Nachmittags- und Abendprogrammen. Sie reichen von mehrtägigen Zeltlagern über diverse Trendsportangebote, Ferienreisen, Events und wöchentliche Aktionen bis zur Freizeitkooperation zwischen behinderten und nichtbehinderten Jugendlichen. Während dieser Maßnahmen wird in vielfältiger Form und in anschaulicher Weise »Leben geteilt«.

Ohne die verantwortliche Mitarbeit Ehrenamtlicher wären die meisten freizeitpädagogischen Maßmaßnahmen nicht existent. Viele der ehrenamtlichen Mitarbeiterinnen und Mitarbeiter machen im Rahmen der Jugendarbeit oft ihre ersten wichtigen Erfahrungen im Bereich Organisation und Leitung und entwickeln hier den Mut und die Fähigkeit, sich in verantwortlichen Aufgaben zu positionieren.

c) Freiwilligendienste

Eine zunehmende Zahl insbesondere weiblicher Jugendlicher engagiert sich im Freiwilligen Sozialen Jahr (FSJ), im Freiwilligen Ökologischen Jahr (FÖJ) oder in anderen längerfristigen freiwilligen Diensten im In- und Ausland. Sie sind bereit, über einen längeren Zeitraum hinweg ohne Entgelt Verantwortung zu übernehmen und sich sozial zu engagieren. Zielsetzung ist die Initiierung von Bildungs- und sozialen Lernprozessen. Die Bildungszeit prägt die Engagierten entscheidend in ihrer Persönlichkeitsentwicklung, trägt zu ihrer persönlichen Reife und politischen und sozialen Sensibilisierung bei. Bei den Diensten im Ausland stehen zudem Völkerverständigung, entwicklungspolitisches Engagement, interkulturelles Lernen und Versöhnungsarbeit im Mittelpunkt.

d) Planspiel zur politischen Bildung

Planspiele in der jugendpolitischen Arbeit haben zum Ziel, Beziehungen und Zusammenhänge zwischen Personen, Gruppen, Organisationen und Systemen zu verdeutlichen. Dabei geht es im Planspiel sowohl um die Aneignung von Wissen als auch um die Entwicklung von Methoden der Konfliktbewältigung und Strategien zur Problemlösung. Sie können in einem konkreten Vorgang Entscheidungshilfen sein. Durch Probehandeln in bestimmten Situationen werden Rahmenbedingungen für Entscheidungsmöglichkeiten und ihre Konsequenzen näher erläutert.

4. Standards[8] der außerschulischen Jugendbildung

Dem oben beschriebenen Verständnis von Bildung liegen als Ziel verschiedene Standards zugrunde, die im Folgenden genannt und beschrieben werden.

a) Kinder- und Jugendarbeit schafft pädagogisch verantwortete Anregungen und Gelegenheitsstrukturen für Bildungsprozesse

Außerschulische Jugendbildung ereignet sich an allen denkbaren Orten, nahezu ohne zeitliche Begrenzung. Jugendarbeit schafft kreative und offene Bildungsräume und -situationen wie z. B. die Baustelle für eine Rollstuhlrampe an einer sozialen Einrichtung, die Mahnwache für den Frieden an einem Werkstor, das Chemielabor an einem Bach, die Seilschaft in einem Klettersteig, das Beschreiten eines Waldweges im Dunkeln, das Organisationsteam für ein Open-Air-Konzert oder das Entzünden und Sichern eines Lagerfeuers. Dabei entstehen besondere Lern- und Erfahrungsräume, die ehren- und hauptamtliche Mitarbeiterinnen und Mitarbeiter mit Kinder und Jugendlichen teilen. Kinder und Jugendliche erschließen sich alltagsrelevante Handlungsfel-

---

8 Vgl. Landesjugendring Baden-Württemberg e. V., Positionspapier Bildung in Bewegung, a. a. O.

der unter pädagogischer Begleitung. Ehren- und hauptamtliche Pädagoginnen und Pädagogen begleiten diese Schritte in den verschiedenen Feldern partnerschaftlich, parteilich und fördernd.

b) Die Chancen auf Zugang zu Bildungsangeboten sind für alle gleich. Bildung trägt mit ihren Zielen und Inhalten dazu bei, Diskriminierung abzubauen. Dazu gehört das Lernen über und mit Menschen verschiedenen Geschlechts und unterschiedlicher sozialer und ethnischer Herkunft.

»Das Bildungswesen reproduziert nach wie vor die soziale Ungleichheit. Zwar ist es gelungen, die Benachteiligung von Mädchen im Schulsystem – nicht aber im Ausbildungs- und Berufssystem – zu überwinden, nicht aber überwunden ist die Selektivität des Schulwesens nach sozialer Lage und dem »kulturellen Kapital« der Familie, nach der Region und nach der ethnisch-kulturellen Herkunft.«[9]

Die Angebote der außerschulischen Jugendbildung richten sich an alle Kinder und Jugendlichen. Die Zielgruppe der Jugendarbeit sind Kinder- und Jugendliche egal welcher sozialen oder ethnischen Herkunft. Durch die Förderung des Landes Baden-Württemberg werden besondere Anreize dafür geschaffen, dass behinderte Kinder- und Jugendliche und solche aus finanziell schwächer gestellten Familien Zugang zu den Angeboten der außerschulischen Jugendbildung erhalten. Dadurch trägt die außerschulische Jugendbildung dazu bei, den Zusammenhang von sozialer Herkunft und Bildungsfähigkeit bzw. Bildungserfolg aufzubrechen. Sie ermöglicht zudem Begegnungen zwischen Menschen unterschiedlicher Lebenslage.

c) Im Mittelpunkt der außerschulischen Jugendbildung stehen die Mädchen und Jungen. Deshalb ist Mitbestimmung ein grundlegender Standard. Durch Selbst- und Mitgestaltung werden demokratische Prinzipien praktisch erprobt.

Jugendarbeit orientiert sich an den Bedürfnissen und Interessen der männlichen und weiblichen Kinder und Jugendlichen. Sie bietet aufgrund ihrer Strukturen vielfältige Möglichkeiten und Formen der Beteiligung nach innen und außen. Kinder und Ju-

9 Vgl. 11. Kinder- und Jugendbericht, B. IV Bildungschancen und Herausforderungen an Bildung, Berlin 2002, S. 153-155.

gendliche bestimmen über Angebote und in Jugendverbänden auch über das Verbandsleben und die Organisation selbst mit. Zunehmend werden neue Formen und Methoden der Beteiligung ausprobiert und genutzt. Jugendliche lernen über diese Formen der Beteiligung politische Abläufe kennen und darin zu handeln.

Weitere Felder der Beteiligung in der Jugendarbeit sind:
- die Interessenvertretung von Kindern und Jugendlichen in den und durch die Jugendringe
- Formen der Beteiligung auf kommunaler Ebene, z. B. Jugendgemeinderat, Jugendparlamente und Jugendringe
- die Durchführung von offenen Beteiligungsangeboten auf kommunaler Ebene, z. B. Jugendforen, Zukunftswerkstätten[10]

Beteiligung ereignet sich so in der Lebenswelt von Kindern und Jugendlichen. Das ist von zentraler Bedeutung, denn: »Die Entwicklung mitverantwortlicher Selbstbestimmung ist ohne die Kompetenz zur eigenmächtigen Aneignung der Welt nicht vorstellbar.«[11] Darum braucht Beteiligung immer ein konkretes Projekt oder Thema, an dem sie sich vollziehen kann.

d) Freiwillige Bildungsprozesse ermöglichen Freude am Lernen und erhöhen die Motivation.
Anders als bei der schulischen Bildung geht außerschulische Jugendbildung immer von Freiwilligkeit aus. Jugendliche lernen, wann sie wollen, und sie bestimmen Methoden und Inhalte mit. Kinder und Jugendliche lernen dadurch in der außerschulischen Bildungsarbeit mit einer hohen persönlichen Motivation. Lernerfahrungen und die Erfahrung von Leistung und Ergebnis verbinden sich mit Spaß und dem Erleben von Glück und Zufriedenheit. Viele junge Menschen entwickeln im Lernfeld der außerschulischen Jugendbildung einen Wissensdurst, der sich als Grundhaltung auf andere Lebensbereiche auswirkt. Was hier mit positiven Eindrücken erlebt wird, ist die ». . . Aneignung der Welt als ein aktiver, subjektiver Prozess, bei dem das Fremde in Eigenes verwan-

---

10 Vgl. Landesjugendring Baden-Württemberg e. V., Positionspapier Bildung in Bewegung, a. a. O.
11 Sturzenhecker, Benedikt, PISA und die Offene Jugendarbeit, in: deutsche jugend 2002/4, S. 184.

delt wird.«[12] Dieser Prozess ist in der außerschulischen Jugendbildung in einem hohen Maß selbstbestimmt und unterliegt nicht dem Ziel oder Zweck eines Dritten. Es ist Herausforderung und Aufgabe der Zukunft, diese Autonomie von Inhalten und Methoden der außerschulischen Jugendbildung vor jedem Ökonomisierungsdruck zu schützen.

e) Bildung ohne Leistungs- und Konkurrenzdruck lässt Mädchen und Jungen Kreativität entfalten und ihr persönliches Leistungsvermögen entwickeln.

Kinder und Jugendliche sind aus sich selbst heraus motiviert, die Welt zu entdecken und zu verstehen. Die außerschulische Jugendbildung ist ein Ort, wo dies ohne Leistungs- und Konkurrenzdruck geschieht und geschehen kann. Besonders Kinder und Jugendliche mit Schulproblemen haben die Chance, unter diesen Rahmenbedingungen Selbstbestätigung zu erfahren und neues Selbstvertrauen zu gewinnen. Allerdings stellen auch die Träger der Jugendarbeit keine gesellschaftlichen Inseln dar, an denen ein gesamtgesellschaftliches Klima von Leistungs- und Konkurrenzdruck vorbeigegangen wäre. Die Herausforderung besteht im reflektierten und pädagogisch verantworteten Umgang mit dieser Tatsache. »Bildungsarbeit am Beginn des dritten Jahrtausends mit rasanten gesellschaftlichen Entwicklungen in allen Bereichen steht vor besonderen Herausforderungen. Sie darf sich nicht dazu instrumentalisieren lassen, Menschen nur aufs Funktionieren in einer globalisierten Welt vorzubereiten.«[13]

f) Bildung bezieht in Zielen, Inhalten und Methoden den ganzen Menschen mit allen Gefühlen, Fähigkeiten und Motivationen ein. Sie geschieht erlebnis- und prozessorientiert und oft in der Gruppe.

»Bildung ist mehr als die Aneignung eines Katalogs von Wissen, mehr als die Summe der in den schulischen Lehrplänen beschriebenen Inhalte. In erster Linie steht in der außerschulischen Jugendbildungsarbeit der ganze Mensch mit seinem Denken, Fühlen und Handeln im Mittelpunkt.

12 Bundesjugendkuratorium, Streitschrift Zukunftsfähigkeit sichern, Bonn/ Berlin 2001.
13 Landesjugendring Baden-Württemberg e.V., Positionspapier Bildung in Bewegung, a. a. O.

Die Entwicklung der sozialen, emotionalen, motorischen, musischen und geistigen Kräfte von jungen Menschen ist zentrales Anliegen. Es geht um die Entfaltung der ganzen Persönlichkeit in kritischer und konstruktiver Auseinandersetzung mit dem persönlichen und gesellschaftlichen Umfeld. Jungen und Mädchen sollen die Verantwortung für sich selbst und für andere übernehmen können und wollen. Ausgangspunkt aller Bildungsarbeit sind dabei die Kinder und Jugendlichen in ihrer jeweiligen Lebenssituation.«[14]

g) Bildung vollzieht sich in der Auseinandersetzung mit Unterschieden und zielt darauf, andere Erfahrungen und anderes Wissen zugänglich zu machen.

Außerschulische Jugendbildung will Kinder und Jugendliche in Begeisterungszusammenhänge ziehen und sie von der Idee überzeugen, Bildung sei so etwas wie Vorfreude auf sich selbst. »Kinder und Jugendliche bedürfen sozialer Räume, in denen Platz ist für Eigensinn und Lebenskunst, sie brauchen Räume für Bewegung, Räume für Spiel und Gegenerfahrungen.«[15] Gegenerfahrungen, Grenzerfahrungen sind neue Erfahrungen und lassen Kinder und Jugendliche sich selbst neu erleben. Solche Erfahrungen bereichern die eigene Weltsicht und ermöglichen eine zunehmende Weitsicht über den eigenen Horizont hinaus. Zukünftige neue Erfahrungen werden dadurch handhabbarer, und junge Menschen bekommen Mut, sich darauf einzulassen.

h) Bildungsprozesse vermitteln die Gleichwertigkeit verschiedener Lebensentwürfe als positive Werte. Sie schließen Menschen verschiedener Altersgruppen ein.

Einen zentralen Stellenwert nimmt in der Jugendarbeit die Auseinandersetzung mit Werten ein. Dabei geht es nicht um »richtige« oder »falsche« Werte. Es ist vielmehr bedeutsam, dass sich Menschen mit den unterschiedlichsten Lebensentwürfen und Menschen unterschiedlichen Lebensalters mit ihrer jeweiligen Lebensgeschichte der Diskussion um Werte stellen. Es geht also auch nicht in erster Linie um die Vermittlung und die Tradie-

14 Vgl. Evangelisches Jugendwerk in Württemberg, Positionspapier Der Bildungsauftrag, Stuttgart 2002.
15 Amt für Kinder- und Jugendarbeit, Transparent – Evangelische Jugendarbeit und Bildung, Kassel 2002.

rung von Werten. Es geht vielmehr um einen Kommunikationsprozess, in dem sich anhand von Personen und Lebenslagen
Werte mit konkreten Lebenssituationen verbinden. Das bedeutet:
»Auf dem Hintergrund der Individualisierung und Pluralisierung
von Lebenslagen werden Lebens- und Zukunftsfragen von jungen Menschen Thema, und es bieten sich Räume zur Auseinandersetzung mit Gleichaltrigen und Erwachsenen. Bei diesem Prozess der Wertekommunikation werden männliche und weibliche
Jugendliche befähigt, in einer zunehmend komplexen Welt Urteile zu bilden und Widersprüche aushalten zu können.«[16] So geschieht in der außerschulischen Jugendbildung oft mitten in einem Kommunikationsprozess freie persönliche Orientierung an
orientierten Persönlichkeiten, und das in einem Umfang, wie ihn
Schule auch in Zukunft nicht wird leisten können und nicht leisten muss.

5. Außerschulische Jugendbildung und Schule

Außerschulische Jugendbildung und die Schule haben das gemeinsame Ziel, Kinder und Jugendliche in ihrer Persönlichkeit zu
stärken und ihnen auf ihrem Lebensweg wichtige Lernerfahrungen zu vermitteln.

Auch wenn Schule derzeit im Begriff ist, sich für außerschulische
Partner zu öffnen, dürfen die Unterschiede zur außerschulischen
Jugendbildung nicht aus dem Blickfeld geraten. Dies sind u. a.:
»Freizeit- und Bedürfnisorientierung in der Jugendarbeit gegen-
über Leistungsorientierung und Wissensvermittlung in der
Schule, Wertorientierung und Pluralität der Träger der Jugendar-
beit gegenüber Neutralität der Schulen, Freiwilligkeit gegenüber
Schulpflicht...«[17]
  Trotz dieser Unterschiede muss eine zukunftsfähige Bildungs-
landschaft das Anliegen aller im Bildungsprozess beteiligten
Träger und Organisationen sein. Was wir brauchen, ist ein fanta-
sievolles Netzwerk vielfältiger Kooperationen zwischen außer-

---

16 Landesjugendring Baden-Württemberg e. V., Positionspapier Bildung in
   Bewegung, a. a. O.
17 Landesjugendring Baden-Württemberg e. V., Positionspapier Bildung in
   Bewegung, a. a. O.

schulischer Jugendbildung und der Schule. In Baden-Württemberg besteht seit nunmehr vier Jahren ein Programm zur Förderung der Kooperation von Jugendarbeit und Schule. Obwohl eine derzeit laufende Evaluationsstudie zu diesem Förderprogramm gerade erst begonnen hat, kann aus Sicht der Jugendarbeit ein sehr positives Fazit gezogen werden. Bei vielen Projekten konnte eine Partnerschaft auf Augenhöhe gestaltet werden. Jugendarbeiterinnen und Jugendarbeiter und Lehrerinnen und Lehrer haben sich gemeinsam mit Kindern und Jugendlichen auf den Weg gemacht, voneinander gelernt und neue pädagogische Pfade entdeckt. Wichtig ist dabei die Verständigung auf ein gemeinsames Ziel. Das Evangelische Jugendwerk in Württemberg hat dieses Ziel in verschiedenen Kooperationsprojekten mit seinen Partnern so beschrieben:

»Die Kooperation zwischen Jugendarbeit und Schule hat vor allem das Ziel, Schülerinnen und Schülern zu nützen, ihren Horizont zu erweitern und ihnen wichtige Lernerfahrungen und soziale Kompetenzen zu vermitteln. Es geht dabei wesentlich um eine Verbesserung des gesamten Bildungsprozesses aus der Perspektive von Kindern und Jugendlichen.«[18]

In diesem Sinne hat sich auch die Akademie Remscheid bei ihrer Analyse zur PISA-Studie geäußert: »Die Studie hat unter anderem ergeben, dass die besten und überzeugendsten Leistungen von 15-Jährigen in eben jenen Ländern vorliegen, in denen das Schulsystem offen, gemeinschaftlich organisiert und – im Hinblick auf die angewendeten Lehr- und Lernformen – so vielfältig wie möglich strukturiert ist. Im Besonderen beweist die Studie, wie stark eine [...] möglichst kooperative Bildungslandschaft auf die Entwicklung von Kindern und Jugendlichen wirkt.«[19]

Nach diesem Befund ist ein offener Verbund von außerschulischer Jugendbildung und Schule anzustreben. In diesem Zusammenhang beobachtet die Jugendarbeit derzeit mit Spannung und Interesse die Entwicklungen rund um das Thema »Ganztagsschule« und die Vorgänge zur inneren Schulentwicklung, die in vielen Bundesländern laufen. Unter Wahrung ihrer Eigenständigkeit und ihrer eigenen Prinzipien ist Jugendarbeit im Interesse der

18 Evangelisches Jugendwerk in Württemberg, Kriterien für die Kooperation von Jugendarbeit und Schule, Stuttgart 2003.
19 kulturarbeit aktuell, 4/2002, S. 1.

Qualität des Bildungsprozesses an einer vielfältigen Kooperation mit Schule interessiert.

Unverzichtbar für jedes Angebot der Jugendarbeit bleiben dabei allerdings Freiwilligkeit (zumindest im Sinne von Wahlfreiheit), Mitgestaltung und -bestimmung, Lebenswelt- und Bedürfnisorientierung, und Ganzheitlichkeit. Diese Aspekte sollen nach einem bislang unveröffentlichten Entwurfpapier des Landesjugendrings Baden Württemberg zukünftig Basis jeder Kooperation mit Schulen sein.

Voraussetzungen für eine hohe Qualität von Angeboten der Jugendarbeit an Schulen sind demnach:

• Einrichtung von Gremien, die die Kooperationsangebote, unter Mitwirkung der Jugendverbände und -ringe begleiten und auswerten.

• Mindeststandards in Bezug auf die Qualifizierung des Personals, das z. B. die Nachmittagsangebote durchführt (Juleica).

• gemeinsame Schulungen für die am Schul- bzw. Bildungsprozess beteiligten Lehrerinnen / Lehrer und Mitarbeiterinnen / Mitarbeiter der Jugendarbeit.

• qualitative Mindeststandards in Bezug auf Inhalte und Methoden der Angebote.

• räumliche Voraussetzungen, die die Mitgestaltung von Kindern und Jugendlichen ermöglichen.

Ein wesentliches Qualitätsmerkmal von Jugendarbeit ist und bleibt ».. . das Engagement von Ehrenamtlichen. Deshalb ist nach Kooperationsformen zu suchen, die das Engagement von Ehrenamtlichen ermöglichen und Schülerinnen und Schüler zum ehrenamtlichen Engagement motivieren und befähigen.«[20]

Die außerschulische Jugendbildung ist bereit, ihren Beitrag zu einem Umdenken im Bildungsverständnis unserer Gesellschaft zu leisten. Aber eine Kooperation zwischen ihr und der Schule muss mancherorts von Vertretern beider Seiten erst noch als Chance und Ergänzung entdeckt und nicht als vermeintliche Konkurrenz diskreditiert oder gar als zusätzliche Arbeitsbelastung schon im Ansatz abgelehnt werden. Zur Wahrung der Eigenständigkeit von Jugendarbeit gehört, das die Kooperation mit Schule für sie nur ein Handlungsfeld unter vielen anderen ist. Au-

---

20 Evangelisches Jugendwerk in Württemberg, Kriterien für die Kooperation von Jugendarbeit und Schule, a. a. O.

ßerschulische Jugendbildung hat im Sinne einer eigenen Sozialisationsinstanz und im Blick auf ihre subsidiären Strukturen weiterhin selbstständig im Interesse und als Interessenvertretung für
Kinder und Jugendliche da zu sein. Sie leistet durch ihre Strukturen und Maßnahmen einen wesentlichen Beitrag zur Weiterentwicklung der gesamten Bildungslandschaft.

Literaturverzeichnis

Achtes Buch (VIII) Kinder- und Jugendhilfe (KJHG), Sozialgesetzbuch
    (SGB) vom 26. Juni 1990.
Amt für Kinder- und Jugendarbeit, Transparent – Evangelische Jugendar-
    beit und Bildung, Kassel 2002.
Bundesjugendkuratorium, Bildung ist mehr als Schule, Leipziger Thesen,
    Bonn 2002.
–, Streitschrift Zukunftsfähigkeit sichern, Bonn/Berlin 2001.
Bundesministerium für Familie, Senioren, Frauen und Jugend; Elfter Kin-
    der- und Jugendbericht, B. IV Bildungschancen und Herausforderun-
    gen an Bildung, Berlin 2002.
Evangelisches Jugendwerk in Württemberg, Positionspapier: Der Bil-
    dungsauftrag, Stuttgart 2002.
–, Kriterien für die Kooperation von Jugendarbeit und Schule, Stuttgart
    2003.
Gesetz zur Förderung der außerschulischen Jugendbildung (Jugendbil-
    dungsgesetz) des Landes Baden-Württemberg i. d. F. vom 8. Juli 1996.
Landesjugendring Baden-Württemberg e. V., Positionspapier: Bildung in
    Bewegung, Stuttgart 2002.
Sturzenhecker, Benedikt, PISA und die Offene Jugendarbeit, in: deutsche
    jugend 2002/4
Wenzel, Udo: Planspiele in der Jugendarbeit, Östringen 1995.

Annette Schavan
Kinder und Jugendliche ernst nehmen

I.

Wir leben in einer kinderarmen Gesellschaft. Das wird uns bei jeder Debatte über die demographische Entwicklung unserer Gesellschaft vor Augen geführt. Vielleicht ist das auch ein Grund dafür, dass in Deutschland »Gleichmut im Umgang mit einem Schicksalsthema« herrscht. Gemeint ist die mangelnde Anteilnahme an der Bildungsdiskussion in der Öffentlichkeit.[1] Wenngleich in nahezu jeder öffentlichen Diskussion über die Zukunftsfähigkeit Deutschlands darauf hingewiesen wird, dass eine hervorragende Bildung und Ausbildung der Schlüssel für individuelle Lebenschancen und ein Motor für gesellschaftliche Entwicklung und Innovation ist, so lässt sich nirgends in Deutschland große Anteilnahme an Bildungsdebatten feststellen. Nach der Veröffentlichung der PISA-Studie schien das vorübergehend anders zu sein. Im Nachhinein stellt das Institut für Demoskopie in Allensbach aber fest: »Nur 21 Prozent der Bevölkerung, 32 Prozent der Eltern von Schulkindern haben die Berichterstattung über die PISA-Studien näher verfolgt«.[2] So leidenschaftlich Bildungspolitiker über Bildungsreformen verhandeln, so leidenschaftslos steht eine Mehrheit der Bevölkerung allen damit verbundenen Veränderungen gegenüber. Nur 30 Prozent der Bevölkerung finden, dass die Leistungsfähigkeit des Bildungswesens ein Thema ist, das die Menschen bewegt.

Das ist umso bedenklicher, als Bildung und Erziehung Ausdruck des Interesses der Generationen aneinander ist. Sie sind Teil eines geistigen Generationenvertrages, der den Jungen Kultur erschließt, ihnen Teilhabe am kulturellen und sozialen Leben gibt und Orientierung stiftet. »Wer auf Bildung verzichtet, ist wie jemand, der sein Gedächtnis verloren und sein Erbe ausgeschlagen hat: Er bewegt sich in seiner Kultur wie ein Fremder.«[3] Wo solche

---

1 Renate Köcher in einem gleichnamigen Beitrag in der FAZ vom 20. August 2003, S. 5.
2 A. a. O.
3 Dietrich Schwanitz: Programmheft zum Kongress »Bildung stärkt Menschen«, Stuttgart 2002, S. 10.

Fremdheit überwunden werden soll, braucht es das Interesse der Generationen aneinander. Deshalb ist es erschreckend, wenn 60 Prozent der 15-jährigen Jugendlichen in Deutschland bei der PISA-Studie erklären, dass ihre Eltern mit ihnen nicht über ihre Lernerfolge und Lernschwierigkeiten sprechen und sie auch von ihren Lehrern nicht den Eindruck eines besonderen Interesses an ihnen haben. Diese Äußerungen mag man als subjektiven Eindruck einordnen. Da mögen sich Erwachsene in ihren Bemühungen falsch bewertet finden. Aber dennoch spricht daraus eine Schwäche im Verhältnis der Generationen, die Bildung und Erziehung behindert und die es Kindern und Jugendlichen schwer macht, sich ernst genommen zu fühlen. Das aber ist eine Erwartung, die sie an uns zu Recht haben: ernst genommen zu werden mit ihrer Neugierde, mit ihren Talenten und Grenzen und auf ihren Wegen, nicht hinter ihren Möglichkeiten zu bleiben. Die subjektiven Empfindungen der Jugendlichen korrespondieren übrigens ziemlich genau mit den Ergebnissen der zitierten Umfrage des Instituts für Demoskopie in Allensbach, veröffentlicht im August 2003, wonach eben rund zwei Drittel der Bevölkerung das Thema Bildung nicht wirklich wichtig finden. Die Jugendlichen scheinen diese Teilnahmslosigkeit der Erwachsenen sehr genau zu spüren.

II.

Hartmut von Hentig hat festgestellt: »Reformen im Bildungswesen bringen nur etwas, wenn junge Menschen erfahren, dass sie gebraucht werden.«[4] Einer, der Bildungspolitik und Bildungsreformen in Deutschland seit Jahrzehnten begleitet und hierzu viele Impulse gesetzt hat, formuliert damit das Herzstück von Bildung und Erziehung und fügt hinzu: Wer nach der Zukunft der Bildung frage, frage besser »nach der Zukunft der Kinder und dem, was wir jetzt für sie tun (oder tun sollten), damit diese Zukunft gut sei.«[5] Bildungsreformen und mehr Investitionen in das Bildungswesen seien dann sinnvoll, so von Hentig, wenn junge Menschen erfahren, was es bedeutet, gebraucht zu werden. »Dass

4 Hartmut von Hentig: Besinnung, Freiheit, Widerstand – die Zukunft der Bildung ist jetzt. In: DIE WELT vom 23. August 2003, S. 9.
5 A. a. O.

in all diesem wirksame Prinzip heißt: Es wird keiner ausgeschlossen, keiner abgeschoben, keiner fallen gelassen.«[6] Genau darin liegt der zentrale Anspruch für ein leistungsfähiges Bildungswesen. Keiner soll seine Talente verstecken müssen, und niemand darf zum Modernisierungsverlierer werden. Das aber setzt voraus, dass die Erwachsenenwelt Bildung und Erziehung nicht ausschließlich zur Aufgabe staatlicher Institutionen macht, sondern mental Anteil nimmt an den Wegen der Jungen, sich ihre Welt zu erschließen und ihnen jene Begleitung zukommen lässt, die ihnen gegenüber Interesse und Orientierung signalisiert.

Friedrich Schleiermacher hat in seinen Vorlesungen des Jahres 1826 darauf hingewiesen: »Ein großer Teil der Tätigkeit der älteren Generation erstreckt sich auf die jüngere, und sie ist umso unvollkommener, je weniger gewusst wird, was man tut und warum man es tut. Es muss also eine Theorie geben, die von dem Verhältnis der älteren Generation zur jüngeren ausgehend sich die Frage stellt: Was will denn eigentlich die ältere Generation mit der jüngeren? Wie wird die Tätigkeit dem Zweck, wie das Resultat der Tätigkeit entsprechen? Auf dieser Grundlage des Verhältnisses der älteren zur jüngeren Generation, was der einen in Beziehung auf die andere obliegt, bauen wir alles, was in das Gebiet dieser Theorie fällt.«[7] Für Schleiermacher ist der entscheidende Ausgangspunkt pädagogischer Praxis und Reflexion der, dass die ältere Generation tatsächlich etwas mit der Jüngeren – im wahren Sinne des Wortes – anfangen will, das deren zukünftige Lebensperspektive einerseits und die Tradierung der kulturellen Bestände einer Gesellschaft anderseits betrifft. Gemeinsam etwas anfangen, das nicht einfach Fortschreibung bedeutet, das Veränderung auslöst und auch Neues bewirkt. Beides gehört zusammen, der Wille zur Verständigung und das Ringen miteinander; Orientierung an den wertvollen Fundamenten einer Gesellschaft und Rebellion gegenüber dem Unvollkommenen. Aber beides setzt Interesse aneinander voraus.

In einem zukunftsfähigen Erziehungs- und Bildungskonzept gewinnt die Solidarität der Generationen an Bedeutung – im Wissen darum, dass Erwachsene wie Heranwachsende in vielerlei

6 A. a. O.
7 Friedrich Schleiermacher: Vorlesungen aus dem Jahre 1826. In: ders., *Pädagogische Schriften*. Hrsg. von E. Weniger und Th. Schultze, Düsseldorf, München, S. 9.

Hinsicht auch bislang vor ungelösten Zukunftsaufgaben stehen, die nur durch gemeinsame Anstrengung und gemeinsames Lernen zu tragfähigen und zukunftsorientierten Antworten führen können. Der Anspruch, den die junge Generation in diesem Generationengespräch hat, ergibt sich aus der Tatsache, dass die Jüngeren »Kulturneulinge« sind, die der Einführung jener bedürfen, die bereits unfangreiche Kulturerfahrungen gesammelt haben. Der Beitrag der Schule zum geistigen Generationenvertrag, der im guten Unterricht geleistet wird, ihn aber auch übersteigt, gehört zum Kernbestand dieser öffentlichen Institution. Je vielfältiger und ausdifferenzierter eine Gesellschaft sich darstellt, je größer die Zahl der Optionen ist, umso mehr gewinnen Orientierung und Einführung in die jeweilige Kultur im Rahmen von Erziehung und Bildung an Bedeutung, weil beides nicht mehr auf selbstverständliche Weise durch Sitte und Tradition vorgegeben ist. Das Grundgesetz, unsere Landesverfassungen und Schulgesetze sind wichtige Urkunden für das, was unsere kulturellen Bestände ausmacht.

Betrachten wir die Selbstaussagen Jugendlicher über das, was ihnen wichtig ist und von ihnen als Grundhaltung und Wert gesehen wird, so lassen sich kaum gravierende Unterschiede zur Erwachsenengeneration aufzeigen. Ehrlichkeit zu sich selbst, die Entfaltung der eigenen Fähigkeiten, Verantwortungsbereitschaft, Pflichterfüllung und Leistung haben einen guten Namen bei jungen Menschen heute.[8] Das ist durchaus ein zukunftsträchtiges Kapital für das Generationengespräch. Kinder und Jugendliche sind darüber hinaus besonders sensibel für die Ernsthaftigkeit, mit der in ihrer Umgebung und in der Gesellschaft das als wertvoll Erklärte auch gelebt wird. Jugendliche brauchen eine Anschauung dessen, was wichtig und wertvoll ist. Sie müssen sich im gelebten Leben vergewissern können, dass »kulturelle Bestände« nicht nur erklärt, sondern sinnvoll gelebt werden. Sie brauchen Vorbilder. Wenn Jugendliche heute die »Ehrlichkeit zu sich selbst« als bedeutsamen Wert sehen, so ist damit eine weitere Herausforderung an die Erziehung verbunden, die die Sensibilisierung für das Gewissen beinhaltet. In einer individualisierten

8 Vgl. dazu u. a. Gerhard Schmidtchen: *Wie weit ist der Weg nach Deutschland? Sozialpsychologie der Jugend in der postsozialistischen Welt*, Opladen 1997, S. 60, sowie die Ergebnisse neuerer Jugendstudien bei Horst Petri: *Der Verrat an der jungen Generation. Welche Werte die Gesellschaft Jugendlichen vorenthält*, S. 36-59.

Kultur ist der selbstverständliche Rückgriff auf eine von allen akzeptierte Sitte und Tradition kaum möglich. Traditionen existieren nur im Plural und verlangen eine bewusste Entscheidung. Dies wiederum macht den Beitrag der Erziehung zur Entwicklung einer stabilen Identität bedeutsamer denn je.

Der Kern einer Erziehung zur Heranbildung und Stabilisierung von Identität ist die Bildung des Gewissens. Gewissen bezeichnet die Fähigkeit der individuellen Wertbindung, verbunden mit der Erfahrung einer zuverlässigen eigenen Urteilskraft im Blick auf Werte, Maßstäbe und Grundhaltungen. Es meint das Bewusstsein personaler Kompetenz und das Empfinden, für die eigene Lebensführung zuständig zu sein. Dazu bedarf es des erzieherischen Beistands. Bildung als Lebenskunst meint in diesem Zusammenhang die Fähigkeit zur Orientierung am Gewissen als einem inneren Kompass. In der Erziehungswirklichkeit müssen deshalb Anregung zur Bejahung dieser menschlichen Wirklichkeit und Raum zur Inanspruchnahme des individuellen Gewissens als der wesentlichen Möglichkeit zur Aktualisierung von Eigenständigkeit und Personalität gegeben werden. Individuelles Wertempfinden zu wecken, meint nicht nur die Empfindsamkeit für die Verwirklichung bestehender Werte, sondern vor allem eine Grundhaltung der gestaltenden Verantwortung. Verantwortung im konkreten normgestaltenden Wirken schließt ein, dass die Verantwortungsträger in Abwägung von meist konkurrierenden Gütern und Werten und unter Berücksichtigung der relevanten Handlungsbedingungen und Konsequenzen zu einer situationsgerechten Entscheidung kommen. Die Person soll sich dabei ihrer individuellen Verantwortung für die Verwirklichung des Humanen bewusst sein und ihr Tun an dieser Aufgabe orientieren.

Um dem Heranwachsenden eine Entwicklung zu dieser Stufe personaler Gewissenhaftigkeit zu ermöglichen, muss ihm Raum gelassen werden zur Einübung eigenverantwortlichen Tuns; dies gilt auch dann, wenn Fehlentscheidungen getroffen werden. Die Angst vor Fehlern darf Erziehende nicht dazu verleiten, jungen Menschen solche Entscheidungen abzunehmen. Vielmehr soll der »Schutzraum« der Erziehung mögliche Fehler verkraften können, um den Heranwachsenden daraus lernen zu lassen. Wie jegliches Tun der geschützten Einübung bedarf, so besonders solches Handeln, für das man sich außerhalb des Schutzraumes nicht mehr auf Autoritätsinstanzen berufen kann.

Junge Menschen bedürfen der Ermutigung zur Übernahme von Verantwortung und zu gestaltendem Wirken. Solche Ermutigung zu geben verlangt vom Erzieher ein hohes Maß an Einfühlungsvermögen gegenüber den Nöten der Heranwachsenden, die in der überwältigenden Vielfalt vorgegebener Verhaltensmuster ihren eigenen Weg der Entscheidung finden müssen. Dieser erzieherische Impuls zur Sensibilisierung des Gewissens ist kein bis ins Letzte plan- und kalkulierbarer Beitrag. Gleichwohl ist er der bedeutsamste und anspruchsvollste Kern aller erzieherischen Bemühungen im Blick auf die Selbständigkeit junger Menschen.

Er begründet eine verantwortete Selbständigkeit junger Menschen im Blick auf ihre eigenen Entscheidungen und in der Auseinandersetzung mit den kulturellen und sozialen Beständen einer Gesellschaft. Kinder und Jugendliche werden mehr als in vergangenen Zeiten auf sich selbst verwiesen sein. Sie sollen als Erwachsene selbstverantwortlich entscheiden und handeln in einer Gesellschaft und Kultur, die zukünftig die bereits erreichte Vielfalt der Standpunkte und Perspektiven noch weiter ausweiten wird. Entwicklung und Stabilisierung von Identität sowie eine Sensibilisierung des Gewissens sind Voraussetzung dafür, dass individuelle Entscheidungen nicht dem Zufall, dem Augenblick oder reinem Pragmatismus überlassen werden, sondern aus gelebter moralischer Erfahrungs- und Sprachfähigkeit erwachsen.

Kinder und Jugendliche ernst zu nehmen heißt Interesse haben an ihrer Entwicklung zu verantworteter Selbständigkeit und einer geistigen Orientierung, die es ihnen ermöglicht, selbstgestaltend zu wirken.

III.

In den letzten Jahren hat die Pädagogik wichtige Hinweise zur Entwicklung von Kindern aus der Hirnforschung erhalten.[9] Sie betreffen den engen Zusammenhang zwischen der Entwicklung des kindlichen Gehirns und der Bedeutung emotionaler Sicherheit[10]. Es werden frühkindliche Bindungsstörungen zunehmend

9 Siehe auch die Beiträge von Gerald Hüther und Manfred Spitzer in diesem Buch.
10 Vgl. dazu u. a. Karl Gebauer/Gerald Hüther: *Kinder brauchen Wurzeln. Neue Perspektiven für eine gelingende Entwicklung*, Düsseldorf/Zürich 2001.

als Konsequenz fehlender Sicherheit in emotionalen Beziehungen und als Quelle von Verhaltensauffälligkeiten, Lernschwierigkeiten und Gewalt in Kindergärten und Schulen festgestellt. »Ohne Sicherheit bietende Beziehungen und ohne sichere Bindungen können sich Kinder nicht zu eigenständigen, sozial kompetenten und verantwortlichen Persönlichkeiten entwickeln.«[11] Der spezifische Beitrag der Hirnforschung für die Pädagogik besteht im Hinweis auf die Bedeutung von Gefühlen und in der Beschreibung optimaler Entwicklungsbedingungen für das menschliche Gehirn. Es ist plastisch und bleibt lebenslang formbar durch die jeweiligen Nutzungsbedingungen. Wo nur wenige Nutzungen erfolgen, wird auch nur ein Teil der Nervenzellverschaltungen im Gehirn auf Kosten anderer, ebenfalls möglicher Verschaltungen, die nicht genutzt werden, ausgebaut. »Wer vermeiden will, dass in seinem Gehirn nur wenige, dafür aber sehr breite Autobahnen entstehen, die dann seine gesamte weitere Wahrnehmung, sein Fühlen, Denken und Handeln bestimmen, der muss versuchen, sein Gehirn umfassender zu nutzen. Nur so kann er seine genetisch vorhandenen Möglichkeiten zur Ausbildung und Festigung vieler kleiner, unterschiedlicher Nervenzellverbindungen auch wirklich ausschöpfen. Am besten gelingt das, wenn er sich bestimmte Haltungen zu eigen macht, die ihn ganz von selbst zwingen, sein Gehirn so komplett und so vielseitig wie möglich zu benutzen. Achtsamkeit, Behutsamkeit, Mitgefühl und Empfindsamkeit sind solche Haltungen, mit denen man verhindert, dass man sein Gehirn durch eine ganz bestimmte einseitige Art der Benutzung selbst programmiert. Da das Gehirn zeitlebens plastisch ist und die in ihm entstandenen Verschaltungen entsprechend veränderbar sind, kann man sich auch noch als Erwachsener für eine neue Art der Verwendung entscheiden, wenn man feststellt, dass man gewisse Fehler gemacht hat.«[12] Kinder brauchen von Beginn an für diesen komplexen Prozess Halt in sicheren Bindungen. Es sind immer wieder neue Balancen notwendig zwischen einer zu starken Umklammerung des Kindes, die es an der Entfaltung seiner Möglichkeiten hindert, und jener Situation, in der das Kind zu stark sich selbst überlassen bleibt und damit bei der Entfaltung seiner Fähigkeiten unzureichend stimuliert und gelenkt wird. Es

11 Ebd., S. 11.
12 Gerald Hüther: Die Bedeutung emotionaler Sicherheit für die Entwicklung des kindlichen Gehirns. In: Hüther, a. a. O., S. 15-34, S. 16f.

sind zunächst Mutter und Vater, später auch andere Erwachsene, die sich als einfühlsame »Programmöffner« für die Hirnentwicklung des Kindes erweisen. »Nur wenn das Baby jemanden findet, der es ihm ermöglicht, wieder möglichst viel von dem zu spüren und wahrzunehmen, was es bereits aus seinem bisherigen Leben im Mutterleib kennt und was es mit der dort vorgefundenen Sicherheit und Geborgenheit verbindet, kann es seine Angst überwinden und sein inneres emotionales Gleichgewicht wiederfinden.«[13] Dieses emotionale innere Gleichgewicht und damit verbundene positive Gefühle sind eine zentrale Voraussetzung für die Entwicklung des kindlichen Gehirns über sichere Bindungen, die dem Kind Halt geben und es zugleich bei der Entfaltung seiner Fähigkeiten anregen. Umgekehrt gilt, dass je mehr Kinder ein Sicherheit und Anregung bietendes Beziehungsgeflecht vermissen, einseitige neuronale Verschaltungen entstehen. Es gibt einen unmittelbaren Zusammenhang zwischen emotionaler Zuwendung in den ersten Lebensjahren, der Entstehung früher Bindungen und einer optimalen Entwicklung des kindlichen Gehirns. So können sich innere Leitbilder und Haltungen ausbilden, die Orientierung stiften. Das heißt dann auch: Je schwerer sich Erwachsene im unmittelbaren Umfeld von Kindern mit ihren eigenen Leitbildern tun, desto größer ist die Gefahr, dass sich diese Unsicherheit auf Kinder überträgt. Für die Entwicklung des kindlichen Gehirns gilt: »Das Einzige, was ein Kind braucht, sind andere Menschen, mit denen es seine Wahrnehmungen, seine Empfindungen, seine Erfahrungen und sein Wissen teilen kann.«[14]

Aus diesen Hinweisen auf optimale Entwicklungsbedingungen für das menschliche Gehirn ergibt sich ein Zusammenhang, der weit bis in die Schulzeit hinein wirkt. Es sind nicht Lernpläne, schulische Rahmenbedingungen und viele Äußerlichkeiten, die darüber entscheiden, wie Kinder und Jugendliche sich entwickeln und ihre Talente entfalten können. So bedeutsam jede einzelne Bildungsreform für sich genommen auch ist, im Letzten sind es menschliche Beziehungen und eine damit verbundene emotionale Sicherheit, eben menschliches Grundvertrauen, das sich als Basis für Entwicklung, Lernen und damit auch schulischen Erfolg er-

13 Ebd., S. 19.
14 Ebd., S. 34.

weist. Das betrifft in frühen Jahren vor allem Eltern, später auch Erzieherinnen und Pädagogen.

IV.

Wenn eingangs davon die Rede war, dass Jugendliche den Eindruck haben, Erwachsene stünden ihren Lernprozessen eher teilnahmslos gegenüber, so bezieht sich das nicht auf das Ergebnis ihres Lernens. Zensuren sind sehr wohl Familiengespräch und können dazu führen, dass die Einschätzungen der Talente von Kindern sich einzig auf Zensuren konzentrieren. Kinder brauchen in Familie und Schule Räume des Lernens, in denen sie gestalten können und Verantwortung übernehmen. Die Lebenswelten von Kindern sind heute eher durch eine größere Handlungsarmut geprägt. Im perfekt ausgestatteten Haushalt sind die Möglichkeiten zur Mithilfe weniger geworden, und die Betreuung von jüngeren Geschwistern durch die älteren Kinder kommt seltener vor. »Es können somit Lebenswelten entstehen, in denen Jugendliche über Jahre hinweg wenig Nützliches und sichtbar zu Bewunderndes herstellen können, sondern sich lediglich in schulischen Prüfungskontexten zu bewähren haben.«[15] Wenn Handlungsräume außerhalb der Schule abnehmen, so besteht die Gefahr, die Schule mit immer mehr Erziehungsaufträgen zu befrachten, in denen das geleistet werden soll, was letztlich vorrangig in außerschulischen Lebenswelten eingeübt werden kann. Schule gerät so leicht in eine endlose Geschichte der Überforderung; Lernmöglichkeiten in den außerschulischen Lebenswelten werden nicht genutzt.

Eine Stärkung von Bildung und Erziehung darf deshalb keine rein schulische Angelegenheit sein. Die Erziehungspartnerschaft zwischen Eltern und Schule muss bewusster gestaltet werden. Eltern sind die ersten Erziehungsberechtigten gegenüber ihren Kindern. Die Wirkungen der Erziehung in der Familie sind wichtig für eine erfolgreiche schulische Arbeit. Schule wiederum bedeutet nicht allein die Vermittlung von Wissen und Kompetenzen, vielmehr immer auch Persönlichkeitsbildung und damit verbundene Erziehung, Orientierung und Stärkung von Selbstvertrauen. Wer über Bildung spricht, muss sich um Erziehung kümmern. Wer

15 Helmut Fend: *Sozialgeschichte des Aufwachsens*, Frankfurt am Main, S. 13 f.

über Erziehung spricht, muss sich um ein Klima bemühen, in dem in einer pluralen Gesellschaft ein Grundkonsens über Werte, Grundhaltungen und erzieherische Ziele entstehen kann.

Für die Entwicklung von Kindern und Jugendlichen ist die Verständigung zwischen Eltern und Schule von zentraler Wichtigkeit. Loyalitätsprobleme zwischen Erwachsenen in Schule und Familie verunsichern Kinder und erschweren den Aufbau von Bindungen. »Unser Handeln und unsere Sprache sind eingebettet in die jeweilige Beziehungsqualität zwischen Eltern, Erziehern und Kindern, zwischen Lehrern und Schülern.«[16] Die Beziehungsqualität trägt wesentlich zur emotionalen Sicherheit bei, ohne die eine ganzheitliche Entwicklung des Kindes gefährdet ist. Das gilt bereits für den familiären Kontext, und zwar da, wo Eltern untereinander Loyalität in erzieherischen Fragen vermissen lassen. Kinder spüren das, können die Eltern gegeneinander ausspielen und leiden unter dem Fehlen einer konsequenten gemeinsamen Erziehung durch die Eltern. Das kann sich in der Schule fortsetzen, wenn nicht miteinander, sondern gegeneinander gearbeitet wird. Deshalb sind neue, bewusst erarbeitete Formen der Zusammenarbeit zwischen Eltern, Erziehern und Lehrern dringend nötig. Ansonsten nehmen Erziehungskrisen bedingt durch Beziehungskrisen zu. Zu einer solcher Zusammenarbeit können auch Zielvereinbarungen zwischen Eltern und Schule gehören, in denen im Sinne des Miteinanders in der Begleitung von Kindern Verbindlichkeiten über wechselseitige Erwartungen festgehalten werden. Dies stärkt den Grundkonsens über erzieherische Ziele und Maßstäbe zwangsläufig.

Wir neigen in Deutschland dazu, Erziehungsschwäche wortreich zu erklären mit der Veränderung von familiären Lebenswelten, zunehmender Berufstätigkeit beider Eltern und der hohen Veränderungsdynamik, in der sich unsere Gesellschaft befindet. Das aber sind Entwicklungen, die in vielen anderen Gesellschaften ebenso stattgefunden haben. Wir sollten unsere Energie weniger in die Erklärung von Erziehungsschwäche als vielmehr in die Stärkung von Erziehung und gemeinsam vereinbarte Verbindlichkeiten legen.

16 Ursula Neumann: Die unsichtbare Wirksamkeit emotionaler Beziehungen zwischen Kindern und ihren Erziehern. In: Karl Gebauer/Gerald Hüther (Hg.): *Kinder brauchen Wurzeln. Neue Perspektiven für eine gelingende Entwicklung*, S. 144-164, S. 147.

Damit soll nicht ausgeklammert bleiben, was in allen Analysen über unsere Gesellschaft beschrieben wird. Die Lebenswelten der Kinder driften auseinander und werden labiler. Über die Stellung von Kindern lässt sich wenig Allgemeingültiges sagen. Es wird immer schwerer, mit Beispielen zu argumentieren, weil sich für jede konkrete Beobachtung auch das genaue Gegenteil nachweisen lässt. Eine immer schnelllebiger werdende Gesellschaft bietet immer mehr Wahlmöglichkeiten des Erlebens, mehr und schneller wechselnde Bilder und eine wachsende Pluralität der Lebensstile, Ordnungs- und Wertvorstellungen. Kinder unter solchen Rahmenbedingungen als eigenständige Persönlichkeiten zu sehen und ihnen den für sie wohltuenden Raum der Entfaltung zu geben, fällt offenkundig vielen Erwachsenen nicht leicht.

Kinder leben überwiegend außerhalb des Lebensbereiches von Erwachsenen in spezifischen und organisierten Sonderwelten. Das gilt für ihr Spielen ebenso wie für die Betreuung und Bildung. Franz Xaver Kaufmann spricht in diesem Zusammenhang von einer »Einschränkung der für Kinder zugänglichen Lebensräume.«[17] Weil das Spiel am selbstgewählten Ort zu gefährlich ist, wird selbst das Abenteuer auf den »Abenteuerspielplatz« verlegt. Die Entfaltung von Phantasie und Kreativität wird an eine pädagogisch mehr oder weniger originelle Führung delegiert. Wir wollen Kinder schützen vor einer für sie gefahrvollen Welt und grenzen sie aus. Wir meinen es gut mit ihnen und provozieren zugleich, dass immer mehr Erwachsene keine Erfahrungen mehr machen im Umgang mit Kindern und deren Bedürfnissen. Es entstehen pädagogische Sonderwelten, die neben der Familie organisiert sind. Wohnungen in der Nähe von Spielplätzen und Schulen verlieren an Wert. Die erlaubte Lautstärke auf Spielplätzen wird durch Vorschriften festgelegt. Solche Entwicklungen deuten auf einen strukturellen Egoismus gegenüber Familien hin, von denen Kinder unmittelbar betroffen sind. Wir vermissen Kinder vor allem dann, wenn wir über die bedenkliche demografische Entwicklung verhandeln. Wenn aber Betreuungsangebote nötig werden, Schulhäuser gebaut und die Unterrichtsversorgung in den Schulen gewährleistet werden soll, dann wird vor allem über die damit verbundenen Kosten gejammert. So wird der Eindruck er-

17 Franz Xaver Kaufmann: *Zukunft der Familie im vereinten Deutschland. Gesellschaftlich und politische Bedingungen*, München 1995, S. 133.

weckt, als seien Kinder und Jugendliche doch eher eine öffentliche Last. Dann wird nicht selten vergessen, dass Bildungskosten vor allem Investitionen sind. Es braucht die Einsicht in unserer Gesellschaft, dass strukturelle Rücksichtslosigkeit gegenüber der Familie Kinder trifft. Das bezieht sich auf die Teilhabe vor allem kinderreicher Familien an der Wohlstandsentwicklung unserer Gesellschaft. Es betrifft aber auch die Frage, ob an Stelle von immer mehr Erlebnis Kinder nicht häufig mehr Zeit, Muße und Interesse der Erwachsenen brauchen.

Der Erfolg vieler gut gemeinter Bildungsreformen in Deutschland wird nur dann erreicht werden können, wenn die Teilnahmslosigkeit der Öffentlichkeit gegenüber dem Thema Bildung und Erziehung überwunden wird. Das wird in den kommenden Jahren nicht leicht sein, in denen der Anteil der Kinder und Jugendlichen an der Bevölkerung weiter abnimmt. Sie werden zu einer Minderheit werden. Wenn wir über die Zukunft der Bildung sprechen, betrifft es die Lebenswelten von Kindern und Jugendlichen heute. Dazu gehört die Schule. Aber dazu gehört auch mehr: Die Stärkung von Beziehungs- und Bindungsfähigkeit, ein höherer Stellenwert von Lernen und Leistung, Interesse am geistigen Generationenvertrag und einer damit verbundenen Orientierung für Kinder und Jugendliche.

Wenn wir schon in einer kinderarmen Gesellschaft leben, so sollten wir uns nicht länger Teilnahmslosigkeit an deren Bildung und Erziehung leisten.

Literaturverzeichnis

Fend, Helmut: *Sozialgeschichte des Aufwachsens*, Frankfurt am Main 1988.
Gebauer, Karl; Hüther, Gerald: *Kinder brauchen Wurzeln. Neue Perspektiven für eine gelingende Entwicklung.* Düsseldorf/Zürich 2001.
Kaufmann, Franz Xaver: *Zukunft der Familie im vereinten Deutschland. Gesellschaftlich und politische Bedingungen*, München 1995.
Petri, Horst: *Der Verrat an der jungen Generation. Welche Werte die Gesellschaft Jugendlichen vorenthält*, Freiburg 2002.
Schleiermacher, Friedrich: *Pädagogische Schriften*. Hg. von E. Weniger und Th. Schultze, Düsseldorf, München 1957.

Schmidtchen, Gerhard: *Wie weit ist der Weg nach Deutschland? Sozialpsy-chologie der Jugend in der postsozialistischen Welt*, Opladen 1997.
Schwanitz, Dietrich: Programmheft zum Kongress »Bildung stärkt Men-schen«, Stuttgart 2002.

II. Impulse für eine Modernisierung der Schule

Hartmut von Hentig
Ein Maßstab für Bildung[1]

Es ist gut, wenn man seine Stärken und Schwächen erkennt; es ist gut, die Indikatoren zu sammeln, zu prüfen, ernst zu nehmen; es ist vor allem gut, wenn man danach handelt. Aber vorher muss man die Frage nach dem Maßstab beantworten. Die OECD ist kein Heiliges Offizium und keine kulturphilosophische Akademie. Sie muss nicht – und kann nicht – sagen, was sein soll; aber dass die von den Mitgliedstaaten erbrachten wirtschaftlichen Leistungen, die aufgezählten Strukturdaten und die »Trends«, die sie ermittelt, der geforderte Maßstab nicht sind, das muss sie wissen und zu verhindern suchen, dass sie dafür genommen werden.

Hätte ich ein »assessment« der Leistungen von heutigen Schulen/Schülern zu machen, ich würde meinen Bemühungen die folgenden Überlegungen vorausschicken:

»Bildung« hat drei Bestimmungen. Sie ist *erstens* das, was »der sich bildende Mensch« aus sich zu machen sucht, ein Vorgang mehr als ein Besitz. Diesem Streben folgt er auch unabhängig von der Gesellschaft. Selbst Robinson gibt sich Rechenschaft über die vergehende Zeit; er pflegt seine Erinnerungen; er macht sich Gesetze/Regeln, er beobachtet und erklärt die Natur; er liest, dichtet, singt – und vervollkommnet sich darin; er bildet Vorstellungen aus – Hoffnungen auf Rettung und einen »Sinn« für den Fall, dass diese ausbleibt. Das ist die *persönliche Bildung*, die, wie man sieht, stark von der Kultur bestimmt wird, in der einer aufgewachsen ist, die aber auch ohne sie Geltung hat.

Bildung ist *zweitens* das, was dem Menschen ermöglicht, in seiner geschichtlichen Welt, im *état civil*, wie Rousseau das nennt, zu überleben; das Wissen und die Fertigkeiten, die Einstellungen und Verhaltensweisen, die ihm ermöglichen, sich in der von seinesgleichen ausgefüllten Welt zu orientieren und in der arbeitsteiligen Gesellschaft zu überleben. Das ist die *praktische Bildung*. »Technai« hätten die Griechen dazu gesagt.

[1] Dieser Beitrag ist dem Buch von Hartmut von Hentig: »Die Schule neu denken« entnommen, das im Beltz-Verlag 2003 erschienen ist.

Bildung ist *drittens* das, was der Gemeinschaft erlaubt, gesittet und friedlich, in Freiheit und mit einem Anspruch auf Glück zu bestehen: Sie richtet den Blick des Einzelnen auf das Gemeinwohl, auf die Existenz, Kenntnis und Einhaltung von Rechten und Pflichten, auf die Verteidigung der Freiheit und die Achtung für Ordnungen und Anstand. Sie ist für die *dikaiosyne*, die richtige Balance, in der Gesellschaft zuständig. Sie hält zur Prüfung der Ziele, der Mittel und ihrer beider Verhältnis an. Sie befähigt zur Entscheidung angesichts von Macht und begrenzten Ressourcen in begrenzter Zeit. Das ist die *politische* Bildung.

Alle drei Bildungsaufgaben haben wir der Schule übertragen. Keine ist der anderen zu opfern. Der Schule freilich fällt es nicht leicht, sie in Einklang und Balance zu halten. Es gibt – meist durch äußere Umstände und Entwicklungen begünstigt – mal ein Übergewicht der einen, mal der anderen Aufgabe. Dann müssen die Verantwortlichen korrigierend eingreifen.

Am geschichtlichen Beispiel ist das leicht zu verstehen: In agrarischen und manufakturellen Gesellschaften brauchte man keine Schule für die Ausbildung der praktischen Tüchtigkeit – das geschah im Arbeitsprozeß selber; auch die Fähigkeit zum *politeuein*, zur gemeinsamen Regelung gemeinsamer Angelegenheiten, bildete sich an diesen selber aus; die Anlässe waren gering und überschaubar. Für die Bildung des Geistes und der Seele hingegen waren damals Schulen erwünscht und nötig. Im Industriezeitalter nahmen die Erwartungen an die praktische und wissenschaftliche Tüchtigkeit der Menschen zu und wurden zunehmend von Schulen befriedigt, ja, sie wurden deren Hauptaufgabe. Zugleich brachte die Industrialisierung die modernen Demokratien hervor. In der Klassengesellschaft, in Einwanderungsländern, in Zeiten politischen Umbruchs (nach dem Ersten Weltkrieg oder nach Hitler) und in Orientierungskrisen (aufgrund radikaler Glaubenserschütterung oder neuer Völkerwanderungen oder von »Tschernobyl«) werden auch Schulen mehr für die politische und philosophische Bildung gebraucht. Der Anspruch an diese hat sich angesichts der sich verselbständigenden Mittelsysteme, also in der technischen Zivilisation, unverkennbar erhöht – und wird *nicht* eingelöst.

PISA untersucht, in welchem Maß an heutigen Schulen bestimmte formale Kompetenzen erworben werden, die für alle drei

Bildungsaufgaben wichtig, ja, unentbehrlich sind. Aber sie sind es für die unterschiedlichen Bildungsaufgaben in unterschiedlichem Maß. Ja, die getesteten »literacies« sind auf Grund ihres instrumentellen Charakters heute die eigentliche Erfüllung der »praktischen Bildung«. Wissenschaft und Technik, Herstellung und Handel, Verwaltung, Verkehr, Vermittlung von Informationen sind so komplex, sie expandieren und wandeln sich so schnell, dass man die nötigen materialen Kenntnisse ständig »neu« erwerben muss, wozu man sich dann der drei formalen Schlüssel – der drei »Sprachen« – bedient. In der persönlichen und in der politischen Bildung spielen die »mathematical literacy« und die »scientific literacy« eine recht geringe, Anschauung, Erfahrung, Begegnung, Wissen hingegen – also die materialen Momente – eine größere Rolle und sind auch konstanter.

Die Aufgabenbeispiele von PISA bezeugen dies. Nirgends geht es ihnen um die für die persönliche und die politische Bildung kennzeichnenden Anforderungen: Zusammenhang herstellen, Sinn geben, bewerten (nicht nur begründen), etwas Tradiertes aneignen und bewahren, etwas auf sich beziehen, etwas genießen können, Vergangenes rekonstruieren, Künftiges entwerfen, Einzigartiges verstehen, Ambiguität und Aporie aushalten. Das ist PISA nicht vorzuwerfen; es liegt unter anderem in der Natur des Testverfahrens. Aber es mahnt zur Wachsamkeit gegenüber den Folgen: Wenn die durch PISA angeregte Beschäftigung mit den Ursachen und der Behebung der anerkannten Schwächen dazu führt, dass die Schularbeit insgesamt an den Lesetechniken und Anwendungsstrategien Maß nimmt, dann kommen die persönliche und politische Bildung noch mehr ins Hintertreffen, als sie es schon sind.

Dass PISA sich von den neuen didaktischen Entwürfen der American Association for the Advancement of Science, der National Science Foundation sowie des Kieler Instituts für die Pädagogik der Naturwissenschaften hat anregen lassen, dass es die Fachsystematik und die Wissenspyramiden, die man in den deutschen Lehrplänen aufgebaut hat, verlässt, also einen didaktischen Paradigmenwechsel nahe legt, ist die zu begrüßende Folge. Dass man die drei formalen Kompetenzen für die eigentliche und insofern ausreichende »Basis« halten könne – für *das* Kerncurriculum –, ist die zu befürchtende Folge.

Würde die deutsche Erziehungswissenschaft und Bildungspolitik von einer deutlichen Wahrnehmung des gesamten Auftrags der veranstalteten Bildung ausgehen, es wäre schwer vorstellbar, dass sie beim bisherigen Forschungsplan bleiben, der nur eine »periodische Wiederholung der Untersuchungen« (in 2003 und 2006) vorsieht und keine Erweiterung.[2] Man würde nach den Hilfen fragen, die die Schule den jungen Menschen in den beiden anderen Aufgaben, der Bildung der Person und der Bildung des Bürgers, des *polites*, zu geben hat: in der Entfaltung und Verfeinerung ihres Wahrnehmungs- und Gestaltungsvermögens; in der Beobachtung und Beachtung ihrer Mitmenschen, der zwischen ihnen waltenden bekömmlichen Regeln, ihres eigenen politischen Verhaltens, des Gemeinwohls; in der Ausbildung eines Bewusstseins ihrer Herkunft, der Bedingungen und Bedingtheit ihrer Lebensweise; beim Vordringen zu und beim verständigen Umgang mit »letzten Fragen«. Gerade in Deutschland darf die Schule sich nicht auf die Ausbildung von formalen Kompetenzen beschränken. Die Auseinandersetzung mit der Vergangenheit – dem Nationalsozialismus –, die Einübung in die übernommene Demokratie und die entstehende Zivilgesellschaft, der offene Umgang miteinander im Pluralismus waren Jahrzehnte hindurch ein Hauptpensum an den Schulen der Bundesrepublik. Unabhängig, ob man es richtig gemacht hat, – das alles hat die deutschen Schüler mehr beschäftigt als finnische, kanadische, neuseeländische, die ihnen laut PISA so »überlegen« sind.

Die PISA-Autoren wissen natürlich, von wie vielen Gegenständen, Erfahrungen, Hilfen sie absehen, die die Schule vermittelt. Sie werden meine Forderung nach dem »Blick auf das Ganze«, nach Bildung als dem, was Zusammenhang stiftet, an dieser Stelle romantisch, möglicherweise polemisch und jedenfalls »unprofessionell« finden. Sie sollten jedoch bedenken, dass einem uralten Gesetz gehorchend Schüler und Studenten vornehmlich lernen, was geprüft wird. In Schweden hat man das Schulsystem vor zehn Jahren vollständig dezentralisiert und dereguliert, sind alle Schulen angehalten worden, sich ein eigenes Profil zu geben, und werden seither die Testergebnisse der Abschlussprüfungen (am Ende der 9. Klasse) in Schwedisch, Englisch und Mathematik publiziert – als Orientierung für die Eltern. Die Folge ist, dass sich Schweden auf eine Drei-Fächer-Schule zubewegt. Da die Eltern

2 Deutsches PISA-Konsortium (Hrsg.): *PISA 2000*, Opladen 2001, S. 11.

die Schule wählen können, auf die sie ihr Kind schicken, und da der Test der eigentliche Ausweis für die von der Schule erwartete Leistung ist, legt dieser das Curriculum fest; er wird aus einem Beobachtungsmittel zu der entscheidenden bildungspolitischen Instanz der Nation. Geschichte und Geschichten, die Künste und die Religion, Politik und sogar »science« werden zu Begleiterscheinungen im Ganztags-Schulbetrieb.

Da nicht nur gelernt wird, was geprüft/getestet wird, sondern auch in der Weise, in der geprüft/getestet wird, trifft man in Schwedens – zum Teil radikal individualisierenden – Schulen allenthalben statt auf Bücher, Lehrervortrag und Unterrichtsgespräch auf Arbeitsbögen, die wie Testbögen angeordnet sind: Sätze, die man um das richtige Wort ergänzen muss, »multiple-choice«-Fragen, Listen mit »Daten« zu dem jeweiligen Tatbestand.

Ich bin nicht besorgt, dass es in Deutschland dahin kommen wird. Aber die Ähnlichkeit der »philosophy of education« der schwedischen Schule und der PISA-Studie ist offensichtlich und wird nicht ohne Folge bleiben. Es geht um »Sprache« als Voraussetzung allen Lernens und damit als Ausweis von Bildung. (Dass PISA die naturwissenschaftliche Grundbildung als »Sprache« ansieht, ist sachlich gut begründet, und dass es Leistungen in einer Fremdsprache, in Englisch, nicht erhebt, wird mit dem Untersuchungsauftrag, also mit der Vergleichsmöglichkeit zu tun haben.) – Sprache ist das Mittel der Erfassung, Deutung und Ordnung der Welt, ist also eine starke Bildungskategorie.

Aber warum wird dann im PISA von dieser nur ein Sektor untersucht – die Lesefähigkeit? Warum nicht die in unserer Gesellschaft ebenso wichtige Rede- und Gesprächsfähigkeit – die lern- und übbare Fähigkeit, sich klar, sachangemessen, wirksam auszudrücken, sich Auskunft zu erfragen, mit Worten Verständigung, Versöhnung, Vertrauen, Verlässlichkeit herzustellen, eine Auseinandersetzung zu führen die einem erspart, tätlich zu werden? Warum nicht auch die Schreibfähigkeit – eine Fähigkeit, deren Wichtigkeit mit den elektronischen Mitteln eher zu- als abnimmt und in deren Ausübung zugleich das Denken angeregt, diszipliniert, verselbständigt wird? Die Antwort lautet, weil das methodisch zu schwierig ist. Dann freilich hätte man diese Lücke deutlich ausweisen sollen. (Nur im Vorwort der Präsidentin der Kultusministerkonferenz wird eine »komplementäre« Untersu-

chung zur »aktiven Sprachbeherrschung und Fremdsprachen-
kompetenz – DESI – erwähnt).[3]

Da das Lesen in der deutschen Bildungstradition immer auch
dessen Gegenstand – das »gute Buch«, die Literatur, die Welt des
Geistes – einschließt und allenfalls in den ersten Grundschuljah-
ren die kahle Bedeutung einer »Kulturtechnik« hat, war die öffentliche Enttäuschung besonders groß, als man durch PISA erfuhr, wie viele Schüler in Deutschland angeben, »nicht zum
Vergnügen zu lesen«: halb so viele wie in Lettland, Brasilien,
Griechenland oder gar in der Russischen Föderation, die hierin
den Spitzenreiter stellt. Deutschland, einst das Land der Dichter
und Denker, heute ein Land von Nichtlesern!

Ich sehe davon ab, dass im PISA der »Zusammenhang« zwischen Leseleistung und freiwillig mit Lesen verbrachter Zeit nur
statistisch hergestellt und nicht weiter untersucht wird;[4] den Versuch, »Lesen« im überhöhten deutschen Verständnis in den Blick
zu nehmen, hat man in der internationalen Vergleichsstudie richtigerweise gar nicht erst unternommen. Es geht in ihr um »verste-
henden Umgang« mit Texten und wird im deutschen PISA-Test
um »Lernen aus Texten« ergänzt.[5] Die Gegenstände sind sämtlich
funktionaler, »unliterarischer«, unphilosophischer Art: Eigenschaften des Wassers, Entstehung des Mondes oder der Erde,
Computerspiele und AIDS. Im internationalen Test müssen die
Schüler eine Seite aus Anouilhs Stück »Léocadia« lesen, dann aber
nur sagen können, an welcher Stelle auf der Bühne die zwei reden-
den Personen gestanden haben müssen – was doch eher ihre Aufmerksamkeit fordert als ein Verstehen der Szene. Nichts überle-
sen und seinen Verstand walten lassen – das ist der vornehmliche
Anspruch auf allen drei Aufgabengebieten, auch der mathematischen und naturwissenschaftlichen Kompetenz. Wie sich diese
»zusammensetzt«, wird in schematischer Darstellung erklärt (kognitive Grundfähigkeit + Decodierfähigkeit + Lernstrategiewis-
sen + inhaltliches Vorwissen + inhaltliches Interesse ergeben die
»Situative Textpräsentation«, das meint die Fähigkeit, aus dem
vorliegenden Text die gemeinte Vorstellung zu entnehmen = zu
lernen).[6] Wolle man die Lesekompetenz in Deutschland fördern,

3 Deutsches PISA-Konsortium (Hrsg.): *PISA 2000*, a. a. O.
4 Deutsches PISA-Konsortium (Hrsg.): *PISA 2000*, S. 113.
5 Deutsches PISA-Konsortium (Hrsg.): *PISA 2000*, S. 79.
6 Deutsches PISA-Konsortium (Hrsg.): *PISA 2000*, S. 129f.

heißt es, sei die Informationsverarbeitungskompetenz durch Vermittlung von Textverarbeitungsstrategien »der richtige Ansatzpunkt«.[7]

Ich zitiere dies nicht nur wegen des in der Tat hohe Lesefähigkeit heischenden Bandwurmwortes, sondern weil die ganze Denkfigur ein dem Test inhärentes Problem verdeutlicht: Wie prüft man »sinnentnehmendes Lesen«? Ich nehme mich selbst als Beispiel. Ich habe meine Lesekompetenz an drei mit den PISA-Ergebnissen gleichzeitig veröffentlichten Testaufgaben alsbald erprobt – und bin gescheitert: Zwei meiner Lösungen waren falsch – die Lösung der dritten habe ich verweigert. Bei dieser sollte man sagen, welcher von zwei Meinungen man zustimme, und dies begründen. Ich habe mich über beide geärgert (vor allem über die Oberflächlichkeit einzelner Argumente und die Falschheit der verwendeten Analogien. Und das sollte ich nun alles hineinschreiben? Ich weiß, dass ich das kann; ich weiß, dass sich keine »Person« für diese meine Fähigkeit interessiert; ich weiß also, dass ich meine Kritik gegen niemanden behaupten muss. Darum: Strich durch die Aufgabe!

Mit den richtigen Lösungen der beiden anderen Aufgaben konfrontiert, habe ich mich gefragt, warum ich sie wohl verfehlt habe. Ich gebe vornehmlich drei Erklärungen: Erstens: Die Aufgabe war zu leicht – ich habe Schwierigkeiten in sie hineingelesen, um die es gar nicht ging. Zweitens: Ich habe die Aufgabe zu schnell gelöst – »auf Anhieb« aus einer Art Missachtung. Diese hing drittens damit zusammen, dass die Aufgabe für mich keinen »Sinn« enthielt, den zu entnehmen Sorgfalt und Anstrengung lohnte. Die Erschließung der Form einer Autorennbahn aus der Geschwindigkeitskurve und den zurückgelegten Kilometern liegt mir fern, kommt mir künstlich vor, ist purer Denksport. Die Beurteilung von Graffiti als Kunst oder Unfug, die Qualität von Turnschuhen oder die Frage, ob Pflanzen »schwitzen« können, mögen 15-Jährigen näher liegen als mir, sie bleiben abstrakt, ein typischer, sich gefällig anbiedernder Schulgegenstand, ein Gebilde zum Zweck einer Schulleistungsprüfung. Wer sich in der Schule an dergleichen gewöhnt hat, wird darin besser bestehen als einer, der in Zusammenhängen zu denken angehalten worden ist und darin den Sinn zu suchen. Dass die Probanden die Aufgaben

---

7 Deutsches PISA-Konsortium (Hrsg.): *PISA 2000*, S. 134.

ernst genommen haben, weisen die Forscher nach,[8] berührt aber die unterschiedliche Sicherheit des Zugriffs nicht.

Die Fernsehsendung »Panorama« gab kurz nach der Veröffentlichung von PISA einen authentischen Einblick in eine Hamburger Hauptschulklasse: eine Stunde gutwilliger Hinnahme eines nach den Regeln der Zukunft gehaltenen, die 14-jährigen Jungen in keiner Weise interessierenden Deutschunterrichts. »Sinnentnehmendes Lesen« ist hier ein sinnloses Ziel. Diese Schüler (der größte Teil abwesend, der anwesende meist aus nicht deutschen Familien stammend) sind vermutlich das, was die Studie »schwache Leser« nennt und dadurch definiert, dass ihre »Lesefähigkeit so gering ausgeprägt ist, dass sich dies als ernsthaftes Problem beim Übergang ins Berufsleben erweisen wird«.[9] Sie bilden eine »Risikogruppe« und werden in der Mehrzahl von den Lehrern nicht einmal als solche erkannt: 10% der 15-jährigen Deutschen. Diesen schuldet die deutsche Gesellschaft zunächst etwas ganz anderes, etwas, das im englischen » a sense of purpose« heißt: Wissen, wozu man da ist. Es scheint mir pädagogisch wenig sinnvoll zu sein, ihnen als erstes »Informationsverarbeitungskompetenz durch Textverarbeitungsstrategien« vermitteln zu wollen. Dabei verfehlt man mit dem Mittel den Zweck. Der Maßstab für die Maßnahmen sollte sein: dass deutsche Schulen in allen ihren Schülern Interesse an wichtigen Phänomenen und Aufgaben wecken – auch solchen, die nur über das Lesen von Texten erreichbar sind. Ein guter Rangplatz in der »reading literacy« kann die Folge davon sein, er ist nicht das Ziel.

Reaktionen

Woher dieser Pessimismus hinsichtlich der öffentlichen, der gesellschaftlichen Reaktion? Nach PISA sind die Erkenntnisse davon, was falsch gemacht worden sei, die Vorschläge dazu, was die deutsche Bildung wieder in Ordnung bringen könne, wie ein Platzregen auf uns niedergegangen; eine wundersame Fülle sich heftig widersprechender einzelner Maßnahmen, fast alle bekannt und pret-à-porter, fast keine einer weiteren Erkundung und Erprobung bedürftig.

8 Deutsches PISA-Konsortium (Hrsg.): *PISA 2000*, S. 56ff.
9 Deutsches PISA-Konsortium (Hrsg.): *PISA 2000*, S. 119.

Ich gebe eine kleine Auswahl, damit man versteht, wovon ich rede: Die Verlängerung der Unterrichtszeit/Die Beendigung des auf eine Million bezifferten Stundenausfalls/»Inhalte statt Strukturen«/Einführung eines festen Kanons/Die Entscheidungsbefugnis der Direktoren vermehren/Nachrüsten mit »interaktivem *equipment*«/Früheinschulung/Sprachförderung im Kindergarten/Engere Verknüpfung von Kindergärten, Vorschulen und Grundschulen/Keine Aufnahme von Ausländerkindern, die die deutsche Sprache »nicht beherrschen« (ich selber konnte kein Englisch, als ich in San Francisco eingeschult wurde)/Ganztagsschule »flächendeckend«/»Mut zu strenger Benotung«/»Weniger Staat, mehr Familie«/»Das Berufsbild des Lehrers korrigieren«/ Deutliche Maßstäbe für die erwartete Leistung (benchmarking)/ Eine größere »Abnehmerorientierung« (»Schulen und Schüler, die sich als Kunden auf dem Bildungsmarkt begegnen«)/Mehr Wettbewerb unter den Bundesländern…

Das Institut für Schulentwicklung/IFS in Dortmund hat zwei Monate nach Bekanntgabe der PISA-Ergebnisse ermittelt, dass die Eltern »mehr Leistung und mehr Erziehung« verlangen (wobei sie unter dem letzteren Maßnahmen zur Sicherung des Unterrichts im Sinn haben: die Ausschaltung von Störungen, die Behebung von Verhaltensschwierigkeiten, Selbstdisziplin, Einhaltung von Regeln, Durchhaltevermögen) und dass sie »integrierte Schulen« ablehnen.[10] Selbst das gewerkschaftsnahe Netzwerk Europäische Lernprozesse (NELP) setzt sich – nach PISA – für eine »flexible, dezentrale Steuerung« der Schule, für Qualitätsmanagement, für freie Schulwahl und entsprechende Bildungskonten der einzelnen Schüler ein – also für einen neuen ökonomischen Pragmatismus. Man münzt die Feststellungen von PISA in eine »Niederlage« um und diese in eine radikale Wende: Wettbewerb nicht nur unter den Bundesländern und Schularten, sondern unter allen möglichen Einrichtungen, an denen sich »Bildung« erwerben lässt. So würden die besten Leistungen erzielt, weiß der ehemalige Arbeitgebervertreter Hans-Olaf Henkel in der Süddeutschen Zeitung.

Der verstörendsten Enthüllung von PISA weicht man aus: der in Deutschland fortbestehenden »Koppelung von sozialer Lage

10 12. Repräsentativumfrage des Instituts für Schulentwicklung/IFS in Dortmund, Süddeutsche Zeitung vom 13.06.02.

der Herkunftsfamilie und dem Kompetenzerwerb der nachwachsenden Generation«, altmodisch gesprochen von Milieu und erreichter/erreichbarer Schulleistung. Diese »Koppelung« sei in Deutschland »ungewöhnlich straff«.[11] Zwar ist sie in allen Ländern nachweisbar, aber in vielen gelingt es – bei ähnlicher Sozialstruktur –, deren Auswirkung zu begrenzen, ohne das Niveau der Anforderung zu senken: indem den Kindern und Jugendlichen aus den schwächeren Schichten besondere Förderung zuteil wird.

Unsere Politiker und Verbandsfürsten sehen unseren schlechten Platz in der Rangliste; sie sehen, dass bei uns die Schere zwischen den Schulen auf dem niedrigsten und denen auf dem höchsten Leistungsniveau am weitesten auseinander klafft (also zwischen »Ghettoschulen« und »Eliteschulen, zwischen *slums* und *suburbs* – was schon die LAU-Studie offenbart hatte[12]); sie wissen, dass es vor allem die Sprachkompetenz ihrer Schüler ist, die diese Schulen zurückwirft[13] – und so folgern sie, dass die sprachliche Schulung von Migranten und bildungsfernen Gruppen forciert werden müsse. Aber die Sprach- und Lesefähigkeit ist nicht allein eine Sache von früher systematischer Unterweisung und Überprüfung – sie ist in viel höherem Maß eine Sache der Beheimatung der Kinder und Jugendlichen, ihrer sogenannten »sozialen Integration« in ihrer Stadt und in einer Schule, die für sie auch Lebensraum und nicht nur Unterrichtsanstalt ist. Die Mischung der Kinder verschiedener Herkunft muss pädagogisch und psychologisch gut bedacht sein und nicht dem »Zufall« überlassen bleiben, der ja keiner ist, sondern die Wohnverhältnisse widerspiegelt und eine »Selbstauslese« nach sich zieht.

So wichtig und richtig das ist, was wir aus den Unterstützungsprogrammen der »erfolgreichen« Länder lernen können – ihre historischen und kulturellen Lebensbedingungen werden wir nicht übernehmen können (die geographischen und demographischen Verhältnisse Finnlands[14] die ethnische Homogenität und

11 Deutsches PISA-Konsortium (Hrsg.): *PISA 2000*, S. 393.
12 Rainer Lehmann und Rainer Peek: Aspekte der Lernausgangslage von Schülerinnen und Schülern der fünften Klasse an Hamburger Schulen, hg. von der Behörde für Schule, Jugend und Berufsbildung, Amt für Schule, Hamburg 1997.
13 Deutsches PISA-Konsortium (Hrsg.): *PISA 2000*, S. 379 du 397.
14 Thelma von Freymann: Ein anderes Land, eine andere Schule. Zu den finnischen PISA-Ergebnissen, in: *Neue Sammlung*, Heft 2/2003.

die Traditionsverbundenheit Japans, die größere soziale Durchlässigkeit der Gesellschaft in Schweden und Norwegen).[15] Aber wir können den Schülern eine »deutsche« Schule bieten, die ihnen etwas bedeutet und gleichzeitig den Lebensnotwendigkeiten Rechnung trägt, eine Lern- und Lebensgemeinschaft auf Zeit, ein freundliches, vielseitig forderndes Feld der Selbsterprobung, *a decent place to grow up in.*

Unter den Maßnahmen, auf die sich die Kultusminister geeinigt haben, ist darum sicher die Vermehrung von Ganztagsschulen die wichtigste: Sie erlaubt die Umwandlung der wirkungslosen Schulen als Anstalt konzentrierter Belehrung in eine Schule als geordneten Lebens- und Erfahrungsraum. Aber das scheint nicht das zu sein, was die Kultusminister wollen. Sie müssten ja sonst für die durchgehende Versorgung aller Gemeinden mit Ganztagsschulen eintreten – handelt es sich dabei doch um einen ganz anderen Auftrag, den Auftrag einer neu gedachten Schule. Wenn die Ganztagsschule nur die Ausdehnung des (heute geläufigen) Unterrichts von fünf auf acht Stunden bedeutet und nicht ein verändertes Lernen, ist sie ein Unglück für die Kinder und vermutlich auch für die Schulleistung: Woher kämen die Erfahrungen, die die Schule auslegen und ordnen soll? Und woher die Beweggründe für das Lernen? Alles aus der Retorte der Lehrpläne und der Lehrerseminare, aus dem Internet und den Arbeitsbögen? Die Ganztagsschule müsste, um ihre gedachte Funktion zu erfüllen, die größte Veränderung der Schule seit Comenius sein – oder sie ist ein Selbstbetrug.

Wer hat die richtigen Vorstellungen von den in ihr bekömmlichen Umgangsformen, von den möglichen Einstellungen der Lern- und Arbeitsgruppen, von der benötigten Zeiteinteilung, von der richtigen Abfolge und Anordnung der Gegenstände, von den tauglichen Räumen und ihrer Ausstattung? Dass die vorhandenen Ganztagsschulen weit hinter dem zurückbleiben, was hier zu fordern ist, kann man sich in Deutschland und im Ausland mühelos bestätigen. Im Ganztagsschulparadies Schweden seufzte unser zwölfjähriger kleiner Führer aus tiefer Brust: »Never alone«; die Mahlzeiten waren eine unappetitliche Abfütterung, die unmittelbar anschließenden Lernveranstaltungen (»Unterricht« sollte das nicht sein) wurden friedlich verdöst – teils in Ku-

15 Deutsches PISA-Konsortium (Hrsg.): *PISA 2000*, S. 396f.

schelecken, teils am Computer; das Gebäude glich nicht nur äußerlich einem Gewächshaus.

Wer bereitet, wenn man die richtigen Vorstellungen von der Ganztagsschule hat, die Lehrer darauf vor, sie richtig zu nutzen? Unsere Hochschulen? Die sind mit ihrer Theorie und Evaluation beschäftigt.

Neben dem »Ausbau der Ganztagsschule« haben die Kultusminister beschlossen, die »Maßnahmen zur Förderung von Lesefreude und Lesefähigkeit schon im vorschulischen Bereich« anzusetzen; insbesondere sollen Programme für Schüler nichtdeutscher Abkunft in Kindergärten und in der Grundschule deren Sprachproblem zu Leibe rücken. Auch das ist löblich – und hat seine Haken. Wie bringt man einem Türkenkind Deutsch bei? Und gleichzeitig noch einem kleinen Griechen, einer kleinen Bosnierin, einem Vietnamesen? Das sind hohe Künste, für die die Erzieherinnen nicht ausgebildet sind und für die es auf Jahre hinaus keine Lehrgänge oder Lehrwerke geben wird. Den Grundschullehrern geht es nicht besser. Ja, man muss darauf achten, dass nicht ihnen die ganze Last der Schadensbehebung aufgehalst wird: Leistungsrückstände aufholen, Sprachfähigkeit sichern, Lesekompetenz anheben, mit den Eltern zusammenarbeiten und selber lernen, wie man die schwachen und die starken Schüler erkennt und ihre Bedürfnisse befriedigt.

Hinzu kommt die PISA-Feststellung, dass gemischte Lerngruppen und gezielte Maßnahmen für bestimmte Schüler sich nicht ausschließen, sondern ergänzen. Jeder deutsche Gesamtschullehrer weiß, wie schwer allein das erste und wie rar die Möglichkeit zum zweiten ist. Wer ihre Kombination an die Stelle der Selektion setzt, dem stellt sich nicht nur die alte Gewohnheit entgegen, sondern auch die neue Leistungspädagogik.

Durch sie sollen der Schlendrian und die Selbsttäuschung der Schulen beendet werden. Besondere Erwartungen setzt man dabei auf »verbindliche – bundesweit gemeinsame – Standards«. Nicht immer wird man diese so deutlich von Wissensbeständen trennen können, wie man das im PISA getan hat. Man wird also den Unterricht – seine Gegenstände und Verfahren – vereinheitlichen, um bei standardisierten Abschlusstests nicht schlechter abzuschneiden als andere. Das steht im Widerspruch zur Dezentralisation, die man sonst betreibt, zur Unterschiedlichkeit der örtlichen und landschaftlichen Verhältnisse, zur Rücksicht auf die

Gegebenheiten in den Mitgliedstaaten der Europäischen Union, ja, es bringt, wie man im September 2002 in England erleben konnte, nicht unerhebliche politische Eingriffsmöglichkeiten ins Spiel: Dort hatten das Oxford-Cambridge-Examination-Board und das Schulministerium die Standards kurzerhand heraufgesetzt, um die Zahl der Hochschulberechtigten zu drosseln. Den Irak-Krieg konnten die Politiker über der hierdurch ausgelösten Erregung vergessen.

Dass die »Qualitätssicherung« genannten Bemühungen um Auslöschung der PISA-Schmach vornehmlich durch permanente interne und externe Evaluation gelingen werde, ist die vierte große Hoffnung der Kultusminister. Aber diese Maßnahme wird nichts als Panik oder Abstumpfung bewirken, wenn nicht tatsächlich große Veränderungen im System statthaben. Überprüfungen und die Angst vor ihnen tragen in der Regel zur Verbunkerung, nicht zum Wandel bei.

Hilfreich ist die »Evaluation« – die objektivierende systematische Beobachtung der Schulwirklichkeit, ihrer Veränderungen und ihrer Resultate –, wenn die Auswertungsberichte selber verständlich sind: ihre Absichten, ihr Vorgehen, ihr Folgerungen. Die 548 Seiten, die das Deutsche PISA-Konsortium vorgelegt hat, strapazieren das »sinnentnehmende« Lesevermögen der Lehrerinnen und Lehrer, der Politikerinnen und Politiker, der allgemeinen Öffentlichkeit, an die sie sich richten. Zahlreiche Zahlennachweise – beispielsweise Tabelle 8.22: »Sozioökonomischer Status (HISEI) und Lesekompetenz von 15jährigen nach Staaten (Mittelwerte, Standardabweichungen sowie unstandardisierte und standardisierte Regressionskoeffizienten),«[16] mit vierstelligen Angaben für 31 Länder – und komplizierte Grafiken – beispielsweise Abbildung 8.14, in der in vier Quadranten unterschiedliche Kombinationen unter- und überdurchschnittlicher Ausprägung der mittleren Leistung und der sozialen Gradienten der Lesekompetenz zeigen – sind nur für die Forscher aufschlussreich und wichtig. Die Zusammenfassungen in den Kästen – wie die auf 50 Seiten komprimierte Ausgabe des Berichts für die Presse – basieren aber darauf wie auch der sie umgebende Text. Der spricht die opake Sprache der Spezialisten, die die Laien von den Begründungen abschneidet, die noch die eigentliche Aufklärung der

16 Deutsches PISA-Konsortium (Hrsg.): *PISA 2000*, S. 391.

Sachverhalte enthalten. Der Nichtspezialist muss sich mit Urteils-sätzen wie diesem abfinden: »Eine starke Entkoppelung von sozialer Herkunft und Kompetenzerwerb muss nicht mit einer Absenkung des Niveaus verbunden sein. Im Gegenteil: Eher deutet sich eine Tendenz an, dass bei der Verminderung sozialer Disparitäten auch das Gesamtniveau steigt, ohne dass an der Leistungsspitze Einbußen zu verzeichnen wären.«[17] Welch gute Botschaft! Und wie gern wüsste man nun, woran sich das »muss nicht« und das »im Gegenteil« und das »eher deutet sich an« festmachen. Man hat den Eindruck, es werde *ex cathedra* verkündet, was hier zu lernen sei. So etwas weckt Widerstand und macht evaluations-sistent.

Vor allem aber vermag der Lehrer, der den PISA-Bericht liest, nicht mehr zu glauben, dass er, wie ihm und seinesgleichen angesonnen wird, je so etwas wie Selbstevaluation zustande bringen könne, wenn es dabei so viel zu bedenken und zu berechnen gilt (wie er ja auch nicht nach Japan oder Finnland oder Schweden reisen wird).

Das schwedische Modell

Das Letztere wenigstens habe ich getan (im Mai 2002, 35 Jahre nach meinem ersten Besuch mit einer Unterkommission des Deutschen Bildungsrates zum Studium der schwedischen Gesamtschule. Von Schwedens neuen Wunderschulen hatten Bildungsforscher und Bildungsjournalisten nach der Bekanntgabe der PISA-Ergebnisse enthusiastisch berichtet.[18] Meine Eindrücke am gleichen und an ähnlichem Ort waren zwiespältig. Niemand kann auf einer einzigen einwöchigen Reise ein fremdes Schulsystem beurteilen, auch nicht, wenn er auf der schmalen, von der PISA-Untersuchung vorgezeichneten Bahn geht, also vornehmlich sehen will, wie Schwedens Schulen es auf allen drei Prüfungsgebieten ins obere Drittel gebracht haben – beim Lesevermögen auf den 9., in der mathematischen Grundbildung auf den 15., in den Naturwissenschaften auf den 10. Platz, und stets bis zu einem Dutzend Plätze vor Deutschland! Da jedoch alles mit allem zu-

---

17 Deutsches PISA-Konsortium (Hrsg.): *PISA 2000*, S. 393.
18 Siehe die Berichte von Hans Günther Rolff und Reinhard Kahl in DIE ZEIT vom 01. 02. 02 und vom 07. 02. 02.

sammenhängt und Schwächen oft nur die Kehrseiten von Stärken sind (und umgekehrt), müsste er aufs Ganze sehen.

Ich werde mich mit drei skeptischen Beobachtungen begnügen, die immerhin auf ihre Weise das Ganze betreffen: (1) Schwedens Schulen werden ganz in den Dienst des gesellschaftlichen Bedarfs genommen; (2) Schwedens Schulbildung wird durchgehend materialisiert; (3) einer radikalen Individualisierung der Lernvorgänge steht nichts mehr im Wege – und das könnte so falsch sein wie die radikale Kollektivierung des Unterrichts seit der Erfindung der Jahrgangsklasse durch Johann Sturm im 16. Jahrhundert.

Zu (1): Nach dem fast ein halbes Jahrhundert herrschenden Zentralismus im schwedischen Schulwesen ist man vor zehn Jahren zu einer weitgehenden Autonomisierung der Schulgemeinden übergangen: Jede Gemeinde macht sich ihren eigenen Schulplan sowohl für die Grundschule, die eine neunjährige Gesamtschule ist, wie für das dreijährige Gymnasium, das von fast allen Grundschülern besucht und wiederum von fast allen abgeschlossen wird. Aufgrund der vom Reichstag beschlossenen Rahmenpläne und Ziele erstellt der Rektor »in Abstimmung mit den Lehrern« den »Arbeitsplan« seiner Schule. Lauter gute Nachrichten, denkt man. Aber dann erfährt man, dass der Rahmenplan für das Gymnasium siebzehn mögliche Bildungsgänge vorsieht (mit folgenden Profilen: Sozialwesen und Freizeitpädagogik, Bauwesen, Elektrotechnik, Energiewesen, Kunst/Ästhetik, Fahrzeugtechnik, Wirtschaft und Verwaltung, Handwerk, Hotel- und Restaurationswesen, Industrie, Lebensmittel, Medien Agrarwirtschaft, Naturwissenschaften, Gesundheitswissenschaften, Gesundheitspflege, Gesellschaftswissenschaften, Technik. Allen Bildungsgängen gemeinsam sind acht sogenannte »Hauptfächer«: Englisch, Kunst, Sport, Mathematik, Naturwissenschaft, Gesellschaftswissenschaft, Schwedisch und Religion. Sie umfassen (trotz ihres Namens und trotz ihrer Zahl! (nur ein Drittel des gesamten Curriculums. »Zur Befriedigung des lokalen Bedarfs können Gemeinden auch eigene Bildungsgänge anbieten«[19] (also über die 17 Fachschulbildungsgänge, wie wir sie nennen würden, hinaus, sagen wir: für Gärtnerei oder Textilverarbeitung, weil es ein

19 Die Angaben über das schwedische Schulsystem entnehme ich Darstellungen (handouts) des Skolverket (Zentralamt für Schule und Erwachsenenbildung) in Stockholm.

örtliches Großtreibhaus oder eine Unterwäschefabrik gibt. Jeder Schüler kann außerdem einzelne Kurse, die zum Bildungsgang gehören, in denen er aber nicht erfolgreich war, gegen andere austauschen. Das ist konsequent, hat doch die vom Reichstag beschlossene und von der Schule vermittelte Bildung keinen eigenen Maßstab. Gemeinde und Schüler »versorgen sich« mit ihr. Vor dem Übergang der Schüler auf das Gymnasium stellen die drei Fächer Schwedisch, Englisch und Mathematik, in denen sie den landesweiten Test ablegen, den letzten gemeinsamen Anspruch an alle. Zwei von ihnen sind Gegenstand der PISA-Untersuchung gewesen.

Zu (2): Das, was ich die Materialisierung der Bildung in Schweden nenne, ist einerseits eine Folge der eben umrissenen pragmatischen Auffassung von der Aufgabe der Schule, andererseits eine Voraussetzung für die eingeleitete Individualisierung der Lernvorgänge. An der Schule FUTURUM im Landkreis Habo 40 Kilometer südlich von Stockholm arbeitet jeder Schüler in jedem Kurs eine bestimmte Folge von Arbeitsbögen und Lernanweisungen ab – schriftlich oder am Computer, im Labor oder am Projekt –, in eigener Regie; die Lernschritte sind sorgfältig vorgedacht und abgesichert; die Lehrerin kontrolliert die Ergebnisse und signiert sie; der Schüler sammelt die Belege. Das Lernen in der Schule ist auf Erledigung und Abrechnung von Leistungen angelegt, nicht auf geistige Entdeckung, *trial-and-error*, einprägsame Erlebnisse; der »Stoff« ist immer auch diagnostisches Mittel; in Schwedisch, Englisch und Mathematik führt er in gerader Linie zu den Abschlusstests am Ende des 9. Grundschuljahrs; für diesen gibt es Probematerial und Probeübungen; der Lehrer ist im Besitz von Kriterien für die Noten, die er vom 8. Schuljahr an erteilt: »in ausgewiesener Relation zu den landesweit gültigen Zielen«.

Zu (3): Dieses alles – zusammen mit Computern und Internetanschlüssen (im FUTURUM waren deren 600 installiert) und einer großen Lehrerdichte (auf 1000 Schüler 180 Lehrer, die 35 Zeitstunden in der Schule anwesend sind) – ermöglicht den Schweden heute, der Einheitlichkeit zu entrinnen, die die Gesamtschulstruktur (»Alle Kinder unter einem Dach«) mit sich bringt. Im FUTURUM hat man die Gesamtschul*idee* durch die Aufhebung der Altersklassen zu Ende gedacht. Die Schüler gehen in dem Gehege vorgeordneter Möglichkeiten ihren eigenen Weg, teilen ihre Arbeit selber ein, erreichen ihr Ziel nach ihrem Maß. Im FUTURUM führt jeder sein eigenes »Logbuch«, in dem er täglich die Wahrnehmung des erzielten Fortschritts festhält: »Alle Aufgaben heute einigermaßen befriedigend erledigt« / »Englisch-Text war doof« / »Karen und ich haben heute eine Gruppe von deutschen Besuchern geführt«. Die Erfahrung gemeinsamen Lernens und Zweifelns, von Bildung als Mittel der Auseinandersetzung und Verständigung, von Wissen, Erinnern, Imaginieren als Anlass für die Frage, was »wir« wollen, bekommt wenig Unterstützung durch die Schule, deren Namen »Zukunft« heißt.

»Skeptisch« habe ich meine Beobachtungen genannt – das ist mehr als »zweifelnd« und weniger als »ablehnend«. Wie könnte ich ablehnen, was ich selber zum Maßstab der Selbsterneuerung der Schule gemacht habe: Die Lehrer zum Erforschen ihrer eigenen Tätigkeit veranlassen / Den Unterricht individualisieren, differenzieren und liberalisieren / Die Autonomie der einzelnen Schule erhöhen! – dies freilich in unserem eingeengten, oft das Gegenteil erzwingenden Rahmen. Dass wir in Deutschland Grund zu ernster Prüfung unserer Begeisterung für das »schwedische Modell« haben, das allerdings wollte ich zum Ausdruck bringen. Die Reformen der schwedischen Schule dürften den Wertvorstellungen und dem Bedürfnis des Landes entsprechen, ihre gegenwärtigen pädagogischen Nöte befriedigend beantworten. Die Gefahren und Gebrechen des deutschen Schulwesens könnten sie verschlimmern, zum Beispiel aus der ungewollten »sozialen Koppelung« eine gewollte, durch Berufung auf hehre liberale Prinzipien – freie Entfaltung der Person, freie Wahl der Bildung, freie Wahl des Wohnorts – legitimierte machen. Dass Eltern die Schule für ihr Kind wählen können, wird, wenn man dies mit der Autonomie der Schulgemeinden und mit der periodischen Publikation von Evaluationsergebnissen verbindet, zu einem Schicksalsspruch über die Schulen in den Armen- und Ausländervierteln. Hier häufen sich dann »schlechte Leistungen«, dürftige Ausstattung, Sprachschwierigkeiten, Motivationsmangel, Entfremdung, Gewalt – und also noch schlechtere Ergebnisse. Eine ähnliche Skepsis befällt mich, wenn man Finnland als Modell für uns empfiehlt. Ich habe Finnland nicht besucht und weiß wenig mehr über seine Schulen, als aus PISA zu entnehmen ist. Eine Kennerin der finnischen wie der deutschen Schule gibt mir fünf einfache Gründe dafür an, warum die deutsche von der finnischen in PISA so abgeschlagen wurde: (1) Kinder, deren Muttersprache nicht Finnisch ist, sitzen (außerhalb der Region Helsinki) in keiner normalen Klasse, während bei uns zum Beispiel Aussiedlerkinder als Deutsche zählen und statistisch voll zu Buche schlagen; (2) Finnisch »wirt föllig foneetisch geschriiben«; (3) der finnische Satzbau fordert nicht, dass man den Satz bis zum letzten Wort gelesen hat, bevor man ihn versteht; (4) alle ausländischen Fernsehbeiträge laufen unsynchronisiert mit Untertiteln: ein tägliches Training im schnellen »sinnerfassenden Lesen«; (5) jede Schule (es gibt nur öffentliche Gesamtschulen) hat für je drei Tage in den »schweren« Fächern eine Speziallehrerin für die schwachen Lerner: Das Förderkind wird während der regulären Fachstunde unterrichtet, die Fachlehrerin darf unterdessen nichts Neues durchnehmen. In unserem dreigliedrigen Schulsystem kann die höhere Schulart die schlechteren Schüler an die niedrigere abgeben – eine besondere pädagogische Anstrengung muss sie für diese nicht machen.

Das heißt nicht, dass wir nichts von den Finnen lernen können. Aber einzelne Maßnahmen können das nicht sein. In Finnland sind sie als Konfiguration wirksam. Eindrücklich schildert meine Gewährsfrau, dass die finnische Kultur keine Gesprächskultur ist: »Wären den PISA-Probanden mündliche Kommentare zu den Texten abverlangt worden, hätten die finnischen vermutlich den letzten Platz der Welt belegt.«[20]

Es lohnt sehr, Thelma von Freymanns Darstellung und Analyse zu lesen – man versteht daran zwei Gemeinplätze: (1) Die jeweilige Gesellschaft »erzieht«, die Schule folgt ihr darin. Und: (2) Ihre Wirksamkeit bezieht die Schule aus der Didaktik, der Lehrkunst. Diese muss heute anders verstanden werden als zu Zeiten eines Comenius oder Herbart oder auch Copei – nicht nur weil die Welt durch die neuen Medien verändert worden ist, sondern weil sich auch die Aufgabe der Schule selbst gewandelt hat. Gerade wenn sie ein Lebens- und Erfahrungsraum ist, bedarf sie einer ganz anderen, neuen Didaktik. Von ihr vor allem hängt es ab, ob wir den beschämenden 23. Platz verlassen, nicht von den vier Milliarden, die McKinsey – mit welcher pädagogischen Kompetenz eigentlich? – auszugeben empfiehlt, nicht von der Entfesselung des Wettbewerbs – um welche Leistung eigentlich? Die Di-

20 Siehe den oben S. 300 zitierten Bericht von Thelma von Freymann.

daktik sollte zeigen, wie man die gewünschten, also vorher festgelegten Fähigkeiten *lehrbar* macht. Dies dürfte häufiger, als uns lieb ist, eine Mathetik sein, die zeigt, wie man sie *lernbar* macht. Hierüber wäre in der Tat neu zu denken.

Reformschulen in Deutschland

Es gibt auch in Deutschland Schulen, von denen das gesamte deutsche Bildungssystem lernen kann. Fünf von ihnen haben an der Internationalen Vergleichsstudie TIMSS teilgenommen, eine weitere, die vielgerühmte Helene-Lange-Schule in Wiesbaden, hat sich auch am PISA beteiligt. Im Jahr 2002 schließlich hat sich auch die Bielefelder Laborschule dem PISA-Test unterworfen, der in ihrem Fall um den Civic-Education-Test erweitert wurde, um damit ihrem besonderen Ziel – der Erziehung zum Bürger – gerecht zu werden. All diese Schulen haben sich aus eigenem Wunsch und Willen der Überprüfung gestellt; alle sind Gesamtschulen; und alle haben gute Ergebnisse, einige sogar herausragende Ergebnisse erzielt. Die Helene-Lange-Schule lag mit den ihren weit über den gemittelten Ergebnissen Deutschlands (also einschließlich aller Gymnasien) und in der Lesefähigkeit sogar über dem Weltspitzenreiter Finnland, in den Naturwissenschaften über dem Weltspitzenland Korea.[21]

Dass es sich um »Versuchsschulen« handelt, mag ihnen den Hawthorne-Effekt zugezogen haben (es tritt eine Leistungssteigerung ein, wenn man sich beachtet fühlt) Aber selbst wenn man den sehr hoch veranschlagt und in Abzug bringt, muss man zugeben, dass die vom deutschen Regelschulsystem behaupteten Bedingungen für erfolgreiches Lernen nicht notwendig sind: Die Schüler kommen ohne Selektion und Sortierung, ohne äußere Differenzierung (A-, B-, C-Kurse oder Lateinkurse für die einen, Kochkurse für die anderen), ohne Sitzenbleiben, ja ohne Noten zu guten Ergebnissen.

Für die Bielefelder Laborschule liegen die Verhältnisse noch et-

---

21 Siehe Olaf Köller und Ulrich Trautwein: Schulqualität und Schülerleistung/Evaluationsstudie über innovative Entwicklungsprozesse an fünf hessischen Gesamtschulen. Weinheim und München 2003 (Juventa); für die Helene-Lange-Schule: DER SPIEGEL 45/2002; für die Bielefelder Laborschule: Frankfurter Rundschau vom 14. 11. 2002.

was anders: Sie ist von vornherein als »Versuchsschule« und Projekt der Universität gegründet worden – mit dem Auftrag, neue Strukturen und Verfahren zu erproben und damit auch eine andere Form von Schulforschung zu entwickeln, die es mit sich wandelnden Aufgaben und Zielen der Schule aufnimmt. Die Laborschule ist als »Wissenschaftliche Einrichtung« einer pädagogischen Fakultät gleichsam das institutionalisierte Neu-Denken der zu Routine neigenden Schule.

Das erste Ziel, das sie sich als *Schule* Anfang der siebziger Jahre gesetzt hat, ist die erwähnte »Erziehung zum Bürger«, eine Formulierung, die sich mühelos in die »Befähigung zur Teilnahme an den wichtigen gesellschaftlichen Prozessen« übersetzen lässt, der man im PISA begegnet. Die wichtigste Hypothese zur Erreichung dieses Zieles war: Die Schule ist als eine Polis zu organisieren; in ihr sind auf horizontalen Stufen altersgemäße Erfahrungen und Lerngelegenheiten bereitzustellen; sie hat sich um ein Höchstmaß an Zustimmung und Beteiligung der Schüler am Lernvorgang zu bemühen; weil alle Menschen verschieden sind und verschieden lernen, sind keine Sortierungen vorzunehmen (Hauptschüler, Realschüler, Gymnasiasten) – die Schule ist eine Gesamtschule, und die in ihr auftretenden Unterschiede sind ihrerseits ein wichtiges Lernpensum für alle.

Das Ziel, das sie sich als *Curriculum-Werkstatt* gesetzt hat, beruhte erstens auf der Überzeugung, dass die entscheidende Verbesserung der Schule/der Schulen von einer neuen Lehr- und Lernkunst zu leisten sei, und zweitens auf einem weiten Begriff von »Curriculum« als einem didaktischen System, das alle im »Lebens- und Erfahrungsraum Schule« gegebenen Wirkungsmöglichkeiten einschließt.

Diese Ziele hat die Laborschule in einem hohen Maß erreicht (siehe den Bericht der Mitarbeiter des Forschungsbereichs Erziehungswissenschaft und Bildungssysteme am Berliner Max-Planck-Institut für Bildungsforschung, die unter Jürgen Baumert die PISA-Untersuchung in Bielefeld durchgeführt und in der Frankfurter Rundschau vom 14. 11. auf einer ganzen Seite dokumentiert haben). Gestützt durch die guten Ergebnisse kann die Laborschule die Entwicklung der Lehr- und Lernkunst fortführen. Sie kann die geschaffenen günstigen Voraussetzungen systematisch nutzen, um die »Bildung für alle« zu verwirklichen, die sie als Gesamtschule im Sinn hat. Zu den »sich wandelnden Auf-

gaben von Schulen« wird sie die Neuen Medien, die Migranten-
schicksale und nicht zuletzt das unterschiedliche Lernverhalten
von Mädchen und Jungen zählen – und natürlich das auch durch
PISA gewandelte Problembewusstsein der Deutschen. Politik
und Wissenschaft müssen ihr dabei zur Seite stehen.

Erfurt

Ein neues Buch nach »Erfurt«, nach der schwer fassbaren Un-Tat
des Gymnasiasten Robert Steinhäuser an seinen Mitschülern und
Lehrern, vermag ich mir nicht vorzustellen. »Neu« muss ja heißen: Was bisher nicht gedacht, gewusst, gesagt worden sei. Wer in
der Schule nicht den Generator der Gesellschaft und in der Gesellschaft nicht den alleinigen Auftraggeber der Schule sieht, weil
er vielmehr die Schule für ein notwendiges, aber begrenztes Mittel
hält, Kindern beim Erwachsenwerden in der Welt zu helfen, wie
sie ist, der wird der Schule nicht empfehlen, sich dabei an Ausnah-
meerscheinungen zu orientieren. Sie ist nicht für Unvorherseh-
bares gedacht; sie hat es schwer genug, den gewöhnlichen Schicksa-
len, Schwierigkeiten und Chancen der Zeit gerecht zu werden.
Brutale Computerspiele, Gewaltdarstellung in Film und Fernsehen, Konkurrenzkampf und Karriere, Schützenverein und Schul-
verweis sind Bestandteil des normalen Lebens – das alles muss die
Schule im Blick und im Sinn haben. Ob Robert Steinhäuser und
seine Seelenlage den Ausnahmefall bilden, weiß bisher keiner.
Dazu bedarf es sehr gründlicher, möglicherweise jahrelanger
Nachforschungen. An den Taten des Jürgen Bartsch und der Studenten Loeb und Leopold rätselt man noch nach Jahrzehnten.
Auch Statistiken, Täterprofile, Typologien der sogenannten
Amokläufer machen aus ihren Nöten keine »erwartbaren« Auf-
gaben für die Schule.

Die Aussage »Wir wollen eine Schule, in der sich ›Erfurt‹ nicht
ereignet!«, ist unbrauchbar, weil es selbstverständlich ist, dass wir
das wollen, und weil wir diese Schule ja haben: An mehr als 30 000
Einrichtungen des deutschen Bildungswesens greifen rund 9 Millionen junge Menschen an 365 Tagen im Jahr nicht zur Waffe und
töten nicht.

Die Antwort ist auch dann unbrauchbar, wenn die Bedingungen aufgezählt werden, die dies sichern sollen. Drei Viertel der

hierzu gemachten Vorschläge liegen richtigerweise außerhalb der Schule. Der Rest, der die Schule betrifft, ist so widersprüchlich wie hilflos: »Diskussion über Werte« und Metalldetektoren am Eingang, »Thematisierung der Gewalt« und Rückzug auf »reine Wissensvermittlung«, das Lernen von »konstruktiver Frustrationsbewältigung genau wie Mathematik und Englisch« und Videoüberwachung im ganzen Schulgebäude.

Es ist gut, wenn uns ein Vorfall wie der Erfurter nachdenklich macht – die aufgezählten Reaktionen hingegen muten vorlaut an. Lese ich sie, möchte ich es bei dem Gesagten belassen und nur hinzufügen: Achtet alle besser aufeinander! Keine Einrichtung, keine Belehrung, kein Verbot oder Gebot kann die Wirkung dieser Mühe ersetzen.

Literaturverzeichnis

Deutsches PISA-Konsortium (Hrsg.): *PISA 2000*. Basiskompetenzen von Schülerinnen und Schülern im internationalen Vergleich, Opladen 2001.

Köller, Olaf; Trautwein, Ulrich: *Schulqualität und Schülerleistung / Evaluationsstudie über innovative Entwicklungsprozesse an fünf hessischen Gesamtschulen*, Weinheim und München 2003.

Lehmann, Rainer; Peek, Rainer: *Aspekte der Lernausgangslage von Schülerinnen und Schülern der fünften Klasse an Hamburger Schulen*, hg. von der Behörde für Schule, Jugend und Berufsbildung, Amt für Schule, Hamburg 1997.

von Freymann, Thelma: Ein anderes Land, eine andere Schule, Zu den finnischen PISA-Ergebnissen, in: *Neue Sammlung*, Heft 2/2003.

Regina Ammicht-Quinn
Jojo zählt
Bemerkungen zum Bildungsbegriff und dessen ethischer Verankerung

Vorspiel: Jojo, Alex, Alizé beim Lernen

Jojo sitzt mit seinem Lehrer Georges Lopez auf dem Sofa und blättert in einem Heftchen. Der Lehrer beginnt ein Gespräch: Wie weit kann man zählen? Bis tausend, ist Jojos feste Meinung. Als der Lehrer aber weiterzählt – 1001, 1002, 1003 ... – zählt Jojo bereitwillig mit. Kann man immer weiterzählen? Nein, sagt Jojo und zählt selbständig weiter: 2000, 3000, 4000 ... Zwischendurch lenkt er auf die Tiere im Heft ab, aber dann sind sie schon bei 10 000, der ultimativen Grenze. Aber mit einem kleinen Anstoß geht es weiter: 20 000, 30 000; mit einemmal sind sie bei Milliarden, was Jojo an seine Sparbüchse erinnert, in der sich – der Lehrer fragt nach – zwei Scheine befinden. Ganz schön viel, meint der Lehrer, und sie zählen weiter, 2 Milliarden, 3 Milliarden, und auf einmal reckt Jojo den Hals, um besser sehen zu können, unterbricht das mathematische Experiment und sagt: Jessie weint. Sie hat sich an der Nase gestoßen, da kann man nicht weiterzählen.

Axel, ein Erstklässler, liest langsam und laut einen Text übers Zubettgehen. Der Lehrer ist ganz nah dabei, sein Finger fährt die Wörter entlang. Im Text ist von einem Alptraum die Rede, und der kleine Leser stolpert über das schwierige Wort: cauchemar. Hast du manchmal Alpträume, fragt der Lehrer? Und was träumst du dann? Und wie fühlst du dich? Und gibt es Gespenster wirklich? Das Gespräch erscheint dabei keineswegs als Ablenkung vom Lesen, sondern als ein und derselbe Prozess. Andere Kinder, die wir als Zuschauer nicht sehen können, beginnen auf das interessante Thema aufmerksam zu werden und auch zu erzählen; da sagt der Lehrer freundlich, aber bestimmt: Wir reden von Axels Alpträumen. Das ist jetzt seine Geschichte.

Eines der kleinen Mädchen, Alizé, baut mit größter Konzentration ein Objekt, das ein kleines Brett und mehrere Radiergummis einbezieht. Ihre Nase läuft ganz schrecklich, und zwischen gelegentlichem Hochziehen und häufigerem Ablecken ist sie völlig selbstvergessen – eine Konzentration, die die Kamera teilt. Auf einmal greift eine Hand ins Bild und holt sich einen der Radiergummis. In höchster Empörung blickt sie auf: Jemand hat meinen Radiergummi geklaut! Das allerdings ist geflüstert, denn die anderen Kinder arbeiten.

Die Kleinsten machen Schreibübungen: Zum ersten Mal schreiben sie auf große Kärtchen das Wort maman in Schreibschrift. Als alle fertig sind, werden die Kärtchen hochgehalten, und der Lehrer fragt bei jedem der fünf Kärtchen die anderen Kinder nach einer Beurteilung. Gut, bien, sagen zunächst alle. Als er zu mehr Genauigkeit ermutigt, meint Marie, dass Jojos maman, die eher als momon zu entziffern ist, »un tout petit peu bien« ist, ein ganz kleines bisschen gut, während ihre eigene maman, die einen Knick in der Mitte und ein oder zwei Bögen zu viel am Buchstaben ›m‹ hat, »beaucoup bien« ist – sehr viel gut.

Dies sind Episoden aus dem Dokumentarfilm »Être et avoir« des Filmemachers Nicolas Philibert, der mehrere Monate lang das tägliche Leben in einer Zwergschule in der Auvergne gefilmt hat, wo der Lehrer Georges Lopez mit zwölf Kindern zwischen 4 und 11 Jahren Schule macht.[1] Es ist – wie die Blicke auf die weite Landschaft – eine Idylle, und doch nicht. Es gibt nicht nur Krankheiten der Eltern, ein Mädchen am Beginn der Pubertät, das nicht sprechen mag, schwierige Lebensumstände, sondern auch eine klassische, traditionelle Pädagogik, die nicht auf Autonomie, sondern auf Formalität und Respekt setzt. Steht gerade, bevor Ihr Euch setzt, sagt der Lehrer den Kindern, die am Morgen hinter ihren Stühlen stehen. Und ein kleines Mädchen kommentiert zwischendurch: Nicht wir entscheiden, was wir machen, sondern Sie sagen, was wir machen sollen. Ihre Konsequenz: Wenn wir groß sind, sagen wir unseren Kindern, was sie machen sollen. Der Lehrer reagiert sofort und beginnt ein Gespräch über die Berufswünsche der Fünfjährigen (fünfmal Lehrer oder Lehrerin, einmal Tierärztin). Dadurch, dass immer wieder deutlich wird, wie der Respekt ein wechselseitiger ist, entstehen aber kostbare Situationen, die als Urszenen, Primärszenen von Schule gedeutet werden können.

Sie sollen nun für uns eine Art Folie sein für die Überlegung

1 August 2002 in Frankreich, Januar 2003 in Deutschland.

zur Frage, wie Bildung gedacht werden kann und worauf eine so gedachte Bildung die vorangehende Generation verpflichtet.

Im Begriff der Verpflichtung auf einen geistigen Generationenvertrag[2] ist ein ethischer Aspekt präsent. Er ruft die Geschichte des Bildungsbegriffs in Erinnerung, in der Bildung zunächst ausschließlich, dann primär, als Tugendbildung gedacht wurde. Im Bemühen darum, den ethischen Aspekt des Bildungsbegriffs zu klären, kann nicht bruchlos an diese Tradition angeknüpft werden. Dennoch bleibt diese Tradition eine Erinnerung daran, dass der Bereich der gelebten Moral und der Reflexionsgestalt von Moral – Ethik – mit dem Bildungsbereich verknüpft ist.

Eine solche Verknüpfung zeigt sich als Frage von Bildung im politisch-strukturellen Bereich und als Frage an Bildung und Bildungsinhalte. Im Bereich der politisch-strukturellen Reflexion geht es um Bildung und Verteilungsgerechtigkeit; um die Frage, wie weltweit, aber auch spezifisch in Deutschland, die Zugänge zu Bildung geregelt werden und welche Revisionen von Bildung unter dem Anspruch der Verteilungsgerechtigkeit nötig werden. Im Bereich der Inhaltsfragen geht es um den Stellenwert, den moralische Erziehung und ethische Reflexion innerhalb von Bildung haben – oder ob sie zwischen den Sachlogiken der Ausbildung überhaupt noch einen Stellenwert haben.

Dazu müsste nun zunächst geklärt werden, was ›Bildung‹ ist – und dies scheint äußerst schwierig, vielleicht sogar unmöglich zu sein. Denn Bildung ist ein »randloser Begriff«[3]. Bildung kann material gedeutet werden – als die Summe der Bildungsgüter; formal, als das, was man an den Gegenständen lernt,[4] Bildung kann – mit John Dewey – als individuelle Persönlichkeitsbildung gefasst werden oder als bewusste und kritische Integration in die Gesellschaft. Und so weiter.[5]

In dieser unübersichtlichen Landschaft der Bildungskonzepte

2 Schavan, Annette, *Schule der Zukunft: Bildungsperspektiven für das 21. Jahrhundert*, S. 99 ff.

3 Macha, Hildegard, »Bildung«, in: *Kompetenzerwerb in der Schule von morgen. Fachdidaktische und erziehungswissenschaftliche Aspekte eines nachhaltigen Lernens*, hg. v. Werner Wiater, S. 188-206 u. 188.

4 »Bildung im weitesten Sinn (Unterricht wie Erziehung in sich begreifend) ist Formung der Seele durch die Mittel der umgebenden objektiven Kultur.« Georg Kerschensteiner: *Das Grundaxiom des Bildungsprozesses und seine Folgen für die Schulorganisation* (1917), S. 47.

5 Vgl. dazu Hartmut v. Hentig: *Bildung. Ein Essay*, S. 17 f.

brauchen wir einen Ausgangspunkt, von dem aus ein Bildungsweg gedacht werden kann. Ein solcher Bildungsweg ist ja nicht nur der praktische Weg der Kinder und Jugendlichen, die die Bildungsinstitutionen durchlaufen; in einem anderen Sinne ist ein solcher Bildungsweg der Weg der individuellen und gesellschaftlichen, der persönlichen und strukturellen Reflexion von ›Bildung‹. Es ist eine Reflexion, die nicht punktuell und abgeschlossen ist, die sich vielmehr durch Zeiten und Landschaften bewegt, dazu einen sinnvollen Ausgangspunkt braucht und einen Zielpunkt vor Augen hat.

Ausgangspunkt eines solchen reflexiven Bildungswegs ist nicht die Vorstellung, dass Bildung der größtmögliche Konsum von Bildungsgütern sei und auch nicht das Ziel, das man erreicht, wenn man diese Bildungsgüter konsumiert und schlecht oder recht verdaut hat. Ausgangsort dieses Wegs ist die Vorstellung von Bildung als Prozess. Es ist ein lebenslanger Prozess und ein Prozess, der mehr ist als die Summe der einzelnen Bildungseinflüsse.[6]

Dieser Prozess findet nicht im luftleeren Raum statt. Sich wandelnde historische Bedingungen bringen neue Formen und neue Verständnisse von Bildung hervor. Es gibt Ursituationen und Primärszenen von Bildung, die sich aber jeweils historisch eingliedern lassen. Darum ist das erste Gelände, das ein reflexiver Bildungsweg durchlaufen muss, das Gelände mit einer kritischen Sicht auf die Gegenwart und damit auf die Bedingungen von Bildung heute.

1. Bemerkungen zur Situation von Bildung heute

Bildung ist Bildung auf Zukunft hin. Das heißt: Bildung ist nicht das, was wir früher hatten (ohne Computer, SMS, MTV und die Gewöhnung an eine Vielzahl von Ablenkungen). In Bildung verwirklicht sich das, was die vorangehende Generation und die Gesellschaft den Kindern schulden, damit sie in der Welt von heute und in der Welt von morgen sinnvoll leben können. Bei aller Vagheit, die eine solche Formulierung enthält, zeigt sie doch, dass am Beginn des reflexiven Bildungswegs die Erkenntnis der veränderten Lebenswelt der nachfolgenden Generation stehen muss.

6 Vgl. Macha, a. a. O., S. 190.

Die Welt der Kinder und Jugendlichen ist eine globalisierte Welt; damit ist sie eine kleiner werdende Welt, in der man dem Fremden nicht mehr nur in der Fremde begegnet, sondern auch zu Hause; sie ist eine Welt, in der Raum und Zeit, die Koordinaten menschlicher Erfahrung, sich rapide verändern: Die Räume schrumpfen, während die Zeit sich beschleunigt und die Wirklichkeit in hohem Maß medial vermittelt wird. Globalisierung bewirkt damit weitreichende soziokulturelle Veränderungen: Kindheit heute ist nicht mehr der im 19. Jahrhundert entstandene Schutz- und Sonderraum mit einer klaren Abgrenzung gegenüber der Erwachsenenwelt, sondern ein mit allen Nöten und Vorteilen der Erwachsenenwelt vielfältig verwobener Bereich. ›Kindheit‹ findet in der westlich-industrialisierten Welt ihre stärkste Ausprägung im Wirtschafts- und Konsumfaktor ›Kind‹, während die Lebensform Kindheit drastisch verkürzt wird. ›Jugendlichkeit‹ ist hier zum Leitbild fast jeden Lebensalters geworden. Das beginnt dort, wo Kinder schon fast im Kleinkindalter in die Jugendkultur sozialisiert werden – Mode und Musik sind hier die deutlichsten Kennzeichen – und endet dort, wo (fast) alle Menschen gleich welchen Lebensalters ›jugendlich‹ sein wollen. Damit einher geht der Zwang für viele Jugendliche – vor allem für diejenigen in schwierigen Familiensituationen –, immer früher erwachsen zu sein oder zumindest zu wirken, während der reale Eintritt ins Erwachsenenleben häufig extrem verzögert wird. Jugendlichkeit ist damit ein gesellschaftlich extrem hoher Wert, während die Jugendlichen selbst in der Gesellschaft so recht keiner haben will. Der allgemeine Rückzug naturbedingter und sozialer Zwänge ermöglicht eine nie gekannte Freiheit. Diese Freiheit aber ist verbunden mit einer tiefgreifenden Verunsicherung in Bezug auf die Planung und Gestaltung von Biografien. Der drastisch erhöhte Deutungsbedarf, der damit entstanden ist, trifft zusammen mit einer sinkenden Fähigkeit aller erziehenden Instanzen, den Raum für Sinnfragen zu eröffnen.

2. Drei Bereiche von Bildung

Die Krise des Bildungsbegriffs ist mittlerweile selbst in die Jahre gekommen. In den 50er- und 60er-Jahren schien ›Bildung‹ durch die Katastrophe des Naziregimes grundlegend diskreditiert zu sein.[7] Fast übergangslos schloss sich in den 70er-Jahren die Kritik an einer materialen Vorstellung von Bildung an und die Kritik der damit verbundenen Gefahr, dass Bildung im materialen Sinne zum sozialen Ausgrenzungsmechanismus werden konnte – wenn ›gebildet‹ vor allem diejenigen waren, die Homer auf Griechisch lesen konnten und in zweiter Linie diejenigen, die das Zweite thermodynamische Gesetz erklären konnten. So richtig und nötig es war, einen ausgrenzenden Bildungsbegriff abzuwehren, so nötig ist es in der Folge dieser Kritik, nicht ins andere Extrem zu fallen. Bildung ist beides: die Menschen stärken und die Sachen klären.[8] »Schule hat aus Bildung Schulbildung gemacht« – so Hartmut von Hentig.[9] Damit besteht die Gefahr, dass der Prozess durch das Ziel ersetzt wird: Wenn man dieses Ziel erreicht hat, ist man gebildet. Bildung wird dabei stark verkleinert: Aus etwas vom Leben Gespeistem wird etwas vom Leben Getrenntem; aus etwas Subjektivem wird etwas Objektives; aus dem Merkmal einer Person wird etwas, das in getrennten Fächern – Schulfächern – bereitliegt.[10] Hier ist tatsächlich zu befürchten, dass eine solche Bildung am Ende ist und abgelöst wird »durch einen historisch neuen Typus der Sozialisation…: den ›homo disponibilis‹«.[11]

Heute leben wir in der Situation, in der Bildung, die eindimensional, einspurig wird, kritisiert werden muss – aber nicht, um dem Bildungsbegriff endlich den Garaus zu machen, sondern um Bildung erneut an ihren aufklärerischen Wurzeln zu messen. Um die Spannung zwischen Menschen und Sachen im Bildungsbegriff aufrechtzuerhalten, soll der reflexive Bildungsweg drei Landschaften durchlaufen, muss der Bildungsbegriff als ein Begriff mit drei Bereichen gedacht werden: einem Bereich, der sich primär auf die Person, einem Bereich, der sich primär auf die Sache, und einem Bereich, der sich primär auf die Anderen bezieht.

Der erste Bereich sieht Bildung als reflexiven Vorgang: Ich bilde mich – wobei diese Selbstbildung durchaus und in der Regel

7 Vgl. J. Dolch: *Grundbegriffe der pädagogischen Fachsprache* (1952), S. 36 ff.; Theodor Litt: *Berufsbildung, Fachbildung, Menschenbildung*, S. 13 ff.

8 Vgl. Hartmut v. Hentig: *Die Menschen stärken, die Sachen klären: ein Plädoyer für die Wiederherstellung der Aufklärung.*

9 Ders., *Bildung*, a. a. O., S. 45.

10 Vgl. ebd., S. 46.

11 H. Gieseke (Hg.): *Ist die bürgerliche Erziehung am Ende?*, S. 10 f.

mit Hilfe anderer Menschen und Dinge, die zur Bildung des Selbst beitragen, geschieht. Bildung ist Bildung der Person.[12]

Der zweite Bereich ist Sachbildung, praktische Bildung;[13] es ist der Bereich der Bildung, der das Sich-Zurechtfinden in der Welt ermöglicht – durch Sprache und Schrift, Wissenschaft und Technik.

Neben dem Blick auf sich selbst und dem Blick auf die Sachwelt richtet der dritte Bereich den Blick auf den Anderen. Bildung in diesem Sinne bezieht sich im weitesten Sinn auf das ›gute Leben‹, auf das, was einer Gemeinschaft erlaubt, in Freiheit, Frieden und mit dem Anspruch auf Glück zu leben. Bildung in diesem Bereich ermöglicht Blick auf den Anderen und in dessen Folge den Blick auf die politischen und sozialen Strukturen, die das Zusammenleben bestimmen: Bildung ist politische und soziale Bildung und, beiden Bereichen zugrunde liegend, ethische Bildung.[14]

Im ersten Bereich geht es um Bildung, die den Menschen zum Menschen macht.

Im zweiten Bereich geht es um Bildung, die den Menschen fähig macht, sich in der Welt zu orientieren.

Im dritten Bereich geht es um Bildung, die den Menschen zum Mitmenschen macht.

3. PISA und die Folgen: einige Warnungen

PISA setzt sich von Theorien materialer Bildung ab (Was alles muss ich wissen, um gebildet zu sein? Welche Nebenflüsse? Welche Jahreszahlen?) und setzt auf Kompetenzen. Diese Kompeten-

12 Vgl. dazu z. B. Rolf Huschke-Rhein: *Systemische Erziehungswissenschaft. Pädagogik als Beratungswissenschaft*; Hartmut v. Hentig: *Die Schule neu denken. Eine Übung in pädagogischer Vernunft*, S. V 26ff.
13 Vgl. ebd.
14 Diese drei Bereiche des Bildungsbegriffs finden sich immer wieder in der Literatur, wobei häufig neben Sachkompetenz, Selbstkompetenz und Sozialkompetenz eigens Methodenkompetenz genannt wird (so z. B. Werner Wiater: Herausforderungen an die Schule von morgen. In: ders., *Kompetenzerwerb*, a. a. O., S. 7–21; 19f.; H. Schröder: *Theorie und Praxis der Erziehung*); obwohl diese Einteilung ihre Vorteile hat, möchte ich im Folgenden auch Methodenkompetenz unter den Bereich der Sachkompetenz fassen. Vgl. dazu z. B. Hentig, *Die Schule neu denken*, a. a. O.; Annette Czerwanski u. a. (Hrsg.): *Förderung von Lernkompetenz in der Schule*. Bd. 1: *Recherche und Empfehlungen*, S. 31.

zen sind auch die Kernkompetenzen traditionellen schulischen Arbeitens.

Wirft man einen genaueren Blick auf die dort beschriebene Lesekompetenz,[15] so erscheint sie als eine Kompetenz, die von entscheidender Bedeutung für schulischen und beruflichen Erfolg und für ein befriedigendes Erwachsenenleben ist. Lesen können öffnet Zukunft. Diese Fähigkeit ist nicht nur eine elementare Voraussetzung für Teilnahme am öffentlichen Leben,[16] für die Wissenserweiterung, die für lebenslanges Lernen nötig wird; sie ist allgemeine Voraussetzung für schulische und berufliche Erfolge; auch in der Medienkultur bleibt Lesen die zentrale Fähigkeit und notwendige Voraussetzung für kompetenten und selbstbestimmten Umgang mit allen Medien.[17]

Wie wird nun diese Lese-Kompetenz getestet? Die Frage nach der Art der Tests ist wichtig, weil Tests ein Anhaltspunkt dafür sind, wozu Menschen befähigt werden sollen, was ein wünschenswerter Stand von Bildung ist, was Bildung überhaupt ist.

Betrachten wir die PISA-Aufgaben zur Lesekompetenz, dann sehen wir Texte, die entweder Sachtexte (Turnschuhe) oder Texte im übertragenen Sinne sind (Schaubilder, Statistiken etc.) – oder aber sich auf ein Sachphänomen beziehen (Graffiti). Es gibt – im internationalen Vergleichstest – einen literarischen Text, einen Auszug aus Jean Anouilhs Schauspiel *Léocadia*.[18] Es ist ein Text, der hervorragend für 15-Jährige geeignet ist – ein Text über die erste Liebe, den ersten Verlust und die Frage, ob die erste Liebe ersetzbar ist. Der Textausschnitt erklärt die Vorgeschichte: Der Prinz ist seit Léocadias Tod untröstlich; seine Tante, die Herzogin, möchte ihm helfen und Kontakt zwischen ihm und einer gesellschaftlich unbedeutenden Verkäuferin herstellen, die der verstorbenen Léocadia wie aus dem Gesicht geschnitten ist. Der Text selbst ist ein Gespräch der Herzogin mit Amanda, der Verkäuferin. Die Herzogin bringt Amanda – gegen deren Einwände – dazu, den Prinzen auf einem öffentlichen Platz anzusprechen; sie

15 Deutsches PISA-Konsortium (Hg.): *PISA 2000*, S. 69ff.
16 Vgl. U. Saxer: Lese(r)forschung – Lese(r)förderung. In: *Lesen im Medienumfeld*, hg. v. A. Fritz, S. 99-132; vgl. *PISA 2000*, S. 69.
17 So z. B. H.-J. Hippler: Tummelplatz Internet oder: Ist Lesen eine veraltete »Technologie«? In: *Leseverhalten in Deutschland im neuen Jahrtausend: Eine Studie der Stiftung Lesen*, hg. von der Stiftung Lesen, S. 165-174; vgl. *PISA 2000*, S. 70.
18 *PISA 2000*, a. a. O., S. 531; vgl. Jean Anouilh: *Léocadia* (1940), in: *Pièces roses*.

erhofft sich eine Heilung des Prinzen von dem, was wir jenseits der Bühne als schwere Depression bezeichnen würden. Amanda tut es – doch der angesprochene Prinz sieht entweder nicht hin oder er sieht nur ein fremdes Mädchen, nicht seine geliebte Léocadia, und geht weiter. »Er hat mich nicht erkannt«, sagt Amanda.

Die PISA-Aufgaben fragen zunächst nach dem Verständnis des Textes: Was will die Herzogin von Amanda? Dann aber werden sie formal: Wie kann man den Sprechtext der Schauspieler von den Anweisungstexten unterscheiden (durch Kursivdruck); die nächste Aufgabe verlangt, die Bühnenanweisungen den Requisiteuren, Beleuchtern, Tontechnikern etc. zuzuordnen; weiterhin auf einem Schaubild der Bühne die Positionen der Herzogin und Amandas zu kennzeichnen beim Auftritt des Prinzen (die Herzogin hat sich versteckt); und schließlich den Satz Amandas »Er hat mich nicht erkannt« zu erklären. Vier Möglichkeiten sind dabei vorgegeben – richtig ist Möglichkeit D (»Dass dem Prinz nicht aufgefallen ist, dass Amanda wie Léocadia aussieht«) – eine Antwort, die vermutlich nicht falsch ist, aber der seelischen Komplexität in keiner Weise gerecht wird: Was, wenn der Prinz durch seine Trauer nicht in der Lage ist, einen anderen Menschen anzusehen und zu ›erkennen‹? Antwort A (»Dass der Prinz Amanda nicht angesehen hat«) ist in der Struktur des Testes auf jeden Fall als falsche Antwort zu werten.

Was hier vorrangig getestet wird – weil es leicht zu testen ist –: ob Schüler die Gattung ›Theaterstück‹ verstehen und ›lesen‹ können; ob sie eine Vorstellung davon haben, welche Menschen mit welchen technischen Kenntnissen bei der Umsetzung eines Stückes involviert sind. Das ist richtig und wichtig. Aber es ist wenig. Wenig nicht, was den Anspruch, sondern wenig, was den Ausschnitt aus der Wirklichkeit betrifft.

Der Text über die erste Liebe und den ersten Verlust, der ins Herz vieler 15-Jähriger treffen könnte, wird dem Vorgang des Tests geopfert. Statt um eine Reflexion des Herzens geht es um eine Reflexion der Oberfläche. Nimmt man den Test ernst und wörtlich, dann suggeriert er, es sei wichtiger zu wissen, dass Regieanweisungen kursiv gedruckt sind und dass Tontechniker Vogelgezwitscher einspielen können, als zu erkennen, dass der Tod der Liebe jemandem das Herz brechen kann.

Worauf also beziehen sich die PISA-Kompetenzen? Welche Bereiche von Bildung sind hier tangiert?

Die Konzentration auf Lesekompetenz, mathematische Kompetenz und naturwissenschaftliche Kompetenz ergibt ein kleines, von der Öffentlichkeit hoch bewertetes und gut zu umgrenzendes Spektrum.[19] Diese Kompetenzen sind wichtig, unerlässlich für ein Sich-Zurechtfinden in der Welt. Wir alle wollen, dass unsere Kinder lesen und schreiben und rechnen lernen. Das ist notwendig und nicht klein zu reden. Betrachten wir aber Bildung als Ganzes, so wird deutlich, dass sich die PISA-Aufgaben vorwiegend auf den mittleren Bereich, den Bereich der Sachbildung, der praktischen Bildung beziehen. PISA-Kompetenzen insgesamt zielen auf die Fähigkeit, eine vorgegebene Umgebung zu entziffern. Diese Fähigkeit ist erforderlich für ein mündiges und letztlich befriedigendes Leben. Aber gleichzeitig reicht das Lesen- und Rechnenkönnen dafür nicht aus. PISA selbst behauptet das nicht. Die Reaktionen auf PISA aber zeigen die Gefahr einer neuen Konzentration auf diese Bereiche und damit einer neuen Engführung von Bildung und Leistung – um den Preis der Wertschätzung und Entwicklung der anderen. Und der Preis ist hoch.

4. Entziffern vs. Deuten und Gestalten

Weder die Eltern noch die Lehrenden oder politisch Verantwortlichen kennen die Welt, für die die Kinder heute gebildet und ausgebildet werden. Wenn aber Bildung auf eine sich verändernde und letztlich unbekannte Welt zielt, dann ist die Fähigkeit des Entzifferns der eigenen Kultur nötig – aber keineswegs ausreichend. Die Fähigkeit des Entzifferns der eigenen Kultur sagt noch nichts darüber aus, wie eine solche Kultur gestaltet, geformt und entwickelt werden könnte. Das Erwerben und Beherrschen von Fähigkeiten und Fertigkeiten bestimmt noch nicht die Art und Weise, wie, für welches Ziel und mit welchem Ergebnis diese Fähigkeiten eingesetzt werden. Der Grund dafür ist die Tatsache, dass Wissen heute handlungsoffen ist. In ständisch strukturierten Gesellschaften der Antike und des Mittelalters wurde durch die Vermittlung eines bestimmten Wissens auch ein bestimmter Handlungskontext für dieses Wissen vorbestimmt. Heute gibt es keine zwingende Brücke zwischen der Kenntnis eines Sach-

19 Vgl. v. Hentig: *Die Schule neu denken*, a. a. O., S. V 24.

verhalts und den darauf bezogenen oder daraus resultierenden Handlungen.[20] Was Menschen tun (oder ob sie überhaupt etwas tun) mit ihren literarischen oder naturwissenschaftlichen Kompetenzen, ist offen.

Eine Reaktion auf PISA ist die Entwicklung und Implementierung verbesserter Lernstrategien. So richtig und nötig dies ist, so wenig reicht es aus, wenn deutlich wird, dass die Verbindung von Wissen, Haltung und Handlung und in dieser Folge der Zusammenhang von Sachkompetenz, Selbstkompetenz und Sozialkompetenz nicht mehr selbstverständlich ist und eigens thematisiert werden muss.

Kinder und Jugendliche brauchen nicht nur die Fähigkeiten des Sich-Zurechtfindens in ihrer Wirklichkeit, sondern auch die Fähigkeit des Beurteilens und des Gestaltens. Es besteht die Gefahr, dass im Sog von PISA eine Konzentration auf einen Teilbereich von Bildung stattfindet – und zwar im Bewusstsein, man hätte hier schon das Ganze erfasst. Was fehlt, wird deutlich am Beispiel von Amanda und der Herzogin. Es fehlt zum Beispiel die Frage nach Identität: Bin ich noch ich, wenn ich aussehe wie eine andere? Nach Vergangenheit und Zukunft: Wer, so fragt Amanda, darf sich zwischen den Prinzen und seine Erinnerung stellen? Die Frage nach Täuschung in bester Absicht; die Frage nach Liebe und deren Verlust; die Frage nach der Richtung eines Lebens; und schließlich die Frage nach der Lust daran, nach dem Sinn zu fragen.

Der pädagogische Prozess benötigt dazu mehr als das, was mit besseren Lernstrategien auch erfolgreicher hergestellt werden kann. Er muss mit großer Bewusstheit die anderen beiden Bereiche der Bildung mit einbeziehen; es sind die Bereiche, die sich offenen Fragen aussetzen: Wie werde ich zum Menschen? und: Wie werde ich zum Mitmenschen? Interessanterweise wird diese Notwendigkeit – in zweiter Ordnung – durch Sachargumente gestützt: Die Ergebnisse der Lernforschung zeigen, dass Lernkompetenz dort am nachdrücklichsten gefördert wird, wo der Zusammenhang mit Selbstkompetenz und Sozialkompetenz nicht beliebig oder zweitrangig, sondern zentral ist.[21]

---

20 Vgl. dazu: Jürgen Rekus: *Bildung und Moral. Zur Einheit von Rationalität und Moralität in Schule und Unterricht*, S. 193.
21 Vgl. Annette Czerwanski u. a. (Hg.), a. a. O., S. 118 f.

5. Der dritte Bildungsbereich: soziale, politische, ethische Bildung

Der reflexive Bildungsweg ist damit nicht einspurig, sondern mehrspurig und führt nicht ausschließlich durch Landschaften des Sachwissens. Eine dieser Landschaften möchte ich nun genauer betrachten – den dritten Bereich der sozialen, politischen und ethischen Bildung.

Soziale Bildung besteht darin, die Regeln des Zusammenlebens zu reflektieren und einzuüben; Ausgrenzungsmechanismen zu durchschauen; Integrationen einzuüben; Selbstbewusstsein und Rücksichtnahme nicht als entgegengesetzte, sondern als sich ergänzende Haltungen zu erkennen und einzuüben. Politische Bildung besteht nicht nur darin, zu verstehen, wie das Kommunalwahlrecht funktioniert – diese Sachebene ist wichtig, aber es geht um mehr: wie ein Gemeinwesen auf Zukunft hin orientiert werden soll; welche Formen der Beteiligung offen stehen; welche noch nicht offen stehen; wo und in welcher Weise Kritik geübt werden kann; wann Kritik geübt werden muss; was Weltbürgerschaft bedeutet.

Soziale und politische Bildung beziehen sich auf grundlegende Fragen des guten Lebens, Fragen nach der Beurteilung von Handlungen, Situationen, Zuständen und Strukturen und Fragen nach Möglichkeiten ihrer Weiterentwicklung und Verbesserung; all dies sind grundlegende ethische Fragen. Sozialer und politischer Bildung liegt ethische Bildung zugrunde, die ethische Kompetenz vermittelt.

Ethische Bildung ist damit der Kern des dritten Bereichs von Bildung. Das bedeutet weder eine Moralisierung des Bildungsbegriffs noch eine Moralisierung von Schule – beides wäre ein Rückfall in voraufklärerische Bildungskonzepte. Es geht für ethische Bildung gerade nicht darum, Räume moralisierend abzuschotten – gegen die böse Welt, die bösen Medien oder die böse Jugendkultur. Es geht um anderes: um die Eröffnung von Freiräumen, die es ermöglichen, von der geforderten Anpassung an Situationen und Strukturen immer wieder einen Schritt zurückzutreten und hinter und unter die Oberfläche zu schauen.

Im momentanen Bildungsdiskurs ist kaum von ethischer Kompetenz die Rede, dafür verstärkt von Werteerziehung, immer wieder mit einem kulturpessimistischen Unterton. Werteerziehung und ethische Bildung sind ähnliche Anliegen und stoßen eine verwandte Praxis an, aber sie sind nicht deckungsgleich.

Der kulturpessimistische Unterton im Kontext der Werteerziehung – früher war alles und waren alle besser, heute geht es um das Bemühen, es wieder annähernd so gut zu machen, wie es früher war – ist längst nicht mehr zwingend, wenn auch durchaus noch öffentlich hörbar. Werteerziehung hat sich inzwischen aus der Richtung einer einseitig rückwärtsgewandten Pädagogik emanzipiert. Sichtbar wird diese ›neue‹ Werteerziehung vor allem dort, wo im Zusammenhang mit den Fragen demokratischer Erziehung Werte entwickelt werden, die nicht bruchlos auf Traditionen aus vordemokratischer Zeit aufbauen können.[22] Werteerziehung insgesamt steht damit im Zusammenhang sozialer und politischer Erziehung bzw. der Erziehung zu sozialer und politischer Kompetenz und bezieht sich hier vor allem auf schulische Basisfragen der sinnvollen Praxis von Gemeinschaft, Beteiligung und Gerechtigkeit. Werteerziehung ist damit der innere Kern von Schulentwicklung – nach außen hin sichtbar durch Leitbilder und Profile.[23] Hier ist ein Prozess in Gang gekommen, der auf schulisches Handeln abzielt, soziale Kompetenzen in den Mittelpunkt stellt und gleichzeitig Schule selbst als lernfähige Struktur und veränderbaren Ort thematisiert.

Die Entwicklung ethischer Bildung bezieht sich auf diese Praxis der Werteerziehung und ist gleichzeitig von ihr unterschieden. Während Werteerziehung auf einen vorausgesetzten Konsens von Werten baut – Frieden, Gerechtigkeit, Gleichheit beispielsweise –, ist ethische Erziehung mit dem Phänomen von Wertekonflikten beschäftigt: Wo kollidieren Gerechtigkeit und Gleichheit? Wann ist es gerecht, alle gleich zu behandeln, wann nicht? Beide Male wird die Frage nach richtigem Handeln gestellt – einmal vorrangig als pädagogische Frage, die mit der Vermittlung von Werten befasst ist, einmal vorrangig als diskursive Frage, die zunächst die Suche nach dem Richtigen unternimmt. *Wie vermittle ich das Richtige?*

22 Vgl. dazu Wolfgang Klink, Marita Hanold (Hg.): *Demokratische Erziehung in Unterricht und Schulleben. Dokumentation des Projekts »Erziehung durch Demokratie« am Staatlichen Schulamt Reutlingen*, Broschüre des Oberschulamts Tübingen 2002.

23 Vgl. Friedrich Schweizer: Werteerziehung und Schulentwicklung. In: Klink/Hanold (Hg.), *Demokratische Erziehung in Unterricht und Schulleben*, S. 9-13.

Wie überzeuge ich andere davon? – das sind die Grundfragen der Werteerziehung. *Wie finde ich heraus, was in einer Situation richtig ist? Wie trete ich in eine Auseinandersetzung über das Richtige ein? Wie finde ich einen Konsens?* – das sind die Fragen ethischer Bildung. In einer Situation der massiv veränderten Lebenswelten für Kinder und Jugendliche ist es nötig, auf beiden Ebenen pädagogisch zu agieren – auf der Ebene eines Wertekonsenses und auf der Ebene von Wertekonflikten. Die Ebene des Wertekonsenses ist auf die Ermöglichung sozialen Handelns bezogen; auf der Ebene der Bearbeitung von Wertekonflikten können Kinder und Jugendliche Kompetenzen erwerben, die sie auf Situationen vorbereiten, in denen nicht unmittelbar deutlich ist, nach welchen Werten und Normen das eigene Handeln nun ausgerichtet werden soll. Keinesfalls darf es dabei um eine schulartspezifische Arbeitsteilung zwischen Werteerziehung und Erziehung zur ethischen Kompetenz gehen. Auch (und erst recht) Gymnasien brauchen eine Praxis sozialen Lernens und Formen einer ›neuen‹ Werteerziehung, die Lernende, Lehrende und die Organisationsform des Lernens und Lehrens umfasst; gleichzeitig sind Kinder im Grundschulalter nicht nur zu einer altersgemäßen Reflexion von Wertekonflikten fähig, sondern auch häufig in hohem Maß interessiert daran.

Ethische Bildung hat dabei drei grundlegende Fähigkeiten im Blick:

Die erste dieser Fähigkeiten ist die, ein Problem als auch moralisches zu identifizieren. Diese moralische Ebene ist von anderen Ebenen der Problembearbeitung – der empirischen, praktischen, ökonomischen, psychologischen... – unterschieden, muss aber auf sie zurückbezogen werden.

Die zweite Fähigkeit besteht darin, ein moralisches Problem in einer argumentativ geführten Auseinandersetzung zu erörtern; das beinhaltet die Kenntnis der Regeln einer solchen Auseinandersetzung und die Kenntnis der Anwendung von Begriffen, die Unterscheidungen möglich machen.[24]

Die dritte Fähigkeit ist die, theoretische Kompetenz mit moralischer Sensibilität zu verbinden,[25] mit Einfühlungsvermögen und

---

24 Vgl. dazu Matthias Tichy: *Die Vielfalt des ethischen Urteils. Grundlinien einer Didaktik des Fachs Ethik/praktische Philosophie*, S. 209.

25 Vgl. Otfried Höffe: Universalistische Ethik und Urteilskraft: ein aristotelischer Blick auf Kant. In: *Zeitschrift für philosophische Forschung* 44, S. 537-563; S. 551 ff.

der Erkenntnis der grundsätzlichen Verbundenheit von Menschen in ihren Bedürfnissen und Wünschen.[26]

Ethische Kompetenz hat damit die Form einer bestimmten Reflexion, einer bestimmten Kommunikation und einer bestimmten Sensibilität. Voraussetzung dafür ist eine eigene, elementare Grundhaltung: Freude am Leben. Nur wenn Lehrende bereit und fähig sind, etwas von dieser eigenen Freude sichtbar zu machen, wird es im schulischen Kontext einleuchtend werden, warum für die Gestaltung, Erneuerung und Veränderung dieses Lebens so viel Mühe aufgewendet wird.

Nachspiel: Was haben Jojo, Axel, Alizé gelernt?

Die Konsequenzen daraus sind: Es ist nötig, über PISA hinausdenken. Damit ist keine Abwertung der Lesekompetenz oder der mathematischen und naturwissenschaftlichen Kompetenz verbunden, sondern die Anstrengung, sie zu entwickeln und zu verbessern. Dies geschieht zugleich im Bewusstsein, dass diese Kompetenzen nicht ausreichen, wenn die Zukunft der Kinder und Jugendlichen auf dem Spiel steht. Ausdifferenzierte Kenntnisse und ausdifferenziertes Wissen allein reichen nicht aus, um Zukunft zu gestalten. Schule darf nicht allein den Zugriff auf Welt vermitteln, der nach Funktion und Funktionalität fragt, sondern genauso den Zugriff auf Welt, der nach Bedeutung und Sinn fragt.[27]

Diese Frage nach Bedeutung und Sinn ist keine additive, sondern eine integrative Frage. Es ist keine Frage, die vielleicht, wenn alles andere erledigt ist und es noch nicht läutet, schnell geklärt werden kann. Und es ist keine Frage, deren Delegation an bestimmte Fächer (Religion, Ethik, Gemeinschaftskunde, immer wieder auch die sonstigen Geisteswissenschaften) und an bestimmte Personen (engagierte Außenseiter) sinnvoll ist. Statt dessen geht es darum, in jedem Fach die Dimension ethischer Bildung zu entwickeln.

Ein Bildungsbegriff, der neben der Sachebene auch die personale Ebene und die Ebene des Anderen umfasst, ist in zweifacher

---

26 Vgl. Martha C. Nussbaum: *Cultivating Humanity. A Classical Defense of Reform in Liberal Education*, S. 9 ff.
27 Vgl. Rekus, a. a. O., S. 17.

Weise ethisch verankert: politisch-strukturell in der Frage der Situierung von Bildung und inhaltlich in der Frage der Selbstklärung und Selbstaufklärung von Bildung. Die politisch-strukturelle Frage nach dem Zusammenhang von Ethik und Bildung zeigt, dass die Frage nach Bildung und Beteiligungsgerechtigkeit weltweit und – der große Verdienst von PISA – lokal[28] eine große ungelöste Aufgabe ist; die inhaltliche Frage nach dem Zusammenhang von Ethik und Bildung zeigt, dass zum Entziffern der Welt das Deuten und Gestalten der Welt hinzukommen muss, um der Aufgabe, Bildung auf Zukunft hin zu gestalten, gerecht zu werden. Eine solche ethische Verankerung des Bildungsbegriffs steht quer zu einer drohenden Reduktion von Bildung. Wenn Bildung allmählich nur noch die Sachebene umfasst, dann werden Begriff und Praxis von Bildung langsam aber sicher den Tod durch Auszehrung sterben. Was dann übrig bleibt: variable Kenntnisse unterschiedlicher Oberflächen – jenseits aller Fragen nach Identitäten und gebrochenen Herzen, nach Täuschung und Verzweiflung, nach Erinnerung und Zukunft und jenseits der Lust, nach Sinn zu fragen.

Kehren wir an den Anfang zurück: Was haben die Kinder in diesen pädagogischen Ursituationen gelernt?

Sie könnten gelernt haben, dass hinter schwierigen Wörtern, die man lernen muss, oft eine spannende Geschichte steckt, und dass man die spannende Geschichte eines Menschen mit Respekt behandelt und sie nicht unterbricht. Die Sachebene selbst ist es, die Freiraum schafft für die Persönlichkeitsebene: Die Filmbilder halten Axels wachsendes Selbstvertrauen fest, als er erzählt und merkt, dass jemand interessiert ist und niemand darüber lacht. Das Geltenlassen der Geschichte eines Menschen, die hörbar und nicht weggeredet oder niedergeredet wird, ist ein Grundmuster eines Prozesses, in dem ein Mensch zum Mitmensch wird.

Die Kinder können gelernt haben, dass es richtig ist, Empörung zu äußern, wenn jemand einen Radiergummi aus einem Kunstprojekt klaut, aber dass diese Empörung wiederum in den Kontext passen kann; dass Leistung wichtig ist, dass man die Leistung anderer sachlich beurteilen – und dass man dafür Formen finden kann, die nicht verletzen: Jojos *maman* ist *un tout petit peu bien*. Auf einer sehr alltäglichen Ebene sind hier die Kinder mit

28 Vgl. PISA 2000, S. 352 ff; 454 ff.

der grundlegenden Frage eines ethischen Konflikts von Liebe und Gerechtigkeit befasst.

Und wir als Zuschauende können lernen, dass man in der Welt der Mathematik unendlich weiterzählen kann, dass eine solche Erkenntnis Faszination und vielleicht Schauder mit sich bringt; und wir können lernen, dass man in der Welt der Menschen – als Mensch und als Mitmensch – in der Regel nicht unendlich weiterzählen kann, weil sich irgendwann Jessie die Nase stößt und weint. Beim Zählen kann man lernen, wie man zählt – und man kann lernen, was zählt.

Was also ist Bildung? Die Philosophin Martha Nussbaum gibt eine einfache Antwort: Bildung ist *cultivating humanity*.[29] Humanity bedeutet beides: die Menschheit und Menschlichkeit; *cultivating* hat einen klaren landwirtschaftlichen Beiklang: Wie ein guter Wein gepflegt wird, so geschieht das in der Schule mit der Menschheit – und mit der Menschlichkeit. Bildung hat damit ein klares Ziel: menschliches Gedeihen.

Literaturverzeichnis

Anouilh, Jean: *Léocadia* (1940), in: *Pièces roses*, Paris 1957.

Czerwanski, Annette u. a. (Hg.): *Förderung von Lernkompetenz in der Schule*. Bd. 1: *Recherche und Empfehlungen*, Gütersloh 2002.

Deutsches PISA-Konsortium (Hg.), *PISA 2000*, Opladen 2001.

Dolch, Josef: *Grundbegriffe der pädagogischen Fachsprache* (1952), München 1963.

Fritz, A. (Hg.): *Lesen im Medienumfeld*, Gütersloh 1991.

Gieseke, Hermann (Hg.): *Ist die bürgerliche Erziehung am Ende?*, München 1977.

von Hentig, Hartmut: *Bildung. Ein Essay*, Weinheim/Basel 1999.

von Hentig, Hartmut: *Die Menschen stärken, die Sachen klären: ein Plädoyer für die Wiederherstellung der Aufklärung*, Stuttgart 1995.

von Hentig, Hartmut: *Die Schule neu denken. Eine Übung in pädagogischer Vernunft*, Weinheim/Basel ... 2003.

Höffe, Otfried, Universalistische Ethik und Urteilskraft: ein aristotelischer Blick auf Kant. In: *Zeitschrift für philosophische Forschung* 44, S. 537-563.

29 Vgl. M. Nussbaum: *Cultivating Humanity*, a. a. O.

Huschke-Rhein, Rolf: *Systemische Erziehungswissenschaft. Pädagogik als Beratungswissenschaft*, Weinheim 1998.

Kerschensteiner, Georg, *Das Grundaxiom des Bildungsprozesses und seine Folgen für die Schulorganisation* (1917), hg. v. Manfred Eckert, Heinsberg 1999.

Klink, Wolfgang, Hanold, Marita (Hg.): *Demokratische Erziehung in Unterricht und Schulleben. Dokumentation des Projekts »Erziehung durch Demokratie« am Staatlichen Schulamt Reutlingen*, Broschüre des Oberschulamts Tübingen 2002.

Litt, Theodor: *Berufsbildung, Fachbildung, Menschenbildung*, Bonn 1968.

Nussbaum, Martha C.: *Cultivating Humanity. A Classical Defense of Reform in Liberal Education*, Cambridge, Mass./London 1998.

Rekus, Jürgen: *Bildung und Moral. Zur Einheit von Rationalität und Moralität in Schule und Unterricht*, Weinheim/München 1993.

Schavan, Annette, *Schule der Zukunft: Bildungsperspektiven für das 21. Jahrhundert*, Freiburg/Basel/Wien 1998.

Schröder, Hartwig: *Theorie und Praxis der Erziehung*, München 1999.

Stiftung Lesen (Hrsg.): *Leseverhalten in Deutschland im neuen Jahrtausend: Eine Studie der Stiftung Lesen*, Hamburg 1994.

Tichy, Matthias: *Die Vielfalt des ethischen Urteils. Grundlinien einer Didaktik des Fachs Ethik/praktische Philosophie*, Bad Heilbrunn 1998.

Wiater, Werner: *Kompetenzerwerb in der Schule von morgen. Fachdidaktische und erziehungswissenschaftliche Aspekte eines nachhaltigen Lernens*, Donauwörth 2001.

Helmut Fend
Was stimmt in deutschen Bildungssystemen nicht?
Wege zur Erklärung ihrer Funktionsweise und Wege der Reform

Schulen sollen Kinder stark machen. Bildung soll dazu beitragen, dass Kinder in der Lage sind, mit den Herausforderungen und Chancen, aber auch mit den Gefährdungen und Risiken ihres persönlichen und gemeinschaftlichen Lebens produktiv umzugehen.

Die Verständigung darüber, wann Kinder stark sind, ist die eine Seite. Die andere besteht in der Aufforderung, danach zu suchen, wie die Kontexte aussehen sollen, die Kindern die bestmögliche Chance geben, stark zu werden. Unter diesen Kontexten muss uns hier vor allem jener der Schule beschäftigen.

1. Ein historischer und ein bildungssystemvergleichender Zugang zum Verständnis der Funktionsweise deutscher Bildungssysteme

Die Suche nach dem bestmöglichen schulischen Kontext ist durch die PISA-Studien auf zentrale Pfade gesetzt worden. Danach ist offensichtlich: Ein schulischer Kontext ist dann stark, wenn Kinder die lebensnotwendigen Kompetenzen auf möglichst hohem Niveau erwerben können und wenn möglichst für alle Kinder gesorgt ist. Bei beiden Qualitätskriterien hat das deutsche Bildungswesen im internationalen Vergleich nicht befriedigend abgeschnitten. Es zeigt deutliche Schwächen bei der Vermittlung von kulturellen Kernkompetenzen wie dem Lesen und mathematisch-naturwissenschaftlichem Grundverständnis. Es erzeugt gleichzeitig das im internationalen Vergleich größte Gefälle in der Förderung von Kindern aus unterschiedlichen sozialen Gruppen.[1]

---

1 Baumert 2001; Baumert, Bos, & Lehmann 2000a, 2000b; Baumert, Bos, & Watermann 1998; Baumert & Lehmann 1997.

Diese Diagnose – die weiter unten noch differenziert werden wird – legt den Schluss nahe, das deutsche Bildungswesen sei insofern institutionell schwach, als es nicht in der Lage ist, die mögliche Förderung und Stärkung aller Schüler zu realisieren. Das Mögliche bemisst sich dabei am Bildungsstand, wie er in anderen Ländern der OECD realisiert ist.

Dieser Sachverhalt bedeutet für das deutsche Bildungswesen eine schwere Kränkung. Nicht wenige wiegten sich in der Gewissheit, Erbe einer großen historischen Entwicklung zu sein und im Vergleich zu anderen Ländern noch ein intaktes Bildungswesen zu besitzen. Umso dringender ist angesichts dieser Situation eine adäquate Ursachenanalyse.

Jenseits der wechselnden Anschuldigungen gegenüber Lehrern, Politikern, Eltern und Schülern selber werden folgende Ursachenkomplexe bei Ländervergleichen in den Vordergrund gerückt.

a) Länderunterschiede sind das Ergebnis nationaler Kontexte, die aus der *historisch und politisch zu erklärenden Sondersituation eines jeden Landes* resultieren. Für Finnland ist dies die Situation eines flächenmäßig großen, von der Einwohnerzahl her aber kleinen Landes in einer schwierigen Randposition Europas. Historische Ereignisse haben dieses Land nur aufgrund eines großen inneren Zusammenhaltes überlebensfähig gemacht. Es verlangte von der Bevölkerung immer eine außerordentliche Binnenkohäsion. Sie wird durch das Bildungswesen mitgeprägt, das auf diesem Wege auch eine große Bedeutung erfährt.

b) Mit der jeweiligen historischen Sondersituation hängt auch eine *kulturelle Tradition* zusammen, in der der Stellenwert von Lernen und Bildung zum Ausdruck kommt. Sie ist in die jeweiligen Deutungssysteme, Umgangsformen und Praktiken einer Nation eingelassen und führt zu einer nationenspezifischen Praxis der Schulgestaltung. Im Bildungswesen kommt sie darin zum Ausdruck, dass größere oder geringere Anstrengungen im Umkreis des Lernens selbstverständlich sind und eine ausgeprägte oder eher geringe Sorge um jedes Kind zur kulturellen Hintergrundbeleuchtung des Lernens gehören. An historischen Beispielen lässt sich die kulturell unterschiedliche Wertung von Bildung einleuchtend illustrieren. So waren im 17. und 18. Jahrhundert in protestantischen Ländern die Alphabetisierungsraten deutlich höher als in katholischen Gebieten. Bekanntlich spielte der selbstständige Zugang zur Bibel über die eigene Lektüre in den reformierten Religionen eine viel größere Rolle als im Katholizismus, der die über die Kirche zu vermittelnden Gnadenakte stärker betonte. Die unterschiedliche Wertung von Bildung auf religiösem Hintergrund war bekanntlich auch der Ausgangspunkt für Max Weber, um die wirtschaftliche Bedeutung der protestantischen Ethik zu diskutieren.

Die beiden obigen Punkte erklären unterschiedliche Schulleistungen durch Kontextfaktoren, die ihren Ursprung *außerhalb* des Bildungswesens haben und durch Veränderungen des Bildungswesens auch nur sekundär veränderbar sind. Ökonomische Kontextbedingungen, indiziert durch Merkmale wie Anzahl von Migranten, Anzahl von Arbeitslosen, Bruttosozialprodukt müssten den Kranz von kulturellen Kontextfaktoren komplettieren.[2]

Die Bildungspolitik kann sich mit solchen Erklärungsansätzen nicht zufrieden geben. Sie wird ja im politischen Prozess gefragt, was sie zu *tun* gedenkt, wo Verantwortung für problematische Leistungen zu suchen ist und welche sie wahrnehmen möchte. Wenn man dieser selbstverständlich erscheinenden Forderung entsprechen möchte, dann bedarf es aber einer theoretischen Konzeption, die es erlaubt, die Bedeutung von Akteuren und die Bedeutung von institutionellen Regelungen, in deren Rahmen sie handeln, sichtbar zu machen. Wie bedeutsam Akteure und ihre Politik sein können, macht ein Rückblick auf jene Länder deutlich, die auf der Grundlage problematischer Ergebnisse in den 70er-Jahren durch Schulreformen eine markante Qualitätssteigerung bis heute erreicht haben. Ein eindrucksvolles Beispiel ist Schweden, teilweise auch England und Kanada. Sie gehören zu den Ländern, die im Gegensatz zu Deutschland die internationalen Leistungsstudien in den 70er-Jahren ernst genommen haben.[3]

Am klarsten kommt die Bedeutung von Akteuren zum Ausdruck, wenn man in die Geschichte eines Bildungswesens blickt. Ein Rückblick macht nämlich deutlich, wie die derzeit bedeutsamen institutionellen Strukturen entstanden sind. Berücksichtigt er die modernen sozialhistorischen Ansätze, dann wird auch klar, welche Akteurgruppen sich beteiligt und durchgesetzt haben

2 Baumert et al. 2002.
3 Robitaille 1989; Walker 1976; Husén 1967; Schultze 1975; Schultze 1974; Schultze 1967.

oder unterlegen waren. Dann erscheint am Horizont plastisch, wie sich der »kollektive Akteur« des modernen Bildungswesens entwickelt hat, wie ein System institutioneller Regelungen mit unterschiedlich verantwortlichen Akteuren entstanden ist. Was sind auf diesem Hintergrund die Besonderheiten des deutschen Entwicklungsweges?

1.1 Historisch entstandene Besonderheiten der deutschsprachigen Bildungssysteme

Die historisch entstandenen Merkmale des Bildungswesens als kollektivem Akteur geben sowohl die Chancen und Probleme als auch die Rahmenbedingungen für Gestaltungsprozesse des Bildungswesens in der Gegenwart vor. In etwas gewagter Verkürzung könnte man resümieren, dass die gegenwärtige Bildungsdiskussion eine Abarbeitung der Strukturchancen und Strukturprobleme des Bildungswesens repräsentiert, die im 19. Jahrhundert entstanden und im 20. Jahrhundert systematisch ausgestaltet worden sind.

Im 19. Jahrhundert ist das Bildungswesen als ein Kernbereich der sich damals entwickelnden staatlichen Strukturen geschaffen worden. Es wurde immer differenzierter zu einem staatlich getragenen Instrumentarium der Schulung des Nachwuchses. Die Geschichte der deutschsprachigen Bildungssysteme hat auf der Makroebene eine Konfiguration des kollektiven Akteurs hervorgebracht, die so zusammengefasst werden kann:

- überwiegend staatliche Trägerschaft und staatliche Detailplanung – Verfahrensorientierung als Rechtsgrundlage,
- Einbau des Bildungswesens in die staatliche Bürokratie – Lehrer als Letztinstanz der Auftragserfüllung,
- Systembildung im Sinne einer zunehmenden Verrechtlichung der Zugangsbedingungen, der Angebotsmerkmale und der Berechtigungen,
- streng hierarchische Kontrolle der Zielvorgaben, der Programmsteuerung über Inhalte, Prüfungsanforderungen und Ressourcenzuteilung,
- universale Bindung von Bildungsgängen an Leistungskriterien
- Entwicklung eines flächendeckenden Versorgungssystems mit dem Anspruch der qualitativen Gleichversorgung,

- Ressourcensteuerung auf flächendeckende Gleichversorgung ausgerichtet,
- terminale Systeme: Interne Leistungskontrolle als Grundlage für Berechtigungen zum Besuch weiterführender Institutionen,
- interne Regulierung von Aufsicht und Qualitätskontrolle.

Das Kernmerkmal der deutschsprachigen Konfigurationen ist damit zweifellos, dass die Bildungssysteme in staatlicher Verantwortung stehen und ihre Träger in eine hierarchisch gestaltete Beamtenstruktur eingebunden sind. Das deutsche Bildungswesen ist eine Bürokratie im Sinne der klassischen Formulierung von Max Weber. Danach stehen Hierarchiestufen und Aufstiegskanäle, die intern selbstverwaltet werden, im Mittelpunkt. Alle Vorgänge gilt es rechtlich abzusichern, sie schriftlich zu dokumentieren und damit justiziabel zu machen. Diese Bildungssysteme sind vor allem verfahrensorientiert; das richtige Vorgehen steht im Vordergrund. Kennzeichnend ist dabei die hochgradige Verrechtlichung aller Vorgänge. Um die Akteure gegen Ansprüche und Widersprüche durch die Nutzer abzusichern, ist das Unterrichtsgeschehen hochgradig reguliert (wie z. B. Hausaufgaben zu geben sind, wie Prüfungen zu gestalten sind, wie zu benoten ist, wie Jahreszeugnisse zustande kommen).

Im Mittelpunkt dieser Verrechtlichung steht die Steuerung des Bildungswesens über Prüfungen. Im deutschsprachigen Raum hat sich dabei eine *terminale Struktur* herausgebildet. Gemeint ist damit, dass die abgebende Schule die Berechtigungen erteilt, in aufnehmende Bildungsgänge einzutreten. Wer die Matura bzw. das Abitur hat, der hat die Berechtigung zum Hochschulbesuch. Ähnliche Schnittstellen gibt es auch zwischen der Grundstufe und der weiterführenden Stufe und am Ende der Pflichtschulzeit.

Die Festlegung der Standards an diesen Schnittstellen erfolgt – mit nicht unwesentlichen Varianten in einzelnen Ländern – in der Regel intern, im Rahmen der Schulklassen und der einzelnen Schulen. Das System ist damit hochgradig anfällig für den Verlust an Standardbewusstsein. Lehrer mit hohen Erwartungen geraten in den Verdacht der persönlichen Härte und in die Gefahr der Ausgrenzung im Kollegium. »Rational choice«, also eine nüchterne Abwägung von Nutzen und Kosten strenger Notengebung, würde auf der Lehrerebene nachgiebige, die Erwartungen der Schüler und Eltern einbeziehende Haltungen nahe legen.

In der Summe ergeben sich aus dieser Gestalt des öffentlichen Bildungswesens die im folgenden diskutierten Konsequenzen, die oft ungewollte Nebenwirkungen der durch die Stukturvorgaben in Gang gesetzten Prozesse sind.

a) Das deutsche Bildungswesen ist ein hochgradig selektives Bildungssystem, das allerdings auch den Vorzug aufweist, durch die klare Vorgabe von Bildungs*gängen* ein herausragendes Instrument der Lebensplanung zu sein.

Damit sind zwei Gefahren verbunden: Einmal verführt intern die Strukturierung von mehr oder weniger anspruchsvollen Bildungsgängen dazu, die Homogenisierung der Lerngruppen nach Leistungsfähigkeiten zu betonen und die anspruchsvollen Bildungsgänge von weniger geeigneten Schülern zu »reinigen«. Es entsteht damit eine gewisse Entsorgungsmentalität, die zu einem Abschieben in andere Schulformen und zu einem gehäuften Sitzenbleiben führt.

Da die Bildungsgänge sehr früh (in Deutschland im Verlauf des 4. Schuljahres) vorgespurt werden, steigt der Druck nach unten, auf die frühe Bildungsentscheidung möglichst optimal vorbereitet zu sein. Dies führt zu einer Tendenz, die Kinder relativ spät einzuschulen, um durch den Gewinn eines zusätzlichen Lebensjahres auch einen Leistungsvorsprung zu erzielen. Diese Tendenz von Eltern aus höheren Schichten ist begleitet von den Bemühungen der Institutionen selber, den Grad der Eignung von Kindern möglichst früh zu erfassen und möglichst hoch anzusetzen. Dadurch werden Kinder auch häufiger zurückgestellt.

Diese belastenden Begleiterscheinungen der stringenten Karriereplanung im Bildungswesen sind in der Reformdiskussion seit den 60er-Jahren immer wieder in den Blickpunkt getreten. Sie sind also nicht neu und haben an vielen Stellen zu Versuchen geführt, das bestehende Laufbahnsystem im Bildungssystem zu flexibilisieren. So wurden durch entsprechende Ausgleichsregelungen die Quoten der Klassenwiederholung drastisch gesenkt. Verschiedene Länder haben den Übergang nach der vierten Klasse der Grundschule allein auf den Elternwillen bezogen, also das realisiert, was die Betriebspsychologen in der Betonung der freien Schulwahl häufig fordern.

Die konsequentesten Lösungen haben in den letzten Jahren dort stattgefunden, wo Gesamtschulen eingerichtet wurden. Durch ein flexibles Kern-Kurs-System sollte das Sitzenbleiben bei Problemen in einzelnen Fächern reduziert bis aufgehoben werden. Gleichzeitig sollte die Entscheidung für weiterführende Bildungswege auf die Drehscheibe um das 9. bzw. 10. Schuljahr verschoben werden. In Österreich ist die ehemalige Hauptschule konsequent nach diesem Muster reorganisiert worden. Daneben blieb aber das Gymnasium als selbstständige Schulform bestehen. In der Bundesrepublik hat sich das Organisationsmodell der Gesamtschule nicht durchsetzen können.

b) Das deutsche Bildungswesen ist vor allem durch inhaltliche Vorgaben, die sich in Lehrplänen, Lehrbüchern und Prüfungsnormen niederschlagen, gesteuert. Diese Programmsteuerung hat lange historische Wurzeln. Im Verbund mit den Inhalten steuern Prüfungssysteme die Lerngänge, Unterrichtsformen und Lernformen.

Der Kampf um die Schule war in den letzten Jahrzehnten deshalb immer auch ein Kampf um neue Inhalte. Er wurde in der Regel durch Addition, in gemäßigter Form durch Profilbildung gelöst. Die Vielfalt der Inhaltsbereiche und der Ansprüche sowie die Steuerung der Lehrgänge über Inhalte enthält die Versuchung, immer mehr Stoff auf kurze Zeiträume zu verteilen. Gleichzeitig werden Noten und Berechtigungen in diesem System eng an die Erfüllung der jeweiligen Stoffvorgaben gebunden. Lehrer sind dabei gleichzeitig die Niveau-Festlegenden und die Lehrenden. Die Berechtigungen ergeben sich ausschließlich aus der Kumulation dieser Detailprüfungen. Dies führt zu einem atemlosen Lernen von Prüfungen zu Prüfungen, ohne dass sich grundlegende Wissensstrukturen und Fähigkeiten langfristig stabilisieren lassen. Das mehr Zeit erfordernde eigenständige Lernen kommt in einem solchen Kumulationskonzept zu kurz. Gleichzeitig kommt der Lehrer in eine schwierige Situation: Er ist zugleich Lehrender und Prüfender und kann deshalb die Rolle der bestmöglichen individuellen Förderung jedes einzelnen Schülers auf ein von außen gesetztes Lernziel nur beschränkt spielen.

Auch diese Thematik ist in den letzten Jahrzehnten mehrmals im Mittelpunkt von Reformbestrebungen gestanden. Diese schlugen sich darin nieder, dass immer wieder auf den exemplarischen Charakter des Lernens verwiesen und gefordert wurde, den

Stoff zu reduzieren, auf das Wesentliche zu beschränken. Dies alles sollte natürlich nicht dazu führen, das Niveau zu senken, es sollte vielmehr ein grundlegendes Übersichtswissen und die Kompetenz, sich Wissen selbständig anzueignen, erworben werden. Gleichzeitig wurde über externe Prüfungen versucht, ein vom einzelnen Lehrer unabhängiges Niveau zu stabilisieren. In Ländern mit zentralen Prüfungen war dies an strategischen Punkten der Schullaufbahn (z. B. beim Übergang in die Hochschule) bereits realisiert.

Die Lehrplantheorie hat auf diesem Gebiet sehr intensiv gearbeitet und verschiedene Steuerungsformen des Lernens durch Inhaltsvorgaben und durch didaktische Aufbereitungen von Inhalten in fachübergreifender und lehrgangsbezogener Weise entwickelt.

c) Die Zuweisung von Sach- und Personalressourcen erfolgt im deutschen Bildungswesen oberhalb der Verfügungsgewalt einzelner Schulen und hier nach dem Prinzip der Gleichverteilung an einzelne Schulen. Die ressourcenbezogene Qualitätssicherung erfolgt somit inputgesteuert und nicht in Abhängigkeit von den erbrachten Leistungen einzelner Lehrer oder Schulen. Damit wird eine zentrale Norm der Chancengleichheit zu realisieren versucht, nämlich die der Gleichheit des Angebotes. Jeder Schüler und alle Eltern dürfen erwarten, dass sie in allen Schulen eines Ortes ein vergleichbares Angebot erhalten. Die optimale oder suboptimale Nutzung dieses Angebotes liegt dann in der Verantwortung des Schülers und im Rahmen seiner Leistungsmöglichkeiten.

Ein Kernmerkmal der deutschen Konfiguration ist also dies, dass die administrative und bildungsplanerische Gestaltung vom Anspruch geleitet war, allen Bevölkerungskreisen unabhängig von Ort und Herkunft ein möglichst gleichwertiges Bildungsangebot zur Verfügung zu stellen. Diese flächendeckende Versorgung hat zu einer möglichst einheitlichen Verteilung von Lehrern – ohne Ansehung der »Qualität« – und einer einheitlichen Festlegung von Deputaten, Entlastungen und Sachausstattung geführt. Die Rahmenbedingungen wurden also alle auf einer Ebene entschieden, die der der einzelnen Schulen übergeordnet ist.

Als unerwünschte Folge könnte man hier eine Versuchung ausmachen, alle Probleme der Qualitätssicherung vor Ort auf die übergeordnete Ebene zu verschieben. Diese Versuchung hat ja von den Regularien her eine sachliche Grundlage, reduziert aber das mögliche Maß an Eigeninitiative und Eigenanstrengung zum Ausgleich von Versorgungsproblemen.

Auch diese Problematik war in den letzten Jahren der Bezugspunkt für viele Reformvorschläge. Die Bemühungen, Schule mit Globalbudgets auszustatten, ihnen organisatorische, curriculare und auch teilweise personale Autonomie zuzugestehen, sind auf diesem Hintergrund zu sehen.

Bei konsequenter Durchführung würde dies natürlich dazu führen, dass Schulen je nach der Initiative der Lehrer und der Leitungspersonen vor Ort unterschiedlich attraktiv werden. Bei ungünstigen Rahmenregelungen kann Attraktivität jedoch sehr schnell zur Strafe werden. Wenn z. B. hochattraktive Schulen begrenzte Räumlichkeiten und Personal haben und die rechtliche Rahmenvorgabe besteht, Schüler nicht nach Leistungskriterien und sonstigen Qualitätsmerkmalen der Schülerschaft abzuweisen, dann sind die attraktiven Schulen in der schwierigen Situation, Schüler begründet abweisen zu müssen. Sie werden für ihre Attraktivität mit hohen Abweisungskosten »bestraft«.

d) Als ein weiteres Kernmerkmal des bürokratischen Charakters des Bildungswesens gilt der geringe Grad öffentlicher Beteiligung an der Qualitätskontrolle. Das deutsche Bildungswesen weist nur eine sehr dünne Fachaufsicht auf, Regelbesuche erfolgen oft nur alle vier Jahre, meist gibt es nur eine anlassbezogene Dienstaufsicht (und Dienstbeurteilung), also Besuche durch Fachaufsichtsbeamte bei Problemen und Beförderungen. Die Aufsicht ist zudem intern kontrolliert, und die Ergebnisse werden nicht im Sinne von lernprozessförderlichen Rückmeldungen behandelt. Auffallend für Deutschland ist damit die geschlossene interne Steuerung des Bildungswesens durch den Staat und seine Vertreter. Sie regulieren die Makrostrukturen, und sie stellen intern Qualität und Erfolg fest. Die Öffentlichkeit ist daran nur indirekt, über die Wahl der regulierenden Parteien, beteiligt. Wir finden also relativ geschlossene Regelkreise von Politik, Administration, Fachaufsicht und Durchführung von Unterricht durch Lehrende.

Gerade in diesem Bereich unterscheidet sich das Schweizer Bildungssystem wesentlich vom deutschen. Dort wird die Aufsicht sehr viel stärker von politisch regulierten Laienbehörden (Wahlen durch die Bevölkerung bzw. die Gemeinde) getragen und entsprechende Besuche jedes Jahr mindestens zweimal arrangiert.

Auch dieser Grundzug der deutschen Bildungssysteme ist nicht unerkannt geblieben. So stand in den letzten Jahren sehr häufig die Bemühung, den öffentlichen Charakter des Bildungswesens zu stärken, im Mittelpunkt der Diskussion.

e) Ein weiteres Merkmal des deutschen Bildungswesens kann in der Tendenz gesehen werden, die Unterrichtszeiten auf Vormittage und kurze Schulwochen mit langen Ferienzeiten zu kompaktieren. Es fehlt damit Muße und Zeit, sich außerhalb der stringenten Unterrichtsplanung mit Schülern, Eltern und Kollegen zu treffen. Dadurch wird der außerunterrichtliche Kontakt mit den Schülern minimiert, so dass die Bedeutung des Elternhauses für die vernünftige Organisation des Alltagslebens von Kindern sehr groß ist. Auch dies ist ein altes Thema, die Einrichtung von Ganztagsschulen ist u. a. von diesen Wahrnehmungen her inspiriert.

1.3 Varianten staatlicher Bildungssysteme

Ein oberflächlicher Blick legt eine große Ähnlichkeit zwischen der Steuerung des Bildungswesens in Deutschland und in der Schweiz nahe. Eine genauere Inspektion enthüllt aber sehr bedeutsame Unterschiede.

Zwar erfolgt auch hier auf kantonaler Ebene eine Inputsteuerung in Bezug auf Lehrerbesoldung und sachliche Ressourcen. Auch die Steuerung durch Lehrpläne, Lektionstafeln und Lehrwerke ist kantonal verankert.

Ein fundamentaler Unterschied besteht jedoch in Bezug auf die Qualitätskontrolle des Lehrens. Die demokratische Kontrolle auf Gemeindeebene und Bezirksebene, die im Volksschulwesen etabliert ist, schließt das Bildungswesen dicht an Außenkontrollen an. Hier werden Lehrer von der Laienaufsicht mindestens zweimal im Jahr besucht und – heute lohnwirksam – evaluiert. Bei den Gymnasien übernehmen schulspezifische Aufsichtskommissionen, die nicht rein schulintern besetzt sind, diese Aufgaben. Damit ist das Schweizer Bildungswesen stärker *öffentlich* orientiert und nicht ausschließlich staatlich-administrativ. Der ausschließlich verwaltungsintern organisierte Kreislauf von Erfolgs- und Problemrückmeldungen ist hier durchbrochen durch eine stärkere Verantwortlichkeit der Lehrer gegenüber den »Kunden« im Sinne der Öffentlichkeit. Dies schafft eine andere Grundlage für das Vertrauen der Öffentlichkeit in die Qualität des schulischen Angebotes, ein Vertrauen, das sich immer klarer als Existenzvoraussetzung für ein staatlich organisiertes Bildungswesen herauskristallisiert.

In eine zweite Problemkonstellation gerät das zentral gesteuerte Bildungswesen nicht nur durch die problematischen, nach außen sichtbaren Wirkungen, sondern noch stärker durch die Informationen über die Innenansichten und die Innenausstattung des Bildungswesens.

Hier hat sich historisch eine fast unfassliche Umkehrung der Anbieter- und der Nutzerperspektiven entwickelt. Das Bildungswesen war ja seit dem 19. Jahrhundert gedacht als eine der größten Instanzen, die eine geistige Hebung des Volkes und dessen »Versittlichung« fördern sollte. Was ist daraus geworden?

Die vielen empirischen Untersuchungen in meinem Umkreis zeigen sehr deutlich, dass in der Wahrnehmung der jungen Generation aus dem mit großen öffentlichen Mitteln geschaffenen schulischen Angebot eine »Zumutung« geworden ist. Es wird nicht als großartige gesellschaftliche Sorge für eine bestmögliche Vorbereitung auf das Leben wahrgenommen. Die Binnensicht der schulischen Angebote ist häufig von Fremdheit, von Desinteresse, ja von Ablehnung gekennzeichnet. Das Lernen selber ist von wenig positiven Emotionen begleitet; es wird mit zunehmenden Schuljahren immer häufiger von abnehmender Schulfreude begleitet. Dabei fallen gravierende Unterschiede zwischen dem deutschen und dem Schweizer Bildungswesen auf: In Deutschland gehen doppelt so viele Schüler ungern zur Schule wie in der Schweiz.[4]

Das Lehrer-Schüler-Verhältnis scheint auf einem mehr oder weniger expliziten Kampfniveau stabilisiert. Möglichst verdeckter und erfolgreicher Widerstand, ja verletzender Umgang der Schüler mit den Lehrern bringen den ersteren Klassenprestige. Dieses Kampfverhältnis ist aber durchaus ein gegenseitiges. Es ist von Abwehr, ja von gegenseitigen Verletzungen gekennzeichnet. Die Abiturzeitungen legen jedes Jahr dafür ein beredtes Zeugnis ab.

Es bleibt nicht der Trost, dass das Verhältnis der Schüler untereinander sehr positiv sei und aus der Notgemeinschaft heraus Tu-

4 Fend 1997, S. 156ff.

genden der Hilfe und Solidarität gefördert werden. Der Umgang der Schüler untereinander wird häufig von Konkurrenz und Übertrumpfung geprägt. So wird Lerneinsatz zu hohen Prozentsätzen negativ sanktioniert (in Gymnasien bis zu 40%). Daher reagieren viele Schüler doppelbödig, an der Oberfläche Widerstand demonstrierend, im Geheimen aber intensiv lernend.

So scheint das deutsche Bildungswesen, sowohl was die Leistungsergebnisse als auch was die kulturelle Innenausstattung, d. h. den menschlichen Umgang miteinander und zwischen unterschiedlichen Gruppen angeht, suboptimal organisiert und realisiert zu sein.[5] Es scheint mit modernen Strukturen der Lebensgestaltung nicht mehr kompatibel zu sein. Es scheint nicht mehr jene Freiräume des Handelns und die Ansprüche an die Selbstgestaltung der Lebensverhältnisse zu erfüllen, die mit dem Konzept der Individualisierung und der Konsumentensouveränität angesprochen sind und wie sie der Jugend durch Werbung und Freizeit nahe gelegt werden.

Diese Urteile enthalten viel Formulierungen von »es scheint«. Damit soll die Notwendigkeit weiterer Vergewisserungen angesprochen werden, da die Kernelemente der deutschen Bildungssysteme zur Disposition stehen. Auf noch allgemeinerer Ebene stellt sich die Frage, welche Form von Staat und der gemeinschaftlichen Regelung der Lebensverhältnisse in modernen Gesellschaften notwendig und wünschenswert ist.

1.4 Internationaler Vergleich von Steuerungsformen des Bildungswesens

Die Besonderheit der Steuerungsform des Bildungswesens eines Landes lässt sich neben der historisch-vergleichenden Darstellung durch internationale Vergleiche herausarbeiten. Dabei möchte ich mich im folgenden auf erfolgreiche Konfigurationen der Gestaltung schulischer Lernangebote konzentrieren.

Im internationalen Vergleich repräsentieren die asiatischen Länder Korea und Japan eine erste, hocheffiziente Konfiguration. In früheren Studien erwiesen sich Singapur, Taiwan und teilweise auch China als sehr ähnlich. Vergleiche von Helmke zwischen Nordvietnam und Bayern belegen ebenfalls eine deutliche Über-

5 Fend 2001.

legenheit Südostasiens. Diese Konfiguration besteht einerseits aus streng regulierter Instruktion, wobei die Unterrichtsstunden häufig kollektiv von Lehrerkollegen vorbereitet werden. Die Unterrichtsführung ist autoritativ, das Schülerverhalten äußerst diszipliniert, und gemeinschaftlich zu erreichende Lernziele stehen im Mittelpunkt. Daneben gibt es ein strenges, extern administriertes Prüfungssystem, das die Besten in meist simultanen Abschlussprüfungen eruiert. Auf Schülerseite ist damit ein hoher Leistungsdruck und ein hoher außerschulischer Lernaufwand, häufig in speziellen Zusatzschulen, verbunden, gekoppelt mit einem emotional sehr belastenden Hinarbeiten auf die lebensentscheidenden Abschlussprüfungen. Die intensive, kulturell getragene familiäre Unterstützung durch Unterricht außerhalb des Bildungswesens ist ein wesentlicher Bestandteil dieser Konfiguration. Bildung hat in diesen Gesellschaften und Kulturen zudem einen herausragenden Stellenwert.

Eine zweite Konfiguration repräsentieren die skandinavischen Länder, insbesondere Finnland und Schweden. Diese Länder haben zwar ähnlich wie die asiatischen eine gesamtschulähnliche Organisation bis zum 8. oder 9. Schuljahr, sie unterscheiden sich jedoch von der pädagogischen Kultur und von der Leistungsüberprüfung her grundlegend von der asiatischen Kultur. Die Kinder werden relativ spät in eine genau fixierte Leistungsrangfolge gebracht und das Erreichen von Grundkompetenzen steht bei allen Schülern über viele Jahre im Vordergrund. Schulen sind in hohem Maße förderungsorientiert und stark kommunal verankert. Durch die enge Zusammenarbeit zwischen Elternhaus und Schule, die häufig in Zusammenarbeitsverträgen festgehalten wird, tritt das Anliegen in den Vordergrund, möglichst viele Schüler möglichst lange gemeinsam zu unterrichten und insbesondere am Anfang ihrer Schulkarriere motivational optimal zu unterstützen und niemanden zurückzulassen. Der Lehrer ist weniger leistungsorientierter Belehrer als Coach für die optimale Entwicklung des Kindes. Dafür wird er auf Universitäten in langen Studiengängen ausgebildet.

Unübersehbar aufgeholt haben einige englischsprachige Länder, vor allem Kanada, Australien, Neuseeland und nicht zuletzt England selber – möglicherweise auf Hinweise auf frühere schlechte Ergebnisse. Hier sehe ich vor allem Entwicklungen, die eine neue Kombination nahe legen von externem Monitoring über schulübergreifende Tests und intensive Förderungsprogrammen, insbesondere im Bereich der Frühförderung und der Grundstufe des Bildungswesens. Die Tests dienen dabei als Qualitätssicherungsinstrumente und intern der Standardbildung in Bezug auf das Niveau, das innerhalb einzelner Schulen erreicht wurde. Diese »Policies« werden ergänzt durch große Investitionen in die Betreuung von Kindern auf ihren ersten Schritten im Bildungswesen. Dazu werden die Gruppengrößen klein gehalten, die Lehrer speziell geschult und die Lernprogramme zeitlich ausgedehnt. Gerade in diesen frühen Lernphasen wird zudem die Elternarbeit in den Mittelpunkt gestellt.

Wege der Reform: Risiken und Chancen

Der Vergleich der in den PISA-Studien besonders erfolgreichen Länder mit der historisch beleuchteten Gestalt der deutschen Bildungssysteme wirft die Frage auf, ob letztere nicht fundamentale Konstruktionsprobleme haben, die sie auch in Zukunft nicht mehr konkurrenzfähig werden lassen. Brauchen wir nicht eine fundamentale Umgestaltung der Art und Weise, wie unsere Bildungssysteme funktionieren, ohne die alle Detailreformen vergeblich bleiben? Welches sind die nötigen Strukturreformen und inneren Entwicklungsprozesse im Bildungswesen, die das deutsche Bildungssystem auf einen produktiven Zukunftsweg führen könnten? Wie kann man in diesem Suchprozess verhindern, in die falsche Richtung zu gehen und mehr zu zerstören als produktiv zu entwickeln? Was bewahrt uns vor Irrtümern und was bietet uns ein vernünftige Chance, richtig zu empfehlen und zu handeln?

2. Vom Verständnis der Funktionsweise von Bildungssystemen zu ihrer Veränderung

Die obigen Fragen stehen im Hintergrund der folgenden Überlegungen, die Wege zu Reformen suchen. Dabei stellt sich die Kernfrage, auf welche Weise wir zu handlungsrelevanten Erkenntnissen kommen können. Ich möchte fünf Wege diskutieren:
• die Nachahmung von »best countries«,
• die Suche nach guten Organisationskulturen in anderen gesellschaftlichen Bereichen unseres Landes,

- die Entwicklung eines Gegenentwurfes zum historisch entstandenen Bildungssystem,
- die Untersuchung der Binnenvarianz von Leistungsfähigkeiten in Bildungssystemen ähnlicher Rahmenstruktur,
- die empirisch geleitete Analyse von Schwachstellen, verbunden mit der Suche nach empirisch geprüften Alternativen.

2.1 Die Nachahmung von »best countries«

Ein erster Handlungsweg wird durch den Sachverhalt nahe gelegt, dass es sehr erfolgreiche Länder gibt. Was liegt näher, als diese Länder genauer anzuschauen, hinzufahren, Experten einzuladen? Es wäre sträflich, dies nicht zu tun. Die Strategie scheint damit vorgezeichnet: Man untersuche diese Länder und übertrage dann die vorgefundenen Besonderheiten auf das deutsche Bildungswesen, etwa eine frühe Einschulung, die Organisation der Schulen als Gesamtschulen, die Administration zentraler Prüfungen.

Diese Absicht hat den wissenschaftlichen und bildungspolitischen Tourismus in die nordischen Länder beflügelt. Als Folge davon sind Vorschläge formuliert worden, die in der Regel die Einführung von Einzelmaßnahmen beinhalteten.

Zwei Schwierigkeiten dieses Suchprozesses sind in der Zwischenzeit gut belegt. Einmal ist sichtbar geworden, dass die Übertragung von *einzelnen* Elementen aus einem anderen nationalen und institutionellen Kontext in den eigenen problematisch, ja gefährlich ist. In erfolgreichen Ländern sind einzelne Organisationsmerkmale immer abgestimmt mit Regelungen, die die positiven Wirkungen eines Strukturmerkmales steigern und die ungünstigen Nebenwirkungen auffangen helfen. Ohne diese Zusatzregelungen wäre eine isolierte Maßnahme kontraproduktiv. Empirisch dokumentiert sich diese Problematik darin, dass beinahe jede für wichtig gehaltene Maßnahme für sich in den einen Ländern positive, in den anderen negative und wieder in anderen gar keine Auswirkungen auf das Leistungsniveau hat.

Der Erklärungsversuch der OECD selber hat ja sichtbar gemacht,[6] dass die Erklärungsanteile von schulischen Merkmalen an Schulleistungen von Land zu Land sehr unterschiedlich sind.

6 Organisation für wirtschaftliche Zusammenarbeit und Entwicklung, 2001, Anhang B1.

Eine zweite Schwierigkeit liegt auf der Hand, wenn man die historischen und nationalen Besonderheiten von Bildungssystemen ernst nimmt. Dies bedeutet, dass Veränderungen an die historisch gewachsenen Strukturen anschlussfähig bleiben müssen, wenn sie die für produktive Entwicklungen erforderliche Akzeptanz erzielen wollen. Das Maß an zumutbarer Leidensfähigkeit durch ungewohnte und anfangs aufwendige Strukturänderungen ermisst sich dabei aber am Ausmaß der Probleme, die in herkömmlichen Strukturen nicht mehr zu bewältigen sind.

2.2 Staatliche Bildungssysteme und moderne Unternehmenskultur

Ein zweiter Weg der Identifizierung von Handlungsmöglichkeiten besteht in der Suche nach Organisationsformen erfolgreicher Institutionen. Die Inspektion hoch effektiver Wirtschaftsunternehmen bietet sich dabei an.

Die moderne Betriebspsychologie betont schon seit einiger Zeit, dass die staatlichen Schulsysteme nicht mehr zeitgemäß seien. Das bestehende Bildungswesen wird als hochgradig bürokratisiert und reguliert eingeschätzt. Die neuen Managementtheorien betonen die Nachteile einer hierarchisch strukturierten Führung, die alles von oben nach unten bestimmt. An ihre Stelle sind kleinere Einheiten mit Eigenverantwortung und eigener Qualitätskontrolle getreten. Das bestehende Bildungssystem wird vergleichsweise als hochgradig zentralisiert wahrgenommen, als eine von der Spitze aus durch Ämter und Verfahren regulierte Bürokratie. Dabei stünden nicht Kompetenz, Verantwortung und Führungsfähigkeit im Mittelpunkt, sondern parteipolitische Zielsetzungen. Schließlich bestünden an der Basis wenig Leistungsanreize für gute Lehrerleistungen und gute Lernleistungen der Schüler. Es gebe weder eine vernünftige Qualitätskontrolle noch eine leistungsbezogene Beurteilung. Die Einschätzung der Lehrerkompetenz erfolge über eine sporadische und willkürliche Beurteilung durch eine Schulaufsicht. Die Bezahlung innerhalb der staatlichen Bürokratie richte sich nach Ausbildungsabschluss und nicht nach der tatsächlichen Leistung.

Alle diese Punkte enthalten eine Kernaussage: Die Leistungsanreize für erfolgreiches Arbeiten seien sehr gering und sie seien nicht auf ein bestmögliches »Produkt« im Sinne von Lernleistungen und somit auch nicht auf die bestmögliche Förderung jedes Schülers ausgerichtet.

Diese Einschätzung ist sicher einseitig und an einem wenig differenzierten Begriff des Staates orientiert. Sie hat auch nicht die Besonderheiten im Auge, die Bildungssysteme auszeichnen, die nicht wie marktorientierte Unternehmen an der technischen Herstellung und individuellen Verwertung von Produkten orientiert sein können.

2.3 Systemwechsel: staatliche und privatisierte Bildungssysteme

Ein ähnliche Strategie wie die Suche nach wirksamen Institutionen schlägt jene ein, die sich konkret auf die Merkmale des historisch gewachsenen Bildungswesens konzentriert und eine konsequente Alternative entwickelt.

Wenn das gewachsene und heute offensichtlich ineffiziente Bildungswesen die zentralen Merkmale aufweist, dass es staatsgetragen, bürokratisiert, von einer Beamtenhierarchie geführt, stofforientiert und früh selegierend ist, dann wäre die naheliegende Lösung in der Konstruktion eines Bildungswesens zu suchen, das sich in allen diesen Merkmalen abhebt. Es wäre also nicht staatsgetragen, sondern in privater Hand. Es müsste sich wie in der Wirtschaft auf dem Markt bewähren. In Konkurrenz zueinander müssten die Schulen um Kunden werben, um zu überleben. Damit wäre es auch entbürokratisiert, es könnte eine Unternehmenskultur pflegen, die an der Effektivität des Handelns orientiert ist. Die Träger eines solchen Bildungswesens wären natürlich keine Beamten, sondern Selbständige und Angestellte. Ein solches Bildungswesen würde Inhalte anbieten, die sich an der Auffassung der Kunden orientieren, was diese als nützlich und wertvoll für die Lebensbewältigung ansehen. Standesinteressen, nicht zuletzt solche eines historisch obsoleten Bildungsbürgertums, hätten einen geringen Stellenwert. Der Unterricht würde sich an Fähigkeiten der Kinder orientieren, und er würde, um als kundenfreundlich wahrgenommen zu werden, die individuelle Persönlichkeit der Schüler sorgsam pflegen. Schließlich müsste ein solches Bildungssystem nicht früh selegieren. Es könnte Kinder aufnehmen, die dann in jeweils neuen und höheren Schulen sich bewerben müssten. Diese Schulen könnten dann selber bestimmen, welche Schüler sie wollen und sie könnten über die Eintrittskosten ihre Schülerschaft auswählen.

Mit der oben beschriebenen Umstellung des Bildungswesens in eine privatisierte Gestalt wären nun viele Risiken verbunden, die in der pädagogischen Profession in den letzten Jahren intensiv diskutiert wurden. Diese Diskussion kann hier nicht repräsentativ wiedergegeben werden.[7] Da die obige Lösung politisch auch nicht durchsetzbar wäre, sei sie hier lediglich genannt.

Ihr stünden auch gewichtige moralische Bedenken entgegen. Der Staat hat als Organisation des Willens der Bevölkerung auf eine gerechte Verteilung von Bildungschancen für alle zu achten, hat moralische Pflichten der Fürsorge für die Schwachen zu erfüllen sowie erzieherische Aufgaben zu bewältigen, die nicht in Leistungsergebnissen messbar sind und auf einem freien Markt gesichert werden müssten.

2.4 Die Erforschung der Binnenvarianz zwischen und innerhalb staatlicher Bildungssysteme

Das große Risiko und die geringe politische Akzeptanz einer radikalen Umstellung lassen nach anderen Wegen suchen. Eine Alternative bestünde darin, nach der Binnenvarianz von staatlichen Bildungssystemen in Deutschland zu suchen. Gibt es hier mehr oder weniger erfolgreiche Varianten?

Dies ist unübersehbar der Fall. Die Bildungssysteme von Baden-Württemberg und Bayern sind in vielen Leistungsbereichen klar besser als die anderer Länder. Somit scheint der Weg vorgezeichnet: Man suche nach jenen Merkmalen des Bildungswesens, das diese von den weniger erfolgreichen unterscheidet.

Doch auch dieser Weg ist nicht einfach. Einmal zeigt sich sehr schnell, dass es eine auffällige Parallelität zwischen dem ökonomischen Wohlstand eines Bundeslandes und den Leistungsergebnissen der Schüler des jeweiligen Landes gibt.[8] Sind also nur Kontextfaktoren bedeutsam und besagt die interne Organisation des jeweiligen Bildungswesens wenig bis nichts? Sind also unterschiedliche politische Ansätze zur Gestaltung des Schulsystems in verschiedenen Ländern bedeutungslos?

7 Siehe z. B. Wolter 2001.
8 Baumert et al. 2002.

Es wäre doch überraschend, wenn dies der Fall wäre, da es in der letzten Konsequenz bedeuten würde, dass bildungspolitische Maßnahmen konsequenzenlos sind. Damit würden sich aber auch bildungspolitische Maßnahmen zur Verbesserung des derzeitigen Zustandes als nutzlos erweisen.

Ich halte den Weg, nach Hinweisen zu suchen, worin sich die eher erfolgreichen und die eher belasteten Bildungssysteme der verschiedenen Bundesländer unterscheiden, für einen wichtigen Weg, wenngleich die Lernbereitschaft in dieser politisch hoch brisanten Thematik immer in der Gefahr ist, beeinträchtigt zu werden. Die neuen PISA-Berichte sind auf diesem Weg, er muss so weit wie möglich beschritten werden. Er führt in der Konsequenz auf den unten beschriebenen Weg der Schwachstellenanalyse staatlicher Bildungssysteme.

2.5 Schwachstellenanalyse: konkrete Handlungsfelder

Denkt man die historische Analyse und die vergleichende Analyse von Schulsystemen verschiedener Staaten und Bundesländer zusammen, dann schärft sich die Einsicht für potentielle Schwachstellen. An ihnen könnte dann angesetzt werden, um bildungspolitische Maßnahmen zu ergreifen. Natürlich ist dieser Weg implizit bereits beschritten worden, er soll hier aber noch einmal expliziert und systematisiert werden.

Auf diesem Weg sehe ich die unten beschriebenen Schwachstellen deutscher Bildungssysteme. Der Blick dafür ist nicht zuletzt durch meine Erfahrungen in schweizerischen Bildungssystemen geschärft.

a) Einmal ist sichtbar, dass die deutschen Bildungssysteme eine schwache Qualitätssicherung haben. Sie sind weitgehend *evaluationsfreie* Räume. Am sichtbarsten ist dies bei der Evaluation der Lehrerarbeit, die nur sehr sporadisch erfolgt. Damit ist das Vertrauen der Öffentlichkeit in die Qualität des unterrichtlichen Handelns von Lehrern immer in Gefahr, beeinträchtigt zu werden.

b) Die deutschen Lehrer sind in der Schule in einer schwierigen Situation. Ihnen ist die Pflicht auferlegt, die Ziele des Staates zu »exekutieren«, die Ziele der Institution in Bezug auf die Leistungen der Schüler zu erfüllen. Sie müssen damit gleichzeitig lehren und prüfen, sie müssen die Standards definieren und die Schüler zu diesen Standards führen. Die Sicherung von Leistungsstandards liegt weitgehend auf ihren Schultern. Dies schürt die Gefahr eines »Feindverhältnisses« der Schüler zu den Lehrern. Die Ursache dafür ist im *terminalen* Charakter des Bildungswesens zu suchen. Wer in der Schule gute Noten und damit verbundene Berechtigungen bekommt, der hat auch das Recht auf weiterführende Bildungswege. In einem *elektiven* System würden die aufnehmenden Institutionen bestimmen, welche Schüler mit welchen Leistungen aufgenommen werden. Das macht es wahrscheinlicher, dass Schüler die Leistungsanforderungen ihrer Lehrer als Hilfe empfinden. Der Lehrer wird so zum Verbündeten, um externe Prüfungen gut zu bestehen.

Es gibt grundsätzlich zwei Entlastungsmöglichkeiten für Lehrer. Die eine besteht in der klassen- und schulübergreifenden Festlegung von Standards und Prüfungsanforderungen. Zusammen mit einer schulübergreifenden Bewertung der Ergebnisse führt dies dazu, dass die Lehrer ihre Rolle als Lehrende in den Vordergrund stellen können und dabei zum Coach für die bestmögliche Entwicklung der Kompetenzen von Schülern werden.

Ein zweiter Weg läge in der Stärkung von Aufnahmerechten von Institutionen, die über Aufnahmeprüfungen ihre Schüler auswählen würden.

Als strategische Handlungsfelder drängen sich damit auf:

• Eine Überarbeitung der rein verwaltungsinternen Qualitätskontrolle durch eine Stärkung von schulübergreifenden Verfahren der Standardsicherung. Dies würde bedeuten, dass auch in jenen Ländern, in denen bisher keine schulübergreifenden Prüfungen durchgeführt werden, dieser Modus von Prüfungen gestärkt wird.

• Parallel zu dieser Entlastung von der persönlich durchzusetzenden Standardsicherung könnte eine Veränderung des Top-down-Vollzugscharakters des Lehrerhandelns im Bildungswesen durch die Stärkung der Freiräume für die Entwicklung pädagogisch-didaktischer Kompetenz ins Auge gefasst werden.

• Im Rahmen der neuen Evaluationsvorgaben verstärkte Selbstständigkeit der einzelnen Schule mit gezielten Aufträgen der Programmgestaltung und der Selbstevaluation.[9]

Die Veränderungen von standardsichernden Rahmenbedin-

9 Fend 2001.

gungen werden jedoch nicht von selbst zu einer Verbesserung von Schule und Unterricht, zu intensiverem Lernverhalten der Schüler und damit zu verbesserten Leistungsprofilen führen. Es müssen zusätzlich die Erkenntnisse der Unterrichtsforschung und der Bildungsforschung berücksichtigt werden, die darüber Aufschluss geben, welche Faktoren für den Aufbau von Kompetenzen förderlich sind.[10]

Zwei schlichte Ergebnisse dieser Forschungen drängen sich dabei in den Vordergrund: Lernen ist zeitbudgetabhängig. Lernen ist altersabhängig. Kinder und Jugendliche lernen umso mehr, je mehr Zeit ihnen dafür eingeräumt wird, und sie erwerben bestimmte Kompetenzen in frühem Alter besser, andere zu einem späteren Zeitpunkt.

Diese Sachverhalte bedingen, dass die von der öffentlichen Hand zur Verfügung gestellten Lernbudgets für erwünschte Kompetenzen überdacht werden. Darauf zu setzen, dass über bessere Methoden gravierende Unterschiede in gewährten Zeitbudgets ausgeglichen werden könnten, hat sich als trügerisch erwiesen. Reduktionen in der Lernzeit führen zu Reduktionen im Gelernten. Die bestmögliche inhaltliche Planung von »Lerngefäßen« hat sich dagegen als strategisch bedeutsam herausgestellt. Die Lehrplangestaltung hat damit einen hohen Stellenwert.

Aber auch diese Programmplanungen schaffen letztlich erst Gefäße, die mit konkretem Unterricht zu füllen sind, die im mehr oder weniger guten Unterrichtsverhalten von Lehrern die Qualität des alltäglichen Lehr-Lern-Prozesses zum Ausdruck kommen. Damit öffnet sich hier das große Feld der Unterrichtsforschung und der bestmöglichen Ausbildung der Lehrer für ihren Beruf. Dieses weite Feld kann hier naturgemäß nicht mehr expliziert werden.

Es ist mir aber wichtig zu betonen, dass die oben genannten Handlungsfelder nicht gegenseitig ersetzbar sind, dass etwa ein anderes Prüfungssystem die Förderung der Qualität des Lehrerhandelns durch eine bestmögliche Aus- und Fortbildung überflüssig macht. Schulqualität wird sich auch in Zukunft als eine optimale Konfiguration von Investitionen auf der Makro-, der Meso- und der Mikroebene erweisen. Die Vorstellung, es könnte den einen und einzigen Knopf geben, den zu drücken die Pro-

10 Fend 1982, S. 187-306; Helmke & Weinert 1996.

bleme beheben würde, wird sich in diesem sozialen Handlungsfeld als Illusion erweisen.

Im Rückblick auf diese Erklärungsversuche von Leistungsergebnissen verschiedener Bildungssysteme und auf Handlungsfelder ist zu betonen, dass hier nur *ein* Qualitätsparameter des Bildungswesens diskutiert wurde: die Effizienz in der »Produktion« von Schulleistungen. Ein zweiter Indikator für die Qualität des Bildungswesens wäre einer ähnlich genauen Analyse würdig. Die PISA-Studien belegen für Deutschland eine ungewöhnlich hohe soziale Selektivität.[11] Die Suche nach der Bedeutung früher Selektion, reduzierter Durchlässigkeit in der Sekundarstufe wäre einer intensiven Bearbeitung würdig, aber jenseits des hier gesetzten Rahmens.[12]

Literaturverzeichnis

Baumert, J. (2001): *PISA 2000. Basiskompetenzen von Schülerinnen und Schülern im internationalen Vergleich*, Opladen.

Baumert, J., Artelt, C., Klieme, E., Neubrand, M., Prenzel, M., Schiefele, U., Schneider, W., Tillmann, K. J., & Weiß, M. (2002): *PISA 2000 – Die Länder der Bundesrepublik Deutschland im Vergleich*, Opladen.

Baumert, J., Bos, W., & Lehmann, T. (Eds.). (2000a): *Dritte internationale Mathematik- und Naturwissenschaftsstudie – Mathematische und naturwissenschaftliche Bildung am Ende der Schullaufbahn* (Band I, Mathematische und naturwissenschaftliche Grundbildung am Ende der Pflichtschulzeit), Opladen.

–, (2000b): *Dritte internationale Mathematik- und Naturwissenschaftsstudie – Mathematische und naturwissenschaftliche Bildung am Ende der Schullaufbahn* (Band II, Mathematische und physikalische Kompetenzen am Ende der gymnasialen Oberstufe), Opladen.

Baumert, J., Bos, W., & Watermann, R. (1998): *TIMSS/III. Schülerleistungen in Mathematik und den Naturwissenschaften am Ende der Sekundarstufe II im internationalen Vergleich. Zusammenfassung deskriptiver Ergebnisse* (Bd. Studien und Berichte), Berlin: Max-Planck-Institut für Bildungsforschung.

Baumert, J., & Lehmann, R. (1997): *TIMSS – Mathematisch-naturwissenschaftlicher Unterricht im internationalen Vergleich. Deskriptive Ergebnisse*, Opladen.

11 Baumert 2001.
12 Fend 1982, S. 125-186; Müller 1993.

Fend, H. (1982): *Gesamtschule im Vergleich*, Weinheim.

–, (1997): *Der Umgang mit Schule in der Adoleszenz. Aufbau und Verlust von Motivation und Selbstachtung. Entwicklungspsychologie der Adoleszenz in der Moderne*, Band 4, Bern.

–, (2001a): *Qualität im Bildungswesen. Schulforschung zu Systembedingungen, Schulprofilen und Lehrerleistung*, (2. Aufl.), Weinheim.

–, (2001b): Qualität und Qualitätssicherung im Bildungswesen. In: Zeitschrift für Pädagogik, 41. Beiheft, S. 55-72.

Helmke, A., & Weinert, F. E. (1996): Bedingungsfaktoren schulischer Leistungen. In F. E. Weinert (Hg.): *Psychologie der Schule und des Unterrichts* (Vol. 3), Göttingen.

Husén, T. (Ed.) (1967): *International study of achievement in mathematics: A comparison of twelve countries*. Volumes I and II, Stockholm.

Müller, W., & Karle, W. (1993): Social selection in educational systems in Europe. In: European Sociological Review 9 (1), S. 1-23.

Organisation für wirtschaftliche Zusammenarbeit und Entwicklung. (2001): *Lernen für das Leben. Erste Ergebnisse der internationalen Schulleistungsstudie PISA 2000* Paris: OECD.

Robitaille, D. F., & Garden, R. A. (1989): *The IEA Study of Mathematics II: Contexts and outcomes of school mathematics*, Oxford.

Schultze, W. (1974): *Die Leistungen im naturwissenschaftlichen Unterricht in der Bundesrepublik im internationalen Vergleich* (Mitteilungen und Nachrichten), Frankfurt am Main: Deutsches Institut für Internationale Pädagogische Forschung.

–, (1975): *Die Leistungen im Englischunterricht in der Bundesrepublik im internationalen Vergleich* (Mitteilungen und Nachrichten) Frankfurt am Main: Deutsches Institut für Internationale Pädagogische Forschung.

Schultze, W., & Riemenschneider, L. (1967): *Eine vergleichende Studie über die Ergebnisse des Mathematikunterrichtes in zwölf Ländern* (Mitteilungen und Nachrichten 46/47), Frankfurt am Main: Deutsches Institut für Internationale Pädagogische Forschung.

Walker, D. A. (1976): *The IEA Six Subject Survey: An international study of education in twenty-one countries*, Stockholm.

Wolter, S. C. (2001): *Bildungsfinanzierung zwischen Markt und Staat* (Bd. 1), Chur.

Ingo Richter
Neue Bildungspläne braucht das Land –
von München nach PISA ist es gar nicht weit!

Die Ministerpräsidenten der westdeutschen Bundesländer verabschiedeten am 5. und 6. 2. 1954 in München eine Entschließung zur »Vereinfachung und Vereinheitlichung in der äußeren Organisation des Schul- und Erziehungswesens«, die letztlich über das sogenannte Düsseldorfer Abkommen von 1955 in das noch heute gültige Hamburger Abkommen von 1964 mündete.[1] Der Deutsche Ausschuss für das Erziehungs- und Bildungswesen, ein 1953 auf Bundesinitiative vom Bundesminister des Inneren und der Ständigen Konferenz der Kultusminister der Länder eingesetzter Sachverständigenausschuss, antwortete bereits am 26. 6. 1954 mit einer Erklärung, die als Fanal gedacht und empfunden wurde:

»Die Bildungspläne der deutschen Höheren Schule sind den Umwälzungen nicht nachgekommen, die in den letzten fünfzig Jahren den Zustand und das Bewusstsein der Gesellschaft und des Staates verändert haben; sie haben die Prägungen weithin festgehalten, die aus vergangenen geistigen, wirtschaftlichen und politischen Verfassungen stammen.«[2] Und das sollte nicht nur für die Höheren Schulen gelten! Der Ausschuss nahm für sich in Anspruch, eine »Gesamtplanung« für das (west)deutsche Bildungswesen zu entwerfen, und schrieb in der genannten Erklärung:

»Die mit einer großen Reform verbundenen Opfer können den Ländern, den Schulen und den Eltern nur zugemutet werden, wenn das Ergebnis für lange Zeit gültig zu sein verspricht. Versuche, die Bildungspläne der deutschen Schulen in kurzer Frist zu vereinheitlichen, können sich nur auf der Linie der geringsten Schwierigkeit bewegen: Sie laufen Gefahr, die im Grunde nur der Ratlosigkeit entstammende Tendenz zur Wiederherstellung des Alten zu fördern.«[3]

---

1 Die Dokumente sind abgedruckt im Anhang der Gesamtausgabe der Empfehlungen und Gutachten des Deutschen Ausschusses für das Erziehungs- und Bildungswesen, 1966, S. 997 ff.
2 A. a. O., S. 52.
3 A. a. O., S. 52.

Wie wahr! – kann man sagen, wenn man die Reaktionen der Bildungspolitik von Bund und Ländern auf die Veröffentlichung der Ergebnisse von PISA analysiert: »Versuche, die Bildungsstandards der deutschen Schulen in kurzer Frist zu vereinheitlichen, können sich nur auf der Linie der geringsten Schwierigkeit bewegen: Sie laufen Gefahr, die im Grunde nur aus Ratlosigkeit entstandene Tendenz zur Wiederherstellung des Alten zu fördern.«

In der Tat! – Unter dem Deckmantel einer neuen Begrifflichkeit, insbesondere Bildungsstandards, Basis- oder Schlüsselkompetenzen, Kerncurriculum usw. verbergen sich Versuche, nicht »zur Wiederherstellung« sondern zur Perpetuierung des Alten, d. h. der bisherigen Lehrpläne. Von München nach Pisa ist es gar nicht weit!

Doch der Eindruck täuscht, denn es hat in der Geschichte der Bundesrepublik, d. h. in der alten Bundesrepublik, eine Vielzahl von Versuchen gegeben, dem Land neue Lehrpläne zu geben. Die Verhältnisse in der SBZ bzw. der DDR lagen völlig anders, denn die sowjetische Besatzungsmacht bzw. die SED und die mit ihr verbündeten sogenannten Blockparteien versuchten das Bildungswesen nach sowjetischem Vorbild umzugestalten und die Erziehung zur sozialistischen Persönlichkeit in den Mittelpunkt aller Reformen zu stellen. In der alten Bundesrepublik war dagegen die Weiterentwicklung der Lehrpläne lange Zeit durch einen Konsensmangel blockiert.

In der unmittelbaren Nachkriegszeit beruhte der Konsensmangel im Westen vor allem auf zwei Gründen, nämlich erstens auf den Auseinandersetzungen über die konfessionelle Gliederung des Schulwesens (Gemeinschaftsschule versus Bekenntnisschule) und zweitens auf den Auseinandersetzungen über die pädagogische Gliederung des Schulwesens (frühe Integrationsversuche wie z. B. sechsjährige Grundschule oder differenzierter Mittelbau versus dreigliedriges Sekundarschulwesen), eine Auseinandersetzung, die im »Kampf um die Gesamtschule« in den 60er- und 70er-Jahren ihre Fortsetzung fand.

Beide bildungspolitischen Kampffronten können heute als überwunden gelten. Meilensteine waren im ersten Fall die Empfehlungen des Deutschen Ausschusses für das Erziehungs- und Bildungswesen zur »Religiösen Erziehung und Bildung in den Schulen« von 1963[4] sowie Entscheidungen des Bundesverfas-

4 A. a. O., S. 221 ff.

sungsgerichts zur konfessionellen Gliederung des Schulwesens von 1975[5] und im zweiten Fall die Empfehlungen des Bildungsrates zur Durchlässigkeit der Bildungsgänge in der Sekundarstufe I von 1970[6] sowie die Entstehung eines Parallelsystems von Gesamtschulen und dreigliedrigem Sekundarschulwesen in den 70er- und 80er-Jahren.[7]

Für beide Entwicklungen gilt, dass sie die innere Schulreform mit der äußeren Schulreform zu verbinden trachteten. Zu einer grundlegenden Erneuerung der Lehrpläne kam es jedoch in der zweiten Hälfte des 20. Jahrhunderts nicht, so dass auch am Ende des 20. Jahrhunderts der zu Beginn der 50er-Jahre vom Deutschen Ausschuss für das Erziehungs- und Bildungswesen formulierte und oben zitierte Satz galt:

»Das deutsche Schulwesen (d. Verf.) ist den Umwälzungen nicht nachgekommen, die in den letzten 50 Jahren den Zustand und das Bewusstsein der Gesellschaft und des Staates verändert haben; es hat die Prägungen weithin festgehalten, die aus vergangenen geistigen, wirtschaftlichen und politischen Verfassungen stammen.«

In den folgenden zehn Abschnitten will ich versuchen, die Geschichte der Bemühungen um eine Lehrplanreform in der alten Bundesrepublik nachzuzeichnen. Dabei erhebe ich nicht den Anspruch, eine »Geschichte des Lehrplans«[8] zu schreiben, und sei es auch nur eine »Geschichte des Lehrplans der neuesten Zeit«, sondern ich will die wissenschaftlichen und politischen Initiativen zur Reform der Lehrpläne knapp kennzeichnen und den Gründen für ihr Scheitern nachspüren – in der Hoffnung auf »nachpisanische« neue Lehr- bzw. Bildungspläne.

1. Wissenschaftsorientierung

Der Bildungsrat hatte im Strukturplan von 1970 und in den Empfehlungen zur Curriculum-Entwicklung gefordert, dass sich die Entwicklung der Lehrpläne nach der Entwicklung der Wissen-

5 BVerfGE 41;29,65,88.
6 Strukturplan für das Bildungswesen.
7 Bund-Länderkommission für Bildungsplanung, Bildungsgesamtplan, 1974.
8 Dolch, *Lehrplan des Abendlandes. Zweieinhalb Jahrtausende seiner Geschichte*, 2. Aufl., 1965.

schaften richten sollte und dass der Prozess der Curriculum-Entwicklung selbst wissenschaftlich begründet sein sollte.[9] Diese Forderung hatte allgemeine Zustimmung gefunden, und der Begriff Curriculum war bald in aller Munde. Insbesondere das Buch von S. Robinsohn »Bildungsreform als Revision des Curriculum« von 1967 erwies sich als ein »Renner«. Die ersten Versuche zur Umsetzung dieses Konzeptes bestanden in der Übersetzung bzw. Übertragung US-amerikanischer Curricula in das deutsche Schulwesen; das galt insbesondere für die naturwissenschaftlich wie sozialwissenschaftlich orientierten Curricula, wie z.B. »Science: A Process Approach« oder »Man – the Course of Study.«[10] Die Erprobung der neuen, aus den USA übertragenen Curricula beschränkte sich jedoch auf wenige Modell-Schulen, während es für die große Masse der Schulen bei den traditionellen Lehrplänen blieb. Es setzte sich bald die Ansicht durch, dass das Instrument »Lehrplan« an sich ungeeignet ist, Wissenschaft und wissenschaftliche Entwicklung abzubilden.

Die Entwicklung der Einzelwissenschaften war schon damals durch Differenzierung und Expansion des Wissens gekennzeichnet;[11] Sub-Disziplinen bildeten sich und verbanden sich mit Sub-Disziplinen anderer Wissenschaften, z. B. in der Biochemie, in der Sozialpsychologie. Auch wenn man noch nicht von der »Explosion« bzw. der »Verfallzeit« des Wissens sprach, die Lehrpläne konnten von der Existenz gesicherter stabiler Wissensbestände in den traditionellen Einzelwissenschaften nicht ausgehen. Die Lehrplankommissionen waren aufgerufen, die Lehrpläne »auf das Wesentliche« zu konzentrieren;[12] aus der wissenschaftlichen Entwicklung selber ließ sich jedoch »das Wesentliche« immer weniger ableiten.

9 Auch der Deutsche Bildungsrat ließ sich auf diese Entwicklung ein, s. im Strukturplan, a. a. O., S. 58 ff.

10 Zur Rezeption in Deutschland Huse, *Theorie und Praxis der Curriculum-Entwicklung*. Ein Bericht der Curriculum Reform in den USA mit Ausblicken auf England und Schweden, 1968; Elbers, *Curriculum in den USA*, 1973, Tütken-Spreckelsen, *Zielsetzung und Struktur des Curriculums*. Texte aus der amerikanischen Diskussion, 1970.

11 Richter, *Die Sieben Todsünden der Bildungspolitik*, 1999, S. 92 ff.

12 Seit den sogenannten Tübinger Beschlüssen, die Vertreter der Höheren Schulen und der Hochschulen 1951 gemeinsam verabschiedet hatten, durchzieht die Klage über die Stofffülle und die Forderung nach der Konzentration auf das Wesentliche die Diskussion um die Lehrplanreform, s. Deutscher Ausschuss, a. a. O., S. 10-27.

2. Rolling Reform

Dennoch: Der Anspruch, dass die Entwicklung der Lehrpläne der wissenschaftlichen Entwicklung folgen sollte, blieb grundsätzlich aufrechterhalten. Während traditionellerweise die Lehrpläne verbindliches Grundwissen als Allgemeinbildung kodifizierten und kanonisierten,[13] sollte nun das »Grundwissen« der wissenschaftlichen Entwicklung ständig angepasst werden (Permanente Reform). Hierfür wurde ein Modell erdacht und umgesetzt.[14] Es wurden Lehrplankommissionen gebildet, in denen insbesondere Fachwissenschaftler und Fachdidaktiker die Aufgabe der Rezeption wissenschaftlicher Erkenntnisse und ihrer Transformation in didaktische Formen bewältigen sollten. Die Zusammensetzung der Lehrplankommissionen war heiß umstritten. Sollten ihnen neben Fachwissenschaftlern und Fachdidaktikern noch sonstige Wissenschaftler, z. B. Lernpsychologen, Bildungssoziologen, Bildungsökonomen usw., sollten ihnen »einfache Lehrer«, vielleicht sogar Eltern und Schüler angehören? Wer sollte die Kommissionen einsetzen, der Kultusminister oder das Parlament? Welche Rolle sollte die Ministerialbürokratie spielen? Sollten die Schulbuchautoren gleich beteiligt werden? Die Arbeit der Lehrplankommissionen sollte zum Motor der Lehrplanreform werden.[15] Die Lehrplanreform wurde so zu einer Daueraufgabe. In allen Ländern wurden die Lehrplankommissionen neu gebildet, sie arbeiteten unermüdlich unter Hochdruck, und dennoch konnten sie ihre Aufgabe kaum bewältigen: zu schnell war die wissenschaftliche Entwicklung – und zu vergänglich die wissenschaftlichen Erkenntnisse. Kaum in Lehrpläne umgesetzt, waren die neuesten Erkenntnisse der Wissenschaft bereits wieder veraltet. Vor allem aber zeigte sich, dass die Fachlichkeit der Lehrplanentwicklung die Fächer als solche konservierte; deshalb ertönte der Ruf nach neuen Fächern aufgrund neuer wissenschaftlicher Entwicklungen.

---

13 Fuhrmann, *Der europäische Bildungskanon des Bürgerlichen Zeitalters*, 1999.
14 Rolff, *Bildungsplan als rollende Reform*, 1970.
15 Sacher, »Kodifizierte Bestimmungsfaktoren curricularer Lernereignisse: Lehrpläne«, in: Hameyer u. a., *Curriculum-Forschung*, 1983, S. 325 ff.

3. Neue Fächer

Die Einführung der neuen Fächer ergab sich also nicht aus der fachwissenschaftlichen Entwicklung von selbst. Es bedurfte hierzu bildungspolitischer Grundentscheidungen, die sich für die damalige Zeit ziemlich leicht identifizieren lassen: Durch »politische Bildung« sollte sowohl eine unpolitische institutionenbezogene Staatsbürgerkunde, wie sie aus der Weimarer Republik übernommen worden war, wie eine harmonisierende partnerschaftsideologische Gemeinschaftskunde, wie sie in der unmittelbaren Nachkriegszeit entwickelt worden war, überwunden werden.[16] Die »Arbeitslehre« sollte Kern einer neuen Hauptschule werden, die auf das berufliche Ausbildungs- und Schulsystem vorbereiten sollte. Der Deutsche Ausschuss für das Erziehungs- und Bildungswesen hatte in seinem Rahmenplan 1959 im Prinzip an der Dreigliedrigkeit des Sekundarschulwesens festgehalten und versucht, der Hauptschule durch das Fach »Arbeitslehre« einen neuen, einen prägenden Inhalt zu geben.[17] Während die meisten seiner Vorschläge zunächst nicht umgesetzt, sondern erst nach Jahrzehnten verwirklicht wurden, setzte sich die Hauptschule schnell und überall durch. Die Arbeitslehre wurde freilich nicht das die Hauptschule prägende Fach, sondern geriet nach unendlichen Debatten, insbesondere auch aufgrund der politisch gewollten Abgrenzung von der polytechnischen Bildung der DDR, ins bildungspolitische Abseits. Ethik als Fach sollte eine rechtlich-moralische Orientierung auch bei Schülerinnen und Schülern bewirken, die Religion als Fach abwählten. Zunächst hatte die »Bestrafung« des Abwählens im Vordergrund gestanden. Diejenigen Schülerinnen und Schüler, die sich vom Religionsunterricht abmeldeten, sollten während der Religionsstunden nicht einfach frei haben, sondern einen »Ersatzunterricht« besuchen. Neben dieses nur allzu durchsichtige »taktische« Motiv traten jedoch zunehmend bildungspolitische Gründe, die insbesondere durch die Besorgnis um die Werthaltung der Kinder und Jugendlichen veranlasst waren. Wie lässt sich die Identifikation der jeweils nächsten Generation mit den Werten der älteren Generation herstellen, wenn die »normalen« Fächer verwissenschaftlicht werden, wenn

---

16 Giesecke, *Didaktik der politischen Bildung*, 7. Aufl. 1972.
17 Deutscher Ausschuss, a. a. O., S. 85 ff.

der Religionsunterricht zunehmend abgewählt wird und die »moralische Erziehung« aus der Schule verschwindet?[18] Die »Mengenlehre« sollte das mathematische Denken in die Grundschule einführen und die Grundrechenarten ersetzen bzw. ergänzen, ja – über »das Rechnen« hinaus – exaktes und »ursprüngliches Verstehen« überhaupt begründen.[19] Es zeigte sich jedoch bald, dass die Neuen Fächer nicht dazu in der Lage waren, die Wissenschaftsgläubigkeit der Grundschule (Mengenlehre), die Praxisfähigkeit der Hauptschule (Arbeitslehre), die Demokratie- und Gemeinwesenorientierung aller Schülerinnen und Schüler (Politische Bildung), die moralische Erziehung (Ethikunterricht) zu erreichen. Auf die Frage »Wozu Mengenlehre«? antwortete damals ein Spötter: »Damit die Schülerinnen und Schüler nun nicht mehr rechnen lernen, nachdem sie aufgrund der sogenannten Ganzheitsmethode bereits nicht mehr lesen können.«

Die allzu schnelle Einführung der Neuen Fächer stieß in der Praxis auf unüberwindbare Schwierigkeiten. Die neuen Lehrpläne gab es ja noch nicht für diese Fächer; die neuen Lehrbücher mussten erst geschrieben werden; Lehrerinnen und Lehrer sollten im Rahmen der Lehrerfortbildung auf die Neuen Fächer vorbereitet werden. Angesichts solcher Schwierigkeiten lag es nahe, die Lehrplanreform Experten in die Hände zu legen, die »teacher proof« Curricula entwickelten, d. h. Curricula, die ohne die Schwierigkeiten in der Praxis in den Schulen unmittelbar eingeführt werden können.

4. Herrschaft der Experten

Wenn die Verwissenschaftlichung der Lehrplanreform von den Wissenschaftlern selber nicht geleistet werden kann (s. o. 1) und

18 Schoekel, *Der Religionsunterricht*, 1964; von Campenhausen, *Erziehungsauftrag und staatliche Schulträgerschaft*, 1967. Es ist kein Wunder, dass diese Sorge um die Zukunft vor allem die Juristen bewegt hat, dass die Frage die Gerichte beschäftigte und sich wie ein »roter Faden« durch die seitherige Rechtsprechung zieht, bis zur Grundentscheidung des Bundesverwaltungsgerichts zum Ethikunterricht 1998, s. BVerwG in DöV 1998, S. 1058; Überblick bei Avenarius-Heckel, *Schulrechtskunde*, 7. Aufl. 2000, S. 68ff.

19 Vgl. exemplarisch das Buch von Martin Wagenschein, *Ursprüngliches Verstehen und exaktes Denken*, 1965.

wenn selbst die allmähliche Anpassung der Lehrpläne an den wissenschaftlichen Fortschritt durch eine »Rolling Reform« am Widerstand der Praxis scheitert, dann war empirische Forschung angesagt. Robinsohn forderte eine Revision des Curriculum auf der Grundlage empirischer Forschung, aber einer empirischen Forschung, die nicht auf der Analyse der Wirklichkeit, sondern auf dem Urteil von Experten beruhen sollte.[20] Robinsohn stellte sich einen dreistufigen Prozess vor: Verwendungssituationen für Wissen und Fähigkeiten sollten identifiziert werden; Qualifikationen für die Befriedigung der sich aus den Verwendungssituationen ergebenden Ansprüche sollten benannt werden; Curricula, die die »Produktion« solcher Qualifikationen bewirkten, sollten in der Schule institutionalisiert werden. Verwendung, Qualifikation, Curriculum – dies waren die drei Säulen des Robinsohnschen Ansatzes zur Revision des Curriculum; und über die Verwendungssituationen, die Qualifikationen und über die Curricula sollten Experten urteilen – nicht Praktiker, sondern Experten.

Man schritt zur Tat, z. B. im Bereich der Mathematik. In welchen Verwendungssituationen kommt die Mathematik vor? Zum Beispiel im Unternehmen. Welche Qualifikationen sind in diesen Verwendungssituationen gefordert? Zum Beispiel die Berechnung der Gewinne bzw. Verluste bestimmter Geschäfte. Wie lernt man in der Schule Gewinne und Verluste von Unternehmen bei bestimmten Investitionen bzw. De-Investitionen zu berechnen?[21] Es stellte sich sehr schnell heraus, dass eine wissenschaftliche Analyse der Verwendungssituationen, Qualifikationen und Curricula unmöglich war – wissenschaftlich und praktisch. Es war deshalb wie eine Parodie, dass eine hessische Lehrer-Arbeitsgruppe den Versuch unternahm, die »Unterrichtseinheit Fußball« zum Gegenstand zu machen: Fußballspielen als Verwendungssituation mathematischer Kenntnisse, mathematische Analysen der Spielsituation als Qualifikation und Projektunterricht in der Schule im Rahmen des Curriculum – und als Rechtfertigung musste Fußball-Kompetenz der (männlichen) Schüler herhalten.[22]

20 Robinsohn, *Bildungsreform als Revision des Curriculum*, 1967.
21 Zur Umsetzung dieses Ansatzes Damerow, *Die Reform des Mathematikunterrichts in der Sekundarstufe I*, 1977.
22 Zu diesen Projekten Münzinger, *Projektorientierter Mathematikunterricht*, 1977.

5. Funktionalisierung

Die Verwissenschaftlichung der Curriculum-Entwicklung und die Bedarfsorientierung mit Hilfe von Experten hatten es ganz deutlich gemacht, dass sich Inhalte schulischen Lernens weder aus der wissenschaftlichen Entwicklung noch aus dem gesellschaftlichen Qualifikationsbedarf allein ableiten lassen. Wenn aber die Inhalte als solche nicht begründbar waren, was sollte dann gelernt werden? Die schnellen Antworten auf diese Frage lauteten: Auf die Inhalte kommt es gar nicht an, sondern auf Verstehen, Methoden, Reflexivität, Schlüsselkompetenzen usw., also auf eine ganze Reihe funktionalistischer Konzepte, die die Schülerinnen und Schüler in die Lage versetzen sollten, unabhängig von der Entwicklung des Wissens und dem Bedarf des Marktes selbstständig zu lernen und somit die wechselnden Anforderungen der Lebenswelt und des Beschäftigungssystems dauerhaft erfüllen zu können. Die von Martin Wagenschein entwickelte Didaktik des mathematischen und naturwissenschaftlichen Unterrichts faszinierte durch ihre scheinbare Schlichtheit.[23] Das Schlagwort vom »Lernen des Lernens« machte die Runde, und der Bildungsrat erhob es nach der Wissenschaftlichkeit zu seiner zweiten Grundforderung an das Lernen überhaupt. Das Tempo der gesellschaftlichen, technisch-wissenschaftlichen und wirtschaftlichen Entwicklung sowie die Veränderungen der Lebensumstände und der Arbeitsverhältnisse erfordern eine gezielte Förderung der Fähigkeit zu lernen, insbesondere auch der Fähigkeit, immer wieder neu zu lernen, sei es in anderen Gegenstandsbereichen, sei es im gleichen Gegenstandsbereich, aber auf höherem Niveau. Die Forderung nach dem Lernen des Lernens ergab sich folgerichtig aus dem Ansatz der Wissenschaftsbestimmtheit des Lernens.

Den Vogel aber schoss Dieter Mertens 1974 ab, indem er das Konzept der Schlüsselqualifikationen in den Raum stellte. Wenn schon die Qualifikationen konkret nicht erfassbar seien, dann sollten im Ausbildungsprozess solche Qualifikationen vermittelt werden, denen eine Schlüsselfunktion zukommt, nämlich Basisqualifikationen, Horizontalqualifikationen, Breitenelemente und Vintage-Faktoren.[24] Dieses aus der Berufsausbildung stammende

23 Deutscher Bildungsrat, *Strukturplan*, 1970, S. 33.
24 Mertens, *Schlüsselqualifikationen. Thesen zur Schulung für eine moderne Gesellschaft*. Mitteilungen aus Arbeitsmarkt- und Berufsforschung, 1977, S. 36.

Konzept eroberte in Windeseile die gesamte bildungspolitische Diskussion und galt bald als ein Heilmittel für die Lösung des Problems der Lernzielbestimmung. Doch diese in der Mitte der 70er-Jahre »in den Raum« gestellten Konzepte blieben ein Vierteljahrhundert folgenlos. Immer wieder als Forderung erhoben, blieben sie gänzlich unerfüllt. Die Ansicht, dass es ein rein funktionales »inhaltsfreies« Lernen nicht geben könne, setzte sich durch. Ist »Verstehen« wirklich eine universelle, von jedem Inhalt losgelöste Fähigkeit? Was lernt man eigentlich, wenn man das Lernen lernt? Gibt es allseits verwendbare Methoden? Für welches Schloss liefern die Schlüsselqualifikationen den Schlüssel? Häufig blieben die Begriffe leere Worthülsen, die wie eine Monstranz der Lehrplanarbeit vorangetragen wurden, die jedoch nicht in der Lage waren, den Lehrplänen selber Ziel, Form und Inhalt zu geben. Erst im Rahmen des »Forum Bildung« sowie der Diskussion der PISA-Ergebnisse erlangten die Forderungen nach einer funktionalen Begründung des Lernens neue Aktualität. Die OECD entwickelte Konzepte zur Grundlegung der PISA-Erhebungen, die auf dem Kompetenzbegriff aufgebaut waren. Hierbei spielte die von Weinert vorgelegte Analyse des Kompetenzbegriffes eine zentrale Rolle.[25] In jahrelanger Arbeit entwickelte die OECD darüber hinaus ein Konzept für die neuen sogenannten »Key-Competences« (Schlüsselkompetenzen statt Schlüsselqualifikationen), die zukünftigen Leistungsmessungen zugrunde gelegt werden sollten.[26] In der Empfehlung VII fordert das »Forum Bildung« unter anderem fachübergreifende Kompetenzen, und zwar insbesondere Methodenkompetenzen, Motivation und Befähigung zu kontinuierlichem Lernen, Sprach- und Methodenbeherrschung, mathematisch-naturwissenschaftliche Grundkompetenzen sowie soziale Kompetenzen.[27] In diesen Begriffen kann man ohne weiteres die funktionalistischen Konzepte der frühen 70er-Jahre wiedererkennen.[28] Auch PISA geht

25 Weinert, *Konzepte der Kompetenz*, Beitrag zu dem OECD-Projekt »DeSeCo« Theoretical and Conceptual Foundations, o. J.
26 DeSeCo, Theoretical and Conceptual Foundations. Strategy Paper on Key Competences, Entwurf vom 2. 9. 2002.
27 »Forum Bildung«, Ergebnisse, herausgeben vom Arbeitsstab »Forum Bildung« in der Geschäftsstelle der Bund-Länder Kommission für Bildungsplanung, 2001.
28 Siehe auch den Expertenbericht des Forums Bildung »Bildungs- und Qualifikationsziele von morgen«, herausgegeben vom Arbeitsstab des Forums Bildung, o. J.

von einem funktionalen Kompetenzbegriff aus; doch der Erwerb funktionaler Kompetenzen ist nicht beliebig in dem Sinne, dass die Inhalte des Lernens austauschbar wären. Kompetenzerwerb und Persönlichkeitsbildung gehören zusammen und sind mit bestimmten Inhalten und Wissen verbindbar.

6. Basisorientierung

Nach den Phasen und Formen der Wissenschaftsorientierung einerseits und den verschiedenen Ansätzen der Bedarfsorientierung der Curricula-Entwicklung andererseits erschien eine Phase der Basisorientierung fast unvermeidlich: Basis – das waren die Lehrerinnen und Lehrer, die Eltern sowie die Schülerinnen und Schüler. Da ihnen die Aufgabe der Erprobung, Einführung, Durchführung und Evaluierung der neuen Curricula sowieso zufiel, lag es nahe, sie auch an der Entwicklung der Curricula selbst zu beteiligen.[29] Schließlich war die Nicht-Einbeziehung der »Basis« der Grund für das Scheitern technokratischer Lehrplanreformen gewesen (s. o. 1-4). Im Übrigen entsprach eine solche Basisorientierung dem »Zug der Zeit« sowieso. Sie wurde mit der »Demokratisierung der Gesellschaft« in Verbindung gebracht, die seit der Bildung der Sozial-Liberalen Koalition im Jahre 1969 Leitziel sogar der Regierungspolitik war. Insbesondere für die Versuchsschulen wie z. B. die Bielefelder Schulprojekte (Laborschule und Oberstufenkolleg)[30] und für die neuen Gesamtschulen, für die es zunächst angesichts ihrer in einigen Ländern stürmischen Entwicklung in den 70er-Jahren keinerlei Vorbilder

---

29 Eine Art »Manifest« dieser Bewegung war der Vorschlag einer Projektgruppe zur Errichtung Regionaler Pädagogischer Zentren aus dem Jahre 1972, s. Gerbaulet u. a., *Schulnahe Curriculum-Entwicklung*; das Konzept wurde auch vom Bildungsrat übernommen, Empfehlungen der Bildungskommission »Zur Förderung praxisnaher Curriculum-Entwicklung«, 1973; als ständiges Diskussionsforum insbesondere der Lehrerschaft fungierte die seinerzeit in riesiger Auflage verbreitete Zeitschrift *betrifft: erziehung*, Curriculum-Diskussion, 1973.

30 Lehrergruppe Laborschule, Laborschule Bielefeld. Modelle im Praxistest, 1977; Harder, *Drei Jahre Curriculum-Werkstätten*, 1974; Classen u. a., *AMBOSS-Arbeitsmaterialien aus dem Bielefelder Oberstufenkolleg*, 1978 ff.

und Vorgaben gab, bestand ein großer Bedarf an neuen Curricula.[31]

Angeregt durch die Kultusminister, wissenschaftlich begleitet von Landesinstituten für Planung, Curriculum-Entwicklung und Lehrerfortbildung und weithin dokumentiert in Forschungsprojekten bundeszentraler Einrichtungen, entstanden in den 70er-Jahren zahlreiche Modellprojekte der Curriculum-Entwicklung an Schulen, in denen Entwicklungs- und Erprobungsarbeit miteinander verbunden wurden. Obwohl es sich um eine breite Basisbildung handelte, hatte sie mit zwei Strukturproblemen jeder Modellentwicklung zu kämpfen: Modellschulen verfügen in der Regel über eine besondere personelle und finanzielle Ausstattung, die in der Regel in anderen Schulen nicht zur Verfügung steht, Modellschulen sind häufig »Vorzeige-Schulen«, deren Funktion es auch ist, Reformwillen zu demonstrieren, um am Regelschulwesen nichts ändern zu müssen. Die basisnahe Curriculum-Entwicklung endete deshalb nur allzu häufig in der Isolierung der schulischen Projektgruppen und in der Frustration der beteiligten Lehrerinnen- und Lehrergruppen.

Aus den neuen Curricula der Versuchs- und Modellschulen entwickelten sich also keine allgemeinen Lehrpläne für das gesamte Schulwesen, wohl aber gingen von diesen Versuchen Anregungen für die weitere Curriculum-Entwicklung aus, die in den Diskussionen um die Lehrplanreform bis heute nachwirken.

7. Verrechtlichung und Parlamentarisierung

Aus den Auseinandersetzungen zur Konfliktorientierung bzw. Anwendungsorientierung der hessischen Rahmenlinien »Politik« und »Deutsch«,[32] zu den Sexualkundeempfehlungen der Kultusministerkonferenz, die als Eingriff in die familiale Privatsphäre verstanden wurden[33], sowie zur polytechnischen Orientierung

---

31 Die 1971 vorzeitig abgebrochene Arbeit der sogenannten Großen Hessischen Curriculumkommission richtete sich auf die Integration der Sek I durch schulartübergreifende Curricula, die demokratisch legitimierte Forschungs- und Entwicklungsinstitutionen in einer Vielzahl von schulnahen Curriculum-Entwicklungszentren und -gruppen entwickeln sollten.

32 Köhler, *Wem soll die Schule nutzen?* Rahmenrichtlinien und neue Lehrpläne im Praxistest, 1974.

33 Kentler, *Für eine Revision der Sexualpädagogik*, 5. Aufl. 1971.

der Arbeitslehre, in der eine Rezeption der DDR-Pädagogik gesehen wurde,[34] entstand die verfassungsrechtliche Forderung nach einer rechtlichen bzw. gesetzlichen Regelung der Bildungsziele und möglicherweise auch der Lehrpläne. Grundlegend wurde die Entscheidung des Bundesverfassungsgerichts zur Sexualkunde sowie die ihr folgende Empfehlung des Deutschen Juristentages.[35] Danach sollte der Gesetzgeber alle wesentlichen Fragen des Schulrechts, darunter auch die Lernziele, entweder selbst regeln oder sie durch eine hinreichend bestimmte Ermächtigung dem Verordnungsgeber zur Regelung durch Rechtsverordnung übertragen, und »wesentlich« in diesem Sinne war für das Bundesverfassungsgericht vor allem das, was für die Grundrechte der Schülerinnen und Schüler bzw. ihrer Eltern wesentlich war. Auf der Grundlage dieses Ansatzes konnte man zu der Auffassung gelangen, dass der gesamte Lehrplan einer gesetzlichen Regelung bedurfte, denn Unterricht und Erziehung berührten sowohl die Grundrechte der Eltern wie der Schüler, insbesondere das Elternrecht und die Persönlichkeitsrechte. Doch der Gesetzgeber beschränkte sich auf einige vage gesetzliche Regelungen, insbesondere hinsichtlich der Sexualkunde, der Ethik sowie des Religionsunterrichts, und zwar immer dann, und nur dann, wenn ein Gericht dies im konkreten Falle verlangt hatte; bei den Lehrplänen beschränkten sich die meisten Länder auf den Erlass von Lehrplänen in der Form von Rechtsverordnungen.[36]

Diese Antwort auf eine gewisse Politisierung einiger weniger Lehrplanfragen beruhigte zwar die Rechts- und Bildungspolitiker der politischen Parteien einige Zeit lang, trug aber zur Lösung der Lehrplanfragen nichts bei, denn – abgesehen von gewissen Grundentscheidungen – lassen sich Lehrplanentscheidungen nicht parlamentarisieren. Aus diesem Grunde wurde es auch nach einigen Jahren still um den sogenannten Gesetzesvorbehalt in Lehrplanfragen. Es ergingen zwar noch einige Gerichtsentscheidungen; doch im großen und ganzen kann man sagen, dass der

34 Blankertz, *Arbeitslehre in der Hauptschule*, 3. Aufl. 1969.
35 BVerfGE 47,46 sowie Deutscher Juristentag, *Schule im Rechtsstaat*, Bd. I, Entwurf für ein Landesschulgesetz, 1981; zur reichen Rechtsprechung s. Staupe, *Parlamentsvorbehalt und Delegationsbefugnis*, 1986.
36 Hierzu die ausführlichen Darstellungen bei Staupe, a. a. O.

Versuch einer Politisierung und Parlamentarisierung der Lehrplanreform gescheitert ist.[37]

8. Gerechtigkeitsdiskurs

Die Kritik an der Politisierung und Parlamentarisierung von Lehrplanentscheidungen wurde als »Verrechtlichungs-Kritik« und häufig auch als »Bürokratisierungs-Kritik« vorgetragen. In der Tat hat das Bundesverfassungsgericht, insoweit der juristischen Literatur folgend,[38] die Forderung nach einer »Vergesetzlichung« der Lehrpläne mit Argumenten des Rechtsstaats- und Demokratieprinzips begründet.[39] Als »Rechtsstaat« erschien in diesem Zusammenhang ausschließlich die sogenannte formale Rechtsstaatkonformität, der mit einer – wie immer gearteten – rechtlichen Regelung Genüge getan werden konnte. Ihr wurde jedoch die Idee einer sogenannten materiellen Rechtsstaatlichkeit, eine Re-Individualisierung der Gerechtigkeit entgegengesetzt, und zwar als prozedurale Gerechtigkeit (Fairness) wie auch als Chancen- bzw. Ergebnisgerechtigkeit (Verteilungsgerechtigkeit).[40] Wenn Zensuren über die schulischen und beruflichen Laufbahnen der Kinder und Jugendlichen entscheiden, weil sie das sogenannte Berechtigungswesen steuern, dann müssen sie in einem gerechten Verfahren zustande kommen und auch die Leistungen der Schülerinnen und Schüler abbilden. Der Numerus Clausus an den Hochschulen und die beginnende Arbeitsmarktkrise führten in der zweiten Hälfte der 70er Jahre zu einer erhöhten Aufmerksamkeit für die Verteilungsprozesse im Bildungswesen und durch das Bildungswesen.[41] Schelskys altes Schlagwort von der Schule als einer »Zuteilungsapparatur von Sozialchan-

---

37 In den Auseinandersetzungen um das Fach Lebenskunde-Ethik-Religion (LER) in Brandenburg flammte dieser Streit zwar nochmals auf; er wurde jedoch durch einen Vergleichsvorschlag des BVerfG im Jahre 2001 geschlichtet.

38 Die Vereinigung der deutschen Staatsrechtslehrer hatte schon 1966 eine »Verrechtlichung« des Schulwesens gefordert, s. die Referate von Evers und Fuss, 1966, S. 147 und 199.

39 BVerfGE, 47,46.

40 Flitner, »Gerechtigkeit als Problem der Schule«, in: ders., *Für das Leben – oder für die Schule?*, 1987, S. 15.

41 Flitner, *Der Numerus Clausus und seine Folgen*, 1976.

cen«[42] war wieder in aller Munde. Die Übergänge zwischen den Schularten und Schulstufen sowie zwischen den Bildungs- und Beschäftigungssystemen wurden wichtig; ihnen widmete der Deutsche Bildungsrat sein letztes Gutachten.[43] Wie aber soll Gerechtigkeit hergestellt werden, wenn die Maßstäbe und die Beurteilungsverfahren unterschiedlich sind? Es kommt auf die Anforderung und die Leistungsmessung an und darauf, Schulen selber als »just communities« (Oser) zu begreifen und zu gestalten. Die Gerichte hielten sich bei der Überprüfung der Leistungsbeurteilung durch die Schulen zurück, indem sie ihnen einen sogenannten Beurteilungsspielraum einräumten.[44] Die Anforderungen sollten durch die Lehrpläne bestimmt werden, und über die Leistungsmessung gab es eine – vor allem von Ingenkamp geführte – jahrzehntelange Auseinandersetzung.[45] So führte der Gerechtigkeitsdiskurs letztlich doch wieder zurück auf die Frage nach den Lehrplänen. Innere und äußere Schulreform wurden so miteinander wieder verbunden. Die praktische Lehrplanarbeit erreichte dieser Gerechtigkeitsdiskurs allerdings nicht.

9. Rückkehr zu Humboldt?

Nach dieser Vielzahl von »Irrungen und Wirrungen« der Curriculum-Entwicklung in der zweiten Hälfte des 20. Jahrhunderts, nach der Durchsetzung der Wissenschaftsorientierung des Curriculum, der Bedarfsorientierung, der Quantifizierung, der Basisorientierung, der Umsetzung sowie der Pazifizierung durch Rechts- und Gerechtigkeitsdiskurse drängte sich die Frage nach dem Bildungsbegriff auf, der hinter diesen Debatten stand und der eigentlich in Vergessenheit geraten war. Der Deutsche Ausschuss für das Erziehungs- und Bildungswesen hatte sich in seiner Empfehlung zur Erwachsenenbildung von 1962 zu einem hermeneutischen und handlungsorientierten gewandelten »klassischen« Bildungsbegriff bekannt. »Gebildet... wird jeder, der in

---

42 Schelsky, *Anpassung und Widerstand*, 1962.
43 Bericht »75. Entwicklungen im Bildungswesen«, 1975.
44 Grundsätzlich zuletzt BVerfG zu den Mediziner-Tests BVerGE 84,34 und 84,59.
45 Ingenkamp, »Möglichkeiten und Grenzen des Lehrerurteils und des Schultests«, in: Roth, *Begabung und Lernen*, 1969, S. 407.

der ständigen Bemühung lebt, sich selbst, die Gesellschaft und die Welt zu verstehen und diesem Verständnis gemäß zu handeln.«[46]

Doch die Zeit war darüber hinweggegangen, weil Wissen und Information, Kenntnisse und Qualifikation, Fähigkeiten und Fertigkeiten, weil also eine funktionale Orientierung der Lernprozesse wichtiger und nützlicher erschien als Bildung. In den zahlreichen Gutachten und Empfehlungen des Deutschen Bildungsrates aus der Zeit zwischen 1965 und 1975 wird man deshalb auch vergeblich nach einer Definition des Bildungsbegriffes suchen. Hieran änderte sich auch in den 80er-Jahren wenig, wenn auch die Diskussion über die Werteerziehung in der Öffentlichkeit Widerhall fand.[47] In dieser Situation ließ es aufhorchen, dass in den 90er-Jahren Bücher wie Schwanitz, »Bildung – Alles was man wissen muss« (1999) oder Elschenbroich, »Das Weltwissen der Siebenjährigen« (1999) zu Bestsellern wurden. Der Verkaufserfolg dokumentiert die tiefgreifende Verunsicherung des »gebildeten Publikum« angesichts eines »verschwundenen Bildungsbegriffs«, denn was gaben die Bücher als Antwort auf die Sinnkrise der Bildung? Schwanitz antwortet mit einer willkürlichen Auswahl von Bildungsgütern, Elschenbroich mit einer liebenswerten, sehr persönlichen Anthropologie. Es wirkte wie eine Provokation, dass Hartmut von Hentig 1996 ein Buch »Bildung« nannte. In ihm plädiert er für die Rückkehr zu einem zutiefst humanistischen, persönlichkeitsbezogenen Bildungsbegriff, der freilich in erster Linie nicht auf die Schule, aber dann doch letztlich auch auf die Schule zielte. Maßstäbe sollten sein: Erstens Abscheu und Abwehr von Unmenschlichkeit, zweitens die Wahrnehmung von Glück, drittens die Fähigkeit und der Wille, sich zu verständigen, viertens ein Bewusstsein von der Geschichtlichkeit der eigenen Existenz, fünftens Wachheit für Letzte Fragen und sechstens die Bereitschaft zur Selbstverantwortung und Verantwortung in der res publica (S. 75). Und was bildet? Erstens Geschichten, zweitens das Gespräch, drittens Sprache und Sprachen, viertens Theater, fünftens Naturerfahrung, sechstens Politik, siebtens Arbeit, achtens Feste feiern, neuntens die Musik und zehntens Aufbruch. Wenn alles dieses bildet, dann wird man wohl auch der Schule eine gewisse Bildungsfunktion nicht absprechen können, wie auch

46 S. o. Fußnote 1, a. a. O., S. 870.
47 Z. B. Kalb-Petry-Sitte, *Werte und Erziehung*, 1996.

Hartmut von Hentig konzediert, aber Lehrpläne im herkömmlichen Sinne braucht es nicht zu geben, sondern eine völlig andere Anordnung der Gegenstände und eine andere Zeit- und Raumverteilung.

10. »Delphi« und Forum Bildung

Die beiden letzten Bundesregierungen haben Versuche unternommen, als Grundlage für die Entwicklung des Bildungswesens einen breiten gesellschaftlichen Konsens zu formulieren.

Der erste Versuch folgte der sogenannten Delphi-Methode, durch die die Meinungen von vielen hundert Experten der wissenschaftlichen Entwicklung und der pädagogischen Umsetzung zu zukünftigen bildungspolitischen Entwicklungen eingeholt, dokumentiert und diskutiert werden sollten. Die Erhebung wurde in mehreren Wellen durchgeführt und liegt dokumentiert vor.[48] In einem sogenannten »Wissenschafts- und Technik-Delphi« wurden zunächst zweitausend Experten nach sogenannten Mega-Trends befragt, nach der Entwicklung der Geburtenrate, des Arbeitsmarktes, der Weltbevölkerung, der Reformfähigkeit, der Frauenemanzipation, der Energiebasis sowie den Umweltproblemen. Heraus kamen sowohl bekannte Daten, wie z. B. zur Verknappung fossiler Brennstoffe, wie überraschende Spekulationen, wie z. B. dass Deutschland wieder ein sehr attraktiver Investitionsstandort werden wird. Wie lassen sich aus solchen Prognosen Vorgaben für die Wissens- und Bildungspolitik ableiten? Bei der Wissensentwicklung folgte die Studie ebenfalls dem Modell der Expertenprognose. Rund fünfhundert Experten sagten voraus, dass sich einige Wissensgebiete dynamisch entwickeln werden, z. B. im Bereich der Informationstechnologie und in der organisierten Kriminalität, andere dagegen nicht, z. B. die Geschichte des Rechts und der Musik. Es ist den Delphi-Studien nun allerdings nicht gelungen, aus den Prognosen der Wissenschafts- und Wissensentwicklung Folgerungen für die Bildung der »Menschen von morgen« abzuleiten, sondern die rund fünfhundert Bildungsexperten von Delphi II äußerten Meinungen über Relevanz

48 BMBF, Delphi-Befragung, 1996/98. Integrierter Abschlussbericht. Zusammenfassung von Delphi I »Wissens-Delphi« und Delphi II »Bildungs-Delphi«, 1998.

von Bildung im Allgemeinen und über Sonderaspekte der Bildung im Besonderen, die sie jedoch nicht mit den Ergebnissen von Delphi I begründen konnten. Man mag die Prognosen und Einschätzungen teilen oder nicht – die Delphi-Studien der zweiten Hälfte der 90er-Jahre erlitten dasselbe Schicksal wie der Robinsohnsche Ansatz der Curriculum-Revision in den 70er Jahren: Die Ableitung misslingt; die durchaus wertvollen Prognosen geraten in Vergessenheit. Die Lehrplanreform jedenfalls wurde durch die Delphi-Studien nicht angeregt oder gar beeinflusst. Die neue Bundesregierung kam auf das große bildungspolitische Vorhaben ihrer Vorgängerin nicht wieder zurück, sondern überging es mit Schweigen.

Der zweite Versuch, das »Forum Bildung«, verfolgte nicht weniger ehrgeizige Ziele: Ausgewählt und »vorbereitet« durch eine kleine Gruppe von Vertretern aus Politik, Gesellschaft und Wissenschaft, sollten Experten in Sachverständigengruppen Bildungs- und Qualifikationsziele formulieren und über Chancengleichheit, Qualitätsentwicklung und -sicherung sowie lebenslanges Lernen und eine neue Lehr- und Lernkultur beraten. Die Beratungsergebnisse, durch Expertisen vorbereitet, sollten in zwei großen Kongressen der Öffentlichkeit präsentiert werden, wenn man so will: Ein politisch (nicht wissenschaftlich) gesteuertes »Riesen-Delphi« öffentlicher Kommunikation über die Entwicklung des Bildungswesens. Herausgekommen sind dabei vielfältige Veröffentlichungen,[49] die den Stand des öffentlichen Nachdenkens – vor PISA – abschließend dokumentieren, ohne freilich politisch handlungsleitend gewirkt zu haben. Die Konsequenzen, die Bund und Länder auf der Abschlusskundgebung 2002 aus dem »Forum Bildung« zogen, waren nicht Konsequenzen des Forums Bildung, sondern altbekannte bildungspolitische Vorhaben und Forderungen der Parteien.[50] Aussagen über die Reform der Lehrpläne finden sich jedenfalls bei diesen »Konsequenzen« nicht, – wie übrigens bei dem gesamten Unternehmen »Forum Bildung«.

49 14 Bände Materialien und 4 Bände Ergebnisse, herausgegeben vom Arbeitsstab des Forums Bildung in der Geschäftsstelle der Bund-Länder-Kommission für Bildungsplanung, 1999-2002.
50 Ergebnisse Bd. IV, S. 50ff und S. 56ff.

Ergebnis

Vergegenwärtigt man sich die in zehn Punkten skizzierten Bemühungen zur Lehrplan-Entwicklung, so wird deutlich, dass es eines Neuansatzes der Entwicklung von Bildungsplänen bedarf. Die »vor-PISA-Politik« hat offensichtlich mehrere Aspekte nicht gesehen bzw. vernachlässigt, die erst durch PISA deutlich geworden sind, nämlich: die Bedeutung der institutionellen Rahmenbedingungen unter Einschluss der föderalen Ordnung und der institutionellen Autonomie; die Output-Orientierung unter Einschluss der Gleichzeitigkeit von Standardisierung und Individualisierung sowie der Dominanz der Messbarkeit; den Kompetenz-Ansatz unter Einschluss des nichtformalen und informellen Lernens sowie der medialen und informationstechnologischen Entwicklung.

Dies alles begründete einen enormen Modernisierungsbedarf der Lehrplanentwicklung, und zwar auch im Sinne neuer Verfahren, die der Baden-Württembergische Bildungsrat angeregt hat. Die Berufung auf PISA allein vermag diese neuen Verfahren allerdings nicht zu begründen; es besteht vielmehr die Gefahr, dass der Rekurs auf PISA angesichts des enormen politischen und öffentlichen Druckes auf die Bildungspolitik zu einer scheinbar leistungsorientierten Verfestigung bisheriger Traditionen der Lehrplanarbeit führen wird – von der man sich weder Fortschritte in der Lehrplanfrage noch bessere künftige PISA-Ergebnisse versprechen kann.

Nach diesem Rückblick auf die Versuche zur Reform der (west)deutschen Lehrpläne möchte ich nun zehn Gründe nennen, warum es meines Erachtens eines Neuansatzes der Lehrplanreform bedarf.

1. PISA

Das Program for International Students Assessment I (PISA) hat OECD-weit 15-jährige Schülerinnen und Schüler (bzw. in Deutschland zusätzlich Neuntklässler) im Leseverständnis, in Mathematik und in den Grundlagen der Naturwissenschaften getestet. Über die Ursachen für das schlechte Abschneiden der deutschen Schülerinnen und Schüler im Durchschnitt sagen die Testergebnisse selber nichts aus, weder über das besonders schlechte

Ergebnis der schlechten Schülerinnen und Schüler noch über die mäßig guten Ergebnisse der guten Schülerinnen und Schüler, noch über die besonders großen Unterschiede zwischen den guten und schlechten Schülerinnen und Schülern. Wohl aber lassen sich aus dem internationalen Vergleich, aus dem Vergleich zwischen den Bundesländern wie aus der Erhebung der Kontextbedingungen gewisse Rückschlüsse auf die Leistungsfähigkeit der deutschen Schülerinnen und Schüler ziehen.[51]

Feststellen lässt sich jedenfalls, dass die Charakteristika des deutschen Schulwesens, nämlich die Dreigliedrigkeit des Sekundarschulwesens bzw. das Parallelsystem von Dreigliedrigkeit und Gesamtschule, die frühe Selektion und Allokation der Schülerinnen und Schüler bei geringer Durchlässigkeit des gegliederten Systems, die Steuerung der staatlich-kommunalen Schulen durch staatliche Lehrpläne, die Verbeamtung universitär-fachlich ausgebildeter Lehrerinnen und Lehrer, die staatliche Lizensierung der Schulbücher, die staatliche Reglementierung von Zugang, Versetzung, Prüfung und Berechtigung sowie die staatliche Schulaufsicht durch fachlich qualifizierte Beamte allein bessere Ergebnisse nicht gewährleisten können.

2. Output-Orientierung

Die Qualität des deutschen Schulwesens ist bisher vor allem durch Input-Größen gemessen worden, nämlich durch

- die Beteiligung, insbesondere den sogenannten relativen Schulbesuch,
- die Betreuung, insbesondere Schüler-Lehrer-Relation und Klassengröße,
- die Verweildauer, insbesondere Ausdehnung der Pflichtschulzeit,
- die Unterrichtszeit, insbesondere die Zahl der effektiv erteilten Unterrichtsstunden
- sowie die finanziellen Aufwendungen, insbesondere aus öffentlichen Quellen.

Die Ergebnisse des Unterrichts sind jedoch nur punktuell bekannt, z. B. Abiturientenzahlen, Abgänge ohne Abschluss u. ä. m.;

---

51 Baumert, a. a. O., *PISA 2000*, 2001; Baumert u. a., *PISA 2000 – Die Länder der Bundesrepublik Deutschland im Vergleich*, 2002.

eine differenzierte Darstellung von Erfolg und Misserfolg schulischen Lernens fehlt. Insbesondere aber fehlen jegliche Aussagen über die Effizienz des Unterrichts, d. h. über das Verhältnis von Aufwand und Ertrag.

3. Kompetenzansatz

»Was sollen die Schüler lernen?« wird seit langem gefragt. Die Expansion und Differenzierung des Wissens, die Entwicklung der Informationstechnologien sowie die gleichzeitige Qualifizierung und De-Qualifizierung beruflicher Arbeit verursachen eine tiefgreifende Verunsicherung sowohl der privaten wie der gesellschaftlichen Nachfrage nach Bildung.[52] Junge Menschen und ihre Eltern haben aber ein Recht darauf zu wissen, wozu die Schule da ist, in der die Schülerinnen und Schüler so viel Lebenszeit verbringen[53], und Wirtschaft und Gesellschaft müssen wissen, was sie von der Schule erwarten können.[54] Die Forderung nach zukunftsfester Bildung ist deshalb aktueller denn je.[55] Wenn weder Inhalte noch Fertigkeiten sich als bestandskräftig erweisen, dann kann es nur darauf ankommen, in der Schule Kompetenzen zu erwerben, die die Beschäftigungsfähigkeit, die Kulturfähigkeit und die Sozialfähigkeit junger Menschen dauerhaft begründen und sichern.

4. Leistungsfähigkeit

Leistung und Leistungsfähigkeit eines Menschen, einer Gruppe, einer Institution, ja eines ganzen Systems lassen sich nur beurteilen, wenn die Maßstäbe der Leistungsbeurteilung bekannt und anerkannt sind. Bildungsstandards setzen absolute Leistungsmaßstäbe, im Unterschied zu einer relativen (sozialen) oder einer individuellen (retrospektiven oder prognostischen) Leistungsbe-

---

52 Richter, s. o. Fußnote 11.
53 Schön und überzeugend Hartmut von Hentig, *Warum muss ich zur Schule gehen? Eine Antwort an Tobias in Briefen*, 2001.
54 Aus einer ganzen Reihe von Forderungskatalogen aus Kreisen der Wirtschaft z. B. Alfred Herrhausen Gesellschaft für Internationalen Dialog, *Wie viel Bildung brauchen wir?*, 2002.
55 De Haan-Poltermann, *Funktion und Aufgaben von Bildung und Erziehung in der Wissensgesellschaft*, working paper 02/167 des Vereins zur Förderung der Ökologie im Bildungswesen, Berlin 2002.

urteilung.[56] Man kann Ziele standardisieren (Alle Schülerinnen und Schüler sollen das gleiche Ziel erreichen), man kann Inhalte standardisieren (Alle Schülerinnen und Schüler sollen dasselbe lernen), man kann Verfahren standardisieren (Alle Schülerinnen und Schüler werden gleich unterrichtet), und man kann Beurteilungen standardisieren (Alle Schülerinnen und Schüler werden nach denselben Kriterien beurteilt); doch in einer freien und offenen Gesellschaft kann dies nicht die Aufgabe von Bildungsstandards sein. Bildungsstandards setzen vielmehr Maßstäbe für Ziele, Inhalte, Verfahren und Beurteilungen – als solche stellen sie weder Ziele, Inhalte, Verfahren noch Beurteilungen dar.

Leistung und Leistungsfähigkeit eines Menschen, einer Gruppe, einer Institution, eines ganzen Systems lassen sich dann aufgrund eines solchen Maßstabs beurteilen (relative Leistung), Entwicklungen und Fortschritte der Leistung lassen sich längsschnittlich aufgrund eines solchen Maßstabs beurteilen (retrospektive Leistungsentwicklung), und die Leistungsfähigkeit lässt sich für die Zukunft abschätzen (prospektive Leistungsentwicklung). Ohne Bildungsstandards lassen sich Leistung und Leistungsfähigkeit dagegen überhaupt nicht beurteilen.

5. Selbstständigkeit

Leistungen werden letztlich durch Individuen erbracht; die Leistungsfähigkeit einer Gruppe, einer Institution, eines Systems beruht auf der Leistungsbereitschaft und der Leistungsfähigkeit der Mitglieder. Um aber Individuen in die Lage zu versetzen, Leistungen zu erbringen, genügt es nicht, Erziehung zur Selbständigkeit zu verlangen. Junge Menschen müssen die Chance erhalten, in der Schule und durch die Schule Selbständigkeit zu erlangen. Darauf sind die Schulen und die Lehrerinnen und Lehrer einstweilen aber nicht eingerichtet. Zur Selbstständigkeit gehören: Orientierungswissen, Beratungsoffenheit, Selbsterfahrung, insbesondere Selbstwirksamkeit, Beharrungsvermögen, Widerstandskraft und Resilienz angesichts vielfältiger Verlockungen und Gefährdungen, Anknüpfung an die Stärken der Schülerinnen und Schüler und Nutzung ihrer eigenen Ressourcen statt der Betonung ihrer Schwächen, was die Erfahrung wiederholten Schei-

---

56 Richter, s. o. Fußnote 11.

terns und Demütigungen mit sich bringen kann, Gestaltungsmöglichkeiten, die deutlich über die bisherigen Formen der Partizipation hinausgehen, Vermittlung von Wert und Sinn schulischen Lernens anstelle der Ahnung und Erfahrung von Sinn- und Nutzlosigkeit schulischen Lernens, denn nur so können erfolgreiche schulische Lernbiographien aufgebaut werden.

Selbstvergewisserung des eigenen Lernens und der eigenen Lernfortschritte durch Reflexivität im Sinne von »What did I learn in school today«?

Dem Begriff »Curriculum« kann so sein ursprünglicher Sinn wiedergegeben werden, der die Lernbiographie des selbstständigen Individuums meinte.

6. Messen

Jede Output-Orientierung (s. o. 2), jede Beurteilung von Kompetenzerwerb (s. o. 3), jedes Setzen von Bildungsstandards (s. o. 4) und auch jede Entwicklung selbständiger Handlungsfähigkeit (s. o. 5) setzt freilich die Messbarkeit von Ergebnissen voraus. Lehrerinnen und Lehrer sind zwar Spezialisten der Leistungsbeurteilung, weil Leistungsbeurteilung eine ihrer häufigsten Tätigkeiten ist; als Spezialisten der pädagogisch-psychologischen Diagnostik wird man viele von ihnen dennoch nicht bezeichnen können. Es stellen sich vor allem zwei grundsätzliche Fragen:

Wie lässt sich verhindern, dass nur das in messbaren Ergebnissen abbildbare Wissen in die Kompetenzerwerbsbilanz einfließt?[57] In welchem Verhältnis soll die zukünftige Messung von Leistungsergebnissen zu den bisherigen Leistungsmessungen stehen; denn es kann nicht sein, dass neue Messungen einfach zu den bisherigen Messungen hinzutreten, weil sie durchaus andere Funktionen haben.

Neue Bildungspläne müssen deshalb auch vom Ergebnis und von der Leistungsmessung her gedacht werden.

---

57 Zu den Bedenken gegen die Ausrichtung der Bildungsreform an den Anforderungen des Messbarkeit jetzt Hartmut von Hentig, *Die vermessene Bildung*, Nachwort in der Neuausgabe von »Die Schule neu denken«, 2003.

7. Modernisierung

»Die Bildungspläne der deutschen Höheren Schule... sind den Umwälzungen nicht nachgekommen, die in den letzten fünfzig Jahren den Zustand und das Bewusstsein der Gesellschaft und des Staates verändert haben; sie haben die Prägungen weithin festgehalten, die aus vergangenen geistigen, wirtschaftlichen und politischen Verfassungen stammen.«

Dieser Satz, den der Deutsche Ausschuss für das Erziehungs- und Bildungswesen im Jahre 1954 in den Mittelpunkt seiner Aussagen über den Reformbedarf des deutschen Gymnasium stellte, gilt auch heute – nach weiteren 50 Jahren – unverändert und möglicherweise in verstärktem Maße, und zwar für alle Schularten.

Die Lehrplanentwicklung vermag der wissenschaftlichen Entwicklung nicht mehr zu folgen; das gilt sowohl für die Expansion wie für die Differenzierung des Wissens. Alle Versuche, durch Stoffreduktion und Fächerintegration die wissenschaftliche Entwicklung im schulischen Curriculum abzubilden, sind bisher gescheitert. Es haben insbesondere die für die individuelle und soziale Entwicklung grundlegenden Wissenschaften der Medizin und Psychologie, der Ökonomie und Jurisprudenz wie der Sozialwissenschaften in schulischen Fächern keine Entsprechung gefunden – trotz mancher Integrationsversuche.

8. Nichtformales Lernen und informelles Lernen

Wenn es richtig sein sollte, dass 70 Prozent aller Bildung nicht in Bildungsinstitutionen erworben wird – diese Zahl geistert seit einiger Zeit durch die Veröffentlichungen zu bildungspolitischen Fragen – dann kann dies nicht ohne Rückwirkungen auf die Bildung in den Bildungsinstitutionen bleiben. Das »Forum Bildung« hat zwischen dem nichtformalen Lernen innerhalb der Bildungsinstitutionen und dem informellen Lernen außerhalb von Bildungsinstitutionen unterschieden und damit eine neue Unterscheidung in die Diskussion eingeführt, die aus dem OECD-Zusammenhang stammt und die sinnvoll erscheint.[58] Bildungspläne für die Schule müssen deshalb sowohl das nichtformale

58 Materialien Heft 5, Bildungs- und Qualifikationsziele, o. J.

Lernen wie das informelle Lernen berücksichtigen; Bildungspläne können hinfort nicht mehr rein schulische Lehrpläne sein, sondern müssen auch Aussagen über die Welt außerhalb des Unterrichts machen.

9. Informationstechnische Entwicklung

In den vergangenen Jahrzehnten sind Wellen der medialen Entwicklung über die Schule hinweggegangen, ohne sie in ihrem Kern erreicht oder gar tiefgreifend verändert zu haben. Das galt für: den programmierten Unterricht (PU) in den 60er-Jahren, die Unterrichtsmitschau in den 60er-Jahren, die Sprachlabors in den 70er-Jahren, die Unterrichtsfilme und Videos in den 70er-Jahren, das Unterrichtsfernsehen in den 80er-Jahren, die Kampagne »Schulen ans Netz« in den 90er-Jahren. An vielen Schulen stehen die Medien im Medienraum ungenutzt herum, sind in den Unterricht nicht integriert, trotz großer Anstrengungen findet eine wirkungsvolle medienpädagogische Erziehung in der Schule nicht statt. Die Bildungspläne haben bisher auf die mediale und informationstechnologische Entwicklung nicht reagiert, und zwar weder auf das Scheitern jeden präventiven Kinder- und Jugendschutzes[59] noch auf die Entbehrlichkeit bloßer Wissensvermittlung in der Schule angesichts von jederzeit möglicher und ubiquitärer Verfügbarkeit des Wissens.[60] Beide Tatsachen werden die Schule grundlegend verändern.

10. Institutionelle Autonomie und föderale Ordnung

Der Bund soll im Bundesstaat die Einheitlichkeit der Lebensverhältnisse gewährleisten; hierzu sind neue Bundesgesetzgebungskompetenzen nicht erforderlich. Die Länder sollen im Bundesstaat die Lebensverhältnisse in den Ländern gestalten, und zwar auch durch Bildung; hierzu ist ein Wettbewerb zwischen den Ländern notwendig und erwünscht. Die Kommunen sollen im Bundesstaat ein unterschiedliches regionales und lokales Bildungsangebot bereitstellen; hierzu ist eine regionale Planung erforderlich. Die Schulen sollen eigene Profile herausbilden und

59 BMFSJ, *11. Kinder- und Jugendbericht*, 2001, S. 189.
60 Richter, s. o. Fußnote 11.

hierfür Autonomie erhalten. Zur Herstellung dieser neuen Ordnung des Bildungswesens ist eine Neuverteilung von Verantwortlichkeiten, nicht von Gesetzgebungskompetenzen erforderlich. Standardisierung und Individualisierung – die Eckpunkte der neuen Bildungspläne – setzen institutionelle Autonomie und föderale Ordnung geradezu voraus.

Literaturverzeichnis

Alfred Herrhausen Gesellschaft für Internationalen Dialog, *Wie viel Bildung brauchen wir?* 2002.

Avenarius, H.; Heckel, H., *Schulrechtskunde*, 7. Aufl. Neuwied 2000.

Baumert, J., *PISA 2000*, Leverkusen 2001.

Baumert, J. u. a., *PISA 2000 – Die Länder der Bundesrepublik Deutschland im Vergleich*, Leverkusen 2002.

Blankertz, H., *Arbeitslehre in der Hauptschule*, 3. Aufl. Frankfurt am Main 1969.

Bundesministerium für Familie, Senioren, Frauen und Jugend, *11. Kinder- und Jugendbericht*, Berlin 2001.

Bund-Länder-Kommission für Bildungsplanung, *Bildungsgesamtplan*, Stuttgart 1974.

–, *Forum Bildung, Ergebnisse*, Bonn 2001.

–, *Forum Bildung, Expertenbericht »Bildungs- und Qualifikationsziele von morgen«*, Bonn 2003.

Campenhausen, A. V., *Erziehungsauftrag und staatliche Schulträgerschaft*, Göttingen 1976.

Damerow, P., *Die Reform des Mathematikunterrichts in der Sekundarstufe I*, Stuttgart 1972.

Deutscher Ausschuss für das Erziehungs- und Bildungswesen, *Empfehlungen und Gutachten, Gesamtausgabe*, Stuttgart 1965.

Deutscher Bildungsrat, *Entwicklungen im Bildungswesen*, Stuttgart 1975.

–, *Zur Förderung praxisnaher Curriculum-Entwicklung*, Stuttgart 1973.

Deutscher Juristentag, *Schule im Rechtsstaat*, Band 1, *Entwurf für ein Landesschulgesetz*, München 1981.

Dolch, J., *Lehrplan des Abendlandes*, 2. Aufl. Ratingen 1965.

Elbers, D., *Curriculum Reformen in den USA*, Berlin 1973.

Evers, H. U.; Fuss, E. W., Verwaltung und Schule, in: *VVdStL*, Band 23, Berlin 1966.

Flitner, A., *Der Numerus Clausus und seine Folgen*, München 1976.

–, Gerechtigkeit als Problem der Schule, in: ders., *Für das Leben – oder für die Schule?*, München 1987.

Fuhrmann, M., *Der europäische Bildungskanon des Bürgerlichen Zeital-*
ters, Frankfurt am Main 1999.

Gerbaulet, S., *Schulnahe Curriculum-Entwicklung*, Stuttgart 1972.

Gieseke, H., *Didaktik der politischen Bildung*, 7. Aufl. München 1972.

Harder, W., *Drei Jahre Curriculum-Werkstätten*, Hamburg 1974.

Hentig, H. v., *Die Schule neu denken*, München 2003.

–, *Warum muss ich zur Schule gehen? Eine Antwort an Tobias in Briefen*,
München 2001.

Huhse, K., *Theorie und Praxis der Curriculum-Entwicklung. Ein Bericht*
der Curriculum-Reform in den USA mit Ausblicken auf England und
Schweden, Berlin 1968.

Ingenkamp, K., Möglichkeiten und Grenzen des Lehrerurteils und des
Schultests, in: Roth, H., *Begabung und Lernen*, Stuttgart 1969.

Kentler, H., *Für eine Revision der Sexualpädagogik*, 5. Aufl. Hamburg
1971.

Köhler, W., *Wem soll die Schule nutzen? Rahmenrichtlinien und neue*
Lehrpläne im Praxistest, Hamburg 1974.

Laborschule Bielefeld (Lehrergruppe Laborschule), *Modelle im Praxistest*,
Hamburg 1977.

Mertens, D., Schlüsselqualifikationen. Thesen zur Schulung für eine moderne Gesellschaft, in: *Mitteilungen aus der Arbeitsmarkt- und Berufs-*
forschung, Nürnberg 1977.

Münzinger, W., *Projektorientierter Mathematikunterricht*, München 1977.

Richter, I., *Die sieben Todsünden der Bildungspolitik*, München 1999.

Robinsohn, S., *Bildungsreform als Revision des Curriculum*, 3. Aufl. Neuwied 1965.

Rolff, H.-G., *Bildungsplanung als rollende Reform*, Frankfurt am Main
1970.

Sacher, W., Kodifizierte Bestimmungsfaktoren curricularer Lernergeb-
nisse: Lehrpläne, in: Hameyer, u. a., *Handbuch der Curriculum-For-*
schung, Weinheim 1983.

Schelsky, H., *Anpassung und Widerstand*, Heidelberg 1962.

Schmoeckel, R., *Der Religionsunterricht*, Neuwied 1964.

Staupe, J., *Parlamentsvorbehalt und Delegationsbefugnis*, Berlin 1986.

Tütken, H.; Spreckelsen, K., *Zielsetzung und Struktur des Curriculums.*
Texte aus der amerikanischen Diskussion, Frankfurt am Main 1970.

Wagenschein, M., *Ursprüngliches Verstehen und exaktes Denken*, 2. Aufl.
Stuttgart 1970.

Hinweise zu den Autorinnen und Autoren

PD Dr. habil. Regina Ammicht-Quinn
geboren 1957, Privatdozentin für Moraltheologie an der Universität Tübingen, wohnhaft in Frankfurt a. M. Mitglied im Bildungsrat Baden-Württemberg.

Prof. Dr. Aleida Assmann
geboren 1947, 1977 Promotion in Anglistik und in Ägyptologie, seit 1993 Professorin für Literaturwissenschaft und Anglistik der Universität Konstanz, Mitglied im Bildungsrat Baden-Württemberg.

Dieter Braun
geboren 1964, Referent im Evangelischen Jugendwerk Württemberg, Altdorf, Mitglied im Bildungsrat Baden-Württemberg.

Prof. Dr. Albert Biesinger
geboren 1948, studierte katholische Theologie und Pädagogik in Freiburg und Tübingen, Promotion 1977. Von 1982 bis 1991 Professor an der Universität Salzburg, seit 1991 Professor an der Universität Tübingen. Herausgeber verschiedener theologischer Fachzeitschriften.

Dr. Donata Elschenbroich
geboren 1944, studierte Literaturwissenschaft und Musik in München und London und promovierte mit einer Arbeit zur Kulturgeschichte der Kindheit. Am Deutschen Jugendinstitut arbeitet sie auf dem Gebiet der international vergleichenden Kindheitsforschung und publizierte insbesondere zu Kindheit und Erziehung in Japan. Autorin des Bestsellers »Weltwissen der Siebenjährigen«. Daneben produziert sie zusammen mit dem Dokumentarfilmer Otto Schweitzer die Filmreihe »Wissen und Bildung«. Donata Elschenbroich lebt in Frankfurt a. M.

Prof. Dr. Helmut Fend
geboren 1940, seit 1987 Professor für Pädagogische Psychologie an der Universität Zürich. Seine Forschungsschwerpunkte sind Entwicklung im Jugendalter, Bildungssysteme und Schulentwicklung. Mitglied im Bildungsrat Baden-Württemberg.

Prof. Dr. Dr. Wassilios E. Fthenakis
geboren 1937 in Kilkis/Griechenland, 1967 Promotion zum Dr. rer. nat., 1971 Promotion zum Dr. phil., 1986 Promotion zum Dr. rer. nat. habil. und Habilitation im Fach Sozialanthropologie, seit 2002 ordentlicher Professor für Entwicklungspsychologie und Anthropologie an der Freien Universität Bozen/Italien. Mitglied des Wissenschaftlichen Beirats des »Familienbundes der Deutschen Katholiken«, Präsident des »Deutschen Instituts für Familienforschung, Familienrecht und Familienpolitik e. V.«

Berthold Fries
geboren 1968, Diakon, Referent für Jugendpolitik im Evangelischen Jugendwerk in Württemberg, stellvertretender Vorsitzender im Landesjugendring Baden-Württemberg

Prof. Dr. Hartmut von Hentig
geboren 1925, ab 1945 Studium der Altphilologie in Göttingen und Chicago, dort MA und PhD mit einer Arbeit über Thukydides, danach Lehrer am Birklehof, einem humanistischen Landerziehungsheim im Schwarzwald, und in Tübingen. 1963 Ruf auf den Lehrstuhl von Herman Nohl in Göttingen; 1968 Ruf an die Universität Bielefeld, Aufbau und Leitung der Fakultät für Pädagogik, Philosophie und Psychologie und der als Curriculumwerkstätten konzipierten Schulen Laborschule und Oberstufen-Kolleg, emeritiert 1987. Bis 1987 wissenschaftlicher Leiter der von ihm gegründeten Laborschule und des Oberstufenkollegs des Landes NRW. Mitglied im Bildungsrat Baden-Württemberg.

Prof. Dr. Gotthilf Gerhard Hiller
geboren 1944, Dr. phil., von 1969 bis 1971 Wissenschaftlicher Assistent am Pädagogischen Seminar der Universität Tübingen, seit 1971 Dozent, seit 1973 Professor für Lernbehindertenpädagogik an der Pädagogischen Hochschule Reutlingen, seit 1987 an der Pädagogischen Hochschule Ludwigsburg/Fakultät für Sonderpädagogik in Reutlingen.
Arbeitsschwerpunkte: Bildungs- und schultheoretische Konzepte für benachteiligte Kinder und Jugendliche; Erforschung von Lebensverläufen durch Alltagsbegleitung von jungen Menschen in erschwerten Lebenslagen; Berufsvorbereitung/Ausbildung, Erwerbsarbeit und Lebenskunst von Absolventen/-innen der unteren Bildungsgänge. Unterrichtsmaterialien und didaktische Theorie.

Prof. Dr. Gerald Hüther
geboren 1951, ist Neurobiologe und leitet die Abteilung für Neurobiologische Grundlagenforschung an der Psychiatrischen Klinik der Universität Göttingen. Schwerpunkte seiner gegenwärtigen Tätigkeit: Einfluss psychopharmakologischer Behandlungen auf die Hirnentwicklung, Auswirkungen von Angst und Stress und Bedeutung emotionaler Bindungen. Zahlreiche wissenschaftliche Publikationen und populärwissenschaftliche Darstellungen (Sachbuchautor). Mitbegründer von WIN-future. de (Netzwerk Erziehung und Sozialisation), wissenschaftlicher Berater der Initiative »New Parenting« und Mitorganisator der »Göttinger Kinderkongresse«.

Prof. Dr. rer. nat. Dipl.-Psych. Christiane Kiese-Himmel
Klinische Psychologin, Approbierte Psycholog. Psychotherapeutin. Leiterin des Funktionsbereiches Psychologie an der Abteilung Phoniatrie/Pädaudiologie am Klinikum der Georg-August-Universität Göttingen. Arbeitsschwerpunkte: frühe Sprachentwicklung; Sprachentwicklungsstörungen; Sprachentwicklung permanent hörbehinderter, versorgungspflichtiger Kinder; taktil-kinästhetische (somatosensorische) Wahrnehmung bei jungen Kindern; psychosomatische Dysphonien; auditive Perzeptionsstörungen. Autorin wissenschaftlicher Publikationen und Herausgeberin mehrerer Bücher und psychologischer Testverfahren.

Prof. Dr. Gudrun Marci-Boehncke
geboren 1963. Studium der Germanistik und Geschichtswissenschaft an der Universität Giessen. Staatsexamen für das Lehramt an Gymnasien, 1993 Promotion in neuerer deutscher Literatur. 1989-1990 Lektorin für Deutsch an der George-Washington University/D. C. (USA), 1992-2001 wiss. Mitarbeiterin am Institut für Didaktik der deutschen Sprache und Literatur an der Universität Gießen, 2000 Max Kade-Gastprofessur für Deutsch am Colorado College/C. O. (USA). Seit 2002 Professorin für deutsche Literatur und ihre Didaktik – Schwerpunkt Kinder- und Jugendliteratur/-medien – an der Pädagogischen Hochschule Ludwigsburg.

Prof. Dr. Horst Petri
geboren 1936, ist Nervenarzt, Arzt für Kinder- und Jugendpsychiatrie und Psychoanalytiker. Von 1981 bis 2001 lehrte er Psychotherapie und Psychosomatische Medizin an der FU Berlin. Zahlreiche in mehrere

Sprachen übersetzte Bücher, zuletzt: Der Verrat an der jungen Generation, 2002. Auszeichnung mit dem Hans-Czermak-Preis der Stadt Wien für »sein Gesamtwerk für eine gewaltfreie Erziehung«. Er lebt und arbeitet in Berlin.

Prof. Dr. Matthias Rath

geboren 1959. Studium der Philosophie, Pädagogik, Psychologie und Soziologie. Diplom in Pädagogik, 1987 Promotion und 1992 Habilitation in Philosophie. 1994-1996 Leiter des Referats Grundsatzarbeit der Bertelsmann AG, Gütersloh, und Leiter der Presse- und Öffentlichkeitsarbeit der Bertelsmann Buch AG, München. Seit 1996 Professor für Philosophie an der Pädagogischen Hochschule Ludwigsburg. Mitglied im Bildungsrat Baden-Württemberg.

Prof. Dr. Ingo Richter

geboren 1938, Direktor und Vorstand des Deutschen Jugendinstituts München e. V. (i. R.), seit 1977 Herausgeber der Zeitschrift »Recht der Jugend und des Bildungswesens«, Mitglied im Bildungsrat Baden-Württemberg.

Dr. Annette Schavan

geboren 1955 in Neuss, sie hat von 1974 bis 1980 Erziehungswissenschaft, Philosophie und katholische Theologie studiert und 1980 mit einer Arbeit über Gewissensbildung zum Dr. phil. promoviert. Sie war von 1980 bis 1985 in der Erwachsenenbildung tätig und hat zwei Jahre die Aufgaben einer Bundesgeschäftsführerin der Frauen-Union der CDU wahrgenommen. Von 1988 bis 1995 war sie Leiterin der bischöflichen Studienförderung Cusanuswerk. Seit 1995 Ministerin für Kultus, Jugend und Sport in Baden-Württemberg. Seit 1994 Vizepräsidentin des Zentralkomitees der Deutschen Katholiken. Seit 1998 Stellv. Parteivorsitzende der CDU Deutschlands.

Prof. Dr. Friedrich Schweitzer

geboren 1954, studierte evangelische Theologie und Erziehungswissenschaft in Tübingen, Zürich und Harvard, promovierte 1983 mit einer sozialwissenschaftlichen Arbeit zum Thema »Identität und Erziehung«. Von 1992 bis 1995 Professor an der Universität Mainz, seither Lehrstuhlinhaber für Praktische Theologie an der Universität Tübingen.

Prof. Dr. Dr. Manfred Spitzer
geboren 1958, seit 1998 Lehrstuhl für Psychiatrie und Leiter der Psychiatrischen Universitätsklinik der Universität Ulm. Sein Forschungsschwerpunkt ist im Grenzbereich der kognitiven Neurowissenschaft und Psychiatrie. Mitglied im Bildungsrat Baden-Württemberg.

Erwin Teufel
geboren 1939 in Rottweil, verheiratet, vier Kinder, wohnhaft in Spaichingen. Seit 1991 Ministerpräsident des Landes Baden-Württemberg. Mitglied im Zentralkomitee der deutschen Katholiken. Als Vertreter des Bundesrats war Erwin Teufel Mitglied des Europäischen Konvents, der im Juli 2003 einen Entwurf für eine europäische Verfassung vorgelegt hat. Er ist auch Mitglied in der »Föderalismus-Kommission«, in der Vertreter von Bund und Ländern seit Oktober 2003 über die Neuordnung der Kompetenzen in der Bundesrepublik beraten.

»Das Medienzeitalter«
in der edition suhrkamp

NF 318/1/3.02

Kluges Fernsehen. Alexander Kluges Kulturmagazine. Herausgegeben von Christian Schulte und Winfried Siebers. Mit zahlreichen Abbildungen. es 2244. 266 Seiten

Richard Meng. Der Medienkanzler. Das System Schröder. es 2265. 180 Seiten

Thomas Meyer. Mediokratie. Die Kolonisierung der Politik durch das Mediensystem. es 2204. 240 Seiten

Mythos Internet. Herausgegeben von von Stefan Münker und Alexander Roesler. es 2010. 394 Seiten

Praxis Internet. Kulturtechniken der vernetzten Welt. Herausgegeben von Stefan Münker und Alexander Roesler. es 2254. 288 Seiten

Roberto Simanowski. Interfictions. Vom Schreiben im Netz. es 2247. 180 Seiten

Telefonbuch. Beiträge zu einer Kulturgeschichte des Telefons. Herausgegeben von Stefan Münker und Alexander Roesler. es 2174. 208 Seiten

TeleVisionen. Herausgegeben von Stefan Münker und Alexander Roesler. es 2091. 240 Seiten

Viva MTV! Popmusik im Fernsehen. Herausgegeben von Klaus Neumann-Braun. es 2090. 320 Seiten

Wahl-Kämpfe. Betrachtungen über ein demokratisches Ritual. Herausgegeben von Andreas Dörner und Ludgera Vogt. es 2264. 200 Seiten

edition suhrkamp
»Kultur und Konflikt«

Unter dem Titel »Kultur und Konflikt« ist 1994 eine Publikationsreihe des Forschungsschwerpunktes in der *edition suhrkamp* eröffnet worden, die von Wilhelm Heitmeyer, Günter Albrecht, Otto Backes und Rainer Dollase herausgegeben wird.

Das Gewalt-Dilemma. Gesellschaftliche Reaktionen auf fremdenfeindliche Gewalt und Rechtsextremismus. Herausgegeben von Wilhelm Heitmeyer. es 1905. 464 Seiten

Die bedrängte Toleranz. Ethnisch-kulturelle Konflikte, religiöse Differenzen und die Gefahren politisierter Gewalt. Herausgegeben von Wilhelm Heitmeyer und Rainer Dollase in Zusammenarbeit mit Johannes Vossen. es 1979. 507 Seiten

Bundesrepublik Deutschland: Auf dem Weg von der Konsens- zur Konfliktgesellschaft. Herausgegeben von Wilhelm Heitmeyer. Zwei Bände in Kassette. es 2004 und es 2034. 1138 Seiten

Verlockender Fundamentalismus. Türkische Jugendliche in Deutschland. Von Wilhelm Heitmeyer, Jochen Müller und Helmut Schröder. es 1767. 277 Seiten

Die Krise der Städte. Analysen zu den Folgen desintegrativer Stadtentwicklung für das ethnisch-kulturelle Zusammenleben. Herausgegeben von Wilhelm Heitmeyer, Rainer Dollase und Otto Backes. es 2036. 470 Seiten

NF 316/1/11.00

Die Bindung der Unverbindlichkeit. Mediatisierte Kommunikation in modernen Gesellschaften. Von Uwe Sander. es 2042. 297 Seiten

Politisierte Religion. Ursachen und Erscheinungsformen des modernen Fundamentalismus. Herausgegeben von Heiner Bielefeldt und Wilhelm Heitmeyer. es 2073. 494 Seiten

Schattenseiten der Globalisierung. Rechtsradikalismus, Rechtspopulismus und separatistischer Regionalismus in westlichen Demokratien. Herausgegeben von Dieter Loch und Wilhelm Heitmeyer. es 2093. 544 Seiten

NF 316/2/11.00

NF 315/1/11.00

Juan Goytisolo
- Ein algerisches Tagebuch. Übersetzt von Thomas Brovot. Mit Abbidungen. es 1941. 120 Seiten
- Landschaften eines Krieges: Tschetschenien. Übersetzt von Thomas Brovot. es 1768. 110 Seiten
- Notizen aus Sarajewo. Mit zahlreichen Abbildungen. Übersetzt von Maralde Meyer-Minnemann. es 1899. 140 Seiten
- Weder Krieg noch Frieden. Palästina und Israel heute. Übersetzt von Thomas Brovot. Mit Fotos. es 1966. 108 Seiten

Ludolf Herbst. Das nationalsozialistische Deutschland. Herausgegeben von Hans-Ulrich Wehler. 1933-1945. Die Entfesselung der Gewalt: Rassismus und Krieg. NHB. es 1285. 495 Seiten

Alfred Herzka. Kuba. Abschied vom Kommandanten? es 2061. 258 Seiten

Die Hexen der Neuzeit. Studien zur Sozialgeschichte eines kulturellen Deutungsmusters. Herausgegeben von Claudia Honegger. Mit 15 Abbildungen. es 743. 393 Seiten

Wolfgang Hoffmann-Riem
- Kriminalpolitik ist Gesellschaftspolitik, es 2154. 240 Seiten
- Modernisierung von Recht und Justiz. Eine Herausforderung des Gewährleistungsstaates. es 2188. 368 Seiten

Dick Howard. Die Grundlegung der amerikanischen Demokratie. Übersetzt von Ulrich Rödel. es 2148. 450 Seiten

Konrad H. Jarausch. Die unverhoffte Einheit. 1989-1990. es 1877. 416 Seiten

NF 315/2/11.00

Judentum im deutschen Sprachraum. Herausgegeben von Karl E. Grözinger. es 1613. 435 Seiten

Ketzer, Zauberer, Hexen. Die Anfänge der europäischen Hexenverfolgungen. Herausgegeben von Andreas Blauert. es 1577. 285 Seiten

Ekkehart Krippendorff. Kritik der Außenpolitik. es 2139. 240 Seiten

Kritisches Wörterbuch der Französischen Revolution. Herausgegeben von François Furet und Mona Ozouf. Zwei Bände. es 1522. 1712 Seiten

André Leroi-Gourhan. Die Religionen der Vorgeschichte. Paläolithikum. Übersetzt von Michael Bischoff. Mit Abbildungen. es 1073. 171 Seiten

Christian Meier. Die Ohnmacht des allmächtigen Diktators Caesar. Drei biographische Skizzen. es 1038. 287 Seiten

Oskar Negt/Alexander Kluge. Geschichte und Eigensinn. Drei Bände. Mit zahlreichen Abbildungen. es 1700. 1249 Seiten

»Niemand zeugt für den Zeugen«. Erinnerungskultur und historische Verantwortung nach der Shoa. Herausgegeben von Ulrich Baer. es 2141. 278 Seiten

Frank Niess. Die europäische Idee – aus dem Geist des Widerstands. es 2160. 260 Seiten

Ostdeutsche Biographien. Lebenswelt im Umbruch. Herausgegeben von Rainer Zoll unter Mitarbeit von Thomas Rausch. es 2078. 416 Seiten

NF 315/3/11.00

Von der Risikogesellschaft zur Chancengesellschaft. Herausgegeben von Erwin Teufel. es 2209. 300 Seiten

Was hält die moderne Gesellschaft zusammen? Herausgegeben von Erwin Teufel. es 1977. 340 Seiten

Der Zusammenbruch der DDR. Soziologische Analysen. Herausgegeben von Hans Joas und Martin Kohli. es 1777. 325 Seiten

Eine kleine Geschichte ...

Eine kleine Geschichte Brasiliens. Von Walther L. Bernecker, Horst Pietschmann und Rüdiger Zoller. es 2150. 368 Seiten

Kleine Geschichte Haitis. Von Walther L. Bernecker. Unter Mitarbeit von Sören Brinkmann und Patrick Ernst. Mit Abbildungen. es 1994. 220 Seiten

Eine kleine Geschichte Polens. Von Rudolf Jaworski, Christian Lübke. Michael G. Müller. es 2179. 384 Seiten

Eine kleine Geschichte der Schweiz. Der Bundesstaat und seine Traditionen. Von Manfred Hettling, Mario König, Martin Schaffner, Andreas Suter, Jakob Tanner. es 2079. 322 Seiten

Eine kleine Geschichte Ungarns. Von Holger Fischer und Konrad Gündisch. es 2114. 302 Seiten

NF 315/5/11.00

Neue Historische Bibliothek
in der edition suhrkamp

»Hans-Ulrich Wehlers fast aus dem Nichts entstandene
›Neue Historische Bibliothek‹ ist nicht nur ein forschungs-
internes, sondern auch ein kulturelles Ereignis.«
Frankfurter Allgemeine Zeitung

Werner Abelshauser. Wirtschaftsgeschichte der Bundesrepublik Deutschland 1945-1980. es 1241. 187 Seiten

Peter Alter. Nationalismus. es 1250. 179 Seiten

Helmut Berding. Moderner Antisemitismus in Deutschland.
es 1257. 295 Seiten

Walther L. Bernecker. Sozialgeschichte Spaniens im 19. und
20. Jahrhundert. es 1540. 377 Seiten

Manfred Botzenhart. Reform, Restauration, Krise. Deutschland 1789-1847. es 1252. 172 Seiten

Johannes Burkhardt. Der Dreißigjährige Krieg 1618-1648.
es 1542. 308 Seiten

Francis L. Carsten. Geschichte der preußischen Junker.
es 1273. 224 Seiten

Horst Dippel. Die Amerikanische Revolution 1763-1787.
es 1263. 133 Seiten

Christof Dipper. Deutschland 1648-1789. es 1253. 339 Seiten

NF 317/2/11.00

NF 317/3/11.00

NF 317/4/11.00